当代化学教材
内容设计与特征研究

占小红◎著

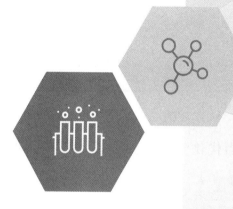

华东师范大学出版社
·上海·

图书在版编目（CIP）数据

当代化学教材内容设计与特征研究/占小红著．—上海：华东师范大学出版社，2022
ISBN 978-7-5760-3066-2

Ⅰ.①当… Ⅱ.①占… Ⅲ.①中学化学课-教学设计-研究 Ⅳ.①G633.82

中国版本图书馆 CIP 数据核字（2022）第 139738 号

当代化学教材内容设计与特征研究

著　　者　占小红
责任编辑　王丹丹
责任校对　潘　宁　时东明
装帧设计　卢晓红

出版发行　华东师范大学出版社
社　　址　上海市中山北路 3663 号　邮编 200062
网　　址　www.ecnupress.com.cn
电　　话　021-60821666　行政传真 021-62572105
客服电话　021-62865537　门市（邮购）电话 021-62869887
地　　址　上海市中山北路 3663 号华东师范大学校内先锋路口
网　　店　http://hdsdcbs.tmall.com

印　刷　者　上海商务联西印刷有限公司
开　　本　787×1092　16 开
印　　张　19.25
字　　数　429 千字
版　　次　2022 年 9 月第 1 版
印　　次　2022 年 9 月第 1 次
书　　号　ISBN 978-7-5760-3066-2
定　　价　62.00 元

出版人　王　焰

（如发现本版图书有印订质量问题，请寄回本社客服中心调换或电话 021-62865537 联系）

前言

21世纪是"数字化""信息化""学习化"的时代,随着人类社会迈入21世纪的新征程,基础教育也迎来了蓬勃发展的春天。宏观教育理念深入到了一个新的层次,以新的教育理念为指导,教与学的理论和实践研究也积累了丰硕的成果。教材作为重要的教学媒介,是基础教育课程体系的核心部分,而教育理念的更新和教材编制理论的发展将推进教材的变革。在新的发展形势和现实需求下,我们的中学化学教材该承担什么样的责任? 呈现什么样的功能? 成为了中学化学教育领域应审慎思考的时代命题。教材是课程知识的载体,教材中知识内容的选择、组织和呈现是一项实践性、理论性都很强的工作,也是有效发挥教材承担的责任与功能的关键。我们应遵循怎样的中学化学教材内容设计理论与原则以满足教材革新的现实需要? 本书希望在回应上述问题上作一些理论设计与研究实践。

全书分为三编,分别是导言编、理论设计编和研究实践编。导言编立足以素养目标为导向的新课程改革背景,指出课程知识承载的育人功能将进一步丰富化和多元化,进而指明对中学化学教材内容的功能及其体系加以重构的必要性与迫切性。通过对近年来国内外教材知识内容研究的梳理分析,发现已有研究多存在将教育学、心理学、课程学、文化学、社会学、历史学等多元领域与教材内容研究相整合的倾向,抑或是为紧扣时代发展的育人需要而进行的专题式的理论创新与教材分析。同时也发现,面对基础教育课程改革背景下中学化学教育发展的现实情况,需要统整中外学者的相关研究成果以形成专门性的论述中学化学教材内容设计理论的专著性作品,在此基础之上提出我国中学化学教材内容体系设计的新构想,以对中学化学新教材的内容设计提供理论支持。除此之外,基于教材内容体系新构想对中学化学教材的内容体系进行考察和比较,进而为教材编制能践行理论主张提供现实依据和相关研究工作的参考,这也是撰写本书的学术价值和现实意义之所在。

理论设计编首先对相关概念进行分析,以此为中学化学教材内容体系构建研究奠定概念基础。其次在新课程背景下重构了课程知识的本质观,据此对化学课程知识的本质进行理论推演,并将传统化学知识分类与新化学课程知识本质进行对接,进而以新课改所主张的化学课程知识本质为参照提出化学知识分类体系,从内涵和关系等方面对化学学科性知识、化学方法性知识和化学社会性知识三种知识类型进行了细致的诠释。最后提出与新知识分类体系相契合的教材观,综合学习心理和教学理论中有关教材内容选择与组织方面的观点,建立基于新知识分类体系的中学化学教材内容体系构建模型。

　　研究实践编以上述化学教材知识新分类体系以及教材内容体系构建模型为依据,选取初中化学教材为研究对象,进行基于新知识分类的初中化学教材内容体系构建;利用复杂网络技术对高中化学新教材的学科知识结构、理科跨学科知识结构特征进行研究;对教材中凸显素养目标要求的设计进行专门研究,包括围绕化学学科核心素养要素之一的"宏观辨识与微观探析"的教材内容设计分析,促进学生模型建构能力提升的教材建模内容设计分析,素养导向的科学史内容研究,以及侧重培养学生"科学态度与社会责任"的安全教育内容分析等。

　　限于研究的时间,本书的理论模型还需不断发展完善,教材研究的实践可更加系统和深入,希望以此抛砖引玉,引起同行们的关注和持续研究。书中有不当之处,请各位读者批评指正。

占小红

目录

导论编

引言 ... 2
一、知识问题是教材研究的核心问题 ... 2
二、知识经济时代课程知识观的必要转型 ... 3
三、当前化学教材改革的现状和亟待解决的现实问题 ... 4

第1章　教材内容研究的主题与现状 ... 7
一、与大规模课程评价项目相关联的教材内容研究 ... 7
二、以"科学本质""科学素养""学科核心素养"为主题的教材内容研究 ... 9
三、基于文化角度的教材内容研究 ... 12
四、考察演变特征的教材内容研究 ... 13
五、以布局设计元素为对象的教材内容研究 ... 14
六、以师生与教材的关系研究为核心的教材内容研究 ... 16
七、应教材编制理论和实践创新之需的教材研究 ... 17
八、教材内容研究的现状及问题分析 ... 18

理论设计编

第2章　化学教材内容体系的认识基础 ... 22
一、相关概念的追溯和设计 ... 22

二、化学教材内容体系构建的理论基础　　32

第3章　化学课程知识分类体系重构　　35
　　一、新课改背景下课程知识本质观重建　　35
　　二、新课改背景下化学课程知识本质推演　　45
　　三、传统化学知识分类与新化学课程知识本质的对接发展　　46

第4章　化学社会性知识和方法性知识的内涵与特征　　53
　　一、化学社会性知识　　53
　　二、化学方法性知识　　60

第5章　基于新知识分类的中学化学教材内容体系设计　　72
　　一、"为了发展学生素养"的教材观　　72
　　二、"为了发展学生素养"与新知识分类　　73
　　三、基于新知识分类的中学化学教材内容体系构建程序　　79

研究实践编

第6章　基于新知识分类的初中化学教材内容体系构建实践　　92
　　一、TIMSS课程分析工具"主题追踪图"的演进与启示　　93
　　二、初中化学教材学科主题理想内容模型构建　　99
　　三、"物质结构"主题的内容设计及分析　　120

第7章　基于复杂网络理论的高中化学教材学科知识结构研究　　138
　　一、研究背景　　138
　　二、基于复杂网络理论的教材知识结构分析框架　　139
　　三、基于复杂网络理论的高中化学教材知识结构分析程序　　142
　　四、基于复杂网络理论的人教版高中化学必修教材知识结构分析　　160
　　五、研究结论　　181
　　六、研究启示　　182

第 8 章 基于复杂网络理论的沪科版高中化学教材理科跨学科知识结构研究 184

一、研究背景 184

二、高中化学教材理科跨学科知识分析指标及编码框架设计 186

三、文本编码和图谱分析过程 188

四、结果与分析 188

五、研究结论 196

六、研究启示 197

第 9 章 高中化学教材中学科核心素养要素设计研究
——以"宏观辨识与微观探析"为例 200

一、研究背景 200

二、"宏观辨识与微观探析"素养内涵和目标要求 201

三、基于"宏观辨识与微观探析"的高中化学必修教材内容分析维度设计 202

四、基于"宏观辨识与微观探析"的高中化学必修教材分析 205

五、结论与建议 227

第 10 章 两版高中化学必修教材建模内容的比较研究 229

一、研究背景 229

二、高中化学教材建模内容研究工具构建 230

三、高中化学教材建模内容分析程序 235

四、不同版本高中化学教材建模内容分析 237

五、化学教材中不同类型模型建模内容的整体分析 245

六、研究结论 254

七、研究启示 255

第 11 章 基于学科核心素养的化学教材中科学史内容研究 257

一、研究背景 257

二、基于学科核心素养的化学教材中科学史内容分析工具设计 258

三、基于学科核心素养的新旧人教版高中化学必修教材中科学史内容比较研究 264

四、结论与建议 283

第12章　新版人教版高中化学必修教材安全教育内容研究　287
一、研究背景　287
二、高中化学必修教材安全教育内容分析量表设计　288
三、新版人教版高中化学必修教材安全教育内容分析　292
四、新版人教版必修教材安全教育内容的改进与教学建议　298

导 论 编

引言

近 30 年来,课程改革一直是备受各国教育界关注的领域,其被视为教育改革的关键契机和重要方面,承载着教育改革的核心使命。课程改革由理念层、教材层和实践层三个层面构成,理念层是由教育学家、哲学家、心理学家等专家团体根据国家政治、经济和人文环境等对课程的要求而提出的课程设计基本取向,其内涵体现了各种理论基础的高度融合;教材层是课程改革理念和目标具体化的产物,以一定的逻辑体系和特定的呈现方式对官方知识加以选择与组织;实践层是一线教师基于自己对课程的个性化理解和创造性开发而对理念层的信仰支撑以及教材层的知识索引与教学启示所做的实践性转化。可见,教材的改革与创新是课程改革系统得以顺利运转的核心,不仅课程理念的转变和更新要通过教材来传递,而且教师的教学实践也要以教材为基本的物质条件,因此教材的编制质量将成为制约课程改革的动力场。新一轮的基础教育课程改革对教育的价值、功能和目标进行了全新的诠释,新课程背景下的知识本质观也发生了转向,有关教材设计及编制的研究业已成为推动时下课程改革极其重要而迫切的课题。

一、知识问题是教材研究的核心问题

要考察某一时期某一学科的课程所面临的问题,就必须深入分析这个时期的知识问题。舍勒在《知识形式与教育》一文中曾提出"无论是'自我教育'还是'教育别人',都必须回答三个基本问题:一是究竟什么是教育的本质;二是怎样进行教育;三是什么样的知识与认识形式限制和规定着使人变得'有教养'的过程"。[①] 由此可见,知识问题在教育及课程研究中所占据的核心地位。人类作为一种文化的动物,需要依赖于知识的影响而存在,一旦离开知识的启智和教化作用,人类将会丧失其对周遭世界和个人生活中所发生的变化与联系等的感知和在意。基于知识对于人类的生成和发展所具有的根本性意义,教育这一促使人生成的活动,它对于社会文化成果的理解和处理方式将成为该活动实现其使命的根本前提。从 17 世纪夸美纽斯"把一切知识教给一切的人"的远大理想,到 19 世纪斯宾塞"什么知识最有价值"的严正拷问,再到 20 世纪阿普尔提出的

---

① 舍勒.舍勒选集(下)[M].刘小枫,选编.上海:上海三联书店,1999:368.

"谁的知识最有价值",无论是从历史的视角还是从比较的角度来考察,在普遍肯定知识对于教育和课程的重要性的基础之上,几乎所有关于知识的争论都围绕着重视何种知识的问题而展开。但是课程研究仅仅停留在对知识重要性的认识上是不够的,其必须更为深入地透视课程中知识与课程、社会与学习者之间的关系,建立与一定历史时期相适应的课程知识观,从而在"课程知识的构成、意义和存在方式"等课程知识观的问题域中进一步拓展对课程的理解,并建立起课程知识观的问题域与课程设计问题之间的联系,以期最终能够解答课程设计的核心问题——课程知识的选择与课程知识的组织。

显然,知识问题作为课程构成的基础将在教育及课程研究领域历久不衰,我们不仅要对课程知识研究问题表现出应有的关注,而且需要认识到在知识问题中课程知识设计问题的研究意义,即无论是在知识认识论中对知识本质、类型、价值、与个体关系的理论建构,还是在课程知识观中对课程知识意义和存在方式的理解,其归根结底都服务于更好地解决课程知识的设计问题。教材是课程知识的载体,知识研究理应成为教材研究的基础和支撑,有效的教材知识研究也将成为解决课程知识设计问题的重要落脚点。也许我们常常会面对教材研究中的各种尴尬,当教材研究津津乐道于对教材宏观组织和微观设计的各种发现时,往往没有质询各种观点赖以为继的知识基础,即缺乏对教材中"知识"的充分把握与解读。为此,对知识问题的研究需要深入到课程知识的教材设计层面,通过关注教材知识的选择与组织等问题来将知识问题研究深植于现实的课程知识框架之中,进而在实现对知识认识论和课程知识观的回哺的同时,又能为课程及教材的知识设计提供实质性的指导。

二、知识经济时代课程知识观的必要转型

在新世纪来临的时候,知识经济时代也悄然而来。1996年世界经济合作与发展组织第一次将这种超越工业时代的经济形态定义为"以知识为基础的经济",简称"知识经济"。在这种社会形态中,人们对自然资源的依赖关系发生了根本性变化,"知识的生产效率将日益成为一个国家、一个行业、一家公司竞争的决定因素",人类已然在从物质性生存向知识性生存转变,知识的经济价值也得到了前所未有的张扬。从培根"知识就是力量"的经典命题中对知识精神力量的推崇,到斯宾塞"什么知识最有价值"的追问中对知识财富价值的体认,当前知识经济时代中的知识实现了精神富有和物质富有双重追求的价值统一,而以双重价值为标签的最新知识武装起来的社会劳动力便成为了知识经济社会发展的至关重要的先决条件。在知识经济时代人才培养目标的驱使下,我们需要重新回溯与反思知识应建基于哪些本质特征和功能上,才能体现其精神富有和物质富有的双重价值,才能成为实现育才目标的关键手段,进而在此基础之上思考课程设计应如何适应知识的本质特征和功能价值的转变。这一过程实质上体现为:教育场域中一种新的课程知识观念的形成。从近两百年的教育实践来看,早在19世纪赫尔巴特便已将儿童的"多方面兴

趣"作为选择和组织课程知识的基本标准,斯宾塞也通过价值的权衡确定科学能够实现人的完满生活的目标,20世纪实用主义又以促使儿童生活经验不断增长和适应社会生活作为知识选择的旨趣……不同时代和不同的社会形态都根据时代的社会条件和个人的发展要求对教育中的知识问题作出了回答。在知识与人类生存图景发生直接关系的当下,对知识问题的回答成为知识经济时代教育活动面临的关键性挑战。以文化激增、知识量之大、信息之多为特征的知识经济时代的课程知识观,一方面应着眼于在新的政治和经济要求的基础上,对浩如烟海的人类文明中的优秀成果进行选择,从而为广博、丰富的人类文化进入课程领域创造条件;另一方面还应考虑到个体通过日常生活体验所形成的态度、观念、行为习惯,以及形成运用新知识和进行知识创造的能力等因素。

子在川上曰:"逝者如斯夫,不舍昼夜。"诚然,世界万物均处在不断更迭变幻的状态之中,课程作为一种社会现象,亦遵循变化的规律。课程知识作为课程领域的核心问题,它的变革和改进更是体现了与时代息息相关的联系。当前课程知识研究的应有之义在于,明确课程知识观应如何回应知识经济时代所追求的国民素质,勾勒出课程知识所承载的时代对课程提出的最集中、最基本的要求,并将其转化为教材编制因循的理论基础,最终揭示知识经济时代人才培养目标对教材编制的影响。

三、当前化学教材改革的现状和亟待解决的现实问题

新世纪的基础教育化学课程改革走过了 20 年,综观既往的教育改革实践,难以用准确的统计手段或细致的质性分析对其加以总结和评判。但可以肯定的是,与任何改革一样,化学课程改革在争论中展开,又在深入推进的过程中引发新的争论。化学教材作为课程改革中上承课改理念,下延至课堂师生的教与学的重要媒介,教材的改革成为基础教育课程改革的核心环节,也不可避免地成为引发争论的焦点。人们怀着复杂的情感与新课程共同走过了 20 年的风雨历程,不再执着于对新事物的盲目排斥,也不再限阈于追求对新事物表层特征的一知半解,而是更多地以能动的新姿参与新课程的审视和重构,以期促进每一个阶段教材改革的进化和升华。因此,在化学教材革新的转捩点探索教材未来的发展之路是获得课程改革实效的必要之举。

综观当前化学教材改革研究的诸多成果,其研究类型广泛涉及对教材生成历程的研究、对教材进行产品分析评估式的研究以及对教材使用阶段的适应性调查等。其中尤以对教材成品的内容分析成果为甚,而针对教材设计和编制的理论分析与实践操作研究相对匮乏,并且现有研究成果多数停留在宏观层面的理论梳理和经验总结,理论和实践的对话还不够充分,具体操作策略的指导也较为鲜见。对教材设计和编制展开研究的意义不仅在于为教材设计的参与者提供指导和示范,还将更多地作用于教师的教学实践。教师作为课程开发的重要成员,其职能尤其表现在对校本课程的设计和对教材的二次开发上,故教材设计与编制研究将有助于教师了解教材内容的

选择标准、组织方式、评价依据以及操作程序等,从而使他们能更为清晰地认识"用什么去教"以及学会如何获得和组织必要的教学资源。可见,教材设计与编制研究是推进教材革新的动力,可以积极作用于对教师教材观念的更新,进而推动课堂教学面貌发生正向的变化。

任何一次教材改革都起自理念的变革,教材编制理念是课程理论的分支,在改革启动之初自然绕不过对教材编制进行专门系统的理论基础研究。最新一轮的基础教育课程改革以发展学生核心素养为旨趣,建构主义仍是此轮课程改革的立论依据之一,人们将侧重于认知心理研究的建构主义置于课程学宏大叙事的背景下,讨论课程教材编制所赖以为继的学习观、教学观、知识观,进而形成各种教材编制的主张。从上一轮新课改开始,教材编制者与一线教师就把吃透以建构主义为指导思想的课改理念作为第一要务,在20年的历程中教师依赖于实践中的切身体验和理论的系统学习,逐步对理论形成了自我的解释。但毋庸置疑的是,当前抽象的课程理论与极具挑战性的以发展学生核心素养为目标的课程教材编制工作以及教学实践之间仍存在着无形的鸿沟,基于教育哲学、心理学研究而形成的各种教材编制的主张如何指导教材的内容选择、编制思路和陈述方式设计等,尤其是针对特定学科教材设计的指导作用如何体现,都是一些亟待解决的问题。实践表明,理论宗旨在教材编制实践中直接发挥作用的路径并不顺畅,其既无法通过直接的理论应用彰显价值,也不能通过简单地迁移借鉴先前的课改经验来解决问题。实际上,学科教材设计理论基础的形成必须经历"教育哲学、心理学等理论—课程理论—教材设计和编制理论—学科教材设计和编制理论"的逐级分解和落实。因此,无论是从学术研究角度还是从现实向度看,构建基于理论宗旨的化学教材编制主张的时代课题不可回避地又摆在了学科教育理论工作者的面前。

内容体系是教材的关键要素,知识的传递和表达需要镶嵌在一定的内容体系框架之中才能发挥其教育价值,对学科本质的认识和不同的课程理念、编制思想决定了教材内容要素的划分、层次的廓清与具体的结合方式,最终影响教材内容体系的结构框架。现有的化学教材为顺应知识观的时代变革,迎合当今世界课程发展的基本趋势,以及满足学生素养发展对知识的客观要求,其自身从内容到结构体系都将发生明显的变化。化学新教材从以学科知识传递为单一目标转向以核心素养发展为多元导向,统筹知识获得、技能习得和情感体验等要求来塑造知能意三位一体的体系结构,因此现有化学教材可谓体系完整,内容丰富,异彩纷呈。然而教师在装点一新的新教材面前却还是难以振奋精神,究其原因可能在于新教材缺乏对教材内容体系的整体性考察和纵览,未能厘清教材内容体系中各内容要素的特点、功能和作用方式,具体表现为教材中不同内容要素各自为政,在选材和呈现上没有统一的阈限与整体的要求,失却了它们彼此互为条件、互为支撑的前提,使得教材内容体系成为没有轴心和一体化支架的多种内容要素的简单加合体,造成各种内容选择失度和组织失效的现象。为此,化学教材内容体系的改革已经不能停留在"有与无""多与少"的量的改变,而应进一步从质的结构性更新上做文章。

至此,我们在迎接新一轮化学课程到来的时候,面对以崭新面貌呈现的化学新教材,需要认真考察、思考和解决当前所面临的一系列在化学教材改革推进过程中引发的问题：在社会发展、人才目标变化的时代背景下，何以廓清化学教材内容体系设计的理论基础，何以阐发化学教材内容体系设计和编制的具体主张，何以投射化学教材内容体系重构的要求于教材编制的实践中，等等。本研究希望在回应这些问题上作一些理论设计与研究探索。

第 1 章 教材内容研究的主题与现状

教材研究类型多种多样，其中教材内容研究是其核心领域。国内外教材内容研究十分丰富，研究视角多样化，涉及的研究取向相当广泛，尤其是在产品取向和接受取向上的教材内容研究更加深入。例如，兴起于 20 世纪 70 年代的教材内容社会学分析，此类研究通过对教材内容具有的特定意义与价值特征进行挖掘来讨论国家和社会主流价值在教材内容中的体现。基于文化视域的教材文本分析，从多元文化的角度对教材文本构成进行分析和反省，以了解不同文化所产生的多元价值取向在教材文本中的反映。另外，更多的研究从微观层面对教材内容进行不同侧面、不同形式的深度考察，让我们看到了教材内容研究领域的百花齐放。

一、与大规模课程评价项目相关联的教材内容研究

巴尔韦德(Valverde)等人对来源于 TIMSS 课程分析研究项目中的 630 套数学和科学教材的内容进行考察，分析维度主要涉及：(a) 物理特征(页码和图表数量)；(b) 教材结构(内容的连续性)；(c) 内容呈现(连贯性、分散度和复杂性)；(d) 表现及预期(阅读，提取信息，回答问题，参与动手活动)；(e) 反思(文本部分专门讨论一个独立话题)。这项研究的调查结果显示，美国的科学教材较其他国家包含更多的页数和主题，而且分散性主题所占比例较大。[1]

瓦西利亚·哈齐尼基塔(Vassilia Hatzinikita)等人对国际学生评价项目 PISA 中的科学测试题和希腊学校科学教材的文本结构性质进行比较，这种文本结构性质是由概念分类(内容专门化)与形式(代码专门化)通过语言和显现的表达方式之间的相互作用来决定的。该研究将内容分析对象分为语言模型和视觉模型两种，其中语言模型——某一特定类型的文段或一个话题作为一个分析单位；视觉模型——每个可视化图像作为一个分析单元。所有语言模型和视觉模型所对应的分析单元都将从分类和形式两个理论维度进行分析。研究结果显示，PISA 和学校教材中使用的文本材料在文本结构上是不一致的。具体而言，PISA 评价项目的语言模式如同公共领域(普遍化的内容和代码)的文本，对应的视觉模式则似深奥领域(专门化的内容和代码)的文本，

---

[1] VALVERDE G A, LEONARD J BI, WILLIAM H S, CURTIS C M, RICHARD G. W. According to the book: using TIMSS to investigate the translation of policy into practice in the world of textbooks[M]. Dordrecht: Kluwer Academic Publishers, 2002.

从而帮助学生了解特定的习俗和科技领域知识的表达方式。而学校的科学教材对语言和视觉模式的使用却完全相反,可以认为这两者之间存在的差异可能是导致希腊学生 PISA 测试水平较低的原因之一。①

在美国国家科学基金会(National Science Foundation,NSF)的资助下,美国科学促进会聘请了数百名 K-12 教师课程专家、教师培训人员、科学家和教材研制人员,以"全面提高学生的科学素养"为评价目标,以《科学素养的基准》(美国科学促进会,1993 年)和《国家科学教育标准》(美国国家研究委员会,1996 年)为评价的理论依据,合作研制开发了"2061 计划"教材评估工具。"2061 计划"教材评估工具从教材"教什么"和"怎么教"两个角度着眼设计评估程序与评价指标,旨在对教材内容是否真正地满足学生学习的需要,教材中的教学策略和方法是否能帮助学生顺利实现要求的学习目标两个问题作出回答。基于以上的评估要求,"2061 计划"从"教材内容分析"和"教学效果分析"两个维度建立评价指标体系:在"教材内容分析"维度上,"2061 计划"主要以《科学素养的基准》和《国家科学教育标准》中颁布的与评价对象相关联的学习目标为基础,选取少数核心学习目标作为评价目标,并在每个学习目标之下又精选核心概念,而后紧紧围绕二者建立评价标准和评价细则,据此对教材内容的文本进行静态分析评价;在"教学效果分析"维度上,"2061 计划"设计了 7 类评估标准,分别为"提供可以理解的教材内容""考虑学生原有的知识概念""使学生积极参与到相关的科学现象中""开发和运用概念""促进学生反思现象、活动和原有的知识""教材中评价方式的进步"以及"加强科学学习的环境"。每一个标准又细分为若干带有具体的评价指标和等级量表的小类,其等级量表一般分为 3—4 个等级,分别是优秀、满意、一般和差。②"2061 计划"先后利用上述的教材评估工具对高中生物教材、数学教材进行了严格的分析和评估,并基于评估结果对教材的设计、开发和选用提出了有效的建议。③ 斯特恩(Stern)和罗斯曼(Roseman)利用"2061 计划"的评价工具分析了 9 本中级水平的科学教材,以确定 9 种教学资源如何为学生学习中级科学阶段的生命科学分支中的核心内容——"物质和能量的转化"主题提供支持。研究的框架也主要依据《科学素养的基准》和《国家科学教育标准》制定。教材分析使用的标准分别为:(a) 提供明确的目的;(b) 考虑学生的已有知识;(c) 为学生提供相关现象或事实;(d) 发展和使用科学概念;(e) 促进学生的思维能力发展;(f) 评估能力的发展。研究结果表明,用于分析的教材在建立新知识与学生已有知识结构的联系时存在明显不足。与此同时,该研究方案缺乏对抽象概念的描述和区分,并且未能给出能够促使学习者理解和接受的核心概念的

---

① HATZINIKITA V, DIMOPOULOS K, CHRISTIDOU V. PISA test items and school textbooks related to science: a textual comparison[J]. Journal of Science Education,2008,92(4):664-687.
② 邓可,刘恩山.美国"2061 计划"高中生物学教材评价的方法与特点[J].课程·教材·教法,2009(3):86-90.
③ American Association for the Advancement of Science. Project 2061 biology textbooks evaluation——about the evaluation[EB/OL].(2018-01-04)[2021-12-23].http://www.project 2061.org/publications/textbook/hsbio/summary/about,.htm.

呈现方式。①

二、以"科学本质""科学素养""学科核心素养"为主题的教材内容研究

赫尔(Hehr)研究了美国德克萨斯州20世纪80年代中期使用的25套科学教材,其中包括生命科学、地球科学、物理科学以及生物教材。内容分析主要关注教材中的概念、科学态度和过程技能。赫尔制定了包含24个条目的分析工具,用于界定科学态度的操作性定义,其中有8项是关于过程技能的描述,这些描述与当时的相关研究对科学本质的规定十分接近。调查结果显示科学教材较少涉及科学态度,且有关内容主要在介绍科学方法的相关章节中出现。②

恰佩塔(Chiappetta)等人针对中学生物科教材是否提供了平衡的科学素养的基本要素这一核心问题,对20世纪90年代5套被广泛使用的生物教材进行内容研究。他们在研究报告中指出,大多数教材并不重视揭示科学、技术和社会(STS)的相互作用,而主要关注科学方法的确定步骤,因此他们认为这些教材并不能为学生描绘出科学本质均衡的、真实的面貌。在此之前,恰佩塔等人就曾对7套化学教材如何均衡设计科学本质的基本要素进行了内容分析,并指出大部分教材侧重于学生参与活动探究过程的内容设计。③ 1996年,隆佩(Lumpe)和贝克(Beck)采用恰佩塔等人建构的教材内容分析程序对7套生物教材进行考察,研究结论显示考察的生物教材中包含了大量的科学术语(数量达到664—1 412个),其仍侧重强调科学教学即有关探究知识的教学,而较少关注STS的相关内容,并不能很好地反映20世纪90年代兴起的科学教育改革的理念和目标。④

加德纳(Gardner)通过讨论科学与技术关系的本质阐明了正确认识科学与技术关系的重要性,并提出四个有关科学与技术关系本质的观点:理想主义观点(技术即应用性科学)、科学划界主义观点(领域划分)、唯物主义观点(技术是科学必然的先导)和互动观点(科学家和技师共同体)。加德纳对5套加拿大高中物理教材处理科学与技术关系的方式进行了深入的分析,指出各教材主要通过大量展示当地的插图、呈现物理学家脸谱,表明物理知识源于人类的思考和行动以及为学生开启以科学为基础的职业生涯创造条件等方式来帮助学生理解物理学与技术、人类的

---

① STERN L, ROSEMAN J E. Can middle-school science textbooks help students learn important ideas? Findings from Project 2061's curriculum evaluation study: Life Science[J]. Research in Science Teaching, 2004, (41): 538-568.

② CHIAPPETTA E L, SETHNA G H, FILLMAN D A. Do middle school lifescience textbooks provide a balance of scientific literacy themes? [J]. Journal of Research in Science Teaching, 1993, (30): 787-797.

③ CHIAPPETTA E L, SETHNA G H, FILLMAN D A. A quantitative analysis of high school chemistry textbooks for scientific literacy themes and expository learning aids[J]. Journal of Research in Science Teaching, 1991, 28(10): 939-951.

④ LUMPE A T, BECK J. A. A profile of school biology textbooks using scientific literacy recommendations [J]. The American Biology Teacher, 1996, 58(3): 147-153.

关联性。此外,加德纳还结合两则案例分析——"影印机的设计"和"光学与技术"——分别探讨了各物理教材中普遍存在的问题,即把技术简单理解为物理原理的运用和对科学先于技术这一武断观点的传递。基于上述不足,加德纳提出现代物理教材应在如实地反映科学与技术关系的复杂性的同时摒弃技术是物理学的简单应用的看法,提倡应将技术作为更复杂的命题,展示社会和文化等元素对其产生的影响,并在对科技产品进行解释时更多地渗透对其技术性问题的介绍,等等。①

克南(Knain)从意识形态或世界观的角度对挪威八年级的科学教材中所呈现的科学图景进行了深入研究,他关注教材编者们尝试为学习者提供的关于科学的真实视野,尤其关注其中的科学内容、科学探究的方法以及科学作为一种社会事业等重要方面。克南指出,大部分的教材认为当前的科学是个人努力的结果——科学家进行关键的实验研究并获得重要的研究发现。而科学的社会元素却被轻描淡写,仅有一套教材将科学描述为一种社会性活动,通过科学活动使得科学知识得以被认同,并对社会经济、社会承诺和个体价值产生影响。②

阿卜杜勒-哈利克(Abd-El-Khalick)报告了受教育学者和教师欢迎的中级水平科学贸易教材中的科学本质的图景。他们综合恰佩塔等人提出的有关科学本质的主题以及《科学素养的基准》中涉及的科学本质的相关内容,分别从科学知识的实证特征、持久性、假想性,科学中的复制与确认,"科学方法"的神话,富有想象力和创意的科学本质,科学的理论负载,科学的有限性,人类之于科学的贡献等方面,深入考察从国家科学教师协会(National Science Teachers Association)中随机选取的4套获奖的科学贸易教材,并基于研究结果认为以上教材没有对构成科学本质的重要元素进行具体描述和设计。③

伊雷斯(Irez,2009)分析了在土耳其出版于2006—2007年并得到广泛使用的生物教科书。该研究以科学本质内涵作为分析的基础框架,包括科学的描述、科学家的特征、科学方法、科学的实证性、科学的暂定性、理论和定律、观察和推论、主观性、观察的理论负载性、想象和创造、社会和文化的嵌入性等方面,通过绘制全面的科学本质认知图以显示教科书是如何描写科学本质的。结果表明科学本质的较少方面能够在生物教科书中得以表征,且科学一般被描述为"事实的积累而不是知识产生的动态过程,或验证、改变对自然的解释"。④

阿卜杜勒-哈利克等人分析了时间跨度长达40年的14本5大系列高中化学教科书。研究采

---

① GARDNER P. L. The representation of science-technology relationships in Canadian physics textbooks[J]. International Journal of Science Education,1999,21(3):329-347.
② KNAIN E. Ideologies in school science textbook[J]. International Journal of Science Education,2001,23(2):319-329.
③ ABD-EL-KHALICK,F. Images of nature of science in middle grade science trade books[J]. The New Advocate,2002,15(2):121-127.
④ IREZ S. Nature of science as depicted in Turkish biology textbooks[J]. Science Education,2009,93(3):422-447.

用包含实证性、观察与推论的区别、创造性、理论驱动性、科学研究途径的多样性、科学理论的本质、科学定律的本质、科学知识建构的社群性、科学中社会与文化的嵌入性等方面的科学本质框架。研究者采用专门为该研究设计的评分标准对各本教科书进行独立分析打分,不同研究者间的内部一致性达86%。研究表明高中化学教科书对科学本质表征较差,距离美国科学教育标准和科学素养基准要求甚远。[1] 2016年,阿卜杜勒-哈利克又修订了该框架,将"理论驱动性"修订为"理论负载性",并依据新框架分析了美国高中物理与生物教科书。[2]

杨玉琴利用上述框架对我国3套高中化学必修教材及美国主流化学教材《化学概念与应用》中的科学本质内容水平进行比较研究后发现,中美化学教材的科学本质内容水平都较低。建议教材编写以显性方式准确呈现科学本质内容,对科学探究活动、化学史的编排也需符合科学本质内涵,同时主张应恰当设计反思性活动栏目,重构教科书文本话语。[3]

张雪等人以我国21世纪以来3版普通高中物理教科书中的"静电学"内容为研究对象,基于上述框架对教科书中科学本质的表征数量和表征特点进行了对比分析,得出我国教科书科学本质表征维度覆盖范围逐渐变广、涉及内容明确性逐渐增强但准确性还有待提高,并根据课程标准的要求和研究结果提出了拓展相关教师专业发展项目、科学本质教育多维渗透等建议。[4]

在学科核心素养视角下的教材内容研究主要涉及两类:一类是针对某一个知识点或知识模块对不同版本的教材设计展开对比分析。如程蔼荃以"元素周期律"为例从五个化学学科核心素养入手,对我国人教版高中化学教材和英国高中化学教材 Chemistry 展开对比分析。[5] 另一类是在化学学科核心素养的视角下分析教材的设计特征。如王磊、陈光巨通过内容组织编排、教学栏目体系设计、实验探究设计等方面展开具体的教材案例对比分析,探讨了北京师范大学"新世纪"鲁科版高中化学新教材是如何外显化学学科核心素养从而促进知识向能力和素养转化的。结果显示:(1)鲁科版新教材在册和册之间、章和章之间、节和节之间、习题之间、栏目设置之间都凸显了核心素养的进阶发展;(2)鲁科版新教材能够围绕化学核心素养的核心概念,通过"方法导引"栏目等方法构建认识模型,促进化学知识转化为化学能力;(3)鲁科版新教材在教材正文、栏目、习题等设计中创设了很多真实的问题情境,旨在通过分析与解决实际问题的过程培养和发展学生的核心素养。[6]

---

[1] ABD-EL-KHALICK F, WATERS M, LE A P. Representations of nature of science in high school chemistry textbooks over the past four decades[J]. Journal of Research in Science Teaching,2008,45(7):835-855.

[2] ABD-EL-KHALICK F, MYERS J Y, SUMMERS R, et al. A longitudinal analysis of the extent and manner of representations of nature of science in U.S. high school biology and physics textbooks[J]. Journal of Research in Science Teaching, 2017, 54(1):82-120.

[3] 杨玉琴,王祖浩.中美高中化学教材中科学本质内容水平的比较及启示[J].化学教育,2010,31(12):11-15.

[4] 张雪,张静,姚建欣.物理教科书中科学本质表征变迁研究[J].全球教育展望,2020,49(07):106-118.

[5] 程蔼荃.基于学科核心素养的中英高中化学教材比较研究[D].西宁:青海师范大学,2019.

[6] 王磊,陈光巨.外显学科核心素养促进知识向能力和素养的转化——北京师范大学"新世纪"鲁科版高中化学新教材的特点[J].化学教育(中英文),2019,40(17):9-19.

三、基于文化角度的教材内容研究

自20世纪60年代以来,教科书价值取向研究随着课程社会学的发展而日渐成为热点话题。国内外研究者针对教科书中的政治、经济和文化特征,主要从意识形态方面对教科书的价值取向展开了研究。

彼得·尼恩斯(Peter Ninnes)针对科学教材文本主要以种族主义或文化帝国主义为主导的现状,运用话语分析技术,对澳大利亚和加拿大新近出版的两本包含少数民族知识的初中科学教材进行分析,通过解读被纳入教材内容体系中的土著知识的类型,以及纳入方式的优缺点等,提出科学教材的内容设计需要融合土著知识以延续土著文化和促进种族偏见的消除,建议进行土著知识融合方式和原则的广泛探讨,进而为实现更加合理和有效的融合提供理论依据。[①]

裴娣娜从多元文化的角度对基础教育课程目标的价值取向进行了研究。她指出随着基础教育改革的深入发展,课程目标价值取向正实现从知识论向主体教育论的转化,以人的发展为核心。此外,目前我国基础教育课程目标主要呈现五种多元化的价值取向:第一种是强调掌握基础知识的价值取向,第二种是强调基本技能训练的价值取向,第三种是强调获取经验的价值取向,第四种是强调创造性思考能力培养的价值取向,第五种是强调情感陶冶的价值取向。[②]

教科书的价值取向历来是社会主流价值竞争的重要部分之一,可以说是社会主流意识形态的浓缩。教科书本身具有特定的价值立场和判断,其文本呈现的内容不仅仅代表着知识和技术,在文本背后往往还蕴含着一定的代表社会阶层意识形态的思想观念和价值取向。不论是在人文社会科学还是在自然科学教科书中,都渗透着一定的意识形态,只是科学教科书的意识形态功能往往蕴藏在隐喻"谁的知识最有价值"的话语结构当中,有待发掘。[③] 另外,意识形态包含着一系列思想观念,对意识形态的理解绝不仅仅局限在性别意识形态或者政治意识形态,还有科技意识形态等方面。

舍费尔(Schaefer)采用频度统计和内容分析法对93本美国教科书进行研究分析后发现,美国学校的教科书在竭力地向学生灌输一些诸如自由、平等、民主等抽象的政治准则,教科书的价值取向主要表现为强化某些国家认可的价值取向而回避某些不利于国家的社会冲突与矛盾。[④] 通过这样的分析可以看出,对教科书的分析研究已经超越了教科书作为知识载体的层面,而是更多地深入到了教科书所体现的价值层面。

---

① NINNES P. Representations of indigenous knowledges in secondary school science textbooks in Australia and Canada[J]. International Journal of Science Education,2000,22(6):603.
② 裴娣娜.多元文化与基础教育课程文化建设的几点思考[J].教育发展研究,2002,22(04):5-8.
③ 石鸥,赵长林.科学教科书的意识形态[J].教育研究,2004,25(06):72-76.
④ 黄育馥.人与社会——社会化问题在美国[M].沈阳:辽宁人民出版社,1986:156.

斯莱特(Sleeter)和格兰特(Grant)根据插图分析、选文分析、"人物"分析、语言分析、故事主线分析、综合分析等六个指标,对社会学习、阅读/语言艺术、科学、数学四类教科书进行价值研究,他们认为由于教科书隐含着特定的利益、信仰和价值判断,故其内容对学生的价值观念建构具有重大影响。①

傅建明认为,教科书是根据一定的价值标准精心选择的体现特定意识形态的一种文本表达,不同的话语表达方式隐含着不同的意识形态。他运用话语分析技术,从语词、语句、故事主线三个维度对北师大版和香港新亚洲版小学语文教科书的性别意识形态进行了分析。②

四、考察演变特征的教材内容研究

斯科格(Skoog)通过调查1900—1983年间105套高中生物教材中有关进化论的二级主题的内容与生物教材中进化论内容的比例演变进行了纵向研究。斯科格认为有些教材主要是为学生提供一个全面认识进化论的视角,相应地这类教材在内容比例上会略显不足,故其不再采用20世纪80年代初普遍使用的计算关于"进化论"的单词数目,而是采用求算单词数目平均水平值的方法来获取研究数据。斯科格在研究报告中指出在20世纪60年代到80年代,高中生物教科书中进化论内容的比例呈现逐步下降的趋势。③

罗森塔尔(Rosenthal)对1963—1983年间的22套高中生物教材进行内容分析,发现在1963—1966年间现代生物教材(当时占据核心市场地位的生物教材)对社会问题的关注度急剧升高,而在1968—1981年间却呈现明显的下降趋势;由生物科学课程研究所(Biological Science Curriculum Study,BSCS)编写的生物学教材(蓝版本、绿版本和黄版本)在相同时期则主要关注社会的热点问题。④

李俊对新中国化学教材的发展历史进行了追溯,提炼了教材内容组织的变化特征:以"物质结构"为主线—以"物质结构及化学反应与能量变化"为主线—以"以人为本,提高学生科学素养,体现时代性、基础性和选择性"为主线。⑤

张新宇从内容特性、教学特性和历史特性等维度对作为化学学科基础的元素知识展开了历

---

① SLEETER C E, GRANT C A. Race, class, gender, and disability in current textbooks[M]. London: Routledge, 1991.
② 傅建明.教科书性别意识形态的话语分析——以北师大版小学《语文》与新亚洲版《学会中国语文》为文本[J].全球教育展望,2010,39(05): 18-23.
③ SKOOG G. The coverage of evolution in high school biology textbooks published in the 1980s[J]. Science Education, 1984, 68 (62): 117-128.
④ ROSENTHAL D B. Social issues in high school biology textbooks: 1963-1983[J]. Journal of Research in Science Teaching, 1984, 21 (218): 819-831.
⑤ 李俊.新中国化学教科书发展简述[J].中学化学教学参考,2005,(7): 7-9.

史演变研究,由此揭示中学化学教材中元素知识变化的特征,并对变化的原因、意义和未来趋势进行探讨。①

张士勇对改革开放以来我国初中化学教科书中的插图、习题、讨论栏目、化学史、STS 内容的演变进行了分析,其主要的研究结果显示:改革开放以来,我国初中化学教科书中的插图、实验和习题都呈现数量逐渐增加、质量显著提高、内容更加充实、形式更加多样、功能更加完善的特点;化学史内容数量逐版增多,内容逐渐丰富,但年代跨度越来越大,呈现方式单一,涉及的年代不均衡,而且人物数量多、介绍简略、国籍分布不均。②③④⑤ 此外,他还选取了初中化学教科书中的溶液和酸、碱、盐部分,研究发现溶液部分在内容的选择上删除了一些不常使用的知识点;在组织编排上不再严格遵循学科知识的逻辑顺序,更加关注学生需求与社会发展;在内容的呈现上插入了形式多样的栏目和大量的插图,不再只是文本的陈述;习题形式越显多样化而习题数量逐渐减少。⑥ 酸、碱、盐内容广度先增加后减小;栏目总数在逐渐增加,栏目种类也越来越丰富;习题总数先增加后减少,而习题种类呈现多元化,更具有综合性、实践性与开放性,体现了初中化学教科书改革精选课程内容、联系学生生活经验、增加拓展、重视活动、强化方法、深化作业功能等趋势;也体现了教科书建设发展从以学科为中心转变为以学生为中心,促进学生科学素养、核心素养发展的主旨理念。⑦

此外,郭震对百年来我国中学化学教科书中有机化学内容的变迁做了分析研究,发现基本内容和篇幅的比例稳定,知识系统性强;清末民国教科书涉及有机物种类繁多,此后则有所减少;知识内容随时代和学科的发展而不断更新;内容的选编始终注意密切联系生产和生活。⑧

钟晓媛聚焦于中学化学教科书中的核心概念,对其一百年间在数量、深度、难度、侧重点、体现的思想等方面的变化进行计量分析与背景考察,总结出了化学核心概念的变化特点。⑨

五、以布局设计元素为对象的教材内容研究

教材内容的组织呈现方式包括教材知识内容围绕逻辑顺序展开(学科知识的逻辑性、严谨

---

① 张新宇.化学教科书中元素知识的系统研究[D].上海:华东师范大学,2009.
② 张世勇.改革开放以来我国初中化学教科书插图的演变研究[J].内蒙古师范大学学报(教育科学版),2012,25(06):104-108.
③ 张世勇.改革开放以来我国初中化学教科书习题的演变研究[J].教育理论与实践,2012,32(08):44-47.
④ 张世勇,李永红.我国初中化学教科书中化学史的演变研究[J].教育理论与实践,2013,33(17):40-43.
⑤ 张世勇.我国初中化学教科书中 STS 的演变研究[J].化学教学,2014,(01):21-24.
⑥ 张世勇,陈琪,李勋.改革开放以来我国初中化学教科书中溶液内容的演变研究[J].化学教育,2015,36(09):14-19.
⑦ 张世勇,余丽林,彭雪丽,蔡小娟.六版人教版初中化学教科书中"酸、碱、盐"内容的演变研究[J].化学教学,2020,(09):10-14.
⑧ 郭震.百年来我国中学化学教科书中有机化学内容的变迁[J].教育理论与实践,2017,37(17):46-49.
⑨ 钟晓媛.我国中学化学教科书中核心概念的百年变化特点[J].课程·教材·教法,2017,37(07):69-74.

性、完整性以及其与课程标准的一致性等)与上述教材内容的布局设计(内容呈现方式、趣味性、可读性、理解性等)两方面。以教材内容的布局设计元素为研究对象的教材内容研究也较为丰富。

丹尼尔·加拉格尔(Daniel J. Gallagher)和罗德尼·汤普森(G. Rodney Thompson)采用由鲁道夫·弗莱施(Rudolf Flesch)设计的弗莱施阅读简易测验(Flesch Reading Ease Test)客观分析了经济学入门教材的可读性。[1]

阿莎·吉坦德拉(Asha K. Jitendra)等人对4本中学地理教材的可读性、知识类型、认知操作、教学目的,以及课前、课中和课后的学习活动进行分析,以了解当前的中学地理教材是否仍含有大量的事实描述,另外作者还着重探讨了教材如何布局设计才能够促进学生进行复杂性思考和问题解决能力的发展,并给予阅读困难者以恰当的帮助和引导。[2]

拉斐尔·洛佩兹·阿特苏拉(Rafael Lopez Atxurra)等人选取24套涉及自然科学、社会科学以及技术等学科的专为6—12岁初等教育阶段儿童编制的教材为调查样本,以期了解初级教育阶段的各学科教材是如何设计团队合作活动的。作者逐一阅读样本中涉及的所有教学活动,借助信息编码方式对各种活动的特征性数据进行采集,并据此将它们归类为团队活动和个人活动。然后作者进一步采取定性描述团队合作活动共性特征和能力训练要素,以及定量评估此类活动出现的频率和连续性的协同方法对24套教材中的教学活动进行了考察。研究结果表明,虽然教材研制者一直在努力向教材中融入更多的小组合作活动内容,但是个人活动在教材活动系统中依旧占据主导地位,且旨在促进学生决策能力和创造能力发展的活动频率仍在明显减少。[3]

石鸥对科学教材的话语结构进行研究后指出,大多数科学教材基本在创设一种只关注科学结论的话语系统。科学教育作为一种社会事业,其教材的编制与话语选择必然反映着它所处的社会和时代的主流意识形态,而传统科学教材所宣扬的一种个人英雄主义、实证主义、归纳主义、机械还原论的意识将不利于学生良好科学素养的形成。[4]

目前,研究者主要从两个方面考察教材内容的呈现状况:一是内容呈现的方式及其有效性、可读性、丰富性等,如从整体上设计文字和图片资料、优化图文匹配、增强视觉感知、强化符号传递等;二是基于学生已有经验来开发和组织素材,如探讨学生是否具备阐释图片、文字的知识经验,哪些艺术形式能够使学生将个人经验与教材内容联系起来。梅耶(Mayer)认为必须建立图片与文字之间的认知关联,从而帮助学生建立起言语信息和视觉信息的对应关系,使相匹配的文字

---

[1] GALLAGHER D J, THOMPSON G R. A readability analysis of selected introductory economics textbooks [J]. Journal of Economic Education, 1981, 12(2): 60 - 63.
[2] JITENDRA A, NOLET V, XIN Y P, GOMEZ O, RENOUF K, ISKOLD L, DACOSTA J. An analysis of middle school Geography textbook: implications for students with learning problems[J]. Reading and Writing Quarterly, 2001, (17), 151 - 173.
[3] CABA C M, ATXURRA R L. Group-work in primary education: an analysis of textbooks in spain[J]. International Review of Education, 2005, (51): 439 - 458.
[4] 石鸥.科学教科书的意识形态[J].教育研究,2004,(6): 72 - 75.

和图片在文本中一起呈现,在记忆中一同提取。①

六、以师生与教材的关系研究为核心的教材内容研究

哈格蒂(Haggarty)和佩平(Pepin)采用扎霍里克(Zahorik)设计的问卷,对100名来自美国初高中的教师开展调查,以期了解教师的教学风格与其所使用教材的关联。研究人员为受访者提供了相关的教材章节,要求他们以城市化为课程主题设计一系列教学活动。调查结果显示,超过一半的教师主张以出声朗读的方式帮助学生建立与文本的关系;大部分教师表现出趋同的教学风格,即以观点讨论作为主题学习的开端、以问题解决或小组活动的方式来开展概念学习的思考型教学风格;小部分教师表示将使用其他教学资料,可见教师教学风格的特点与其倾向使用的教材类型具有直接关系。②

米尔恩(Milne)等人运用观察法对某女生小组进行研究,要求学生对桉树花进行仔细观察和标记,结果发现大部分学生在自主绘画过程中由于所提供的观察样本或自己绘制的图画中花瓣的数目与所使用的教材的示例不一致而选择依据教材修改自己的习作。另外范·波斯特(Van Boxtel)等人也曾对荷兰中学物理小组概念学习对学生的影响开展对比实验研究,在经过对提供和不提供教材的实验组群与控制组群进行比较后发现,教材的使用减少了学生出声阐释概念内涵和共同构建概念意义的机会,从而影响了个人学习的结果。③ 以上两项研究分别针对在实践活动和小组概念学习两种学习类型中教材的作用进行了深入研究,结果表明权威的教材对于学生的知识建构过程会产生一定的干预作用。

弗雷德(Fred)和鲍勃(Bob)借助以录音方式收集课堂教学信息、以非参与性观察者身份记录课堂、获取课堂使用的文本资料三种数据采集方式,对来自纳米比亚国家不同地区6所学校的12名教师所任教的10、11、12年级的15堂生物课和14堂物理课的课堂活动进行考察,以了解教材、教师与学生的关系。研究结果表明,课堂上教师主导了教材的使用,教材的使用率不高且主要用于查阅表格和数据,提供练习和家庭作业等。④

雷米拉德(Remillard)分析了两名教师的教材使用状况,并指出"教师对教材的理解是选择性

---

① MAYER R E. Comprehension of graphics in texts: an overview[J]. Learning and Instruction, 1993, 3(3): 239-245.
② HAGGARTY L, PEPIN B. An investigation of mathematics textbooks and their use in English, French and German classrooms: who gets on opportunity to learn[J]. Journal of British Educational Research, 2002, 28 (4): 67-590.
③ BOXTEL C. Collaborative concept learning: collaborative learning tasks, student interaction and the learning of physics concepts[D]. Utrecht University Doctoral Dissertation, 2000.
④ FRED L, BOB C. Teachers' use of textbooks: practice in Namibian science classrooms[J]. Educational Studies, 2003, (29): 2-3.

和阐释性的。他们有选择地阅读教材内容,并通过自己的理解使这些内容有意义"。①

林奇(Lynch)提出"过程"与"结构"教科书使用分析模型,改变了以往将教科书、教师和学生的关系视为线性传递的理念。他指出:教师、教科书和学生之间并非是线性关系,学生不仅通过教师来学习,也可以通过直接使用教科书来学习,他们也是教科书的直接使用者。②

李长吉则将目光聚焦于教科书内容之于农村的适切性,指出"相较于教科书与城市之间的密切程度,教科书与农村之间渐行渐远"。③

王晓丽等人从一般因素和特殊因素两方面考察教材对学生的适切性,其中一般因素指向学生的一般认知能力和一般知识经验,特殊因素指向学生的具体学科思维水平和先备知识技能水平,认为这两个因素的四个方面构成了教材适切性的四个维度。④

麦克唐纳(McDonald)的研究表明,由于时间紧张、工作负担过重、家长的施压、教师资质要求提高等因素,澳大利亚的中学科学教师对教材的依赖不断增强。⑤

七、应教材编制理论和实践创新之需的教材研究

刘继和以三套日本初中理科教科书为主要研究对象,着眼于系统分析三套理科教科书在形式结构设计、内容结构设计、STS 教育专题等方面的共性和差异,并从理科课程观、科学观和科学认识论三个视角对日本理科教科书设计的基础进行了深入研讨和分析,并据此构建日本理科教科书设计的理论基础。⑥

毕华林在新一轮基础教育课程改革遵循"以学生发展为本"的理念的背景下,提出教科书设计应从传统的"以知识为中心"转向"以学生发展为本",并以化学教科书的设计为例,系统分析了生本教科书设计的理论基础,阐明了生本教科书的基本特征、结构与功能,提出了构建生本教科书的设计策略。毕华林以义务教育化学课程标准实验教科书的设计为例,从实践的角度具体阐述了教科书设计如何体现"以学生发展为本"的理念。⑦

---

① REMILLARD J T. Can curriculum materials support teachers' learning? two fourth-grade teachers' use of a new mathematics text[J]. The Elementary School Journal,2000.
② LYNCH S. A model for fidelity of implementation in a study of a science curriculum unit: evaluation based on program theory[C]. Annual Meeting of the National Association for Research in Science Teaching, New Orleans, 2007.
③ 李长吉,张文娟.教科书适切于农村:新中国成立六十年以来的趋近与悖离[J].课程·教材·教法,2012,32(02):41-47.
④ 王晓丽,芦咏莉,李斌.教材适切性评价指标体系的理论及实证研究[J].课程·教材·教法,2014,34(10):40-45.
⑤ MCDONALD C V. Evaluating junior secondary science textbook usage in Australian schools[J]. Research in Science Education,2016,46(4):481-509.
⑥ 刘继和.日本初中理科教科书设计研究[D].上海:华东师范大学,2005.
⑦ 毕华林.走向生本的教科书设计研究[D].济南:山东师范大学,2006.

杨治平基于当前信息技术对教科书编制产生的重要影响，将教育学、出版科学和计算机科学在教科书研究领域进行跨学科的整合，并对信息时代背景下教科书设计的一般性理论与实践策略作了必要的探讨。①

毕华林和杜明成通过分析"构建化学基本观念"对于提升学生理解和应用化学知识的水平以及提高学生的科学素养所具有的重要价值，提出化学教科书的设计应突出化学基本观念的构建，并阐明了基于化学基本观念形成的认知过程的教科书设计思路和基本策略。②

在当前强调基础教育课程改革运动的背景下，研究者们特别强调教材内容与课程标准之间的关联性。这也促使评价者在考察教材内容时往往选取国家或地方课程标准作为评价依据，通过分析教材内容与课程标准的一致性来评估教材促进学生深度学习的程度。如多尔(Dole)通过比较教材中"比例推理"的内容目标和课程标准以及相关文献中的目标要求来评估教材对学生深度学习的潜在影响。在内容呈现方面，教材的可读性、趣味性、写作风格、版面设计和插图等因素由于具备较强的直接性与可感知性，而成为影响教材选用的重要因素。③

八、教材内容研究的现状及问题分析

通过从以上七个方面对国内外教材内容研究的现状加以梳理和归纳可知，当前教材内容研究的切入点可谓是异彩纷呈，任何一个与教材内容相关的元素都可能成为研究者捕捉的视角。诸如从是否符合教育的宗旨和学科教育的目标，即对教材内容目标进行考察，如针对"科学本质""科学素养""科学态度、技能、情感"等培养目标解读教材内容的针对性设计；从教材内容的组织与呈现入手，针对某些内容属性和教学特性展开分析评价，如可读性（包括科学性、基础性、适切性、先进性、精选性、连贯性、联系性等）、呈现方式、学习活动等的教学适应性，教学要素在教科书中所形成的结构等方面；从教材内容的育人性出发挖掘内容"怡情养性"的品质，如教材内容所体现的文化底蕴和传统等；以教材内容的变化趋势为着眼点，侧重于考察特定历史背景下内容演变的特征或某一核心内容多个属性的变化等。可以说，针对教材内容这一教材设计中不可回避的问题而产生的关注和研究在学术研究向度和与实践向度上都具有突出的意义，而教材内容研究的发展趋势也顺应了这种要求，呈现出生机勃勃的势头和可无限拓展的空间。

综观国内外教材内容研究的现状，从教育学和心理学的维度来研究教材内容为教学服务的属性与心理学化问题仍占据主流，研究的主要内容包括教材内容的组织和呈现方式等维度。但由于研究者更多地看到了教材与其他文本形式的区别，充分地考虑到了教材是多因素综合作用

---

① 杨治平.面向个体的教科书设计[D].上海：华东师范大学，2005.
② 毕华林，杜明成.关基于化学基本观念构建的教科书设计[J].化学教育，2007，(10)：11-14.
③ DOLE S S. Assessing the potential of mathematics textbooks to promote deep learning[J]. Educational Studies in Mathematics，2013，82(2)：183-199.

的结果,即课程取向、课程目标、课程结构都是教材内容何以形成与存在的凭借和依托,故原本"就教材论教材"的研究倾向发生了很大的改变。当前的教材内容研究表现出了将教育学、心理学、课程学、文化学、社会学、历史学等在这一领域的研究中进行跨学科整合的倾向。

此外,当前国内外教材内容研究也褪去了"书斋式研究"的阴霾,通过积极地捕捉社会热点话题,把握课程变革的时代脉搏来使研究成果更具现实意义和指导价值。正如以"科学本质""科学素养""科学态度、技能、情感"为主题的教材内容研究将当前人才培养目标中最炫目的核心词汇作为研究的切入点,考察教材内容设计如何体现科学素养要求,并主张遵循"以学生发展为本"的理念探索生本教材设计的理论基础和实践策略,讨论信息时代背景下教材设计的一般性理论等。

但是,我们也同样看到目前教材内容研究领域中存在的一些亟待解决的问题。首先,教材内容研究仍以微观探索为主导,关注点往往仅限于单一元素,缺乏对教材内容多角度整体性的把握。例如,可读性、语言呈现方式、学习活动设计等微观层面的研究虽然成果丰富且深刻,但由于缺乏统一的视角而几乎无法整合在一个整体性的编制框架中。可见,构建宏观的整体性教材内容研究的视点,进行教材内容整体化设计的理论建构和研究探索显得意义重大。其次,教材内容设计的理论和实践研究失衡现象较为明显,这一方面常表现在一些纯粹的实践层面的研究当中,由于这些研究中理论的分析十分有限,缺乏必要的理论和实践的对应性解释而使实践沦为一种随意的行为;失衡现象还体现在兼具理论建构和实践应用的研究工作当中,由于理论到实践常常一步到位,缺乏过渡和必要的铺垫而使得理论与实践之间不能实现合理的结合。在当前教材内容设计已经超越对客观事实领域的单纯追求的情况下,知识的主观构建等文化性和情境性特征日益凸显使得教材内容研究的问题呈现更加多维复杂的图景。为此,对教材内容设计的深入探索既需要借助科学方法进行内容考察,还需要基于哲学的方法对教材内容进行价值判断和整体把握,此外还需通过理解与分析等定性研究方法获取对内容本质的理解等。运用系统观点对教材内容整体进行分解,判别出系统中各要素及其功能,采用定性或定量的方法描述它们之间的关系,再进一步讨论其层次和结构等。

正是基于以上的分析和思考,本研究关注新课改背景下由课程知识观的转型所引发的对现有化学知识体系的反思和重构,关注化学教材内容选择和组织构成的多元探索,尝试利用系统论的观点对中学化学教材内容体系的整体性建构进行理论设计和研究探索。

理论设计编

第2章 化学教材内容体系的认识基础

本章针对化学教材内容体系构建中的相关概念、核心要素进行文献分析和阐释,以建立明晰的概念体系,并对化学教材内容构建的相关理论基础进行梳理,包括整体研究化学教材内容的选择原则和组织技术等,为中学化学教材内容体系整体性建构的理论设计提供分析的视点和思路。

一、相关概念的追溯和设计

(一) 知识与知识分类

1. 知识的意涵

儒学经典《论语》开篇即讲:"学而时习之,不亦说乎。"古往今来,许多史学家、哲学家和教育家对该句进行了精辟的阐释与注解,但一个突出的问题依然摆在眼前,即"学什么"的问题。也许我们会快速给出响亮而确定的回答:"学知识。"但随之而来的"知识是什么"就将把我们导入"多米诺骨牌"的"连环怪圈"中。

"知识是什么"是一个亘古不变、揽天地以自问的本源性问题,在人类文明发展的历史长河中,循着知识产生、发展和丰富的轨迹,人们一直对"知识是什么"进行持续的思考,并且常问常新。在不同的历史背景、哲学史观和政治立场上,古今中外的思想家都尝试对该问题作出回答,并形成了如今观点各异、百态共生的局面。

严格来说,今天所谓的"知识"是随着中西文化交流而进入到中国的西方哲学范畴的,在中国古代并没有确切的"知识"范畴。就蕴涵的意义而论,中国古代对"知"的理释范畴包含了今天所谓的认识、知觉及知识的意思。早在孔子及先秦的儒家思想中,"知"便成为了研习的核心范畴之一,[①]孔子在《论语·为政》中对弟子子路说道:"诲汝知之乎!知之为知之,不知为不知,是知也。"可见,孔子更多地是将"知"与"智"或"智慧"相联系的,他讲的"知"是指人们基于对经验世界的认识、了解与感悟而达至的一种"智者"的境界,而道家和禅宗也认为"知识"是自我认识和通向澄明与智慧的道路。

在我国古代典籍中,"知识"始见于宋史《李庭芝传》。就知识的定义来说,《随机家》字典提出了如下八种解释:(1) 由研究或研察、博学而认识事实、真理或原理;(2) 娴熟一门学习;(3) 由见

---

① 张岱年.中国哲学大纲[M].南京:江苏教育出版社,2005:447.

解、经验或报告而得到的认识或熟悉;(4)对事实或真理的知觉状况,是清楚而又确定的心理;(5)对事实或情势的觉察;(6)"是"或可能知道的;(7)人类经过长时间所累积的真理或事实的实体;(8)知的总和。① 综合以上解释可知,知识是对于所知的对象达到了清楚而确定的程度,同时所知的又能贯穿为一个体系。

在与孔子时代相近的古希腊,哲学家和思想家柏拉图一生苦苦求索知识的真谛,最终形成了蔚为壮观的有关知识的理论学说。在其著作《泰阿泰德篇》中,基于对知识与意见的区分,柏拉图将知识界定为一种真实的信念。在以上定义的基础上,西方传统知识定义中又加入了第三个条件:知识需要确证。由此便形成了知识是由信念、真与确证三个要素组成的理论,称为西方传统知识的三元定义,又称为"柏拉图定义"。在此定义下,知识首先是真的,但仅仅是真的还不足以成为知识,你还需要相信它。尽管这种定义在逻辑上并非完备,却逐渐在西方哲学中占据了主流地位。而毕达哥拉斯则认为知识的目的是使有知识的人知道想说什么和怎么说,从而使其行为更加有效,因此提出知识是逻辑、语法和修辞,而后这一知识概念统治西方知识思想长达两千年之久。

由于知识长期停留在哲学的问题域中,并未被心理学、教育学及其他学科予以专门讨论,故我们所能见到的知识概念均是哲学的知识概念。例如,哲学家弗兰西斯·培根认为知识是人类认识经验的结果,知识就是力量;笛卡儿认为只有天赋的知识才是知识;等等。历史的车轮不断向前,随着知识爆炸式的增长与发展,学科与知识的种属划分关系日渐成熟,近现代学者们承袭先哲对知识意义的探讨,又分别基于各自不同的学科立场和理念对知识的内涵与外延提出了多样化的解释。

自认知心理学在20世纪六七十年代开始兴起和发展后,知识的定义也随其的成熟而不断革新。总体而言,知识可以概括为广义的知识和狭义的知识。广义知识的代表性定义源自皮亚杰的结构主义心理学——"知识即个体通过与其环境相互作用后而获得的信息及其组织"。② 该定义从认识发生的角度提出,所指的知识不限于学校学习的知识范畴,它强调知识的建构过程,强调主体获得知识的主动性和积极性。此外,布卢姆从测量学的角度针对知识获得的过程对其作出如下界定:知识是"对具体事物和普遍原理的回忆,对方法和过程的回忆,或者对一种模式、结构或框架的回忆"。③ 这一知识定义更接近学生学习的知识,称为狭义的知识。进入近代,教育学逐渐从哲学中分化出来,在教育学视野中的知识研究虽然也深受哲学知识论的影响,但是已经形成清晰的分离状态,体现为一种具有教育学意义的问题。教育场域中的知识不同于哲学认识论和心理学视野中的知识,前者重在考察知识与人的意义关联,而后者更多关注知识的客观性、确定性、普遍性。教育学视野中的知识由三个不可分割的要素组成:第一是符号,符号是用来指称一定对象的标志物,是信息的外在形式或物质载体,是意义的体现者。第二是思维形式,知识的思维形式是指知识所内聚的"一种理性的心智"。第三是意义,意义是指"知识内具的促进人的思

---

① 钟启泉.知识论研究与课程开发[J].外国教育资料,1996,(2):6-13.
② 皮连生.论知识的分类与教学设计[J].苏州科技学院学报,1991,(6):14.
③ 布卢姆,等.教育目标分类学:认知领域[M].罗黎辉,等,译.上海:华东师范大学出版社,1986:191.

想、精神和能力发展的力量,是知识与人的发展之间的一种价值关系"。① 由此可见,教育学视野中的知识既包括世界的客观知识,更包含知识与人的关系的延伸,因此"心智"与"心事"便成为教育学视野中知识的重要内核之一。

哲学从知识的生产过程和生产结果来讨论知识的定义,其目的是为了揭示人类生产知识的一般过程和基本规律,该视角在很大程度上为我们深度把握教育中知识本质的变革做好了坚实的理论基础。但基于哲学的知识定义很难直接作为方法论或思想观点被教育理论家和实践者加以应用,而教育学则主要从知识影响人发展的特性角度对知识展开讨论,着重探讨在教育过程中知识所具有的各种可能形态以及这些形态如何在作为受教育者的学生个体身上相互转换,从而使知识能发挥其对个体发展的价值。以上内容说明"知识"不是教育理论家和实践者的直接研究对象,而"知识之于学生及其发展"才是教育场域中知识研究的真正目的。因此,我们需要对教育学中的知识概念加以分析,从其特殊性中寻求确切的理解和应对方式,将其他学科以"人与物"发生关联的认识方式转化到"人与人"的思考角度上来,将知识的劳动成果形态、知识的智力特征、对学生个体发展所具有的独特价值等综合起来构建教育学的知识概念。该角度既反映了哲学认识论中"知识是人类认识的成果"所揭示的知识的普遍本质,又体现了心理学基于对信息加工过程的研究而提出的认知主体与知识的关系,同时还将知识社会学中的权利和控制因素加以考量,以实现全面科学地理解教育学视野中的知识概念的多重性、复杂性和特殊性,为本研究探讨哪些类型的知识可以进入学校课程体系,探讨在课程体系(本研究主要关注教材)中知识所具有的各种可能形态,以及这些知识的存在方式如何发挥对个体发展的价值等问题奠定理论的基点。本研究还将在后续章节中通过对现代主流课程知识观的学理分析,对不同课程知识观中对进入课程范围的知识本质的理解加以梳理,从中获得对何谓具有教育学意义的知识的多元化解释。

2. 知识的分类

人类文明的形成和发展过程,实际上是人类不断认识自我、认识自然和认识社会的过程,而分类是这一过程中最基本、最重要的思维方式。分类是将一个属概念划分为若干种概念的思维过程,其以比较为基础,人们通过比较,能够揭示事物之间属性的异同,根据共同点将事物归并为较大的类,再根据差异点将较大的类划分为较小的类。② 世界上的一切事物都可以按其属性区分开来,并归入一定的类,知识也不例外。知识如何进行共享,首先要考虑的就是知识如何分类的问题,将知识按其属性区分开来并归入一定的类的过程,我们称之为知识的分类。知识的分类是知识整序的主要手段,也是知识创新的基本前提,它能有效地克服知识的零乱性和局限性,使之系统化和条理化,从而为人们提供生产知识的视角或路径。与此同时,知识的分类还为知识的存储及知识进入教育领域提供了理论基础。古往今来,许多学者和思想者都致力于对知识分类进

---

① 郭元祥.知识的性质、结构与深度教学[J].课程·教材·教法,2009,(11):17-23.
② 陈洪澜.论知识分类的十大方式[J].科学学研究,2007,(1):26-31.

行思考,并形成了许多独到的见解。以下将从哲学、教育学和心理学视域探讨关于知识分类的基本问题。

(1) 哲学视域中的知识分类

知识最早是哲学家关注的问题。我国哲人早在《中庸》中就提出了推知的两种方式,一是向内心世界求,二是向客观世界求,推知方式的不同喻示着对知识理解的差异。老子区分了"为学"与"为道"两种知识,他指出"为学日益,为道日损,损之又损,以至于无为",可见老子以前者为真知。孔子也对知识作了仁德与技能的区分,推崇前者为道之本,后者如农艺、货殖、卜医等,被斥为"小道""小知"。到宋明时张载更明确地把知识区分为"见闻之知"与"德性之知"。"见闻之知,乃物交而知也",是对日常经验事物的确实认知,这种知识是技艺之知。"德性之知"则是天赋的"天德良知",其"知必周知",是真知。由此可见,我国古代哲人崇尚于对经验知识和德性知识加以划分,并视源于实际生活的经验知识为肤浅认识,即该类知识容易使认知限于狭小空间,无助于甚至容易阻碍人们对普遍周全的天道的体认,因此常对其加以鄙夷和排斥。然而古代哲人对价值理性的推崇虽能减少理性的误用,但也会在一定程度上限制具有工具价值的科学技术的发展空间。随着人们在生产实践和社会实践中对客观世界认识的不断深入,分类也不断细化。《庄子·天下篇》分诸子百家为七派,《荀子·正名篇》关于"名实""辨同异"的论述,所谓"同则同之,异则异之"等,应是我国较早的分类原理。荀况的《非十二子》和汉代的《淮南子·要略》等篇,都对学派进行了具体分类。而司马谈论六家之要旨,分析阴阳、儒、墨、名、法、道德各派之特点和相互关系,可以说是对先秦以来知识分类的一个总结。

西方文明源于对世界本原问题的探寻,与我国文明天道与人道的思路具有明显差异。早期的古希腊哲人对世界进行简单的二重划分,其一为感性之于现象世界的认识,其二为理性之于存在本身的认识。前者是不确定的,称为意见;后者具有确定性,称为真理。[①] 古希腊哲人具有明显的追求真理的认识倾向,也正是其对确定不一的知识的崇奉,导致知识开始出现分化。亚里士多德在历史上首次明确提出"学科"概念并进行了学科分类,在此之前哲学是包罗万象的知识总汇,从自然科学到社会伦理的各种问题都能成为哲学关注和研究的对象。亚里士多德将知识划分为"纯粹理性""实用理性""技艺"三类。在那个年代,纯粹理性大致指几何、代数、逻辑之类的可以精确研究的学科;实践理性则是人们在现实活动中用以作出选择的方法,用以确定命题之真伪、对错、行为善恶的标准,如伦理学、政治学等;技艺则是指只有通过实践历练才可以获得的知识,其无法用言辞方式传达,如木匠的手艺、医生的医术等。可以说,现代对学术课程和职业课程的划分就是受以上古典分类的启发而形成的。

对知识本性的探讨是近代哲学的基本内容,并形成了两个独立的流派——经验论和唯理论。洛克作为经验派主要代表人物之一,认为知识就是对观念之间关系的认识。观念之间的关系不

---

① 刘华丽.东西方传统知识论的比较[J].中共浙江省委党校学报,2002,(3):30-34.

同,知识的清晰程度就不同,从而形成"直观的知识""证明的知识"和"感觉的知识"三类由高至低具有不同等级的知识,且各类知识的确定性和可靠性程度则是区分其所属等级的主要依据。最彻底的经验论者休谟关于知识分类问题的看法是可以将知识分为"观念知识"和"事实知识"两类,前者包括几何、三角、代数等数学知识,这类知识"只凭思想的作用,就能将它发现出来,并不以存在于宇宙中某处的任何事物为依据";事实知识则需建立在经验的基础之上,属于"或然的知识",包括自然科学、自然哲学、历史学等。① 唯理论代表人物之一的欧洲哲学家斯宾诺莎根据认识的方式与知识的来源,将知识分为四类:一为由传闻得来的知识,该类知识由于缺乏确定性,被排斥在科学领域之外;二为由泛泛的经验得来的知识,它们构成大多数关于实际生活的知识,同样因为没有必然性而被排斥在科学领域之外;三为由推论得来的知识,它们为人们想要认识的事物提出观念,但仍然不是达到所追求的完善性知识的手段;四为纯粹从事物的本质直接得来的知识,即可作为天赋工具与事物的同一的"真知识"。②

自19世纪中叶起,以自然科学为代表的理性知识观的普遍有效性受到质疑,知识的划分问题也被要求重新思考。英国哲学家、历史学家柯林伍德曾指出人类掌握的知识主要有三类,它们分别是经验的、先验的和历史的知识,不同类型的知识分别适用于解决不同的问题。经验的知识采取公式化的模式,针对的是可以重复验证的事实,典型形式是自然科学,如物理学、化学等。先验的知识也可以称为超验的知识,它不是在经验验证的基础上获得知识的可信度,而是在逻辑的自洽上体现出作为知识的公信力。历史的知识的特殊性在于,一方面它是经验性质的,因此对于史实的记载需要进行严格的甄别;另一方面历史又不像经验学科所研究的对象那样具有普遍性,历史绝不重复,就如同古希腊名言"人不可能两次踏入同一条河流"。

20世纪以来,在后现代主义者的影响下,人们逐渐接受了"情境性"知识范围观。后现代学者主张各类知识对于个体发展都具有同样重要的价值,提倡尊重知识的多元性、异质性、情境性,因此不能按等级分层,而应将不同知识加以分类使其平等共存。如利奥塔就将知识分为"叙事知识"和"科学知识"两类。叙事知识是由原始口述方式深化而来的知识,包含了各种故事或寓言,带有很强的个人性、道德性和宗教性,但它不具有科学性;而科学知识是由叙事知识派生出来的,是世界上客观存在且真实的知识,也可称为"元叙事"。在后现代学者看来,大量的个体经验,如叙事知识、民俗知识、地方性知识、个人知识等都应作为重要的知识领域而受到重视。

通过以上对中西方哲学视野中的知识分类问题的历史追溯,可以发现属于不同年代背景、具有不同文化传统的哲学家主要从知识属性、知识形态、知识的内在联系、思维的特征、知识的研究对象以及方法论等方面对知识的分类进行了多种方式的尝试,试图为人类的知识分类体系确立一个绝对固定的、普遍的、客观的和自明的分类标准,并不断为此而辩护。随着对知识内涵和特

---

① 北京大学哲学系外国哲学史教研室.西方哲学原著选读(上卷)[M].北京:商务印书馆,1982:519.
② 斯宾诺莎.知性改进论[M].贺麟,译.上海:商务印书馆,1960:24-34.

性认识的逐渐丰富,分类的标准从单一旨趣走向了多维度的综合与统一,为我们在具体的学科领域中进行体现学科属性的知识分类提供了更多的思想利器,尤其是知识分类的变化轨迹让我们看到了分类思维发展的方向及潜在的可遵循的规律性——以知识本质和特性认识为基础。当今后现代的哲学知识分类观点又为我们开放思想、追求多种分类思想和谐共存创造了条件,更加有助于我们以从容的心态走进具体语境中去思考知识分类的问题。

(2) 教育学场域中的知识分类

在教育学界,教育家为了更好地实现教育目标,更加重视利用知识的属性特征对知识加以区分,以便于对它们进行分门别类的传授,其中最具代表性的有以下几种分类观点。

费尼克斯(H. Phenix)在《意义的领域:普通教育的课程哲学》一书中指出人类"基本上是能够经验各种意义的生物,与其他生物不同的人类存在在于一种意义的形式","意义是人精神(内在)生活的体验",并认为人类有六种意义模式:符号的(symbolics)、经验的(empirics)、审美的(esthetics)、共智的(synnoetics)、伦理的(ethics)、综合的(synoptics)。费尼克斯指出:"这六种意义模式可以作为普通教育所教给每个人的基本能力。一个完整的人必须能够熟练地使用语言、符号和手势,能够创造并欣赏具有美学意义的事物,在个人生活及人际方面过丰富和节制的生活,能够明辨是非,并且表里如一。而这正是以塑造完整的人为目的的普通教育的目标。"此外,费尼克斯还认为认识上的意义总是包含量和质两个逻辑层面,即知识对于认知者而言均与一定的范围有关,而这些范围之间存在关联性。量的方面划分为三个等级:单一、普通和综合;质的方面也有三种:事实、形式和规范。根据以上思路,他对知识类别进行划分并与不同学科建立起联系,见表2-1。① 从以下分类框架看,意义模式与学科之间并非是简单的一一对应的逻辑关系,由于学科内部不同学者的研究倾向具有差异,因此同一学科内往往会形成不同的分支和流派,且可以分属于不同的意义模式。

表2-1 意义分类与学科关系②

一般种类 量　质	意义模式	学　　科
普通　形式	符号的	普通语言、数学、各种系统的符号形式
普通　事实	经验的	物理科学、生命科学、心理学、社会科学
单一　形式	审美的	音乐、视觉艺术、运动艺术、文学
单一　事实	共智的	哲学、心理学、文学、宗教
单一　规范	伦理的	道德与伦理的各个具体领域
普通　规范	伦理的	道德与伦理的各个具体领域
综合　事实	综合的	历史、宗教、哲学
综合　形式	综合的	历史、宗教、哲学
综合　规范	综合的	历史、宗教、哲学

---

① 张华.课程流派研究[M].济南:山东教育出版社,2000:67.
② 贝利.费尼克斯论意义的领域[M].瞿葆奎,译.北京:人民教育出版社,1990.

20世纪六七十年代分析教育哲学伦敦派的代表人物之一赫斯特(Paule. H. Hirst)着力于研究知识论和课程论,他提出的知识形式论是通过梳理历史上许多哲学家所做的工作来确定对知识进行分类的重要性。他指出"从柏拉图到现在的哲学家们,都从不同的角度非常重视这样的问题,即人类的知识、意义和理解范畴由一系列有限但截然不同的种类组成"。赫斯特基于对费尼克斯的知识分类方法的评价,指出费尼克斯对意义划分的实质还是知识划分,认为其按照意义的两个逻辑层面对知识进行归类的做法缺乏客观标准,并对该分类方式表示质疑。赫斯特认为一种知识形式是指使用公认的符号将我们的经验结构化的独特方式。知识形式的分类是从日常生活世界中发展和分化出来的,其中,常识是总的基础,从中分化出各种知识形式的分支。基于上述认识,赫斯特根据独特的概念、独特的逻辑结构、独特的真伪判断标准和相关的方法论确定了七类知识形式,并以七类知识为基础构建起学科种类,如数学、理科、文科、历史、宗教、文学艺术、哲学等有助于提升心智的训练机制。此外还划分了包括理论性知识和实践性知识的知识范畴。这些学科加上道德知识组成了理解经验的各种方式。赫斯特对知识本质和知识形式的划分,为学科中心课程的建构和实践提供了理论依据。①

相较于以上从宏观层面对知识分类的把握,以下知识类型的研究更加重视在微观层面上对特定范围内的知识成分进行考察以确定各种知识类型,这些工作直接与课程知识的选择和组织有关,具有针对性和突出的应用价值。

布卢姆等人基于知识的测量学定义将知识分为具体的知识、处理具体事物的方式方法的知识、学科领域中的普遍原理和抽象概念的知识。具体知识是指各个知识领域中具体的、独立的、可分解的事实或信息,通常是以代表指称物的符号来表示,处于较低的抽象水平;处理具体事物的方式方法的知识是指组织、研究、判断以及批判各种观念和现象的方法的知识,处于略微抽象的水平;学科领域中的普遍原理和抽象概念的知识是将各种现象与观念组织起来的主要观念、体系及模式的知识,处于高度抽象和异常复杂的水平。② 安德森等人对布卢姆的知识分类进行了修订,修订后的目标分类学将认知过程维度分为:记忆、理解、应用、分析、评价、创造,并从知识向度将知识分为事实性知识、概念性知识、程序性知识和元认知知识。

查阅国内教育类的相关典籍,发现我国对知识类型所作的尝试性研究大多以国外已有研究成果为基础,主流结论认为知识大致可以归纳为以下七种类型,包括态度的知识、价值(价值判断)、规范、概念、规律、似规律(对社会现象概括形成的结论)以及事实。③

从上述对国内外教育学界对知识分类和知识类型的论述可以发现,学者们所持有的哲学观点会对知识的本质和分类的理解造成影响。总体来看,哲学思辨的结果相当于在宏观层面上描述知识的本质、获得方式、知识学习结果及检验,其对个体现实中的知识获得和检验具有普遍性

---

① 张文军.赫斯特知识课程论述评[J].外国教育资料,1999,(1):41-43.
② 布卢姆,等.教育目标分类学:认知领域[M].罗黎辉,等,译.上海:华东师大出版社,1986:25.
③ 王伟廉.课程研究领域的探索[M].成都:四川教育出版社,1986:65-70.

的指导意义,但当具体到教育教学实践的环境中时,在哲学观点驾驭下的教育学视野中的知识分类立场应更需要接近具体的实践情境。例如,布卢姆基于知识的测量学定义对学习结果的分类就为教育评价的实施提供了有效的指导性标杆,在一定程度上揭示了知识获得过程的实质,具有更加实际且具体的操作意义和指导价值。但整体而言,教育学视野中的知识分类仍无法深入联系知识的属性特征及其获得过程的发生机制来进行,进而使其难以为教育者提供具体的教育目标。

(3) 心理学场域中的知识分类

心理学场域中对知识问题的研究,主要集中在对知识进行新的分类。在认知心理学派看来,知识是一种信息加工过程,不同的信息加工就产生不同的知识类型。皮亚杰从认识发生的角度区分了儿童学习的两种知识:物理的和逻辑—数理的知识,前者是关于客体的物理经验属性,通过主体作用于客体的行动而获得,后者是抽象的知识,通过主体作用于客体的行动创造出来。

美国认知教育心理学家奥苏贝尔认为:"最简单的知识是建立事物与符号的表征关系;较复杂的知识是获得同类事物的概念;更高一级的知识是习得表示事物之间关系的命题。"根据符号表达意义的复杂程度,他把知识分为五类:表征学习、概念学习、命题学习、知识的运用、解决问题与创造。

美国心理学家加涅从学习引起的变化的角度将人类学习的结果分为言语信息、智慧技能、认知策略、动作技能和态度五个类型,其中前三者属于认知领域的学习结果,故言语信息、智慧技能和认知策略被视为加涅对知识分类的认识。美国认知心理学家安德森在加涅的知识分类上进一步将知识划分为陈述性知识和程序性知识。帕尔斯(Pairs)等人又以安德森的分类为契机,提出了第三类知识——条件性知识,即学习者辨别在何种情境和条件下应用某种程序的适恰性知识。梅耶在综合加涅和安德森的知识与技能观的基础上又提出了一个广义的知识观:语义知识(个体关于世界的知识)、程序性知识(个体用于具体情境的算法或程序)、策略性知识(个体如何学习、记忆、解决问题的一般方法)。

我国学者皮连生基于知识获得的过程提出了狭义知识与广义知识两个概念。其中,狭义的知识指"客观事物的属性与联系的反应",仅包含贮存和提取。如布卢姆教育目标分类中的"知识"、加涅学习结果分类的"言语信息"、安德森知识分类的"陈述性知识"以及梅耶的"语义知识"均可归于狭义知识的范畴。广义知识可分为两大类和三亚类:两大类是指陈述性知识和程序性知识;三亚类是根据广义知识除了涉及贮存与提取,还包含应用的角度划分,即在把陈述性知识作为第一类知识之外,在程序性知识之中再划出一类特殊的,用来支配和调节人们自身的学习、记忆和思维等认知过程的程序性知识,即策略性知识。如布卢姆教育目标分类中的"领会、运用、分析、综合、评价",加涅学习结果分类中的"智慧技能",都属于该知识范畴。可见在以上的知识分类中,广义知识已将知识、技能和策略融为一体。

莫雷认为个体获得知识所进行的信息加工方式不同,其知识形态也不同,运用联结性学习机制获得的知识称为联结性知识,运用运算性学习机制获得的知识则称为运算性知识,前者只涉及简单的联结活动,主要具有信息意义,后者则需要经过复杂的认知操作活动或智力活动才能生成,既有信息意义,又有智能意义。基于以上的划分,莫雷借鉴陈述性知识和程序性知识的分类,提出"陈述—程序"与"联结—运算"两维分类模式,并据此将学生学习的知识分为四类:联结—陈述性知识、联结—程序性知识、运算—陈述性知识和运算—程序性知识。

综合上述,西方心理学家主要从学习结果的复杂性角度对知识作了各种划分,勾勒了不同类型知识之间的内在关系,揭示了个体获得各种知识的发生机制,最终呈现了一种源于经验又高于经验的心理学知识分类体系。我国学者也在借鉴的基础上摆脱了以往思辨式和经验化的知识分类思考方式,所形成的知识分类研究成果正在不同程度地影响和作用于我国的课程理论与实践工作。

随着人类知识存量越来越多,最初人类以自觉分类方式来处理知识问题已然不能适应人类认识的需要。长时间以来,哲学都将知识问题作为其研究的核心领域,在对历史的追溯和现实的考察中,我们看到了哲学知识分类观点的变迁以及不同观点中所蕴含的思辨的力量和分类的思想方法,这些都为我们展现了在既定的对知识对象的认识背景中思考知识分类问题的一般程序和规律,可见哲学视野中的知识分类观为我们提供了丰富的、规范的、具有普遍适用性的分类体系,同时也为我们在其他学科场域中思考知识分类问题时提供了范式。而对教育学和心理学等学科场域中知识分类的研究成果所作的梳理,也反映了不同学科在探讨本学科的知识分类问题时是如何基于本学科知识形态的特殊性,通过恰当处理学科知识与哲学观点的关系,确立本学科的知识分类标准,使之更具有针对性和有效性的。在教育学和心理学范围内,我们能看到哲学知识分类观点的影响和分类标准的再生产的过程与现象,也应该关注到不同学科分类框架之间可能存在的相互作用。教育学与心理学虽然存在清晰的学科界限,但是教育学需要心理学尤其是认知心理学的理论支撑,而心理学的研究也需要以教育问题为线索,两者间存在大范围的互通互融的疆域。正如以上分学科的知识分类梳理结果显示,心理学的知识分类从知识的获得过程的发生机制着手,为教育学中知识的分类教学和测量提供了依据;而教育学以教育领域的知识范畴为对象,以教育规律为导向的知识分类也为心理学的知识分类研究成果提供了互证的机会。

本研究将借鉴哲学视野中知识分类的思想方法——依据知识论中对知识内涵和特性的认识;基于教育学知识分类的要求——教育领域知识范畴的有限性和对教育目标的说明;结合心理学知识分类的重要研究成果——以知识获得机制为区分依据,统筹形成一个适用于进行新课改背景下中学化学新教材内容体系中内容要素划分的分类框架,该分类框架包含化学教材内容要素划分的可行性分析、确定的分类思想、分类的背景和条件性因素以及一系列具体的可操作性极强的分类指标。

(二) 化学教材内容体系

系统的概念源于人类长期的社会实践,朴素的系统概念在古代的哲学思想中早有反映:古希腊唯物主义哲学家德谟克利特的"宇宙大系统"观点正是在物质构造的原子论的基础上论述了原子组成万物,形成不同系统层次的世界;古希腊哲学家亚里士多德关于事物的整体性、组织性和目的性的观点可以称为是古代早期朴素的系统思想。系统思想由来已久,但是将系统作为一个重要的科学概念予以研究,则始于1937年奥地利生物学家冯·贝塔朗菲对系统概念的阐释——"相互作用的诸要素的综合体"。[1] 到目前为止,系统的确切定义依照学科、使用方法和解决问题的不同而有所区别。整体而言,人们认为系统是由相互作用和相互依赖的若干组成要素结合形成的,具有特定功能的有机整体。其中,要素是系统的基本单元,是系统的存在基础和现实载体,系统的性质由要素决定,可以说要素的数量和性质决定了系统的状态。在特定的系统中,系统要素的相互关系表现为系统内部各要素之间的关系、要素与系统之间的关系以及系统与外界环境之间的关系。从系统的概念看,系统应具有以下特点:整体性,即表现系统的整体功能,是组成要素的共同作用所具有的新功能;相关性,即组成要素之间的相互作用和相互影响;动态性,即系统始终处于不断的变化和运动中;适应性,即系统与环境的相互依存,对环境变化的适应程度;目的性,即各要素集合在一起的共同目标。

在自然界和人类社会中,可以说任何事物都是以系统的形式存在的。为了研究和认识问题与对象,可以把每个要研究的问题或对象看成是一个系统。人们在认识或改造客观事物的过程中,根据事物本质的、内在的、必然的联系,用综合分析的思维方式看待事物,从整体的角度进行分析和研究,这类事物就被看作一个系统。

"体系"和"系统"这两个概念是同一意义的两种不同表达形式。在《辞海》中,体系被解释为若干事物相互联系、相互制约而构成的一个整体。教材是一个多要素综合形成的极其复杂的体系,其中各组成要素均具有一定的属性和特质,并且体系还可呈现出不同于各部分的整体性特征。为了把握教材各组成要素的内部联系和整体功能,揭示其结构和层次,通常需要借助于系统分析的方式来对其展开考察。

教材是教育学功能的承载和体现,其中知识的传递和表述过程是育人目标实现的根本途径,而该过程往往需要被镶嵌在具体的体系结构之中才能发挥其功能,因此任何一种教材都具有自身的内容体系。"内容"一词是被广泛应用、出现频率很高的用语之一,它表示构成事物的内部并赋予其价值的部分,与"形式"一词相对。[2] 在教育场域中,"内容"一词往往是与其他术语结合起来使用的,诸如课程内容、教材内容、教学内容等,人们通常会通过比较的方式对上述教育用语加以区分,但是在很多情况下,教育用语在使用时很少被给出规范和清晰的定义,包括教材内容至今也是一个相对模糊的概念。教材内容体系还经常被称为教材的逻辑体系、教材的知识体系和教材的学科体系,等等。那么究竟何谓教材内容?教材"内容体系"与"知识体系""逻辑体系""学

---

[1] 郝海,踪家峰.系统分析与评价方法[M].北京:经济科学出版社,2007:2.
[2] 刘继和.日本初中理科教科书设计研究[D].上海:华东师范大学,2005.

科体系"又存在什么关系？拉尔夫·泰勒曾经对"知识"与"内容"的关系作了如下说明：内容是学生行为加以操作的课题、概念、事情、问题等教材要素，它们覆盖学科领域乃至广泛的生活领域。学科领域的"内容"实际上是"学科历史上共享的知识"。[①] 由此，我们可以进一步推论生活领域的"内容"为与学科相关的政治、经济、历史、文化、技术、伦理和环境等复杂社会问题中所涉及的非学科领域知识。简单来说，泰勒将教材内容视为不同领域知识的组合。借鉴泰勒的观点，我们从广义和狭义两个层面对教材内容加以界定：在化学课程中，狭义层面的教材内容指教材根据课程标准的规定与要求而精心选定并纳入教材之中供学生学习与掌握的化学概念、化学原理、化学事实以及科学方法等化学学科本身的知识结构，即教材的化学学科体系。它是人类在与自然界的长期交往中所形成和建构出的认知结晶；广义层面上对教材内容的理解还应包括与化学相关的文化、技术、环境等各种复杂社会问题中涉及的非学科领域的知识。狭义上的教材内容一般与课程标准所规定的课程内容相一致或相对应，而广义的教材内容还包含了帮助学生理解和掌握学科知识与观念的其他素材和手段。为构建一个更趋完善和宏大的教材研究体系，本研究采用广义层面的理解对教材加以讨论。此外，我们还看到化学教材内容体系除了反映出化学学科领域和非学科领域知识之间内在的逻辑联系，还会折射出教材编制者对这种逻辑联系的认识和改造，因此教材的逻辑体系应该包含知识的自身逻辑和编制者的设计线索两个方面。至此，我们认为使用教材内容体系这一概念更为合理，因为它在内涵上具有更大的包容性，不仅呈现出教材学科领域知识和非学科领域知识的组成，而且反映了编制者在教材编制理论指导下构建的教材知识之间的逻辑关系。

综合以上对内容的阐释并根据体系的概念，化学教材内容体系可以定义为：在化学学科体系的基础上，根据教学任务或课程目标选择符合需要的不同性质、不同层次、不同类型的知识，并将其以一定方式组织起来的整体。在这个整体中，属于知识范畴的有关事物相互联系、相互制约，其内涵与外延相互统一。化学教材内容体系的构建主要包括以下几个方面的问题：教材的内容体系由哪些类型或层次的知识（内容要素）构成；各种类型或层次知识的内部相互制约、相互依赖的关系如何；各种类型或层次的知识之间相互作用的机制如何。简言之，本研究讨论的是关于化学教材内容体系构建的问题，关系到知识（内容要素）的类属划分、不同类属的知识（内容要素）的内涵、不同类属的知识（内容要素）的结合方式及其特点等。

二、化学教材内容体系构建的理论基础

化学教材内容体系的构建是一个庞大的系统工程，应选取一定的理论基础作为构建的基石。这些理论基础一般来源于五大领域：第一是哲学理论，它可以为化学教材内容的合理建构提供整

[①] 拉尔夫·泰勒.课程与教学的基本原理[M].施良方，译.北京：人民教育出版社，1994：35.

体方向和宏观指导,能在教材整体与局部、结构与功能、不同类型知识之间的关系等问题上给出相应的回答;第二是文化理论,它能帮助编制者把握教材建构的文化背景以及学科的自身文化传统,以满足教材建构中体现多文化交流的要求;第三是教育心理理论,它能为教材的建构提供教育心理的依据;第四是学科理论,它为学科教材的建构提供了最初的原材料,对什么样的学科概念、思想、方法经过加工可进入学科教材内容体系等问题作出回答;第五是技术理论,它为学科教材的建构提供技术支撑。这些理论基础的构建将会与教材内容选择及组织问题研究结合在一起,为其提供理论分析的视角。

(一) 化学教材内容的选择原则

对于如何精选教材内容的问题,泰勒曾提出教材内容选择的五大原则:为了达成某一目标而提供给学生的教材,要使他们有练习该目标所蕴含的内容和行为的机会;要使学生从练习行为中获得满足感;教材内容的选择要在学生的能力范围之内;不必为达成课程目标限定学习经验;同一学习经验通常会产生数种结果。[①] 美国教育家蔡斯在综合多家之言的基础上,提出重要性、实用性、兴趣和人类的发展四个效标。[②] 另一位美国教育家赫斯特则在《文科教育和知识的实质》中提出教材内容选择的七个基本原则,包括社会的效用、社会责任感、共同文化素养、个人满足感、有关认知的方面、家长与社会的压力、心智能力。[③] 美国课程学家塔巴也非常强调教材内容的有效性、重要性以及与社会现实的一致性。钟启泉教授在《世界课程改革趋势研究》一书中也针对教材内容选择这一问题阐明了如下观点:第一,要从素材中选择最优的,即以经过分析的目标而构成的目标单位作为选择的首要视点,不要纠缠于细枝末节去议论教材的适切与否;第二,根据教材可能开展的学习活动,选取有助于促进学生主动地、生动活泼地参与学习活动的学习素材,使其与一定的文本形式加以区分。例如,可以通过对科学家的著作论文进行适当的加工,使其通俗易懂,适应教学的要求。[④] 社会学学者则考虑到课程选择中意识形态渗透的问题,在内容选择依据的认识上表达了他们对文化选择的强烈关注,其中最具代表性的是英国课程社会学家麦克·扬在《知识与控制——教育社会学新探》中对教材内容选择的社会学视角所作的系统化理论研究;美国教育家阿普尔也用"谁的知识最有价值"概括了他对知识选择是政治、经济和文化的角力的判断;中国台湾社会学家詹栋梁提出有关教材选编的"六个主题和三个原则",其中六个主题为知识与兴趣、政治与经济、社会与文化,三个原则分别是兴趣、政策和文化原则,这些观点都充分体现了他对教材内容选编与意识形态关系的独到理解。[⑤] 尽管上述观点分别来源于立场不同

[①] 欧永生.课程发展的基本原理[M].台北:复文图书出版社,1984:173.
[②] 欧永生.课程发展的基本原理[M].台北:复文图书出版社,1984:169-175.
[③] 丹尼斯·劳顿等.课程研究的理论与实践[M].张渭城,等,译.北京:人民教育出版社,1985:126-128.
[④] 钟启泉,张华.世界课程改革趋势研究[M].北京:北京师范大学出版社,2001:244-245.
[⑤] 詹栋梁.教科书与意识形态[M].台北:台湾书局,1989:1-37.

的课程学和社会学视角,但是两类视域对于我们思考化学教材内容选择的问题,省察既往的编制实践均具有启示与指导意义,即不论是最优性、重要性、兴趣、文化的需要、社会的需要,还是人类的发展等出于不同目的驱使而形成的一般性原则,对于教材内容的选择都有其普遍的意义与价值。

(二) 化学教材内容的组织策略

关于化学教材内容组织的原则和要求离不开心理学研究与对学习主体的基本认识。皮亚杰的认知心理学理论对教材内容组织的启示可以概括为如下几个要点:教材内容的组织应该是螺旋式上升的;知识的阐述要反映儿童主动获取知识的过程;教材内容的组织要多安排刺激物;通过设难置疑、制造悬念等过程促进学生积极思考。[①] 认知主义学习理论则给予了教材内容组织以明确的思想和行动的指南,提出层次性、渐进性、逐步分化和整合协调原则,与其所强调的有意义学习相互呼应。可见,认知心理学的研究结论对于教材编制的过程具有理论价值,其十分强调教材内容的编排组织要兼顾内容自身的特点和学生的认知加工过程,要使教材内容呈现的顺序和线索能与学生的认知过程发生作用。建构主义学习理论则对学习提出了许多新的见解,强调在教材内容的组织编制上增强对内容进行情境化、生动化和形式多样化的处理,并对学生的原有经验和心理特征加以关注与对知识的建构特征加以把握,使得基于建构主义学习理论的教材编制具有了广阔的创设空间。从提供教育心理背景的角度上来看,任何一种关于教材内容编制的观点都含有特定的心理学理论的支持和影响。钟启泉教授在《世界课程改革趋势研究》一书中详细地论述了教材内容编制的五大原则:第一,把教学内容上升到"高水准的科学",说明学生的学习是"既知的变革与扩充";第二,尊重儿童的"既知",强调要帮助儿童认识到"既知"是正确的并且存在进一步修正和发展的需要;第三,突出法则,鼓励儿童能够用自己的语言去表达科学的法则,进而内化为自己的东西;第四,引进实物,即对"直观原理"的应用;第五,关注非语言情境,即在编制教材时需要考虑创设非语言情境。[②] 上述每一项基本原则都能在心理学理论中获得相应的解释,正如尊重儿童的"既知"与建构主义学习理论中提倡的学习是以儿童的原有经验和心理结构为基础的,"突破原则"与建构主义强调的知识是建构的观点,等等。上述教材内容编制的视点与心理学理论的对应解读,让我们看到在化学教材内容体系建构中寻找合适的心理学理论为依托的必要性和重要性。

---

① 皮亚杰.皮亚杰教育论著选[M].北京:人民教育出版社,1990:100.
② 钟启泉,张华.世界课程改革趋势研究(上卷)[M].北京:北京师范大学出版社,2004:79.

第 3 章 化学课程知识分类体系重构

任何知识分类的提出都不是凭空想象出来的,都必须以一定的理论基础为指导。在第一章中对哲学、教育学和心理学场域中的知识分类所作的特征分析,让我们获得了有关知识分类的要求、思想方法和思维框架等重要启示。以下我们将依据一定的思维框架和基本准则进行适用于新课改背景下的中学化学教材内容体系构建的知识分类构想。首先,考虑到任何时期的课程改革都是以一定的课程知识观为基础的,通过对现代课程知识本质观演变过程的考察,致力于对当前新课改的课程知识观的反思和重建;其次,借助以上重建的新课改背景下的课程知识观全面解读我国新的化学课程在知识本质、价值方面的变革,提出了全新的化学课程知识本质观;再次,将传统的化学知识分类与新的化学课程知识本质观进行对接,寻找并建立传统知识分类与新化学知识本质观的对应关系,实现对传统的化学知识分类体系的解构和对新化学知识分类体系的确立;最后,对新知识分类体系中的社会性知识和方法性知识的内涵、功能特征、存在条件等关键性问题进行理论分析,进一步深化对新知识分类体系的构成要素及其关系的认识。

一、新课改背景下课程知识本质观重建

要解答如何从哲学体系中分化出具有教育学意义的知识的问题,首先需要厘清教育学场域中的课程知识问题有哪些。从知识观角度看,人们以知识为研究对象,或者在狭义的范围内讨论"知识性质",或者在广义范围内研究知识与认识者、知识与认知对象的关系以及知识作为一种陈述本身所具有的逻辑问题。[1] 课程知识观则是对进入到课程范围的知识的认识,因此以上无论是广义还是狭义的知识观的问题无疑都会成为课程知识观问题域的构成部分。同时课程知识观还应该包含诸如课程知识如何获得,课程知识与学习者之间的意义建构关系等具有教育学特征的观点。此外,由于知识的本质、类型与内容是处于变化之中的,因而知识观对于知识的理解自然也会随之发生变化,即课程知识观在知识观发生嬗变的背景中也会出现更替和演化。

课程知识本质观代表了对课程知识最具特征性的理解,揭示了课程知识的深层结构,故对课程知识本质观的演变过程展开考察分析是进行课程知识研究的关键性选择。本研究将从课程知

---

[1] 石中英.知识转型与教育改革[M].北京:教育科学出版社,2001:19-21.

识的本质观出发,探明现代课程知识观在独特的价值取向下所形成的一系列具体的课程知识设计向度的主张,即深入获取课程知识"是什么""有什么用""如何发挥作用"等课程知识观在学理上最具一般性的追问和理解。

当历史的车轮驶入现代,现代课程知识观沿着历史的足迹发生演进与变化,这一过程经历了典型性的"四流派",即实用主义、要素主义、结构主义和后现代主义所代表的课程知识价值观的碰撞和交融。

(一) 实用主义课程知识设计主张:主体性经验

杜威是19世纪末20世纪初在欧美国家兴起的教育革新运动的主要代表人物,杜威实用主义教育观的诞生标志着现代课程知识观演进的起始。其教育观的主体思想是"实验",反映在教育结果上必然体现为"经验",故其将经验定义为课程知识的唯一原型或雏形。在杜威看来,知识是环境与人之间相互作用的结果,而经验正是这一过程的中间产物,经验包括直接经验和间接经验,它们是相互统一而不是二元对立的。直接经验通过间接经验得以拓展和深化,而间接经验只有结合直接经验才能焕发活力与生机,不致沦为僵硬的教条。此外,杜威还提出了经验的"连续性"和"交互作用"两个重要标准:前者强调将学习者已记录存储的经验作为新探索的资源,使得课程知识得以发展;后者则主张教育问题需要在具体情境中进行探究,而课程知识正是人与环境进行对话的桥梁。至于课程知识的价值,杜威认为其主要体现在两个方面,其一是内在价值,即知识本身赖以形成和发展的丰富性与独特性。学习者主要通过"欣赏"的方式在真正的生活情境中深刻了解事实、原则和观念的意义,进而获取和完善各类经验所具有的内在价值。其二是外在价值,即课程知识在具体的运用情境中促进目标实现的程度。外在价值可以通过这种目标达成程度的高低来进行衡量和排序。例如,斯宾塞提出的"什么知识最有价值"正是对知识的这种外在性工具价值的强调。

据此,杜威提出了课程开发的知识向度设计主张,强调社会生活与学科知识、教材的心理组织与逻辑组织、教材材料与方法的统一。杜威指出,学科知识与教材选择应在参考社会价值标准的基础上再论及专业。为此,他认为在规划课程时应将"要素"列于首位,再讨论对"要素"进行精炼的问题,这里的"要素"主要是指与人类的社会生活联系最为紧密和最为根本的问题,而非一些具体的、呆板的谋生技能或手段。由此可见,在对学科知识与社会生活关系的认识方面,杜威坚决反对将两者关系相割裂的二元对立论,他认为社会生活与学科知识是相互统一和相互促进的,"提供种种的环境,使学生渴求更多的知识"[①],从而发挥有限的学科知识对丰富的学生社会经验的指导作用,同时也为学生经验的生长提供基础。

杜威强调科学是具有逻辑组织的,他指出:"科学标志着任何知识的逻辑含义的实现。逻辑

---

① 杜威.民主主义与教育[M].王承绪,译.北京:人民教育出版社,2001:136.

顺序并非强加于认识的一种形式,它是完善的知识的恰当的形式。"①科学知识的逻辑组织体现为每一个概念或原理的叙述都是在另外一个概念或原理的叙述基础之上发展而来的,同时也能延伸到其他概念或原理上。科学的逻辑组织与学生的心理组织间的对立由来已久,而杜威通过对两者关系的辨析,指出逻辑的经验和心理的经验仅仅是一个单一学习过程的两极——起点和终点。作为终点的心理经验表征的是经验实际生长的过程,而作为起点的逻辑经验则是某一阶段内习得的经验系统化的结果。同时从经验的永恒发展来看,逻辑经验又有还原成心理经验的可能性。因此,杜威要求将课程知识心理化,即"把各门学科教材或知识部分恢复到它被抽象出来的原来经验",这样学科知识与学生的个体经验才能建立起联系。在知识心理化的教学实践过程中教师主要负责将教材的逻辑经验转化与解释为学生的心理经验,从而促进学生经验的获得和重组,而学生现有的心理经验向教材的逻辑经验发展则是课程的主旨。

在知识的分类上,杜威主张将其分为四类,其中第一类就是"理智地获得技能这一意义上的知识",是关于"如何做的知识"(knowledge how to do)。杜威运用此类知识将方法和知识统一起来,并对科学方法的理解作了重新说明——"科学的方法是认识和了解我们在其中生活的世界的各种日常经验的唯一可靠的方法"。② 由此科学方法被作为一种生活方式与经验生长方式来加以学习和改造,成为课程或教材中的重要组成部分。杜威认为教材的材料与方法之间具有一种水乳交融、相互统一的关系,其中方法具有两个方面的意义:一方面指向于课程知识具备的指导行动、应对未来的功能;另一方面指向于教材材料所隐含的将其自身转化为学生心智所特有的规则或程序。

那么,如何实现以上提出的社会生活与学科知识的统一,逻辑组织与心理组织的统一,教材的材料与方法的统一? 对此,杜威倡导并实施主动作业的方式,所谓"作业"是指"复演社会生活中进行的某种工作或与之平行的活动方式",即对社会生活中各种职业技能进行分析、提炼而转化形成的学生活动方式。主动作业通过选取可以代表社会情境的、具有社会性质的事实和原理,设置适合儿童经验生长的要求,关注学生的兴趣、意愿和审美品质的提升,使其成为学生的心理经验不断向科学的逻辑经验发展的中介,并体现材料与方法的统一。

(二) 要素主义课程知识设计主张:社会文化要素

要素主义课程观的提出与 1929 年那场世界性的经济危机有着必然的联系。自经济危机以后,人们开始反思由进步主义教育运动所造成的美国教育软弱无力和低效率的状况,并反观传统课程知识观,试图寻求与复活传统课程知识观中的积极因素来改变当前消极的社会取向。要素主义者认为实在是由不变的、永恒的、先定的规律、过程、原则以及全真、全善、全美的原理所控制

---

① 杜威.民主主义与教育[M].王承绪,译.北京:人民教育出版社,2001:227.
② 杜威.我们怎样思维经验与教育[M].姜文闵,译.北京:人民教育出版社,2005:302.

的,这象征着"符合论"真理观的再度崛起,因此知识的获得过程就是真理的发现和接受过程。正因为知识具有永恒的价值,故以巴格莱为代表的要素主义者给课程知识赋予了新的本质——社会文化要素,指向"人类文化中那些经久不变的共同要素"和"有永恒性的人类知识"。[①] 从这个意义上看,社会文化要素就是具有永恒价值的种族经验的精华。

巴格莱深刻反思美国的功利主义文化传统、实用主义在教育理论方面占统治地位的主张对美国教育课程的影响,指出对课程知识工具价值的过分关注是导致教育现状的根本原因。如果仅利用工具原则对知识的价值进行判断,将会误导人们产生一种认识上的倾向性,即将能否解决现实问题作为评判知识是否有效、能否被选入课程领域的核心标准,而那些不能直接作用于现实生活的知识或是具有潜在作用的知识将被排斥在外,从而使得学习者的知识形成严重缺乏广泛性和整体性,导致其只能局限于狭小的视角去审视问题。为此,巴格莱阐发了课程知识在对文化的发展、对社会的增进防退和对个体理智的增进三个方面的功能,并以此为理论依据区分了知识的两种价值:工具价值和背景价值。巴格莱并不否认课程知识的工具价值,但他主要强调学习者不仅需要获得作为工具的知识,更加需要广泛摄取背景性知识以增进其文化素养和问题意识。同时,在课程知识的"广"与"博"的关系上,巴格莱提出了兼顾"节约原则"与"浪费原则"的观点,认为为学习者所提供的学习内容不仅需符合其当前需要,还应满足其长远需求。

正是因为要素主义者将课程知识还原成了社会文化而非个人经验,故课程的使命就成为了如何将种族经验结合到个体经验当中,使相应的课程知识的学习过程转变成为一种"文化"的编织过程。要素主义课程观自觉地将课程开发的知识向度设计集中到社会文化经验的"精化"和"维系"中,极力倡导"知识中心的课程开发"。该以知识为中心的课程开发过程主要围绕两个问题来进行,分别是"什么知识最有价值"和"怎样对课程进行逻辑组织"。前者主要依据"节约原则"和"浪费原则"来共同确定种族经验的精华;后者则强调文化的基本成分要严格按照系统性、逻辑性的原则来设计并传递给学生,即强调各门学科均要依据固有的内在逻辑性来组织课程。可见,大多数要素主义者表现出了非常明显的课程逻辑组织的倾向性。

(三) 结构主义课程知识设计主张:学科结构

在20世纪50年代肇始于美国,并在全世界范围内产生影响的"学科结构运动"是课程现代化进程中的里程碑,而结构主义课程范式便在这一过程中得以确立并取得了主导地位。皮亚杰的发生认识论提出了智力发展阶段,揭示了认识的本质,并将结构主义和建构主义统一起来建立了发生学结构主义,为结构主义课程知识观的形成与发展奠定了理论框架。

结构主义课程观的代表人物布鲁纳曾指出:"知识是我们为赋予经验中的规律性以意义和结构而构成的一种模式。任何知识体系组织中的观念,都是为了经济和连贯地陈述经验

[①] 李红亚.教育意义的寻觅:知识、道德与课程[M].北京:知识产权出版社,2007:32.

而发明的。"①由此可见,结构主义课程知识观沿袭理性主义认识论的传统,认为知识并非是对外在事物或事实的镜像或反映,而是人们基于经验中的材料所创造出来的。人们为了更好地解释经验中的事物或事实,利用了知识中的概念,所谓概念即为将经验简约化,通过相互关联的方式构建起来的知识结构。由于体验的内容是不断在发生变化和流转的,因此概念的内涵也处于持续的变化和发展中,由此可以得出关于知识最本质的解释:知识是一个不断发现和探究的过程,而非结果。而在这一过程中,需要将知识的综合基础建立在对知识本身结构的探求上,要求将知识的结构与学习者的学习探究和发现的心智关联起来,以促进课程知识的同化与内化。在《教育过程》中布鲁纳写道:"不论我们选教什么学科,务必使学生理解该学科的基本结构。"②课程知识的基本结构的重要性就体现在其本质特征上,它既反映了学科中的一般原理和概念以及相应的学习和探究该学科的基本态度,还有利于学习者认知结构的转化,布鲁纳对其特征作了概括——经济性和生产性,前者指向基本结构的简约化,因而易于获取和发现;后者则要求对基本结构的理解能易于提出新命题和形成迁移。

在国际竞争激烈的时代背景下,各国为追求军事竞赛的优势和综合国力的强盛,往往在处理教育的卓越性和公平性问题时将教育卓越性置于首位。而学科结构的价值在社会各界被广泛讨论,尤其是不同学科的教育研究者更是将本学科结构置于课程系统的核心地位,提出只有重视学科结构价值的教育才能适应科技迅猛发展的要求并培养出具有卓越智力的人才,这也构成了结构主义课程知识观的价值取向之一——明显的意识形态性。另外,结构主义课程知识观认为课程知识是否能促进社会民主、民族融合和社会进步,并不在于仅被视为价值实现手段的知识本身,而是在于社会或掌握课程知识的人们对其价值的选择和驾驭。可见,这是对课程知识工具价值的强调,但在结构主义者的视野中课程知识又具有另外一个侧面——相对的中立性。

据此,结构主义者把知识学习的过程视为一个主体"建构"的过程,它包含了学科基本结构确立阶段和学科结构心理化阶段,这两个阶段实现了要素主义强调文化要素的系统组织与经验主义关注知识的心理组织的综合,促进课程知识与学习者认知结构之间的平衡。而建立这种平衡需要通过构建课程的螺旋式组织方式。根据布鲁纳对学科基本结构的定义,学科结构是由基本原理和相应的探究方法与态度构成的,因而课程的螺旋式组织应涉及两大构成部分的组织设计。

将基本原理及概念以螺旋式组织的学科结构主要是受皮亚杰的启发,布鲁纳根据学习者观察世界和解释世界的独特方式,将其划分为三个表征阶段——行为、图像和符号,并根据不同表征阶段的发展水平对课程知识进行转化,使得学科的基本原理和概念能够按照顺序不断地拓展和加深。在此基础上杜威还提出了大胆的论断,指出教授科学概念也不必完全奴性地遵循学生的自然认知过程,可以考虑以合适的方式为学生设置挑战性任务,以使学生能更早地接触学科的

---

① BRUNER J S. On knowing: essays for the left hand[M]. Cambridge: Harvard University Press, 1962: 120.
② 布鲁纳.布鲁纳教育论著选[M].邵瑞珍,等,译.北京:人民教育出版社,1989:27.

基本原理和概念,并跟随其年级的上升再加以拓展和推进,即构成了另一种形式的课程知识螺旋式组织方式。

以螺旋式对探究的态度和方法加以组织与结构主义课程观所主张的发现式学习是有密切联系的。布鲁纳将发现法定义为"一种着眼于从所见事物表面去探讨规律性的潜在结构的一种学习途径"。① 在杜威看来,发现式学习与科学家的研究具有一样的性质,因此在教学中要注重将基于学科结构的学习和探究的态度与方法传授给学生,促使他们能以一个科学工作者的思维和态度进行学习与探究,而该教育过程的重点则在于遵循螺旋式的组织逻辑将开展发现式学习所需要的探究的态度和方式加以组织并妥当地传递给学生。而探究态度和方法的螺旋式组织是以这些态度与方法所具有的普遍性和有用性为参照来进行等级分类的,即在最初阶段应将具有一般性意义的方法和态度教授给学生,而后随着学生的成长再进一步提高其认知等级。

(四) 后现代主义课程知识设计主张:意义开放文本

20 世纪 60 年代,"新实用主义"哲学思潮在综合杜威哲学和欧陆哲学的基础上被提出,继而"后分析哲学""后结构主义""解构主义"等思潮不断兴起发展,逐渐形成了对现代主义思维方式的全面反超。自 20 世纪 80 年代以来,美国课程理论受后现代主义哲学的影响形成了后现代主义的课程范式,并促使整个课程知识观实现了基本转型。由于后现代主义哲学包含了激进的解构主义和温和的改造主义两大派系,因此随之产生的后现代主义课程范式也相应地分为批判性的后现代主义课程观和建设性的后现代主义课程观。我们综合了二者的观点进行考虑,揭示后现代主义视野下课程知识价值的新变化与新主张。

后现代主义课程范式以反表象主义、反基础主义、反本质主义为旗帜,立足驳斥主体与客体认识的二元对立的角度,消解了"思想的客观性";基于反对深层与表层文化的二元对立的立场,指出从"第一原理"推出一切的思维方式的不合理性,并主张以差异、多元取代统一、普遍,以模糊性取代确定性;提倡反中心主义的主张,否认有现象与本质区别的存在,从而消解了中心与边缘的对立。正是因为其"三反"立意,使得后现代主义课程知识具有了批判性、不确定性、隐喻性、多样性、开放性和变革性等特征。

在课程知识的意识方面,后现代主义指出其并不完全在于文本自身的描述,而是分散于"从词到定义再到定义中的词的定义"的无休止的变动过程之中。人们为透彻理解一个文本,必须往复循环于"已写出的"和"未写出的"之间,而用已写出部分所决定的意义来代替文本意义的整体,或是对冠以中心的价值加以强化等确立知识意义的方式都是不可取的。在德里达的"解构哲学"看来,置于中心的东西以及声称具有固定意义的东西都是一种错觉,因此学习者需要促进其认可多元文化的情结的发展,并通过对知识进行激烈的批判以产生新的见解。

---

① 布鲁纳.布鲁纳教育论著选[M].邵瑞珍,等,译.北京:人民教育出版社,1989:37.

由于受实在与认识主体分离的理论支配,现代主义教育一直强调采用具有较强指向性、确定性和限定性的说明式思维方式去把握课程知识,以助力认识主体更清楚地把握已经确定的对象。从后结构的观点看,在知识的探讨过程中,人们不是为了去发现已经存在于某处的实在,而是通过多种方式去解释"上帝微笑的回声",通俗来讲,就是把认识对象作为要解释的文本,通过对话的方式来剖析其富有创意性的内涵并达成意义丰富的理解,而非机械地形成具有固定意义的论断。因此,这一过程需要利用"解释性"的思维方式和具有开放性、生成性和启发性等特点的隐喻式叙述方式,从而帮助学习者基于这一过程进入到文本之中并与文本产生真正的对话,获取课程知识弥散在外的广阔意境。

现代课程理论将知识结构描述为一个封闭的、界限分明的、稳定的系统,而后现代主义则把课程知识看成是一个变化的、复杂的、边界松散的存在,是一个一般性的、宽松的、带有种种非确定方式进行组织和转化的框架。在课程实践中,这一框架允许变通性的存在,每一种知识在其边缘地带以增生的方式实现增长,且教师、学生与文本间的协同发展也可引起学科的变化。

"关联"是后现代主义课程知识结构的另一个重要特征。相对于现代课程知识观突出课程知识内部的包容性和层级性而言,后现代主义课程知识观并不排斥这一观点,同时还对课程知识的关联性予以关注。多尔(Doll)认为关联性对于后现代的转化性课程具有重要意义,这里的"关联"既指课程知识的内部联系,又指课程知识与外部文化世界的关系,前者构筑了课程丰富的模体,后者则提供了课程知识由以产生的巨大母体。

基于后现代课程知识观对知识特征的观点,课程与教学内容应该是在"多元价值观"的指导下,强调多种文化的和谐共生从而形成包括地方知识、土著文化、女性知识、缄默知识等的大熔炉,在破除"范式"或"元叙事"的霸权基础上为学生提供聆听多方声音的机会,培养和训练他们宽容合作、尊重差异的科学精神和态度。在不确定性和消除中心主义的功能定位下,课程与教学内容不是一种真理、一种定论的展示,而是需要教师和学生共同参与解构的文本,其目标不在于传递特定的知识体系,而是在于培养学生发现和创造文本所隐含的价值即创造知识的能力,也是学生张扬个性、关注个人价值的契机。因此,后现代主义者崇尚的是课程内容结构的综合性、平衡性、开放性,关注课程与教学活动与其他文化背景、社会背景之间的关联,强调改变学科间缺乏统整的局面。

(五) 我国新课改背景下的课程知识本质观

任何时期的课程改革都是以一定的课程知识观为基础的,虽然以上对现代不同课程流派的课程知识观的考察建基于历史,但着眼的是当前新课改的课程知识本质观的反思和重建,并追求更进一步地服务于我国化学新课程知识本质、价值和课程设计方面的变革。

1. 以分析视角展望新课改课程知识本质观的发展:社会本位与个体本位的倾向

课程知识的本质是什么?不同时期背景下的课程知识观都在批判和反思的基础上,努力探寻适应时势的、具有时代合理性的解释。从实用主义的生活经验、要素主义的社会文化、结构主义的学科基本结构,直至后现代主义的解释性文本,呈现出了课程知识本质观从实在走向虚无的迂回前进的演进历程,也反映了现代课程知识观冲破理性主义崇尚的确凿公理和经验主义主张的先天观念的两极化长期对峙局面,在个人、社会发展和文化方面寻找课程知识的应有之义。

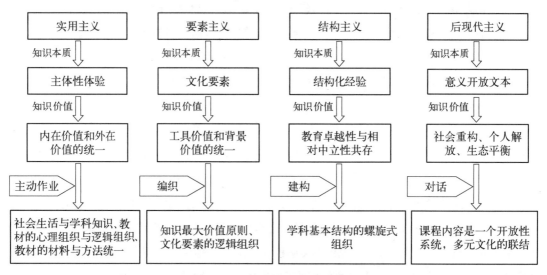

图 3-1 现代课程知识观的演进历程

图 3-1 对不同流派现代课程知识观的演变过程进行了提炼和概括,其中实用主义以改造生活准备方式为要义,强调社会活动和直接经验的重要意义,关注适应儿童心理特征和发展阶段的主体性经验的组织与设计,充分体现了知识服务于发展人的主体性的使命,使得课程知识里程碑式地从"文化传递"的重负中挣脱出来。随后 20 世纪 20 年代末的经济大萧条让西方社会跃跃欲试、大展拳脚的社会心理发生扭转,为传统课程知识观的卷土重来提供了复活的土壤。但是要素主义者也意识到了重走老路的消极意义和历史前进的不可抗力,因此重新思考了传统课程知识观中的积极因素,为课程知识赋予了新的本质——以符合社会进步和社会福利为原则,从广泛的人类文化体系中选取出来最有价值的、经历了历史考验的社会文化的共同要素。自此课程知识重新负载了"文化传递"的历史使命,体现了社会经验优于个体经验的价值判断,也宣示了人类社会文化的传承和发展优于个体成长的需求。而结构主义课程知识观则是在美苏激烈的科技竞争背景下产生的,此时学科知识结构的提出是为了谋求通过科学知识教学成就天才培养的目标。结构主义遵循学习者认知结构的特点,将学科中普遍的、强有力的观念和态度构造成为一种结构化的独特方式,以促进学习过程中课程知识的同化、转换和创新,从而追求学习者智力的卓越性以适应科技迅速发展的需要。可见结构主义课程知识观在"为儿童而牺牲成人和为成人而牺牲儿童"的论争中找到了平衡点,即通过学科基本结构和原理与学习者心理结构的统一来帮助他们提高智慧水平,获得认识和解决其他问题的基础。与此同时,课程知识再次从社会本位的立场上回摆到学习主体,强调学习者主体性的发挥,强调课程内容选择、组织与个体智慧训练和社会公

民成长的关系,但其与实用主义所强调的主体性经验的不同在于:前者以经验化的学科基本结构为手段,而后者则以具体的生活经验改造作为学习者个体发展的工具。后现代主义课程知识观的兴起首源于后现代主义广泛向社会科学渗透、延伸的哲学思潮,在倡导否定、批判、质疑、反思的后现代主义精神实质和倡导多元并存、关注差异的思维特征影响下,后现代主义课程知识观对知识进行了双重解构,一方面将知识还原为解释性文本以反映文本与学习者的意义关系并体现对学习者主体性的关怀;另一方面把知识视作一种文化资本,旨在于课程中聆听不同群体的声音。可以发现,后现代主义课程知识观已然走出发展个体智能结构、完成社会文化传承、塑造人格等价值取向的阈限,将课程知识的功能价值定位于学习者获得自我解放、提高学习者主体意识、批判能力、对话本领等方面,表现出对个体解放和各种潜能拓展的极大关注,同时也再次体现出个体本位的倾向性。图3-2呈现了不同流派的现代课程知识观中社会本位和个体本位倾向的变化,那么如何从这种变化趋势中透视当前新课改背景下课程知识的功能取向呢?

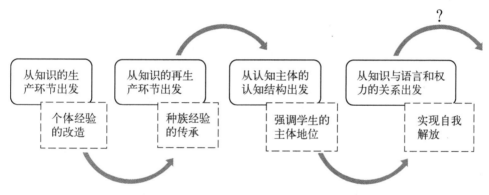

图3-2 现代课程知识观中"主体本位"和"社会本位"的主张

综合以上现代不同流派的课程知识观对课程知识本质及其价值实质的认识发展轨迹可以发现:从整体的走向上来看,现代课程知识观对课程知识本质的探讨开辟了一条不断拓宽、与时俱进、反思精进的发展路向,如回归生活的主体性经验,对学习主体心理化结构与文化要素、学科结构的整合,对主体与文本的意义建构等方面无不体现了学习主体本位在课程知识本质定义中的精神内核导向,故而课程知识承载的个体发展、解放的价值被进一步放大,并实现了与社会发展、文化传承和创造的价值平衡。为此,在21世纪迎来了知识经济时代的当下,在科技迅猛发展、世界各国致力于综合国力增长和社会进步的大背景下,培养具有综合素养的复合型人才成为了教育的核心目标,实现个体综合素养发展与社会经济技术进步的微宏观要求间存在的互为条件关系比任何时候都要来得更加突出,如何处理平衡主体本位和社会本位的问题再次摆在我们面前。诚然,以上四个流派的课程知识观基于各自的教育哲学和社会现实都对二者作出了一定的优先选择,尽管其中大部分侧重于对人性优先的倡导,但归根结底还是以促进教育和社会发展为宗旨。当前我们更应该主张二者以协调统一、相互作用的姿态出现在教育实践中,将社会文化的

"灌输"与个体经验、主体建构和学习共同体的对话等元素综合起来,以充分发挥社会文化对于个体智慧发展和人格完善所具有的物质基础性支持作用,并借助个体体验、认知建构以及批判对话等途径助力社会文化实现塑造完人的培养目标。

2. 以统整的视角来实现新课改的课程知识观的深化:科学世界与生活世界的对话

以个体本位和社会本位的统一为前提,我们需要利用共时性的分析方式和统整式的研究视角来推进对新课改的课程知识观认识的深化,并寻求以上两种教育功能统一的具体方式。要素主义课程知识观为我们提供了关于科学世界的文化要素的基本描述,结构主义课程知识观在学科课程的角度上倡导了科学知识,综合这两大领域中关于社会文化的定义,我们认为新课改的课程知识应在广度和深度上来确定其内涵:一方面关注学科悠久的学术传统及其独特稳定的逻辑体系;另一方面以学科逻辑体系为基础,提炼学科中的基本概念和原理、学科知识的内在联系和学科的学习态度与方法,以此为要素完成课程知识中"科学世界"维度的建设,为社会文化传承奠定基础。"生活世界"在实用主义课程知识观中得到了前所未有的关注,它是学习者主体性体验进入到课程视域的桥梁,是学科结构与学习者心理结构联结的重要纽带,更是能激发学生讨论、质疑、批判和创造热情的源泉。为此,"生活世界"这一维度的设计成为新课改对课程知识探寻的重要方面,只有让科学世界与生活世界发生联结和对话,社会文化的价值才能在个体成长中发挥作用,才能促进科学知识"为生活做准备"的功能,才能为社会文化的再生产服务。可见,科学世界和生活世界的统一可以将不同课程流派所主张的课程知识观中对课程知识本质认识的积极因素加以统一,将学科的文化积淀与个体的体验性行为、认知建构过程和互动解读等建立起联系。

3. 以"复合"方式来践行新课改的课程知识本质:社会文化与学习者经验以及活动空间的关系

科学世界与生活世界的联结凝结了新课改的课程知识观对课程知识本质的重新解读所得出的基本内涵,那么在课程文本中这种联结的过程具体表现为什么?科学世界的代表对象——"社会文化"与生活世界的代表对象——"学习者经验"构成了课程知识的核心内容,其中社会文化因其"预成性大于生成性"的特征,决定了它们将以相对稳定的形态出现在课程文本材料之中,例如体现一定的关联结构、因果关系和线性解读等的要求;而以"生成性大于预成性"为标志的学习者经验则以淡化以上要求的方式出现,通过与社会文化以"复合"的方式联结在一起为课程知识容纳学习者与社会文化提供保障,并同时开辟第三个复合元素——发挥学习者主体性的"活动空间",即社会文化与个体经验的相互作用机制(见图3-3),促使学习者能够在社会生活背景下重新解读社会文化,由此获取超越既定信息的主体性解读结果,在课程既成文本的牵引作用下,实现课程知识生成性、开放性、多元本质的特征和价值。

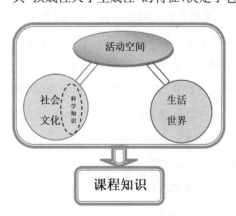

图3-3 社会文化与学习者经验以及活动空间的联结

经过对不同流派的现代课程知识观演变过程的历史考察,透视不同流派课程知识观对课程知识本质认识的历史性变迁和未来性趋向,我们看到了社会本位和主体本位取向的回摆变化,从而更加关注两者以彼此统一、相互作用的姿态出现在当前与未来的教育实践中的可能性和合理性,进而思考两种教育功能统一的具体方式。通过对不同流派课程知识观对知识本质理解的共时性的统整分析可以发现,只要立足于科学世界和生活世界的对话,就能对不同流派课程知识观中的积极因素加以融合和统一。至于如何实现科学世界和生活世界的对话,我们设想可以在科学世界和生活世界之间创造一个特殊的"活动空间",以"活动空间"的存在为契机促成三者以复合的方式联结成为一个整体。

素养是将知识运用于情境之中,通过建构各种复杂关系,由此形成的一种复杂性问题解决能力。① 我们基于以上对不同流派的现代课程知识观演变过程的分析和比较,形成了以素养为本的新课程改革背景下的课程知识观之课程知识的教育功能定位、内涵和特征的基本构想。素养的发展是依托于利用学习者个体经验创造的强调学习者主体介入性的课程认识过程(活动空间)的,这个过程实现了科学世界(科学知识)、生活世界(个体经验)与素养的视域融合,使得知识不再僵化、素养不再抽象,两者能够以彼此包含、相互促进的形式共同存在于学生的经验之中。

二、新课改背景下化学课程知识本质推演

在素养为本的新课程改革背景下,对化学课程知识的重新界说是我们反观课程知识观历史演变的直接动因。在此,我们利用上述新课改背景下的课程知识本质观对化学课程知识的本质进行理论推演,以期为进一步探讨中学化学新教材的内容体系要素构成奠定重要基础。

(一) 知识结论与知识生成的关系:化学知识内容与过程方法的统一

自化学的诞生之日起,人类在观察化学现象的过程中积累了丰富的事实依据,据此建立起了化学概念、发现了化学规律、构建了化学理论,并进一步创造和使用了专门的语言与符号对其加以表达和记录,促使化学概念、原理、规律、基本观念和理论方法成为了一个综合的化学学科知识体系。正如伯顿·克拉克(Burton Clark)所说,"知识是通过世世代代累积起来的,化学学科也是历史发展的产物,它们随时间迁移而发展"。② 传统的课程知识观认为知识是一种静态的经验积累的过程,反映了人类理智活动的成就,在这种知识观的支配下,只关注已有的事实、现成的知识的意义和发展逻辑成为一种必然。在这种知识观的视野下,化学教育的核心是对稳定而可靠的知识结论的传递,且在这一传递过程中知识体现出静态简约的特征。然而,正如伯顿·克拉克所

---

① 张紫屏.论素养本位课程知识观[J].课程·教材·教法,2018,(9):55-61.
② 伯顿·克拉克.高等教育系统——学术组织的跨国研究[M].王承绪,等,译.杭州:杭州大学出版社,1994:15.

说,知识是通过世世代代积累起来的历史性的产物,它们不仅是对客观世界和规律的静态反映,同时还包覆着不同时期人类对自然、社会探索的欲望、体验、智慧、才能和思维方式。正因新课程知识观对科学世界具有多维本质的理解,对知识的生成性和发展性具有深刻的解读,才得以让蕴含在知识中的丰富智慧、才能和思维方式获得了与知识结论性意义共存的地位与价值。因此,在新课程化学学科知识的传递中,我们除了关注知识的结果,还要为知识内在积淀的人类探索物质世界的智慧、能力和思维方式的融入创造条件,实现知识的过程方法与知识内容的统一。

(二) 知识生成与个体性、情境性的关系:化学知识内容、过程方法与经验背景的统一

在传统的课程知识观中,由于知识被作为一种确定的发现结果加以描述,因而其具有确定性和客观性的特征,它们可以固化的方式在不同背景的社会群体中传递,并表现出去背景化、放之四海皆准的普遍性特质。因此传统的课程知识观可以忽略个体经验在知识教育中的意义,把知识的学习过程看作外在于个体因素和社会因素的行为。新课程知识观通过讨论知识内容与知识过程方法的关系,极力倡导教育领域关注知识过程,而知识的理解和形成过程正是个体与知识内容之间的相互作用和对话,因此个体的经验背景和知识所依附的情境在"知识发现"过程中举足轻重。只有通过建立知识与具体的生活情境或应用情境的意义联系,原知识发现(形成)过程中所凝聚的创造智慧、才能和思维方式才能够得以重新释放,并凭借其鲜活的生命力促成个体对知识基于经验背景化、价值化、批判性的结果发现。新知识状态具有了明确的逻辑表述,同时这种逻辑关系中又体现个体经验和情境约束,一方面有效促进了个体对知识内容的理解,另一方面为知识发现(形成)过程中人类智慧与方法的吸收创造了条件。

新课程知识观在寻求知识结果、知识发现(形成)过程与个体经验和情境的统一上给出了处方,强调科学世界、生活世界和活动空间三因素的复合联结,科学世界表达了知识的确定性的逻辑,生活世界承载了个体的经验背景和丰富的情境,而活动空间是联系科学世界与生活世界中的经验背景与情境的桥梁,它可以是个体基于个体性和社会性背景对社会文化的体验和理解行为,也可以是具体的活动形式,从而在活动过程中将学科的文化积淀与个体的体验性行为、认知建构过程和互动解读等统一起来。由此可见,新课程知识观下知识本质的构成关系为:科学世界、生活世界与活动空间的复合联结关系,与化学知识内容、化学知识过程方法以及经验背景三因素的统一形成了对应的解释关系,为我们建立化学课程知识的核心要素提供了有力的抓手。

三、传统化学知识分类与新化学课程知识本质的对接发展

(一) 传统化学知识分类的内容及特征

对化学知识的分类问题的讨论一直以来都是建基于对化学教学理论和学习心理逻辑的研究,旨在通过对化学知识的科学分类来实现对化学知识的有效教学和学习。最常见的化学知识

分类方式借用现代认知心理学家依据知识在人脑中的表征形式，将化学知识分为化学陈述性知识和化学程序性知识，前者主要回答"是什么""为什么"的问题，后者则回答"怎么办"的问题，且分别涉及智慧技能和动作技能两个方面。以"双基"的观点来看，元素化合物知识、基本概念、基本原理等基础知识属于陈述性知识之列，化学实验技能、化学计算技能和化学用语技能等基本技能则属于程序性知识，以上六大部分知识构成了化学学科知识体系的实体性元素。由于传统化学教育强调"双基"并视其为实体性知识的代名词，因此在传统的化学知识分类中对科学方法等非实体性知识的关注寥寥。

在人们讨论化学学习策略的涵义、特征及其类型时，再次从知识分类的角度来思考学习策略的类型，提出化学学习的过程包含化学信息的获取和化学问题解决两个环节。所谓化学信息主要包括具体的化学事实性知识、抽象的化学理论性知识、化学技能性知识和情意类内容等，而化学问题解决环节则需要化学问题解决策略的支持。化学事实性知识主要指元素化合物知识中有关物质的性质、存在、制法和用途等多方面的内容，化学理论性知识是反映物质性质及其变化规律的本质特征的化学基本概念和基本原理。化学事实性知识是对化学物质和现象的宏观描述，是一切抽象概念和理论形成的基础，被人们称为"真正意义上的化学"。化学理论性知识是对物质和化学现象的本质与规律的抽象概括和反映，体现了化学学科知识的精髓，承载了学科发展的基本脉络和核心观念，直接影响学生对化学事实性知识的理解和运用，更关键的在于理论性知识是深化学生思维、开展学科思维方法训练和丰富科学观念的良好素材。化学技能性知识主要指的是对化学概念、原理及与元素化合物相关的化学用语的使用，以及化学实验、化学计算等技能形成和发展的知识。其中化学用语是描述事实性知识和表达抽象概念与规律的基础，体现了化学独特的思维方式，是沟通宏观现象、微观世界的桥梁和纽带，化学实验技能与计算技能是开展化学研究和问题解决的必备条件，它们既是学习的内容，又是学习的主要方式和工具。情意类内容是指能对学生的情感、态度和价值观产生影响的相关内容，主要涉及科学学习的态度、对学科的认识、对科学的情感等。这一类内容以隐性方式广泛存在于以上各类型的知识中，需要在各种类型知识的特征分析基础之上加以提炼和挖掘，将其情意教育功能与具体知识学习的过程整合为一体。这种基于化学学习策略的类型讨论生成的知识分类可以概括为化学陈述性知识、化学程序性知识以及情感、态度和价值观三大类别，它在最初的"双基"分类标准上，将情意类内容纳入其中，表明对实体性知识和隐性知识的共同关注（见图3-4）。

那么，如何看待传统的化学知识分类方式与化学新课程知识本质的关系，重新建立与新课改背景相适应的知识分类体系？如果说从单纯的实体性知识到隐性知识的融入体现了化学知识体系的发展与丰富，其中对化学"双基"实体性知识的一贯关注反映了对化学知识结论的重视，那么情意类内容与知识的过程方法、个体经验背景等知识要素之间是否存在一定的对应关系，还有哪些实体性知识与隐性知识需要予以关注和融入，这些问题的回答是我们建立新化学知识分类的前提。

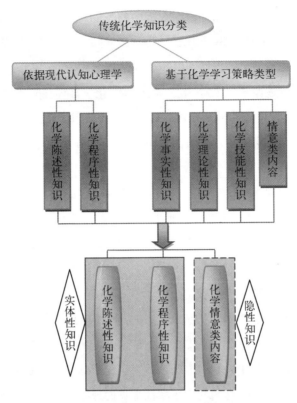

图 3-4 传统化学知识分类的内容及特征

(二) 新化学知识分类体系的核心：学科性知识与方法性知识

格罗斯曼在研究学科教学知识时，特别指出其中的组成之——学科知识(subject matter knowledge, SMK)是指关于某一学科的内容知识(content knowledge for teaching)，包括关于该学科实质性的(substantive knowledge for teaching)和句法性的(syntactical knowledge for teaching)知识。其中，实质性知识是关于本学科的事实、概念、原理、规则；句法性知识可以理解为关于科学本质和科学探究的内容，反映学科知识生成的方法和过程，代表了学科的方法论。

王磊教授在论述"化学学科能力结构定向构建"教学理论中提出化学学科能力结构的三个基本要素：知识与技能、知识技能结构和经验图式及其网络。而课程内容与学科能力结构息息相关，为此化学课程内容也相应地包含三个方面：基础知识与基本技能(双基)、关于问题的结构化知识和策略性知识(高级知识)、高层次的探究技能和思维技能(高级心智技能)。①

格罗斯曼提出的实质性知识与王磊教授提出的基础知识和基本技能均为学科实体性知识的同义表达，而前者的句法性知识则与后者针对问题解决的结构化知识(即经验图式、探究技能和思维技能等)具有相似的本质特征，都强调以基础知识和基本技能为条件实现方法目标，而两者

---

① 王磊.化学学科能力结构构建教学理论及其实验研究[D].北京：北京师范大学，1998.

的区别在于前者的方法目标指向学科形成和发展的内在逻辑与方法论,后者则是单一问题解决的经验图式,或是解决多重任务的内部经验网络。综合格罗斯曼定义的学科内容结构和王磊教授基于化学学科能力要素所归纳的课程内容要素,有关学科的方法价值的内容均以核心要素的姿态出现在了学科知识体系中(见图3-5)。

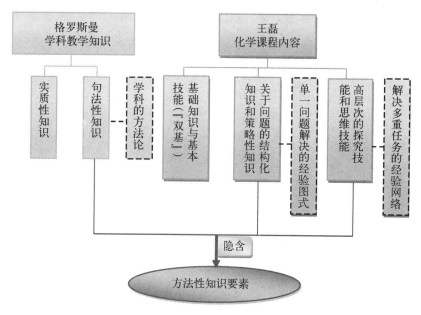

图3-5 学科知识体系中方法性知识要素的融入

由此反观化学事实性知识、化学理论性知识、化学技能性知识和化学情意类内容的内在关系和区别,可以发现:一方面化学事实性知识、化学理论性知识和化学技能性知识构成了化学知识体系的显性框架,统摄了化学学科的概念、原理、规律、具体的事实依据以及化学用语①、实验技能、化学计算技能等基本内容,它们共同构筑了化学学科形成和发展的基石,是学科特有的实体性知识,本研究称之为化学学科性知识。它们是化学学科经历人类文明史的变迁,不断创造和积累形成的完整的学科知识体系中最为基本和独特的核心因素。另一方面,化学技能性知识中化学用语所反映的学科特有的思维方式,实验技能中实验设计、评价所蕴含的方法智慧,化学理论性知识物化形式背后所隐含的学科特有的理论推演的过程和思路,化学事实性知识、化学概念、化学原理等的概括、提炼、升华而生成的化学基本观念,等等,无不以隐性存在的方式与化学学科性知识的内容相互映照,形成了学科性知识显性结构背后一张无形的网络,我们称之为化学方法性知识。本研究中化学方法性知识主要包含化学学科基本观念和具有学科特征的思维方法两个基本构成部分,其中化学思维方法是学科性知识发现和生成的思维工具(化学逻辑),内在于知识

---

① 化学用语仅就它的代表性(表示物质的组成、结构和变化规律)而言,拟在符号、事实性知识之列,而化学用语的书写和运用又是典型的技能性知识。

的形成和建立知识联系的过程之中;化学学科的基本观念是寻求不同概念、原理、事实之间的关联性的纽带,它们以学科性知识为铺垫荟萃成"行上之真髓",具有立足于学科性知识,而又高于学科性知识之势。① 整体而言,方法性知识与学科性知识形成了化学学科知识本体的两大部分,两者以特定方式相互依存,交替增长,促进了化学学科的发展(见图3-6)。

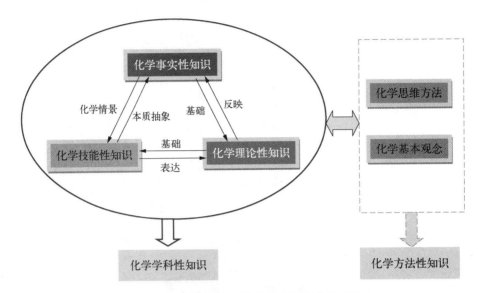

图3-6 化学学科性知识与化学方法性知识的确立

此外,根据情意类内容的定义,凡是能对学生情感、态度、价值观产生影响的有关内容均可位于此列,它们是学生化学知识逐步增值的"促进剂",可见对这类内容的区分实际上就是挖掘和分析知识的情意价值。这些情意价值凝结在化学事实、规则和理论体系中,承载在知识发生的过程和方法中,体现在科学家的思想、观点和思维方法中。故从这一角度上看,情意类内容可以看作是学科性知识与方法性知识所具有的多重价值之一,在此不作为知识对象来考察。

至此,我们立足于新课改背景下的化学新课程知识观,完成了对传统的化学知识分类体系的解构和初步重建,尝试用化学学科性知识和化学方法性知识两个内容要素来体现化学知识体系中的实体性知识和非实体性知识的存在、联系和区别,确立了化学思维方法和学科基本观念内容要素的合理地位和重要性,走出了实现知识过程方法与知识结果统一的坚实的一步。

(三) 新化学知识分类体系中的拓展成分:社会性知识的引入

新课程知识本质观中科学世界、活动空间与生活世界三因素所呈现的复合联结,以及化学知识内容结果、知识产生的过程和方法以及个体经验和社会背景之间的对应关系,促使我们对传统的化学知识分类体系展开反思和解构,并初步确定了具有实体性形态的化学学科性知识和非实

---

① 有关化学方法性知识的内涵和特征将在第4章中展开具体讨论。

体性特征的化学方法性知识两个知识体系的构成要素。化学知识内容结果与知识发生的过程和方法间的辩证统一关系已经得到论证，改变了以往知识结果以固化方式外在于学生的思想世界的做法，让知识处于"进化"和"发现"的过程中。而实现这样的过程性，即架设"活动空间"，需要寻求个体的经验背景和社会情境的支持，形成"活动空间"的基础和源泉。可以说，没有个体性参与和社会性情境的融合，知识的过程性就如同"空中楼阁"，无法释放蕴含其中的智慧火花，并且虚无的知识过程性也会被异化为与知识结果相似的确定性的逻辑表达。可见，个体经验背景和社会情境、知识的过程与方法、知识的内容结果都应该被纳入一个结构严谨的体系当中，将每个元素作为相互联系的链条中的一环，为知识的演进、拓展提供条件。在教育学视野中，个体经验和社会背景应是生活世界与教育活动联系最为紧密的部分，在此我们以社会性知识①来指代与化学学科密切相关的个体经验和社会背景。由之前的阐述可知，化学社会性知识作为学科性知识展开过程的具体情境，与知识的过程和方法形成统一关系，为学科性知识的结果形成服务。此外，化学是具有典型的应用性和实践性的学科，认识化学知识在社会生活和生产中的应用价值是学科教育的重要方面，因此化学社会性知识的另一个主要功能应体现在作为描述化学知识应用的典型案例，发挥化学知识在现实条件下的解释作用并展现化学学科的魅力。在此，我们通过图3-7来呈现学科性知识、方法性知识和社会性知识的相互关系，其中圆环的核心部分代表化学学科性知识；圆环的外围代表化学社会性知识；圆环代表"活动空间"，即学科性知识与社会性知识发生联系和作用的机制。图中箭头的起点和终点的指向横跨这若干区域，表明化学学科性知识是在由社会性知识创设的情境中引出，在由方法性知识提供的思维路径和由社会性知识铺设的真实情境共同构筑的"活动空间"中逐步生成的。而学科性知识形成之后又会再次回归到由社会性知识创设的应用情境中，发挥学科性知识对个体经验或社会问题的解释作用，体现了从生活走向化学，从化学又回归到生活的科学学习的真谛。

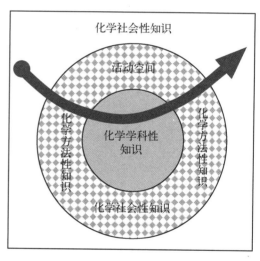

图3-7 学科性知识、方法性知识和社会性知识的关系

综合而言，化学社会性知识作为科学教育发展的必然选择出现在了化学学科的知识体系之中，以实体性知识的形态与由学科性知识以及方法性知识构成的学科本体知识共存并形成交错联系的关系，从而为学生更好地理解和建构学科性知识结构奠定了基础，同时也为学生深刻体验学科的应用价值，正确理解科学、社会与技术的关系，培养科学的态度和精神提供了支撑。至此，

---

① 有关化学社会性知识的内涵和特征将在第4章中展开具体讨论。

符合新课改背景下的化学课程知识本质的化学学科知识体系基本形成,化学学科性知识、化学方法性知识和化学社会性知识三个基本要素从构成和关系上为新的化学知识分类体系赋予了全新的意义。学科性知识代表了学科的基础,决定了学科的存在,体现了学科自身的逻辑;方法性知识展现了具体学科知识中核心的、特征的、能对人的素养产生重要影响的深层意义的基本观念和思维方法,可以说学科性知识和方法性知识分别以一种显性与隐性的存在方式构筑了化学学科的本体;社会性知识是让学科本体知识与教育活动发生有意义对话的桥梁,在彰显学科知识探索的价值和学科思想方法的光辉的同时帮助学科本体知识实现脱胎于科学世界,转化为启智教化学生成为"具有一定学科素养的人"的工具和条件,并为超越学科本体框架的综合性学习给予了支持和保障。

第 4 章　化学社会性知识和方法性知识的内涵与特征

面对内涵丰富的化学教材内容体系，厘清和建立新知识分类为我们从构成教材的多个内容要素视角对问题进行分析和解决创造了条件。在"学科性知识、方法性知识和社会性知识"的三要素结构中，我们受益于对化学学科知识体系的传统认识，得以进一步明晰对学科性知识的内涵和本质的认识，但其中缺乏针对社会性知识和方法性知识的讨论，然而只有对这些内容具体"是什么"的问题作出应有的回答，才可以更好地完成"怎么做"的任务。为此，本章为化学社会性知识和方法性知识的内涵与特征寻求最基本的理论阐释。

一、化学社会性知识

（一）"教育回归生活"理论的解读

1. "生活世界"的意涵

"生活世界"是现象学大师胡塞尔开出的灵丹妙药，他眼中的生活世界是针对当时西方工业社会中人们面临日常生活的种种危机使其感受不到自在生活的背景下提出来的，是相对于科学世界的理解。用胡塞尔本人的话来说，科学世界的基本特征是"不可知觉的客观性"，即人们永远也无法通过知觉或经验感知的世界本原，而生活世界意指现实而具体的生活境域，我们生存于其中，我们的一切活动和社会产物都产生于其中。胡塞尔将生活世界分为"日常生活世界"和"原始生活世界"，前者是以知、情、意等知觉经验和各种趣味、情感、目的为主要内容的生活场所，后者则是主观的先验世界。[①] 胡塞尔倡导回归生活世界旨在唤起人们对生活世界奠基性、直观性、经验性特征的慎思，让人们从对构建科学世界的基底和根源——生活世界的遗忘和漠视中回转，深刻反思工业文明时代对科学理性的疯狂追求导致的对生活世界关怀的缺失，避免造成个体生活的支离破碎。

与胡塞尔同一时期的哲学家维特根斯坦提出了生活形式说，亦为生活世界理论，他认为生活形式就是人在特定时代以一整套语言游戏规则为基础的交流活动所构成的存在方式，可见在维

---

① 潘斌.论教育回归生活世界[J].高等教育研究,2006,(5)：7-12.

特根斯坦眼中,"语言"成为了最重要的生活形式。①

德国著名的思想家哈贝马斯主要从"交往理性"出发,丰富和发展了"生活世界"的理论体系,他认为生活世界是通过交往语言这一中介将社会、文化和个体相互联系、融合而成的,它外在于客观世界、社会世界和主观世界,同时又与其发生联系和作用,生活世界是交往行动的背景,为交往行动提供了丰富的解释性信息源。② 总的来说,哈贝马斯的"生活世界"理论借助于交往理性呈现了生活世界与客观世界、文化世界、社会世界的关系,表明了生活世界的背景性和解释性功能。

以上具有代表性的生活世界理论所表征的研究路向均体现了在回归生活世界的话语中对人的世界的寻求的特征,其中缺乏对现实生活世界和实践活动的思考。马克思的实践哲学中则用"感性活动""感性世界""感性实践"等概念表达有别于西方哲学中对现实生活世界的理解③,他认为现实生活的本质是实践,人的生活世界就是人的实践生活世界,将探寻生活世界对人的意义和价值与人的实践整合来看待生活世界,才能切实解决高度工业化过程中对生活世界挤压的消极局面和负面影响。无论是被先验感知的主观生活世界,还是以人的主体行为为基础的客观生活世界,以上观点分别反映了用内在和外在的逻辑来解决生活世界的意蕴与实现方式的问题。

"生活世界"作为一个哲学命题得到了广泛的讨论和关注,但其与教育理论界意指的生活世界的涵义是不同的,而"生活世界"理论真正的指导价值和意义还是需要在教育活动中加以反映。为此,我们需要在哲学阐释的基础上,从教育的实践性角度来思考生活世界的范畴。综合各种观点,我们认为当前的教育理论界通常将生活世界划分为广义生活世界、狭义生活世界和特殊生活世界。狭义的生活世界是相对于科学世界等课题化世界而言的日常的、知觉地给予的世界,即日常生活世界。广义的生活世界是指与人有关的一切世界。特殊的生活世界是人们由于各自实践活动领域的不同所构成的人们各自特殊的生活世界。④

2. 科学世界与生活世界的统一

长时间以来,教育活动限阈于科学世界,在一味推崇抽象的、确定性的科学世界的工具价值中不能自拔,对科学世界与生活世界的关系视而不见。而这种完全忽视生活世界的做法也在"教育回归生活"的声浪中备受诟病,唯科学主义的教育理论与实践已日见颓势,探讨如何看待科学世界和生活世界的关系,成为被纯粹工具化窒息了的教育活动重新彰显育人功能的契机。很多研究学者对此展开了热烈的讨论,大部分认可了科学世界与生活世界统一的观点,即生活世界是科学世界的本源,而科学世界是对部分生活世界的抽象、提炼和符号化,是对生活世界的另一种表达;生活世界包含了较早历史时期科学世界的意涵,同时又孕育了下一个历史时期科学世界生长的基础。因此,对科学世界的理解离不开生活世界所展开的丰富背景,对科学世界的探索和发

---

① 孙亮.论马克思生活世界观与"生活世界"理论[J].社科纵横,2007,(3):28-31.
② 张向东.理性生活方式的重建:哈贝马斯政治哲学研究[M].北京:中国社会科学出版社,2007:57-58.
③ 孙亮.论马克思生活世界观与"生活世界"理论[J].社科纵横,2007,(3):28-31.
④ 陈井婷."教育回归生活世界"之我见[J].江苏教育研究,2010,(9A):13-16.

现需要生活世界所提供的意义之源,更为重要的是人们在科学世界与生活世界中徜徉时,往往都要经历从生活世界走进科学世界,又再次从科学世界回到生活世界的循环,只有回溯到现实中,所获取的科学世界的理性力量才能显现。基于以上科学世界与生活世界应相互融合的观点,教育理论与实践工作者面临的问题就是如何冲破两者分离的教育现实,让脱离生活世界的教育活动恢复鲜活、灵动的景象。

3. 科学世界与生活世界的统一方式

科学世界与生活世界的统一关系昭示了教育活动中科学世界与生活世界融合的基本取向。对于"教育回归生活世界"的提法存在不同观点的争鸣,主要针对回归怎样的生活世界以及回归的方式展开讨论。[①] 关于回归怎样的生活世界,有些学者认为教育本身从未脱离过生活世界,只是随着科技的发展和社会进步,教育距离细碎的日常生活越来越远,反映的是一种高度科学化的生活,具有抽象化、理论化、系统化的特征;有的学者基于教育准备生活的功能认为教育活动中的生活世界不是现实的生活世界,而是未来生活,即教育回归生活的本义应是超越原始的混沌世界,脱离流俗意义上的时下日常生活而直指未来,通过对现实生活的理解和适应,掌握运用知识改造生活的技能,为创造美好的未来生活作准备;有的学者认为教育应回归理念生活的主张指的是让学生以"过生活"的方式来获取对现实生活世界的理解,实现对学生现实生活状态的关照。总体而言,日常生活世界成为科学化生活、未来生活、理念生活的轴心,从具体的日常生活世界可以发展成抽象的科学化生活,可以指导规划未来生活,可以为理念生活提供原型,而教育活动中的生活世界应是这四种生活世界的综合体现,日常生活世界则是实现综合的核心。对于"回归"的方式,同样引发了学者的普遍意见,他们认为"回归"的提法让生活世界与科学世界融合之势化为"科学+生活"的简单模式,不仅未能体现对学习者个体的关怀,反而因为加和方式导致课程内容的膨胀,增加了学习者的沉重负担。

"教育回归生活世界"的倡导在学界掀起了理性热议,许多学者对于回归何处和如何实现回归的问题做出了积极的实践尝试。综合以上的观点和问题,我们认为只有将科学世界与生活世界的统一关系与生活世界对于个体生存的意义加以统整,并在教育实践的具体过程中去思考实现的方式,这对改变现阶段教育活动与生活世界的疏离现象才有现实意义。首先,因为生活世界理论体现了对人的主体价值的观照,昭示了教育活动中的学习者应被作为一个人的存在来看待,而不是一个机械接受知识的容器或工具,因此需要树立教育活动中人的主体性地位的认识;其次,人的生长过程与生活过程是一体的,为此应把知识的传递过程、人的自决能力以及其他构建能力要素、精神和态度等方面的形成过程与生活的过程统一起来;[②]再次,在具体的行为层面,应把握"回归"的操作性定义,并非科学世界与生活世界的简单叠加,也不是对现实生活的简单还

---

① 王文凤."教育与生活"关系理论的历史回顾[J].太原大学教育学院学报,2008,(2):26.
② 王娟娟,靖国平.教育"回归生活世界":误区及本真探析[J].当代教育科学,2007,(19):3-7.

原,而是以"联系"和"关注"的方式让教育活动与现实生活形成对话,为此教育活动应以克服现实生活中存在的种种弊端为依托,在实践中实现教育的"建构性",贴近生活世界的同时实现对真实生活的超越。"联系"和"关注"均为学科性知识与社会性知识进行统整的抽象化描述,从"联系"到"关注"社会性知识在学科体系中的比重和地位发生着质的变化。"联系"可以指引入社会性知识是旨在增加趣味性,如使抽象的化学概念、原理与社会现实中或发生在学生身边的课题联系起来,从而激发学生学习化学的动机和积极性,或是提及与学科性知识相关的技术性或社会性课题,其仅表明这些课题与化学存在联系。"关注"可指社会性知识引入到学科性知识的主题中是为了作为学科性知识及其序列的组织者而发挥作用的,或是社会性知识作为学习的焦点被引入到化学教材的内容主题中,旨在帮助学生进行系统的探索和学习。应该说,通过"联系""关注"等方式打造的教育活动中的"生活世界"是真实生活世界的缩影,也是理念生活的原型,更是未来生活的基础,是更适合于教育活动的教育化的生活世界。

(二) 化学教材中科学世界"联系""关注"生活世界的形式:情境化

任何知识都存在于一定的空间、时间、价值体系、理论范式、文化背景等因素之中,离开了知识所反映的实际事物,离开了知识产生的特定境域,仅仅依赖陈述形式的知识是无法了解知识的意义的。① 布朗(Brown)、科林斯(Collins)与杜吉德(Dugild)在《情境认知与学习文化》一文中指出:知识是具有情境的,知识是活动、背景和文化产品的一部分,知识正是在活动中、在其丰富的情境中、在文化中不断被运用和发展着的。所谓情境就是指一个人在进行某种活动时所处的社会环境,是人们产生社会行为的具体条件。② 吉尔兹(Geertz)在他的论文《地方性知识:事实与法律的比较透视》中曾引用"雷格瑞事件"对知识的情境性作出解释;"雷格瑞事件"描述的是一名巴厘岛村民雷格瑞由于不满村议会未能帮助他找回出走的妻子,拒绝担任村议会轮值的义务而被驱逐的故事;吉尔兹引用该例证试图说明外部法令对一个特定环境中的特殊事件无法发挥其作用,巴厘岛人以其特有的判断和裁决问题的方式处理了雷格瑞的问题,体现了知识地方性、多元性的特征,表明了在特定情境中理解知识的必要性,驳斥了以普遍性观点去看问题的视角。可见,知识要在一定情境背景中才具有可理解的意义。再如德国学者的生动比喻:一包十克的食盐,如果未将其溶于水或用于烹饪食物,我们将难以下咽,而将其放入佳肴中,适度的味道能让我们甘之若饴。情境为彰显知识的生命力和美感铺路,情境能赋予知识灵性和活力,可以让知识丰富起来、智慧起来,被情境修饰的知识将有利于启迪智慧、丰富情感、获得心灵的感悟。

情境教学理论在知识的情境性的观点中逐渐清晰和确立起来,并从理解构建、思维发展、情感培育等角度对情境之于知识的可理解性、动态本质和生命力等所具有的价值作出了回应。一

---

① 石中英.知识性质的转变与教育改革[J].清华大学教育研究,2001,(2):29-35.
② 夏征农.辞海[M].上海:上海辞书出版社,1989:980.

旦原本冰冷漠然的知识被还原或放置在一定的情境中,其抽象的源头或背景便可以获得释放,而当知识呈现出理论与实际、抽象与具体、案例与观点等多维对话时,即为学生的认知创造了条件。

基于以上的分析,"知识的情境化"是综合知识情境性的知识属性判断和有意义的知识学习规律,对素养为本的化学课程设计提出的最直接的要求,也是通过"联系""关注"等手段打造化学教材中"生活世界"的具体表现。知识的情境化过程是知识形成、发展、应用与情境构建过程的统一,如何在知识的内容表述基础上,融入合适的情境设计?我们认为情境的定义中的关键词——"社会环境"和"行为条件"给予了很大的启示:"社会环境"可以解释情境的设计源泉来自大自然和社会生活的真实情景,它们可能是客观存在的现象或是社会性交往和联系的结果;"行为条件"表明情境的功能和价值,一则情境创设的任务框架或结构可能是技能训练和体验联结的平台,二则情境为认知活动的支撑和基础,持续支持学生心理与环境发生互动,三则情境决定了知识的解释和说明向度,限定了知识的意义协商范围。为此,我们可以对打造教材中"生活世界"的"联系""关注"手段作出以下更加具体的操作性的说明。

(1) 创设真实情境,激发学习欲望。通过创设一些具有感染力的真实事件或真实问题,让学生在真实、生动的背景中产生学习的愿望。

(2) 设计包含情境信息的知识表示框架。情境是理解知识产生与获取机制的重要理论工具,"知识表示"包含知识产生的环境和知识形成的推理过程,为此针对这两个方面,应选择和设计相应的知识原情境和知识推理情境,引导学生对情境的理解将有利于促进知识的复制与改编吸收,从而达到知识的产生和储存的目的。

(3) 提供运用学科性知识进行表述和问题解决的机会。知识的应用是知识学习过程的关键环节,即实现知识从形成向新情境的迁移应用。为学生提供知识迁移的问题或活动情境,引导学生利用知识的表征体系对新情境作出合理化的解释,反馈他们对所学内容和程序的理解。

(4) 创造参与探究及学习的社会实践环境。为学生设计关注隐含学科概念及方法的有意义的复杂社会情境,旨在促进学生多参与探究及学习的实践,体验交流、协商、表述、反思等过程,使学生能在面对众多的社会资源和物质资源时表现出社会适应性,为其现实生活和未来生活打基础。

(5) 呈现社会性知识的专题学习框架。以反映化学、技术和社会相互作用的重大课题为主旋律,其中学科性知识的出现仅仅来自课题所描述的情境,即基于情境中的问题、情景或事件等引入相关的化学解释和说明。该方式旨在让学生在面对与社会发展和技术革新休戚相关的社会性主题时,能够立足全面审视问题的视角展开充分的科学思辨,并对其中所蕴含的不同利弊和观点加以权衡与批判,进而促成其社会意识的形成与对重大社会性课题的理解和判断。

(三) 中学化学教材中社会性知识的基本类型及其教育意义

历史的科学、技术的科学和社会的科学是真实科学的三个重要侧面,一起构成一个反映科学价值和外部联系的立体结构。科学产生于社会,在影响社会价值形成的同时能够借助科学技术与社会生活的密切联系而渗入社会的各个领域,进而改变人们的生产、工作、学习和生活方式。此外,当代科学又与过去形成的科学事实具有渊源关系,对当代科学的认识无法完全脱离以往科学既有的理论框架。以上对真实科学的阐述方式揭示了科学的内核——科学学科本身与社会、历史和技术的关系,为学生全面和辩证地认识科学与学习科学提供了一个综合和全新的视角。

在科学学科与社会、历史和技术相联系的视角下,化学课程强调化学知识和技术活动在社会与文化背景中的联合,主张将学生置于展现科学如何作用于技术,技术又如何影响社会的发展、日常生活的运作的背景下。尽管其核心内容还是化学学科体系中最传统的基本事实、概念和技能,但它将知识置于对学生有意义的技术、社会和日常生活问题中,通过以学生为主体的思维和实践活动寻求问题的解决,这种联合最直接的目的是让学生在社会的真实背景下学习知识,深化对学科性知识的理解;而最为关键的目的则在于使学生意识到科学的应用价值并掌握判断科学技术价值高低的规范与依据,进而运用其形成的科学价值观正确认识科学、技术和社会之间的相互联系与相互作用。为了实现以上目标,新课程背景下的中学化学教材需要精心选择和灵活组织与科技、社会、生活等密切相关的化学内容(统称为社会性知识)。根据科学历史的、社会的和技术的三个侧面,我们对化学社会性知识的类属和教育意义作了如下阐释。

1. 化学知识在个体日常生活的衣、食、住、行、医中的应用与发展

生活是一个熟悉却又复杂的概念,《现代汉语词典》中对生活的解释是人或动物为了生存和发展而进行的各种活动,包括人的衣、食、住、行等方面的情况。以上的定义限于满足人生存需要的"衣食主义"和谋取职业的"生利主义",是对生活的狭义理解。借鉴以上定义,我们把社会性知识的第一类别指向个体的劳动和日常生活。化学是人类物质文明迅速发展的基础和动力,化学学科自身的发展促进了人类生活质量的改善和生活水平的提高。教材通常从衣食住行的问题中引出与化学相关的生活知识和与多学科综合知识相关的生活知识,前者重在描述日常生活中的化学现象和化学事实,具体要求学生认识日常生活中常见物质的性质,探讨生活中常见的化学现象,体会化学对提高个人生活质量的积极作用,形成合理使用化学品的意识,以及运用化学知识解决相关日常生活问题的能力;后者重视学科间的联系,涉及的知识不仅打破了无机化学、有机化学、分析化学和化学工艺学等化学二级学科的界限,而且还与生物化学、医学等其他学科的知识密切相关,这种以日常生活和跨学科的综合性知识为基础设计的内容,可使学生获得跨学科的知识和方法论,有利于各门学科知识之间的融会贯通和综合应用,培养学生综合运用知识解决日常问题的能力。

2. 化学知识在社会问题解决中的应用与发展

在21世纪,人类面临着人口、粮食、能源、环境等社会性问题的威胁,化学与解决这些问题的途径密切相关。重视化学知识与社会问题解决的互动是中学化学新课程改革的突出特点。这一类别的内容与个体日常生活问题具有千丝万缕的联系,同样都是关注衣食住行的问题,但是分别从社会大众的群体生活和个体生活着眼,前者体现了化学对社会性群体活动的影响和作用,而后者则重视对个体日常生活行为的规约和指导。因此这类内容也同样包含与化学相关的社会问题

和与多学科综合知识相关的社会问题两个方面。从化学学科和多学科综合的视角，综合自然因素和社会因素确定内容的选择，如自然界与社会的资源保护问题（水污染和净化、空气污染和净化、开矿采石与环境的关系等）、综合性的主题——核化学，由滥用毒品、酒精等引发的青少年犯罪等一系列严重的社会问题，等等。其具体要求是发展学生的社会习惯和科学的实践行为，促进学生对人与自然、社会协调发展的认识，形成保护自然和社会可持续发展的意识，培养社会责任感、参与意识和决策意识等基本素养。

3. 化学知识在规模化社会生产中的应用与发展

引入体现规模化社会生产中的应用和发展等的化学知识内容，是将科学与技术的关系在化学教育中渗透融合的过程，可以促进学生真实地理解科学与技术相互促进的关系。这里的规模化社会生产主要是指工业和农业生产领域。根据教材中这一类别内容中科学与技术的关系，可以分为两个子类型：一为以技术为核心的内容。该类内容着重介绍有关技术的知识和技能，辅之以化学原理进行适当的分析和解释，给学生提供认识和理解化学学科的背景。如简要概述化学工业，指出化工生产与实验室反应在考虑角度上的差异、化学工业过程中的具体技艺、化学工业发展的基本过程及推动因素等。而具体的学习要求包括掌握相关技术技艺、理解技术革新、了解技术在化学学科发展中的重要作用、进行技术选择、能够参与技术决策等。二是以化学学科为核心的内容。该类内容以化学原理为线索，从化学原理逐渐引导到相应的技术应用，并将有关技术的思想融合在化学学科性知识中。如化学反应中的物料守恒和能量守恒原理及其在化工流程计算中的应用、元素的存在形式和运动规律及其应用等。其具体的培养要求是促使学生思考化学学科与工农业生产技术发展的内在联系、积极看待科学推动技术革新和社会进步的有利一面、培养技术思想和技术意识、尝试在工农业生产条件的背景中思考如何应用学科性知识的问题以及培养分析和解决社会生产问题的学科视角。

4. 化学知识的发生和发展图景

化学学科的发展历程受到学科内部进化规律、逻辑结构及外部经济、文化、历史等因素的影响和制约。有关化学学科的产生历史及前沿发展的内容能反映化学学科的产生和发展与一定历史条件下的经济生产、政治社会、技术水平等状况的紧密联系。为彰显此类联系的育人价值，教材立足于化学的过去、现在和将来，以化学史和学科前沿两个维度作为切入点，选取杰出科学家的科研成果、经典理论的形成和变迁、前沿领域的科学新发现等内容，具体要求学生沿着化学学科发展的足迹深刻领悟学科知识生成的特点，让学生真正理解化学发展的内部机制，感悟化学家在对科学世界探究中的情感、态度、行为和科学的基本信念。另外，从化学史和现代化学的推进过程中，可以看到科学发现的历史必然性及其深厚的社会、人文和科学传统的渊源，使学生能全面地认识和把握科学进步与演进过程的复杂性和曲折性，并鼓励学生在面对具体的科学问题时能从多个侧面对问题进行理解和解释，激发学生养成创新意识，发展继承和开拓科学成就的情感与态度。

二、化学方法性知识

化学学科是从一个特殊的角度引导人们认识物质世界的,这个特殊的角度就是从原子、分子水平上认识客观世界的物质组成、结构、性质和变化规律。在社会实践活动中,无论人们面对的是自然造物还是人工造物,都将其视为无数个微观粒子的聚集态,通过对其微观粒子的种类、微粒间相互作用方式和聚集形式等方面的探查,建立了微观结构与宏观现象之间的联系,进而解释宏观物质的性质、变化和用途。这种根植于化学学科的独特视角和思维方式对人们认识与解释客观世界起到了优化认识途径、提高认识效率的作用,并成为指导人们开展化学科学研究探索的最有利的思维工具。

化学教育于学生的意义除了学生在化学知识和技能上"量"的变化,更为关键的在于以具体知识学习为基本途径来掌握认识世界和解释世界的基本观念与思维方式,培养知识技能所蕴含的思想观念和思维方式才是化学教育演进的根本所在,且是促成学生学科核心素养主动全面发展的要义。另外,能够在哲学高度上形成对化学科学的概括性看法和形成化学学科特色的思维方式,是具有中学文化程度的普通公民必须具备的化学学科核心素养。化学基本观念和思维方式都属于观念系统的范畴,但处于化学观念的不同层次,其中化学基本观念是从具体的知识中反复抽象提炼形成的,这一过程需要经历零散孤立的具体知识的学习,深入理解学科的核心概念,建构结构化的知识网络,最终揭示影响具体知识学习的思想和方法等阶段。因此,化学基本观念是通过具体的思维方式/方法对认知活动的开展发挥支配和驾驭的作用,是认知活动能有条不紊地展开的重要组织因素,而具体的化学思维方式是连接和固着化学基本观念的基本节点。简言之,学习者在经历学习具体化学知识到掌握化学思想、方法,形成化学思维方式,再到建构起稳固的、可迁移的化学观念的认知发展过程中,认知主体和外部环境相互作用,共同促进认知和情感的发展。

因此,我们将化学基本观念和化学思维方法定义为化学学科知识体系中方法性知识的基本组成部分,通过探讨其特征、形成机制及与其他类型内容的关系,寻求基于化学基本观念和思维方法的教材内容体系的设计模式。

(一) 化学思维方法

1. 科学方法教育的发展

科学活动是探求知识的活动。"知识,应该是在经验上可以验证,在逻辑上首尾一贯的、关于规律性的一种陈述,规律性赋予人们预见的能力,它是如何得到的?依靠科学方法。"[①]掌握科

---

① 刘国建.论科学方法的特性和功能[J].科学技术与辩证法,1998,(10):17.

方法将为人们展开更为广阔的图景,使人们认识更深层的规律,从而更有效地改造世界。可见科学方法是科学探索中的"点金术",是产生知识中最具价值的知识。科学方法教育的诉求是随着社会发展而产生的,在科学技术革命的背景下,人们在掌握科学知识的同时,也逐渐认识到了科学方法的价值。英国教育家洛克和法国哲学家伏尔泰分别对科学方法教育的意义与实施的途径提出了相应的观点,形成最早期的科学方法教育思想的起源。18世纪法国教育家狄德罗在培根的"知识就是力量"的鼓舞下,揭示了隐含在知识背后的超强动力——正确的科学方法,明确提出了科学方法教育的重要性并详细论述了获得科学知识的基本方法。20世纪初,杜威在讨论教学问题时,着重对科学知识和科学方法的地位进行了深刻思辨,提出知识既是认识活动的结果,又是认识活动的起点,具有待验证、待观察的要求。而科学方法则具有永恒的教育价值,代表了儿童的反思思维水平,是发展经验和提高智力的根本。为此,以科学方法作为理智开发和探索的模式与理想。[1]可见杜威在其课程与教学的主张中鲜明地表达了支持科学方法教育的立场。20世纪末21世纪初,世界范围内兴起了规模空前的科学教育改革,西方国家率先提出了以科学素养为宗旨的科学教育目标框架,科学素养以三个理解为评估依据,分别为对科学知识的理解、对科学研究过程和方法的理解,以及对科技、社会影响的理解。至此,人们对科学方法教育达成了共识,即良好的科学方法教育是塑造合格社会公民的必备条件之一。

我国在21世纪之初和当前所进行的最新一轮基础教育课程改革中也展现出对科学方法教育的重视。在1999年颁布的《中共中央国务院关于深化教育改革全面推进素质教育的决定》中提出:"要让学生感受、理解知识产生和发展的过程,培养学生的科学精神和创新思维习惯,重视培养学生收集处理信息的能力、获取新知识的能力、分析和解决问题的能力……"在教育部2001年颁布的《基础教育课程改革纲要(试行)》中也明确指出"引导学生主动参与、乐于探究、勤于动手,培养学生搜集和处理信息的能力、获取新知识的能力、分析和解决问题的能力……"[2]依据纲要的指导思想先后颁布的初高中化学课程标准都对科学方法教育内容作出了相应的规定。

随着全球化、信息化时代的发展,为适应各国间国力竞争逐渐加强的局面,教育需要通过发展学生的"21世纪素养"来迎接挑战并抓住机遇。中学化学课程是提升学生核心素养的重要载体,基于对化学学科本质的深入认识和对化学课程促进学生素质发展价值的思考,教育部于2018年1月颁布了《普通高中化学课程标准(2017年版)》,提出了"以发展化学学科核心素养为主旨"的普通高中化学课程目标,[3]化学学科核心素养包括宏观辨识与微观探析、变化观念与平衡思想、证据推理与模型认知、科学探究与创新意识、科学态度与社会责任五个方面,对帮助学生发展科学思维,形成科学观念,培育科学精神给出了明确的指向。

---

[1] 宋宁娜.科学文化与教育[J].苏州大学学报(哲社版),1998,(2):106.
[2] 中华人民共和国教育部.基础教育课程改革纲要(试行)[EB/OL].(2011-06-08)[2018-05-11]. http://www.moe.gov.cn/srcsite/A26/jcj_kcjcgh/200106/t20010608_167343.html.
[3] 中华人民共和国教育部制定.普通高中化学课程标准(2017年版)[S].北京:人民教育出版社,2018.

教材是课程内容及要求的核心载体,化学教材的内容设计必将以显性和隐性的方式对科学方法要素加以渗透和融合。综观国内外基于科学方法教育的教材研究工作,阿卜杜勒-哈利克等人从纵向变迁的角度,对多套不同时期具有代表性的化学教材中的科学方法设计加以比较与分析,并通过调查的方式了解到部分教师将科学方法错误理解为依照一定的科学操作程序获得正确有效的结论,同时探查了错误观念产生的原因。① 丽贝卡(Rebecca)等人认为教材是学生接受科学方法信息最直接的来源,他们对教材中科学方法要素的呈现方式进行了大量的研究,并指出有关科学方法的图片以直线性方式呈现所存在的缺陷——无法反映真实科学探究的曲折历程,称之为缺乏"挫折循环"。② 国内学者侧重于对特定的化学科学方法的教材微观内容设计进行分析和比较,林长春以科学方法教育目标具体化为导向,以教材中的节为基本单元,设计出科学方法渗透的基本模式;③刘莹选取模型方法为研究对象,对多套义务教育课程标准化学实验教材中该方法的设计进行统计和文本分析,一方面对模型方法的定义、化学模型的基本类别加以描述,另一方面则着眼于提炼教材中模型方法设计的特点和评价标准;④何彩霞则深入挖掘人教版高中新教材"物质分类"单元中分类方法的教学价值;⑤窦洪庚关注归纳、类比与假说在化学教材中的设计模式;⑥闫淑惠等人在科学素养理念视角下应用内容分析法对我国1978年以来初中化学教科书(人教版)中的科学方法进行研究,总结了教科书中科学方法发展的主要特点。⑦

综合以上,从科学方法教育的最初诉求到科学方法教育理念的最终确立,直至科学方法教育真正进入到课程设计环节、在教材文本中加以体现并引起广泛的关注和评析,科学方法作为科学教育的课程内容要素的定位得到了一致的认同。然而如何看待这一内容要素在新教材中的设计,如何实现科学方法与其他内容要素的合理整合,使学科性知识、社会性知识等与其和谐共生,发挥整体性的教育价值,这都需要进一步厘清科学方法的意涵及其与其他内容要素之间的作用关系。

2. 化学科学方法的意涵及分类

"方法"一词起源于希腊,本意是指沿着正确的道路运动。我国最早对"方法"的解释为春秋战国时期思想家墨子的《天志篇》中所提出的"度量方形之法",其后"方法"的意义不断扩大:苏联的《简明哲学辞典》把方法理解为"关于自然界、社会和思维最一般规律的科学";我国的《逻辑学

---

① ABD-EI-KHALIEK F, WATERS M, LE A P. Representations of nature of science in high school chemistry textbooks over the past four decades[J]. Journal of Research in Science Teaching,2008,45(07):835-855.
② REIFF R. A Scientific method based upon research scientists' conceptions of scientific inquiry[J]. Elementary Secondary Education,2002(1):25.
③ 林长春.论高中化学新教材实施科学方法教育的几个问题[J].课程·教材·教法,2003,(8):57-62.
④ 刘莹.不同版本义务教育"课标"化学实验教科书中模型的比较研究[D].长春:东北师范大学,2006.
⑤ 何彩霞.化学学科观念建构是单元教学的核心——"物质的分类"单元教学的思考[J].化学教育,2009,(2):17-19.
⑥ 窦洪庚.归纳、类比与假说方法在化学教材教学中的运用[J].中小学教材教学,2004,(6):16-18.
⑦ 闫淑惠,张世勇,徐婷婷.科学素养理念下化学教科书中的科学方法研究[J].教育理论与实践,2015,(17):47-49.

辞典》认为:"方法一般是指认识和研究自然界、社会现象和精神现象的方式。""科学方法"是自然科学认识方法的略称,是人们在认识和改造客观世界的实践活动中总结出来的正确的思维方式和行为方式。化学方法作为一门自然科学的学科方法理应属于科学方法的范畴,它是化学家认识化学运动规律的工具和手段,担负着进行化学科学发现和建立、检验、运用、发展化学理论等重要职能。化学方法与科学方法是特殊与一般的关系,因而化学方法自然也能按照科学方法的阶段性分类方式划分为感性认识方法和理性认识方法,其映射为化学家的行为方法和思维方法两个方面,它们犹如科学方法的两翼,前者为获取第一手资料的方法,涉及观察法、实验法等经验性的认识手段,后者主要是具有哲学、逻辑学、心理学特征的化学思维方法,即所谓"软"化学方法,包括归纳、演绎、假说等以提炼理论和规律为特征的方法。图 4-1 为基于以上认识论观点的化学科学方法分类。其中的"软"化学方法——化学思维方法是化学科学方法的核心成分,是在感性积累的基础上进行解释、概括、逻辑过程的思维方式,是化学概念、规律、法则得以形成的关键性条件,本研究称其为独特的化学思维方法体系,作为构成化学方法性知识的重要组成部分。

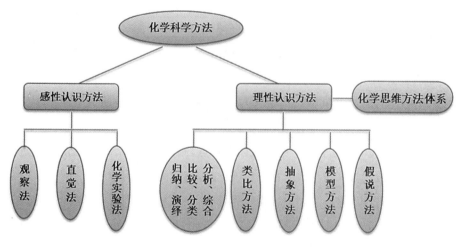

图 4-1 化学科学方法的分类

3. 化学思维方法体系与学科性知识、社会性知识的作用关系

化学思维方法体系是一般科学思维方法与化学学科特点相融合的结果,是一般性的科学思维方法在特殊的化学认识和实践活动中发生作用后,不断调整以适应化学科学原则而形成的相对固定的思维程序或模式,是进行化学科学研究与发现的有力工具。基于以上的界定,我们可以透视化学认识活动中蕴含的化学思维方法体系与化学知识之间的关系。

其一,认识活动中化学思维方法体系与化学知识的统一关系。从知识论的角度上看,任何知识背后都存在着产生该知识的问题意识,而在这些问题意识的驱动下,人们的认识活动主要涉及基于问题解决过程的行为活动和思维活动,其中思维活动通常是按照相对固定的科学思维程序(偶尔也会与直觉、创造性的方法相结合)进行的知识发现和创新工作。由此可见,知识的形成和发展过程中存在与构成该知识相对应的方法(主要指理性方法中的核心成分——化学思维方法体系,下同),这些方法并非是先验的,而是发生于问题解决的过程中,并通过对问题解决过程的评价加以认识和发现的。简言之,知识的形成和发展过程既有新知识的发现和旧知识的更新,同时也伴随着科学研究可遵循的思维方法的形成。具体而言,知识和方法均源于知识的发现过程,而方法一旦形成便可以在促进新一轮知识发现活动的开启的同时进一步引发方法的适应性变化,由此便形成了周而复始的知识和方法的发现与再生产的循环。所以说,知识和方法是人们认识世界的两个基本产物。①

其二,学习活动中化学思维方法体系与化学知识的作用关系。当我们从科学研究领域中的认识活动转向某一化学课程的知识传递活动时,同样发现化学知识和化学方法具有不可割裂的关系。学习活动中的知识传递过程具有更加复杂的多元联系,知识与方法和授受的双方共同形成了四元作用的关系。"受"的一方通常指学生,而"授"的一方可以是静态文本,也可以是教师。以下主要从教材、学生、知识、方法四者的关系展开讨论。首先,学习活动的最终目的是促使学生的心智发生变化,当前人们在"授之以鱼,还是授之以渔"的问题上基本达成了共识,知识传递过程中需要负载科学方法教育的要求,将传递知识与教授方法相统整。其次,从传递知识和教授方法的行为方式上来看,教材在传递某一课程的科学知识时,需要考虑以何种途径、方式、策略才能最为恰当地影响学生;与此同时,教材不论是以隐性方式还是显性方式来呈现科学方法时,都需要考虑学生头脑中已有的观念和知识。可见,学习活动中知识与方法的关系和科学研究的认识活动中知识与方法的关系存在本质上的共同特征——知识与方法相互依存,更为重要的是,由于教材的作用对象是学生,必须结合学生的思维认知特点,充分利用知识与方法的关系进而实现两者的统一。只有在充分呈现知识形成的背景和过程时,其意义和价值才能为学生所理解和接受,而知识形成的背景及过程正是以科学思维程序为导引,换言之,人们正是遵循着一定的思维程序展开认识活动才促成了知识的发现,同样科学思维程序只有真正作用于知识的发现过程才能被学生体验、领悟或直接习得。

其三,化学思维方法体系与学科性知识、社会性知识的统一结构。根据本研究界定的化学学科性知识的内涵和范畴,学科性知识中的化学事实、概念、原理、规律、行为,以及智慧技能的发现和形成是人们利用化学思维方法体系中普遍的、一般性的思维模式解决化学问题的结果。不论是化学事实的判断、化学概念的归纳提炼,还是化学规律的演绎,都渗透着各种化学思维方法及

---

① 知识与方法,在很长一段时间内广泛地交叉,联系相当紧密,作为一种知识的方法和作为一种方法的知识的观点普遍存在,并形成激烈的争辩。前者将一套科学的逻辑体系、理性的推演原则作为真切的终极存在,方法成为知识的方法;后者将知识作为人类追求的目标和思考的方向,方法则成为知识形而上的组成部分。很显然,以上分歧一方面源于对主次的申张,对终极追求的不同主张,另一方面是两者对知识内涵理解的差异,前者采用狭义的知识范畴(方法外在于知识),后者则为广义的知识范畴(知识包含了方法的要素)。本研究将知识和方法的形成和发现置于一个循环的过程中,跳出终极追求的逻辑,并采用狭义的知识范畴,强调学科性知识、社会性知识和方法性知识的和谐共生关系。

其不同组合方式的作用。化学思维方法体系铺设了一条发现和创造知识的路径，为教材中学科性知识的形成和历史发展过程的呈现提供了一个无形的框架，学生借助该框架既可以有效达成学科性知识的认知目标，又能了解知识形成和发展过程中隐含的假设、验证、分析、推理等一系列的思维方法。每个学科性知识的学习都是一次方法的教化，潜在的思维方法体系经过长期性的累积将促成学生心理化的思维模式的生成。

学科性知识的形成和发展过程的描述需要与具体情境相结合。教材中学科性知识的展开过程并非完全与真实的科学认识活动中知识的发现和形成过程一致，它既要反映科学研究过程的复杂性，又要兼顾学生的可接受性，需要对真实的知识发现过程进行简化和再造，而这种简化和再造就包含了对其中的思维方法体系要素与情境要素的设计。如果说化学思维方法体系为知识的展开设置了无形的框架，那么情境设计的功能就是进一步丰满该框架，使思维的进程浸润在仿现实的实践情境中。从社会性知识的功能定位上看，它们充当知识展开背景的历史情境或任务情境，是知识背后问题意识的来源，只有将知识展开的思维脉络与具体情境结合，才能使学生在历史故事或实践任务中切实地感悟和体验化学方法，理解化学知识的真谛。

整体而言，教材中学科性知识的形成和发展过程的充分展开是促进知识理解的条件，也是揭示学科性知识中隐含的思维方法的方式，知识中隐含的思维方法体系又是学科性知识展开的潜在逻辑，而社会性知识为由思维方法体系架构的知识展开框架添砖加瓦，使学生能置身于一定的情境中切实地循着思维方法预设的轨迹去解决情境中所涉及的化学事实、概念、原理、规律中所蕴含的问题。可以说，没有知识的展开过程，知识中的思维智慧将难以显现；没有思维方法的路径导引，知识的展开过程将缺乏有序的结构；没有社会性知识的故事情境或任务情境的设计，知识的展开过程将成为空中楼阁，知识和方法将因缺乏源头活水而无法在学生心里生根发芽。

(二) 化学基本观念

1. 化学基本观念的代表性阐释

有关化学基本观念的提法、界定、内容、学习价值以及形成过程的研究颇受关注，但人们主要立足于知识教育转型的大背景去看待以能力立意的化学教育并对化学基本观念进行阐释。有关的代表性观点有很多，但其间未能达成统一的精确学术界定。宋心琦教授曾撰文指出"化学的基本"就是指基础化学教育在学生身上所形成的基本观念，它主导并维系着个体从化学科学的视角来看待物质世界的发展、变化，所产生的学科意识和价值观念会指导、规范着学生在化学领域的后续发展，对其产生持续深远的影响。[①] 吴国庆教授在谈论初中化学课程的课程取向时提出"化学核心概念"，并定义其为对化学事实性知识和原理性知识的深度思维加工形成的在哲学高度上

---

① 宋心琦,胡美玲.对中学化学的主要任务和教材改革的看法[J].化学教育,2001,(9): 9-13.

对化学科学的概括性看法。① 高剑南教授提出的"化学核心知识与学科意识",指学生在化学学习过程中逐步提炼概括出来的一些基本观点与看法,内容涵盖了化学学科的本质特征、基本规律以及化学科学与自然和人类社会的关系,这些观点与看法是作为一个现代公民具备化学学科核心素养的重要表现形式。② 毕华林教授认为"化学基本观念是学生通过化学学习获得的对化学的总观性认识,它们是在具体化学知识基础上概括提炼出来的"。③

加拿大化学教育家吉利斯皮(R.J.Gillespie)在美国化学会上针对"普通化学中必须包含什么内容"的问题提出了"化学中的主要观念",认为掌握化学中的主要观念是学习化学的基础,学生必须真正理解这些主要观念。美国课程专家艾里克森(Lynn Erickson)在《概念为本的课程与教学》一书中提倡"概念为本的课程与教学",研究其内涵与实施方式,艾里克森认为真正的理解就是思想与感受、观念与实体的连接,课程内容要围绕各学科的核心观念(居于学科中心,具有超越课堂的持久价值和迁移价值的关键概念、原理和方法)进行选择,厘清核心观念与支撑核心观念的事实性知识之间的关系,并提出学习重心应该从记忆事实转移到理解可迁移的核心观念和对更为根本的知识结构进行深层理解。④ 美国维吉尼亚州立联邦大学的苏卡奇(John Suchocki)博士更以化学学科基本观念为核心编撰了中学化学教材——《观念化学》,他提倡化学教育的重点在于让学生对自然世界有更深的认识,并了解物质的行为与运作模式,只有从基本观念着手,化学才会是最实际且让人一生受用不尽的科学。

综合以上国内外专家学者对化学基本观念的认识和阐释,虽然不同理论在名称提法、内涵界定上存在差异,但对化学基本观念的本质特征的理解是基本一致的。

(1) 化学基本观念是从大量具体的化学知识中抽象概括形成的观念性的认识,反映了化学学科的精髓,具有更大的统摄性和迁移能力,对化学知识体系建构、化学问题解决、化学科学研究活动的展开具有指导意义,它们所产生的学科意识和价值观念将直接导向个体审视物质世界的视角和思维方式的形成,并产生长期的影响作用。

(2) 大量具体的化学知识的积累是生成化学基本观念的关键性前提,但不是必然结果,学习者需要对具体知识进行深入理解,对化学知识中最本质的规律性知识产生深刻的体验和领悟,才可以使对化学知识的认知得以升华。因此,化学基本观念的形成需要结合个体的知识经验,需要学习者认知、加工和深刻体悟的过程性参与。

(3) 生成化学基本观念是学习者养成化学学科核心素养的重要组成部分,是化学教育的重要使命之一,化学课程及教材的设计需要关注化学基本观念的构建要求。

---

① 吴国庆.化学科学与初中化学课程内容改革[M]//王磊,毕华林.基础教育新课程师资培训指导·初中化学.北京:北京师范大学出版社,2003:45.
② 高剑南.试论化学核心知识与化学学科意识[J].化学教学,2004,(3):1-2.
③ 毕华林,亓英丽.高中化学新课程教学论[M].北京:高等教育出版社,2005:46.
④ 艾里克森.概念为本的课程与教学[M].兰英,译.北京:中国轻工业出版社,2003.

"化学的基本""化学核心概念""化学核心知识与学科意识""核心观念"等众多提法，都反映了对化学学科最核心、最根本的认识的追求。另外，为了在提法上区别于一般的化学概念、原理等具体知识，并与中学化学课程中学科知识的基础性特征相对应，本研究采用毕华林教授"化学基本观念"的提法，指向在基础教育阶段通过化学课程的系统学习，学生形成的对化学学科概括性的观念性的认识，这种认识对学生后续在化学科学领域的发展及个体的学科素养的养成具有基础性的作用。

2. 化学基本观念的层阶发展特征

化学基本观念的形成是受学生认知水平的高低和知识经验积累的多少所决定的，具有层阶发展的特征。这种层阶发展的特征体现在两个方面：第一，化学基本观念体系随着学段的变化不断增长。就对初中阶段的启蒙性和奠基性作用而言，初中生需要对化学的研究对象、化学基本研究方法、化学特征思维方式等内容进行了解，初步形成从化学视角考察周围物质的性质和变化规律的思维习惯。因此，学生在初中阶段的化学学习过程中形成的基本观念主要包括：元素观、物质微粒观、物质变化观、物质分类观和化学社会观，它们构成了初中化学学习的基石，是学生探索物质的性质及其变化本质与规律的认识基础和前提保障。而高中阶段的化学学习则在此基础上进一步发展学生对物质的结构层次、物质结构与性质的关系、物质中微粒的相互作用、化学变化的方向和限度等观念的认识。第二，随着学段的变化，学生的知识经验积累不断丰富，知识的认知水平不断提升，形成的学习感悟更加深刻，同一化学基本观念的内涵和认识水平也不断发展。以"物质微粒观"为例（见图4-2），在初高中两个学段，学生对"物质微粒观"的内涵和认识水平随着其知识结构中新的核心概念的出现而逐级发展。初中阶段，学生主要从对日常生活中常见的宏观现象的分析和思考中形成"物质是由微粒构成的，微粒很小，微粒之间有空隙，微粒在不断地运动"等认识，学会利用物质的元素组成和原子论解释物质化学变化中质量守恒的规律，但其无法深入到微粒之间的作用力的本质去揭示物质的性质和变化规律。高中阶段引入的"物质的量"概念是建立宏观与微观联系的纽带，学生对宏观物质的微观认识转向定性描述和定量分析的统一，以化学键和分子间作用力、物质的层次结构等知识为载体，学生从微粒的空间排列次序以及微粒间的相互作用及其方式的关系来思考宏观物质的性质和物质变化的实质，建立物质结构与性质的关系，从化学键的强弱、键的断裂和生成角度来解释化学反应的能量变化，并以化学平衡、化学反应速率等概念为基础促成学生生成化学反应的方向和限度的观念性认识。

鉴于化学基本观念的层级发展特征，在此我们以初中化学为例，针对初中学段的化学学习，统筹学生的知识基础、认知水平以及初中化学的基础性地位等要素，提出了以元素观、物质微粒观、物质变化观、物质分类观和化学社会观为基本构成的初中化学基本观念体系，并对其内涵作了明确的界定。

（1）元素观。"元素观"是人们对物质的基本组成成分所持有的看法，反映了人们从物质的化

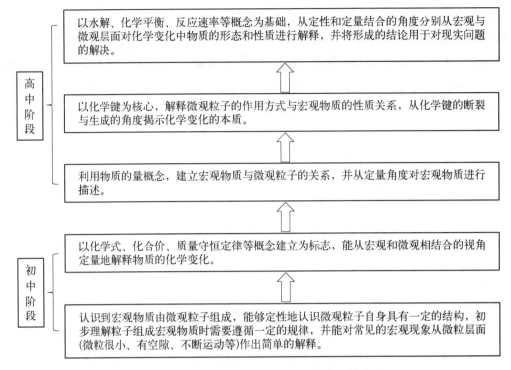

图 4-2 "物质微粒观"的内涵和认识水平的发展

学组成方面来认识常见物质的性质和变化规律的思维倾向。[①] 学生通过建立元素观,能够理解庞大的物质世界的有序性并建立起物质性质与组成的关系,故元素观是深入学习化学物质的结构、性质和变化规律的基石。"元素观"的基本构成如下:

- 元素是组成物质的基本成分,每种物质只是由少数几种基本元素按照不同的方式组合而成,形形色色的物质世界皆由一百多种化学元素组合而成;
- 元素是具有相同核电荷数的一类原子的总称;
- 化学变化只不过是元素之间的重新组合,通常条件下化学元素不会转化,这是化学科学的基础;
- 物质的元素组成影响着物质的性质;
- 物质的元素组成相同,其性质未必相同,结构是影响物质性质的另一重要因素。

(2) 物质微粒观。从微观的视角认识化学物质组成、性质及其变化是化学学科的重要特征。"物质微粒观"是人们对物质微粒性的基本看法,它的形成是学生开启化学之门的基础,支配着学生在探索物质的过程中对微观世界的整体印象,影响学生在微观层面认识物质世界的思维和方法,对于学生从原子、分子、离子水平上理解和解释宏观的事实与现象,理解化学反应的实质,了解化学符号的意义等方面具有重要的意义。"物质微粒观"的基本构成如下:

[①] 辛本春.中学生化学基本观念培养的研究[D].济南:山东师范大学,2008.

- 物质是由微粒构成的,构成物质的微粒主要有原子、分子和离子等;
- 微粒非常小(肉眼不可见);
- 微粒之间有空隙;
- 微粒在不断地运动;
- 微粒间有相互作用,这种相互作用使大量微观粒子聚集成宏观物质。

(3) 物质变化观。物质世界千变万化,斗转星移、春去秋来、生老病死,万物的变化无处不在。"物质变化观"是人们自觉地从原子、分子层次上认识日常生活中包括生命现象在内的各种物质变化现象的思维习惯和基本看法。学生能对物质变化有科学的认识,能结合宏观现象和微观变化去理解物质变化的基本原理,能形成正确的物质变化观是发展其认识物质、改造物质、利用物质的能力的基础。"物质变化观"的基本构成如下:

- 世界上的万物都处在变化之中,根据变化前后有无新物质生成可分为物理变化和化学变化。化学变化也叫化学反应,是物质运动的一种形式,是自然界一切形态的生命存在、发展、进化的基础;
- 原子是物质化学运动的基本单位,参加反应的具体物质都是通过原子之间的分解与化合,进行原子之间的重新组合,完成物质之间的相互转化的。在这个过程中元素的种类、原子的数目都没有改变,所以化学反应遵守质量守恒定律;
- 化学反应都伴随着能量变化;
- 物质的变化有快慢之分,这与物质的本性以及所处的外界条件有关。

(4) 物质分类观。"物质分类"不仅是化学研究常用的科学方法,也是学生学习化学的一种重要方法,"物质分类观"是人们按照一定的标准(物质外部特征、组成、性质、结构等)对复杂且多样的化学物质进行规律性和系统性认识的思维倾向。"物质分类观"的形成是学生利用关于物质的外部特征、组成、性质和结构的研究把握各类物质的本质属性和内在联系的结果,也是学生将物质的区别和联系应用于物质性质探索和新物质发现的前提。"物质分类观"的基本构成如下:

- 物质分类的标准和分类的方法决定了分类的结果;
- 根据物质的颜色、状态、气味等来识别物质是依据物理性质对物质进行分类的表观层次角度;
- 依据物质的组成可以将物质分为混合物和纯净物;
- 物质的元素组成对物质性质起决定性作用,可以依据元素组成将物质分为单质和化合物(包括酸、碱、盐和氧化物);
- 物质的组成相同,其性质未必相同,物质的性质与结构有关,依据物质的性质、结构可以对物质作进一步的分类。

(5) 化学社会观。"化学社会观"是指人们通过对化学的学习和应用所形成的对化学科学作用于社会和日常生活的价值与局限性的根本看法。长期以来环境恶化、生态失衡、食品污染等问题严重影响了化学科学正面的社会形象的树立。"化学社会观"的构建旨在帮助学生正确认识化学的学科价值和地位,既能赞赏化学科学对个人生活和社会发展的贡献,又能意识到科学发展的局限性,积极关注与化学有关的社会热点问题,逐步形成可持续发展的思想,培养对待化学的正确信念和态度。"化学社会观"的基本构成如下:

- 化学是一门中心的、实用的、创造性的科学;
- 化学能够使人们科学地认识和利用自然界中的物质及其变化,增强辩证唯物主义意识,树立科学的世界观;
- 化学对人类文明的发展作出巨大贡献的同时,可能也给人类的生存环境和社会生活带来消极的影响;
- 在化学化工生产领域中多采用绿色化学工艺、资源循环利用等新思路,实现新发展,可以最大限度地合理利用资源、减少污染物的产生和排放,以实现资源、环境与发展的良性循环,推动人类社会的可持续发展。

3. 化学基本观念的形成过程

化学基本观念是学生内心思维过程与外部环境相互作用的结果,是一种具有广泛的迁移价值与方法论意义的思维方式或基本认识。化学基本观念的形成不是一蹴而就的,无论是在课程文本还是教学过程层面,均凸显化学基本观念是一个遵循观念形成机制的渐进性过程。化学基本观念是由一系列包含不同层次和结构的知识与知识的认知过程相互作用形成的,往往以并行出现的方式与学科知识共同存在于教材或教学活动中,学科知识以显性的形态构成了内容体系,而化学基本观念则以时隐时现的方式与学科知识的发展并置前行。化学基本观念既作为知识认知的结果,也发挥着知识结构化的组织作用,为离散知识之间建立联系,反映知识的结构性和层次性。至此,我们看到了以化学基本观念为基础来实现教材整体化设计的可能,从观念的认识功能和知识整合的工具性价值出发,依循化学基本观念形成的一般性过程,揭示具体事实性知识、一般性概念、核心概念等化学知识的层次结构和联结方式,可以为教材内容体系的整体化设计提供一种思路。

化学基本观念的形成遵循认知活动的一般性过程,通常具有从具体到一般、从感性到抽象、从已知到未知、从零散到整合的发展特质。与此同时,化学基本观念的形成又与化学学科的特征密切相关,以对客观世界的研究为旨趣,从物质组成、结构、性质及其变化等多重角度揭示物质世界的宏观现象与微观作用的本质联系。因此,化学基本观念的形成实为对物质世界的多重层次和属性认识的结果,需要透过纷繁复杂的人工世界与自然造物的多变性质和现象去追溯在原子、分子水平上的微观世界中微粒的种类、作用方式、聚集程度等影响因素,揭示物质和能量变化的最本质规律,并发展成为一种认识世界和改造世界的思维方式与实践路径。由此我们可以将化学基本观念的形成简述为从具体事实性知识和知识经验、朴素观念的加工——一般性概念的认识—核心概念深层理解—基本认识的提炼—化学基本观念的形成的递进性过程,见图 4-3。

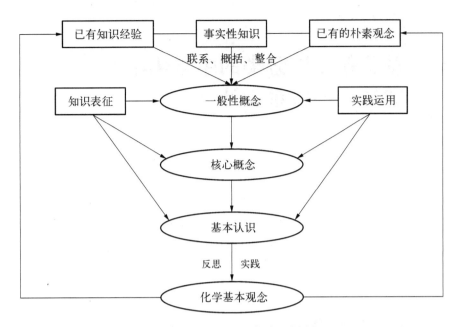

图 4-3 化学基本观念的形成过程

学生通过对具体事实性知识的分析、比较、归纳、抽象、深化以及对已有知识经验的加工等过程,获得了化学观念形成的事实性基础和发展了对一般性概念的理解;通过对事实性基础和一般性概念的结构化,发现和深入理解核心概念,进而获得一种新的认识物质及其变化规律的思维视角,而这种视角用概括性的语言表达出来就是对化学基本观念的基本认识。它基于具体的经验背景但又超越事实,是经由理性的思维过程形成的对化学基本观念的重要解释,具有抽象性和概括性的特点。对化学基本观念持有基本认识是该观念形成过程中最关键的因素,进而才能够运用基本认识对周遭事物或现象进行解释,通过这种反复的实践和反思,个体对基本认识中所承载的认识和改造世界的思维方式进行实践检验,对其客观性加以证明使学生在个体经验背景和理解具体事实的基础上建立对观念的基本认识,并不断修正和改进,实现去背景化,形成一个客观的、具有最广泛适用价值的、适用于化学学习与研究的基本手段和思维工具。值得注意的是,概念的表征及其在学习情境中的应用是概念形成和发展的条件,因此无论是化学学科中的一般性概念、核心概念还是基于具体事实的对学科基本观念的基本认识,都借助于表征和应用情境获得自身的意义。

第 5 章 基于新知识分类的中学化学教材内容体系设计

考虑到教材内容体系构建是一个系统性的工程,其所包含的环节不止于新知识分类体系的设想以及与新知识分类体系相契合的教材观的提出,同时还需将学习心理和教学理论在教材内容选择与组织方面的见解,以及具有明晰的操作程序的教材内容体系构建模型等纳入理论设计的视野。

一、"为了发展学生素养"的教材观

教材观是人们对教材的本质、价值、功能、属性等方面的认识和定位。准确认识教材的功能,是课程改革实践的需要。[1] 对教材功能有不同的理解,就会形成不同的教材内容观点,其必然会影响教材程序设计和教材形态设计的结果。要实现基于新知识分类的化学教材内容体系建构,必须建立与之相适应的教材观。

传统的知识教材观认为教材的价值体现在规范教学,教材以规范的内容来影响教师的教学和学生的学习。"教材即知识"是知识教材观的核心,只关注"物质性"的具体知识,其中所遵循的逻辑就是基础知识和技能的学习是学生发展的基础,而能力发展则是基础知识和基本技能发展的必然结果。为此,知识教材观主张建构严谨的、系统化的教材内容体系,以便教师以灌输的方式传递知识给学生,而很少关注学习过程和学习活动方式的设计,这使得有关社会联系和实践的内容难以融入到教材内容体系中,导致在传统知识教材观的引领下编制出的教材往往呈现出重视知识结果而轻视知识形成过程的特点,最终致使掌握知识和能力发展出现明显的失衡。

雅斯贝尔斯认为,教育是对人的灵魂的教育,而非理智知识和认识的堆积。把一个塞满知识的教材转变成促进精神成长且充盈生命活力的教材才是教材价值的最佳体现。化学新课程改革强调促进学生化学学科核心素养的发展,"在知识的吸收过程中态度、才能和本领的形成实际上比获得知识本身更重要",[2] 为此教材不仅要关注知识的传递,更应着眼于培养学生的思维、素质、情感、态度、价值观、创造力等。简言之,教材要转变"为了发展学生素养"的途径和手段,包含了

---

[1] 杨启亮.教材的功能:一种超越知识观的解释[J].课程·教材·教法,2002,(12):10-11.
[2] 拉塞克,维迪努.从现在到 2000 年教育内容发展的全球展望[M].马胜利,译.北京:教育科学出版社,1996:265.

学生的文化积累、认知发展和人格建构三个基本层面。我们应该立足于教材所蕴含的丰富可能性,重新审视教材内容体系对于成就学生素养发展的可能作为。素养发展的基础能唤起学生自发的学习欲望,并促使学生进行主体性学习,因此建立学生与教材之间密切的"活"的关系便成为了教材变化的出发点。具体而言,首先在教材内容选择的过程中要注意斟酌和精选,使学生能与人类优秀的文化传承保持密切的联系,使教材具有发展学生优点和丰富心灵方面功能的可能。其次教材应把知识的呈现作为一种发展学生思维和创造力的辅助性条件,从仅仅关注知识作为人类已有认识结果的形态转向作为主体的人的认识过程的形态,重视基于学生认识活动的学习过程和学习方式的设计,充分考虑引发学生认识、分析、理解事物,并进行反思、批判和建构意义的合理途径,让学生从有限的内容中获得认知能力的发展,以及对本质的、结构性的、典型性的、规律性的和跨学科性的等关系的认识。最后,教材还应为学生创造生活化学习和人格建构的"最近发展区",使教材的基础性文本具有丰富性、趣味性、实践性和情感性,缩短学生和教材的距离,使其一体化。

二、"为了发展学生素养"与新知识分类

教材内容体系的构建是不同内容要素具体结合的结果,内容要素的具体结合方式方法以及结合特点等都取决于对学科知识体系的本质认识,以及学生和教学的具体情况。基于新课程知识观形成的新化学知识分类及其关系,其如何与"为了发展学生素养"的教材观相契合,并在教材内容体系的设计中加以反映,均需要以一定的学习理论基础为指导,形成设计的框架和操作准则,旨在实现从新知识分类的设想向构建一个最能体现"为了发展学生素养"诉求的教材内容体系的转变。"为了发展学生素养"教材观把教材视为发展学生素养的依托,故在教材的内容选择和组织呈现上均强调立足于发展学生素养的要求,并进一步追求于实现文化传承、认知发展和人格建构的统一。我们从布鲁纳的学科基本结构理论和新课改的立论依据之一——建构主义中获得了践行"为了发展学生素养"教材观的启示,形成了将新知识分类与发展学生素养相统一的教材内容体系设计的理论基础。

(一)学科结构和认知结构内涵及其关系

认知结构是学习心理学和认知心理学中的重要概念,也是建构主义理论的核心思想。针对认知结构的研究从概念形成至今,其结论折射出了建构主义关于知识和学习理论的诸多观点,同时也与化学新课程改革所倡导的以发展学生化学学科核心素养为宗旨、重视科学探究、重视学生在探究活动中学习意义的自主建构的主张相吻合。1959年,美国心理学家布鲁纳在题为《教育过程》的会议报告中将学科具有的逻辑界定为学科基本结构。在布鲁纳的学科结构理论中,学科基本结构与认知结构相结合的观点阐释了学科逻辑与心理发展的关系。而关于学科结构和认知结

构的内涵及关系的分析将为我们确定教材如何为学生自主性参与的学习过程创设空间与条件奠定基础,使以新知识分类构建的教材内容体系承载文化传承、能力发展和人格建构的三重使命成为可能。

　　布鲁纳认为,每一门学科都拥有其广博的知识域,因此让学习者掌握学科所有知识的企图是不现实的,也是不经济的。而最切实的办法就是引导学生学习和掌握每门学科中那些起广泛作用的概念、定义、原理和法则。学科中的基本概念、基本原理及其之间的关联以及学习和探究该门学科的基本思想方法与态度即为"学科基本结构"。倘若学习者的学习能够超越具体的知识和技能的习得而致力探索学科基本结构的脉络与规律,其将能获得更具适用性的思考问题和解决问题的视角。可见,布鲁纳提出的学科结构包含两个基本层面:其一是言语形式的基本概念和基本原理,它们构成了学科基本结构的表层结构,可以按照一定的组织方式发展成为教材内容的形式结构;其二为学科中特定的研究思想方法、态度和探究方式,它们统一于学科的基本观念范畴中,具有广泛而强有力的适应性,同时,学科基本结构是深层结构和表层结构的统一体,反映了新化学知识分类中学科性知识和方法性知识的对应关系,它们通常作为一门学科的深层结构以组织和整合教材内容的线索内隐于学科的基本概念与基本原理当中,并被不同的知识所揭示。

　　认知结构的概念最早由认知结构理论的代表人物之一皮亚杰提出,其通过对"图式"的研究说明了认知结构发展与儿童思维、认识、智力发展过程的统一关系,并以"图式、同化、顺应、平衡"四个要素对认知结构作出了概括。皮亚杰认为认知结构的基本单元——图式正是经历了主客体的相互作用,在"同化"与"顺应"中实现"平衡—不平衡—新平衡"的循环,进而在此反复过程中逐步建立起一种能动的、具有可建构性的知识框架。布鲁纳则首次界定了认知结构的概念,他把认知结构看作是人关于客观世界的编码系统,是新信息加工和推理活动的依据或参考框架。美国心理学家奥苏贝尔则把认知结构定义为一个人在某一知识领域的全部观念内容和组织特点,指出认知结构的内容即为学习者的知识经验,组织特点表现为认知结构的概括程度和层次特点,并利用"金字塔结构"对认知结构的层次特点进行描述。建构主义学派把认知结构视为个体通过外部活动形成并不断完善的知识组织体,更关注其作为知识形成与发展机制的能动作用,强调此类心理结构的建构和完善对于智能活动的不可缺性。综合上述观点,我们在求同存异的基础上达成了对认知结构的共识,认知结构不仅包括有形的知识经验结构,还包括对外界信息整合、转化的能动机制。知识结构的形成是个体按照认知结构中认识和改造客观世界的规则进行操作的结果,而知识结构的发展又会促使认知结构中的认知方式和策略发生适应性变化。

　　布鲁纳的学科结构理论非常强调认知结构的发展与学科结构的结合,根据以上对学科结构和认知结构的内涵分析可以看到:认知结构中按一定方式组织排列的知识结构与学科结构中由基本概念、基本理论组成的表层结构具有一致性;而学科结构中的深层结构——学科特有的思想方法、态度和探究方式与认知结构中的促使知识结构形成和发展的能动机制存在密切联系。学科基本观念通过外部活动的作用能够不断转化为认知结构中组织和掌握学科结构的心理结构,可以说学科基本观念是个体在学科学习中促使知识结构从量变到质变的关键性因素,是布鲁纳提出的"由类别构成的认知结构中一般的、概括的、水平高的类目",是奥苏贝尔定义的认知结构的层次构造中最一般、最抽象、包容性最广的顶端结构,是建构主义流派主张的主体改造客体的规则。简言之,学科结构中的深层结构是实现认知结构能动作用的源泉。因此实现学科结构向认知结构转换的途径不再是传统的灌输传递,而是以个体参与为核心的学科认知实践活动。正如美国心理学家菲利普斯提出的认知结构等同于心智地图的观点,心智发展必须以主客体的双向作用为基础,认知结构的发展也必然要以主体的参与性为前提。

认知结构与学科结构的内涵及关系如图 5-1 所示。存在于化学学科结构的"表层结构"与"深层结构"之间,认知结构中的"知识结构"与"知识形成的能动机制"之间,以及"表层结构"与"知识结构"、"深层结构"与"知识形成的能动机制"之间的对应关系,揭示了外在于学生的学科基本结构转化成为内在于学生心智当中的认知结构的关键性因素,即如何利用学科表层结构中的基本概念、原理的形成和发展过程以及学生认知特点设计学习活动,使隐于表层结构中的学科思想方法、思维方式得以彰显,并转化成为学生能不断同化、顺应新概念和原理的能动机制,促成学生认知结构的形成与发展。

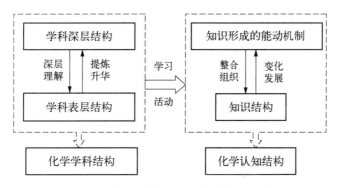

图 5-1 学科结构与认知结构的内涵及关系

(二)"学科结构向认知结构转化"的意义及教材化启示

"为了发展学生素养"的教材观对教材内容体系提出了文化传承、认知增长、人格发展三者统一的要求,通过上述对学科结构与认知结构关系的阐释,"学科结构向认知结构转化"是实现三者统一的必由之路。

以往以学科结构为"原型"的教材内容体系,适应了教材仔细斟酌和精选内容,使学生能与人类优秀的文化传承保持密切联系的要求;该类教材内容体系往往以学科结构的形式逻辑关系为主线,反映出由化学基本概念和基本理论所组成的表层结构的逻辑组织形式,并同时渗透化学基本观念的深层结构,但此类体系以抽象、严谨为标志,忽视与学生心理结构的互动作用,导致学生的认知困难,影响了文化习得与认知发展的统一。根据图 5-1 所展示的学科结构与认知结构的内涵及其关系,学科结构与认知结构的本质差别在于后者的知识结构具有对新信息进行加工整合的能动机制,而这种能动机制产生的前提条件正是知识结构的心理化建构。心理化构建包含个体化地建构意义的心理过程和社会性的、工具中介的知识合作建构的过程等。首先学习者需要对孤立、零散的知识进行结构化的处理,接着基于已知的结构化的知识和大量非结构化的经验背景,通过深入辨析、预测、判断等方式形成个性化的见解。与此同时,心理化建构还强调将知识的意义建构与真实的、具有一定复杂性的任务情境相结合,以交流协商的方式促使学习者对知识形成多角度、多侧面的丰富理解,从而使他们在面对实际问题时能够更加容易地激活这种知识,并灵活运用它们解释现象,形成解决问题的能力。由此可见,以学科结构为"原型"的教材内容体系需要进一步遵循知识心理化构建的要求,对学科结构框架进行调整和改造,既要考虑学生的心理阶段特征适当变化基本概念和基本理论的编排顺序,又要改变知识的描述方式,不再采用定论形式,树立学生意义建构的对象,并利用经验背景和任务情境等认知中介,为学生有效的认知活动创造条件,为滋养学生的心灵提供丰富的养料。

化学学科结构中具有普遍适应性和方法论意义的学科基本观念能够为化学新信息的认知指明思维方向,在面临新的化学问题、化学现象时可以在学科基本观念形成的解释框架中获得意义。可以说,化学基本观念的形成是化学知识意义建构的最高水平,一旦确立就能发挥认知的能动作用,因此化学基本观念成为个体认知结构能动机制的核心。但是学科基本观念不是自己凸显出来的,而是借助于不同层次的化学知识来表达自己的深刻内涵,为此化学知识结构心理化的过程需要确立观念为本的价值取向,需要从代表性和奠基性等特质来考察知识作为观念形成的工具或载体的价值,知识的意义建构不仅以实现新旧知识的联系、赋予新图式信息整合功能为目标,还需要从意义建构的深刻程度着眼,不再满足于简单理解和应用,力求揭示知识中隐含的一般性、规律性的东西。

综合以上分析,教材内容体系的设计若要实现文化传承、认知增长和人格发展的统一,其一应以学科基本结构为前提,内容选择上综合考虑学生心理阶段特征和学科基本观念形成的需要,以那些概括程度高、统摄能力强的基本概念和基本原理为主;其二要将以上的内容转化成学生认知和人格发展的素材,内容组织呈现上力求建立积极的思维活动并提供分析判断的框架,将知识设定为思考的焦点,激发各种水平的理解,而这一切归根结底就是能实现基于知识心理化的建构,为学生创造个体性和合作性意义建构的载体或中介,这种载体或中介的本质是以任务情境驱动教材与学生之间的互动,任务情境的选择应向学生的知识经验和生活开放,并以可解释性为前提形成开放性的文本,启发学生能以自己的方式来解释知识;其三需注意以观念形成为取向的心理化建构不能停留在个别知识的意义建构上,还要关注知识的整体性意义建构(如某领域知识的一般性、规律性的提炼概括),教材内容体系应力求建立特定的内容框架实现个别知识和整体知识意义建构过程的兼容并蓄。

当我们从学科基本结构和认知结构的关系中看到知识、技能、观念、认知能力、情感等要素培养的必要性,以及其要素相互作用对于实现有意义学习所具有的重要性时,有理由且有必要去思考如何在这些基本判断的基础上将相关要素及其作用的方式和过程在教材的内容设计中加以呈现以形成教材的基本单元,并充分发挥出教材发展学生素养的功能。无论是从整体还是从局部上看,教材都是一个人工设计系统,而长期以来人们根据不同的理论和观点均对教材的内容设计提出了各种设想,而这些设想都包含了内容选择与组织呈现两个方面的观点。当已经有了内容选择的依据和方法后,我们会将更多的注意力置于选择怎样的框架对选择的素材进行组织上,以满足体现课程目标、知识逻辑顺序、学生学习规律和心理特征、教学可操作性等基本要求。图5-2呈现了学科结构向认知结构转变的教材化程序,它体现了我们对学科结构与认知结构结合的学科教育观点的认同,包含了我们基于两者关系对两者转化方式的预设,也反映了我们对教材内容组织方式的选择。

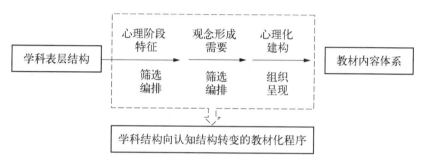

图5-2 教材内容设计中学科结构与认知结构的关系

(三) 基于新知识分类的"学科结构向认知结构转化"的教材化模式

关于教材内容展开顺序的讨论一直围绕知识逻辑、心理顺序、学习规律等来展开。要素主义的代表人物之一巴格莱强调教材要对人类文化中永恒不变的遗产和核心要素进行系统化的逻辑组织。杜威是第一个将"逻辑的"和"心理的"作为对立的术语对教材内容组织加以讨论的人,他在揭露采用逻辑方式组织生成的教材所具有的弊端的同时,提出教材的内容展开应该从学习者现有特征出发,选择适合学习者的经验准备状态和认知发展水平并能促进它们进一步发展的顺序或方式。泰勒在探讨逻辑组织与心理组织问题时,指出心理要求和逻辑体系是组织方式之一,选择何种方式都必须以联系、反复、发展为原则。奥苏贝尔则在心理学研究的基础上把教材定位为学习中的认知因素,强调应以心理学作为教材组织的理论基础,并进一步提出以渐进分化和融会贯通为基本原则来组织教材内容的主张。

综合上述观点,学科逻辑与学生心理是教材内容编排本身内在的、固有的矛盾,其中前者指不同内容要素的特质及联系,后者则指内容要素因学习者的因素而构成的关系。这次新课程改革试图以"打破学科体系"为突破口,使教材内容的编制能为学生发展素养提供助力。那么,如何"打破学科体系"建立新的教材内容结构便成为了亟待解决的关键性问题,由于教材中并不存在着某种内在的、预先规定的内容顺序,且教材内容顺序也并不能单方面地来源于学科逻辑,因此我们应当允许教材的组织可以有不同的展开顺序,并尽可能地寻求学科知识的逻辑体系和学生的心理发展顺序的和谐统一。基于学科结构理论和建构主义理论形成的"学科结构向认知结构转变"的教材化主张将成为我们实现统一教材心理要求和学科逻辑的契机。

我们一直在寻找基于新知识分类而构建出的化学教材内容体系框架。在对现代课程知识观进行理论追溯和对化学知识体系展开系统研究的基础上,我们确定了新的化学知识分类体系——学科性知识、方法性知识和社会性知识。引入新知识分类来探讨教材内容体系构建的思路是我们践行新课改"突破学科体系"主张的一种尝试。在学科结构理论和新课改的立论依据的指导下,我们再次验证和确立了三类知识的内在关系,并从学科结构向认知结构转化的教材化程序中看到了由三类知识构成的教材内容体系的雏形。

教材作为一种"具有学习价值"的文本,必须最为出色地反映出"典型地表达基本概念的本质所采取的必然的方法与形态"①,而"学科结构向认知结构转化"的教材化为我们呈现了一个基于新知识分类的教材内容体系的应有形态,这是一个纵横交错的网络结构(见图5-3)。学科性知识的科学系统性是这一内容体系的骨架,在一定程度上保持其逻辑联系;具有一般性和本质性的化学基本观念是联结部分学科性知识的节点,既是学科性知识联系的纽带,又是作用于科学世界认知和解释的方法与智慧,可谓是由学科性知识构建的框架中隐含的最深刻的精髓结构;社会性

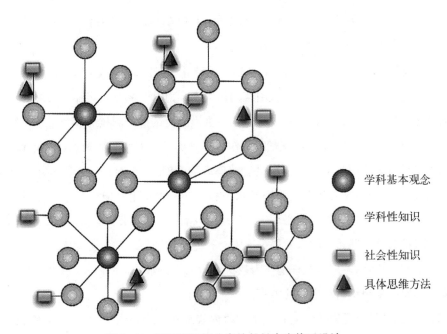

图5-3 基于新知识分类的教材内容体系设计

---

① 钟启泉.现代学科教育学论析[M].西安:陕西人民教育出版社,1993:211.

知识在化学基本概念和原理之间的连线或是它们的延长线上出现,成为包裹学科性知识骨架的筋,当然,学科性知识与社会性知识的连接并非停留在表层的简单罗列,而是在这些连线或延长线上发生学科性知识之间、社会性知识之间以及学科性知识与社会性知识之间的相互碰撞,引发学生内心丰富的认知活动;在该网状结构中,方法性知识被不同的学科性知识所揭示,且基本观念的导向和具体思维方法的作用正是提高认知活动效率的条件。换言之,教材中学科性知识与社会性知识的设计始终要围绕知识的生成性、理解性和情境化的要求来展开,而遵循一定的化学基本观念的导向或具体的思维方法的过程性来思考知识的形成和展开方式则是保障教材中知识的生成性、可理解性的重要途径。

图5-3不仅反映了教材内容体系中学科性知识、方法性知识和社会性知识的构成关系,而且呈现出了一定的结构层次,第一个层次是由学科基本观点形成的教材内容体系最深刻的隐性框架;第二个层次是由学科性知识构建的具体的形式框架,它们是化学基本观念形成的基础,涉及具体的学科性知识和它们的联系;第三个层次为在形式框架中的具体内容,主要是为学科性知识与学科基本观念形成和发展服务的社会性知识,学科性知识连线上出现的社会性知识旨在建立知识联系、完成知识结构化,学科性知识延长线上的社会性知识可能是知识形成的情境抑或是学科性知识应用的结果;第四个层次则是出现在学科性知识之间连线和延长线上的方法性知识(主要为具有学科特征的具体思维方法),它们是助力教材呈现知识形成、过程发展、应用情境和迎合学生自主意义建构的设计线索。

从系统论的角度来看,图5-3中三类知识构成的四个层次的教材内容体系坚持整体和全局的观点,依据"为了发展学生素养"的教材观对新知识分类进行统一的考察和纵览,综合"学科结构向认知结构转化"的教材化要求和新知识分类中各类型知识的作用关系,形成了教材内容系统化的核心——"正确地揭示化学学科结构的逻辑联系",并围绕该中心产生了进行内容系统化的具体主张:从驱动性问题的提出到生活经验的选择与思维活动的设计再到具体学科知识的形成、发展和应用,让学生在问题的驱动作用下,结合生活经验背景,沿着有序的思维过程进行知识的意义建构,审视各种自然现象和社会现实,从而丰富学生对学科知识逻辑联系的理解;从具体学科知识到基本理解再到观念的形成,引导学生概括典型事实和核心概念并提炼出观念的具体表达,最后上升为观念认识。上述教材内容体系的设计主张为我们具体实现教材内容的选择和组织提供了一种全新的思路。

三、基于新知识分类的中学化学教材内容体系构建程序

在哲学意义上,"整合"是指依据一定的目的需要由系统的整体性及其系统核心的统摄、凝聚作用,而使若干相关部分或因素合成为一个新的统一整体的建构、序列化的过程。实质上,整合就是指一个系统内部各要素的整体协调、相互渗透,通过各部分性能的相容、适应、互动及配合,

使系统各要素发挥最大效益。我们在此借用"整合"的哲学意义来概括基于新知识分类的中学教材内容体系构建的实质,学科性知识、方法性知识和社会性知识的整体构建就是运用科学的程序对不同来源、不同层次、不同结构的知识进行融合和集成,使多个单一性的知识经过整合提升形成新的内容体系,使原有的部件性质的知识转变为架构知识。毫无疑问这是一个复杂的过程,因此需要挖掘体系内部各类型知识之间的相互联系和动态关系,进一步寻找起统摄、凝聚作用的系统核心,并依据系统核心识别、选择与重构各种来源和功能的知识。

(一) 基于新知识分类的化学教材内容体系要素划分

基于新知识分类的中学化学教材内容体系可以看成是不同类型知识集合和关系集合的描述,而知识的联系则体现在它们之间的相互依赖、相互作用的关系之中。需要注意的是,受共同目标导向的诸内容要素在体系中以不同的权重和不同的功能发挥其异质性的作用。那么教材内容体系中不同类型的内容要素应如何编制和设计才能将它们的功能和价值凸显出来呢?

正如本章"二"中所述的"学科结构向认知结构转变"的教材化,图 5-3 为我们呈现了一个基于新知识分类的教材内容体系的应有形态,反映了教材中学科性知识、方法性知识和社会性知识的构成关系。方法性知识中的化学基本观念构成了教材内容体系最深刻的隐性框架,在隐性框架的联结作用下由学科性知识构建形成教材内容体系的形式框架,而为学科性知识和学科基本观念形成与发展服务的社会性知识则成为包覆形式框架的具体情境和学习素材。具有学科特征的具体思维方法成为教材中知识形成、发展和应用情境展开的组织线索。以上对各内容要素的关系界定为我们在教材内容体系构建的操作过程中再次协调三者的关系奠定了基础。由于教材内容体系为一个有机整体,各要素不是直接联系的线性排列关系,尤其是在整合的过程中,更是需要对各要素的功能和价值、主次关系进行识别,形成具有操作意义的维度划分。从系统论的角度看,任一体系都包含构成系统的内容要素和组织要素,因此我们将根据学科性知识、社会性知识和方法性知识的功能与价值及其主次关系进一步将其划分为核心内容要素、具体内容要素和结构要素,在此方法性知识既是教材内容体系的构成部分,同时又起到内容组织的作用,因此将其定位为结构要素。

1. 学科性知识:核心内容要素

对于中学化学教材内容体系而言,其中存在着一个关乎其使命、价值取向、基本任务目标的核心——学科性知识部分,它们构成了教材内容体系的核心内容要素。核心内容要素提供了与中学阶段相适应的化学学科的基础知识和基本技能,包含了化学学科的概念、原理、规律、具体的事实依据以及化学用语、实验技能、化学计算技能等基本内容,共同构筑了化学学科形成和发展的基石。由物质到化学变化,再到化学体系是核心内容要素的精炼概括,它们决定了教材内容体系的发展和积累的方向,提供了选择和衡量其他要素的内容与组织方式的尺度,故核心内容要素的设计将直接作用于教材内容体系的整体质量。由于化学学科处在不断的发展和变化中,教材内容体系中核心内容要素的内涵也是动态发展的,但从宏观的角度看,核心内容要素在一段时间内可被视为是相对稳定的,这种相对稳定性为体系整体建构的可操作化创造了条件,也为其他要素的设计提供了一个清晰和明确的渗透、适应、互动及配合的目标对象,这便确立了核心内容要素在体系构建过程中的主导地位。

2. 社会性知识：具体内容要素

具体内容要素是指教材中呈现的知识学习环境。化学科学的实践性和应用性决定了化学知识和观念的建构必须与社会生活情境相融合,用真实具体的社会生活情境和基于问题解决的探究活动来代替静态事实、结论的传递,竭力为学生创设一个参与交流、表达、亲身经历活动的学习环境,进而让学生在基于社会情境的学习过程中准确理解和掌握核心知识,并形成特定的能力、价值观和行为方式,这是素养发展教材观对教材功能的简单诠释。作为学生正确而有效地理解与掌握这些概念、方法和价值观的直接学习对象,教材应发挥直观性、具体性和手段性的作用,具体表现为"用特定的情境素材和特定的学习活动"来架构这些知识或技能的学习过程。这通常包含了选择、加工、改造、组织或解释材料等程序,旨在造就自然而真实的情境和学习活动,让学生在一定的情景活动下开展深层的思维加工和积极的内心体验,将外在的知识内化为可以理解的、融于心智的存在,甚至是产生特定的情感反应、形成特定的态度,并构成一定的价值观念。由于学习同一知识或培养同一技能,所需要的具体的事实或情境活动是多种多样的,因此具体内容要素的组成和形式具有不确定性、多样性和可变性。

3. 方法性知识：结构要素

结构要素是关于教材内容体系中内容展开的组织线索,是实现教材核心内容要素目标的适当方式,包含化学基本观念、各种具体的化学思维方法及其组合方式的作用。具体而言,教材内容体系的结构要素包括以下两方面：一是怎样实现核心内容要素中既定内容的合理表述,既涉及宏观结构的思考,又有微观组织的启示；二是怎样利用其他要素的内容对核心内容要素所产生的影响。这两方面将核心内容要素所承载的认知和价值目标与结构要素中实现目标的处理方式建立起因果联系,从而给出了实现核心内容要素构建的路径,并构成了一个以实现核心内容要素目标为导向的有序框架。化学基本观念是学科体系中最上位、最能反映学科本质的概念,是多层次知识的相互作用和提炼的结果,其决定了教材内容体系在实现化学基本观念过程中,不断选择、累积、评价和创造性处理各层次知识的自上而下的过程,成为教材内容体系宏观结构的组织线索。各种具体的化学思维方法及其组合方式旨在铺设发现和形成知识的路径,发挥教材内容体系的局部微观展开过程的组织作用。结构要素是体系中最具灵动色彩的部分,虽然存在一些争论和不同意见,但仍承载了化学教材内容体系整体性构建的智慧。

核心内容要素为我们确定了教材需要传递的共同的、客观的、逻辑的化学核心知识。具体内容要素是关于每一个化学知识或技能的学习环境设计。结构要素中的学科基本观念作为化学学科中具有最广、最深刻的解释力、包容性和概括性的认识,从宏观组织和综合的角度对教材各内容要素给出排列方法和次序的启示；具体的化学学科特征性的思维方法及其各种组合方式与教材具体学习材料的结合，是利用理性认识活动的过程整合教材微观内容结构的结果，由于形成概念的顺序和方式反映了思维发展的规律，学习材料设计应重视思维的核心作用，使思维规律和教材微观内容结构相互作用、相互适应，因此思维方法与具体学习材料的结合实现了思维能力训练与微观内容组织的统一。综合而言，核心内容要素和具体内容要素构成了教材内容体系的内容来源，而结构要素中的化学基本观念和具有学科特征的思维方法及其组合方式则分别是从整体和局部的层面架构体系的组织依据，使教材内容体系能适应观念形成和思维发展的需要。此外，具有整体统辖特性的化学基本观念与核心内容要素所呈现的化学核心知识结构之间，以及具有学科特征的思维方法及其组合方式所体现的思维结构与教材内容展开的微观设计之间相互影响、密切相关，认识和驾驭这种系统特征是我们完成教材内容体系构建的内容选择和组织的前提。

（二）"化学基本观念形成过程"整合内容的工具性价值

化学基本观念的形成是一个具有内隐性的心理过程，不仅包含了"具体事实性知识和知识经验加工——一般性概念的认识——核心概念深层理解——基本认识的提炼——化学基本观念的形成"五种基本的心理操作和操作对象，还更多地体现为这五种操作对象构成的有序而有逻辑的内容序列，以及内部"心理操作"与其相应的外部内容序列的交互作用，使其成为不同层次、不同类型知识整合的媒介，并为不同层次、不同类型知识构建整合的操作方式的识别提供了工具性启示。

作为不同层次、不同类型知识整合的心理模型，"化学基本观念形成过程"具有如下三点优势。

1. 化学基本观念形成的内容序列化取向

化学基本观念的形成过程是以明确的观念目标为导向的，首先以逆推追溯的方式探索支撑基本认识的核心概念，再根据核心概念揭示不同的具体学科知识之间更为精细化的联系，并在这样的观念所形成的"通道"中对所需要的多种功能和来源的知识进行识别、筛选、提炼与重构，最终使其适应观念形成的需要，这与教材中新知识体系的整体化设计的构建取向不谋而合。

具体而言，化学基本观念形成过程反映了由五种操作对象构成的有序而有逻辑的内容序列。通过一系列内部"心理操作"步骤引导学习者在一个广泛的学科空间中搜索相关概念、识别相关概念的关系模式，使与"心理操作"相应的外部内容序列化，从而建立精细化的知识网络，提高不同类型知识构建的整体化水平。通过解构化学基本观念形成的心理过程，将其各个心理操作步骤中的操作对象与新知识分类中各类型知识进行映射，"具体的事实性知识、已有的知识经验、一般性概念、核心概念"即学科性知识，"具体的事实性知识、一般性概念、核心概念"的形成与发展、基本认识的实践反思等赖以为继的学习情境和社会实践活动之于社会性知识，以及学科基本观念对应方法性知识，等等。从中我们可以欣喜地发现化学基本观念形成的心理过程与三类知识整合构建的对应关系，不仅再次验证了我们之前所述三类知识的关系，而且化学基本观念形成的心理过程将明确且外显地指导我们提出教材内容体系的构建程序。

2. 化学基本观念形成的学科取向

化学基本观念是通过对化学基础知识或化学学习过程进行反思所形成的能够反映化学本质特征的总观性认识,故其形成过程需要基于学科视角的相对单一的主题内容建构,而非基于多学科视角或是社会视角的多元主题建构。鉴于学科观念与哲学观念具有一脉相承的关系,故不同学科相关概念之间的交叉连接对于学科观念的形成也具有积极的作用,但整体而言还是以化学学科背景下的主题建构为核心。这种强调学科逻辑和知识累积的构建取向,一方面主张获得学科知识,领略学科传统的精华,接受学科先哲创造的伟大思想,促进智力的发展;另一方面旨在使学生获得在哲学与化学科学的高度上用以思考物质结构的层次性以及物质变化的本质与规律等问题的视角,更进一步发展独特的认识世界和解释世界的思维方式,最终通过思维打破学科的界限。因此知识的选择范围应体现包容性,不仅需要化学概念、原理、规则等学科理论框架的支持,还需要与学科发展密切相关的生活经验和社会问题以及由此产生的跨学科内容的渗透。这种立足于学科而又超越学科的构建取向以丰富和发展科学世界观为旨趣,既强调学科逻辑框架,又倡导消除学科与其他学科的分野、科学与生活的分立,启迪我们反思和展望化学教材内容体系在坚持学科取向的同时,诠释和赋予学科取向新的意涵,创造一种新的以学科框架为基础,包容其他合理成分存在的意义构建方式。

3. 化学基本观念形成的知识基础具有相对确定性

如果把化学教材内容体系看成一个有机体的话,化学基本观念形成的心理过程为知识整合为一体提供了整合框架,整合框架是教材内容体系的筋骨,而知识的选择和整理则是塑造框架的筋肉的过程。化学学科性知识是学科观念形成的基础和源泉,化学基本观念形成的学科取向决定了其在知识选择上"默认取值"的倾向,表现为按照"学科观念—基本认识—核心概念—一般性概念—具体事实性知识和知识经验"的顺序,知识选择范围不断扩大,知识关系的不确定性逐渐增强。以"物质的性质和聚集状态是其内部无数微粒之间相互作用的宏观表现"为例,它是化学基本观念"物质性质与结构关系"的内涵之一,教材中通常以"化学键与分子间作用力"作为核心概念来串联一般性概念及它们对应的各种事实性知识,并对其作出深入解析。核心概念"化学键与分子间作用力"渐次决定了金属键、离子键、共价键、分子间作用力等一般性概念的选择,进而影响金属晶体、离子晶体、原子晶体、分子晶体、液晶等离子体等典型的事实性知识的搜索和整合,而支持事实性知识的学习情境和问题解决活动则处在知识选择链的最末端,"默认取值"的影响在传递过程中逐渐消减,主要从可建构性和关联性角度考察这些最下位的知识素材。

可见,从化学基本观念形成自下而上的心理过程来看,其不同阶段心理操作对象的确定性水平存在明显差异。这种差异是由对象的本质属性所决定的,也受到它们彼此之间的发展关系的影响,从而导致内容体系构建中不同类型知识在选择方式上的差异。此外,遵循由已知到未知,从可预测性到不可预测性的一般性逻辑,只要不存在特殊的顺序关系的要求,我们可以确定内容体系构建的基本路向——从确定性水平高的上位观念和核心概念向确定性水平低的具体知识素材演进和拓展。

由于化学基本观念形成过程所具有的内容序列化取向、学科取向和知识来源的相对确定性特征,其对以学科为中心的基于新知识分类的中学化学教材内容体系的整体特征和层次结构的揭示,以及对教材内容体系建构的创造性解决具有特殊意义。在教材内容体系的构建中最为关键的在于整合框架的确立,只有确立了新的框架体系,才能决定内容确定的先后顺序,才能判断哪些是需要吸收和利用的知识,哪些是应该舍弃的知识。化学基本观念形成过程的内容序列化方式隐含了一个自上而下的内容整合框架,为各类型知识预设了应有的顺序和位置。学科取向特征则为这种整合框架能够反映中学化学教材立足于化学学科之根本,寻求学科、社会、学生三者统一的构建之基"保驾护航"。"默认取值"的程度差异为内容选择的先后顺序作出了有力证明,其中不同层次知识的确定性水平高低为我们确定体系构建的核心要素给予了有价值的启示。

(三) 基于新知识分类的中学化学教材内容体系构建流程

从系统论角度出发,基于系统构成的内容要素和组织要素对不同类型知识进行相应的要素划分和主次关系的识别,为教材内容体系构建模型的提出奠定了基础。此外,"化学基本观念形成"的心理过程分析让我们进一步获取了对不同类型知识进行构建整合的顺序和程度的启示。在此基础上,为实现教材内容体系构建的理论构想能够切实转化为实际的操作程序设计,我们还迫切需要解决一个关键性的问题:即在物化形态的教材文本结构中确定每一个构建环节所对应的操作对象。只有了解教材中特定对象的文本特征才能实现我们的构建思想,因此我们根据化学教材的文本结构,依次提出"教材学科主题对应的内容单元"—"内容单元中的学科性知识结构"—"知识结构中特定知识点的展开过程"三个构建操作对象,针对以上教材文本的构建操作对象,思考每一个构建环节中的知识选择和操作方式,形成如下的教材内容体系构建流程。

1. 以化学基本观念为依据划分学科主题

化学基本观念是不同层次化学知识相互联系和作用的结果,是核心概念及其涵盖的具体知识学习的目的和归宿,因此化学基本观念可以将核心概念及其涵盖的具体知识统摄到一个结构严谨的体系中,即每个知识都将成为链条中的一环,这为知识的进一步拓展和演进提供了条件,而这一体系是以学科主题的形态出现在教材中的。"主题"在资源层面上是一种资源组织的方式,即围绕一个主题(中心)来组织资源。学科主题是以学科多样化的发展历程、广泛的研究对象和领域、形态各异的研究方式以及一定的价值负载作为划分方式而形成的不同学科分支结构。我们以化学基本观念为学科主题划分价值负载,并按照学习进程将相关的具体知识、技能和表象性的概念定位在教材的内容单元层面上。图5-4呈现了具体知识、技能、表象性概念—教材内容单元—学科主题—化学基本观念逐级演进的关系,其中化学基本观念统摄及整合知识的工具性价值在学科主题的划分层面上发挥直接作用,为教材中围绕学科主题的内容选择和组织奠定了基础。由于各国或地区基础教育阶段科学(化学)的课程纲领性文本中均有相关内容能够对课程内容加以规定,且大部分情况下会对教材编制中学科主题的设置作出明确说明,因此我们将首先通过对我国基础教育阶段的化学课程标准进行分析,对课程纲领性文本中关于学科主题的规定加以分析,并结合由化学基本观念形成学科主题的初步思考对化学教材内容体系构建的实践操作过程加以探讨,最终确定化学教材中学科主题的框架。

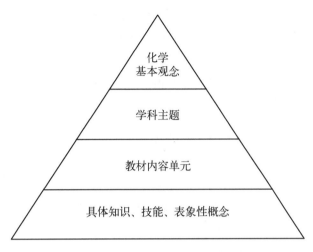

图5-4 以化学基本观念为前提的学科主题划分

2. 从化学核心概念出发确定学科主题中的知识及其联系

根据概念在理论中的重要性,通常将其分为核心概念和一般性概念。其中,核心概念是位于化学学科中心的概念性知识,包括了重要的概念、原理、理论等的基本理解和解释,这些内容能够展现当代化学学科的图景,是学科结构的主体部分;一般性概念是附着于核心概念而存在的、为核心概念服务的。在特定的学科主题中核心概念具有"统摄"作用,它们是揭示不同层次的学科知识之间更为精细的连接的基础,而核心概念与核心概念之间建立起的联系便展现了学科的基本结构。基于对学科基本结构的认识,我们能有效地组织大量的具体事实性知识和其他的一般性概念,从而更好地凸显各种知识之间的交互作用。为此,我们需要根据一定的核心概念判断方法提炼出位于学科主题中心的核心概念。例如采用文献分析方法,通过研读多个国家或地区的课程文件,汲取"专家的集体大智慧",筛选出化学教育工作者共同关注的核心概念;或是基于理论研究形成核心概念判断的一系列指标,根据判断指标对核心概念作出选择,例如美国教育学家赫德(Hurd)[1]就曾提出了包含"能够组织和解释大量的现象与数据、包含大量的逻辑内容、可以用各类情境下的例子,并可使用于日常生活中常见的情况和环境"等基本特征的核心概念判断标准。我们采用已有教材文本分析和比较的方式对学科主题中的核心概念加以确定。

---

[1] HURD P D. New directions in teaching secondary school[M]. Chicago: Rand McNally, 1971: 72.

当核心概念确定后,我们将进一步以核心概念作为知识的聚合器,选择和设计指向核心概念的二级主题和内容,为有关物质组成、性质、结构及其变化的化学知识由点到线再到面的铺开提供依据。这一环节包括两个部分:第一是将相关的具体事实性知识、一般性概念置于核心概念的框架中,而对一般性概念和事实性知识的选择也是通过对已有教材文本分析和比较的方法来展开;第二则是构建核心概念框架中知识间的关联性,从而揭示具体事实性知识、一般性概念在不同方面、不同层次上共同指向特定核心概念的方式和它们之间的各种联系。

3. 利用化学思维方法及其组合阐释知识意义和联系的功能,设计知识形成的思维过程

任何知识都是经历了一个具体的思维过程而获得的,受特定的思维背景、思维方式和路径的限定,[①]教材中阐述化学知识的具体过程就是知识形成的思维过程设计,其实质是建立新知识与学生认知结构中原有知识之间实质性的联系。思维过程本身包含着思维延伸的路径和触发这一思维活动得以展开的丰富的关联性。思维延伸的路径诸如从已知到未知、由易到难、由简到繁、由浅入深、由具体到抽象,等等。在人们长时期认识和改造客观世界的实践活动与经验总结中逐渐确立并形成特定的思维方式,即各种具体的思维方法,它们构成了发现概念、规律、法则的关键性条件。而引发思维过程沿着特定方向推进的触发点就在于学科知识的背景、学科知识的内在逻辑(包括学科逻辑纵向顺序和相关概念之间的横向联系)以及学生的认知规律。为此,我们将从各种思维方法与学科知识融合重组的角度,充分利用学科知识的逻辑联系和特定思维方法及其组合对于阐释知识联系与意义的适用性,设计化学知识形成过程的文本形式。通常需要从以下三个方面加以考量。

(1) 学生的能力水平分析。思维方法的选择是以学生为出发点的,分析中学生的认知水平和思维特点是思维方法选择的前提条件,进而确定教材中思维方法的达成水平(是仅限于传递特定思维方法或若干思维方法的组合的工具性作用,还是进一步提出思维方法的应用要求,给出必要的思维方法的具体的技术指导)和思维方法的综合度(是单一方法的作用还是多种思维方法的共同作用)。

(2) 知识特征分析。从特定学科知识的类属及其特征性初步思考思维方法方面的选择,例如元素化合物知识中的物质性质的学习,可以结合实验探究的方式进行分析的思维方法训练;在基本概念学习中可以采取分析的方法,抓住定义的成分、要素、关键字词深入剖析;针对易混淆的概念,可以利用类比和归纳的思维方法阐释概念、化学原理及其应用,可选择演绎的逻辑思维方法进行严密的论证。

(3) 已有知识结构与新知识关系的特征分析。由于知识形成的思维过程是知识的增长方式,也是已有知识结构的更新方式,因此我们必须了解已有知识结构与外部新知识之间存在的空间,进而建立起新旧知识联系的路径。当新知识与已有知识结构中的某些知识具有共通的延伸路径,其结构化具有纵向生长的特性,故可以利用类比、归纳、演绎等思维方法来建立新知识与已有

[①] 钟学斌,林祺胜.知识的思维结构特性及其在创新思维培养中的教学论意义[J].咸宁师专学报,2001,(2):74.

知识结构的附属或连续的发展关系；而当新知识融入原有知识结构缺乏特定的"通道"时，则可以采用分类、联想等思维方法来实现新旧知识的融会贯通。换言之，我们将审视和辨识已有知识与新知识之间的逻辑关系，如类比、推因、上下文、比喻、举例等，确定对应的思维方法及其组合来清晰表达上述逻辑关系，帮助学生获得知识之间实质性的联系，实现有意义的学习。

4. 基于广阔的社会生活背景为化学知识形成的过程创设思维情境

美国著名的科学教育专家路易斯建立的科学课程模型为教材的内容选择与设计如何观照社会生活和工农业生产给出了相应的主张。他提出教材中的学科主题应是心智探究的科学主题与能为社会行动和日常行为提供解释的社会与技术主题的穿插和融合，而学科主题中科学、社会和技术融合的具体方式是什么，一直是化学课程开发和实践中普遍关注的重要问题。

化学知识是学科主题的"母体"，我们尝试从教材中学科知识的存在方式出发思考科学、社会和技术的穿插融合的各种可能。教材中的化学知识是作为一个具体的思维过程而存在的，而不仅仅是以语言、符号表达的具有确定性的知识内容。这一思维过程不仅包含思维发展的方向和路径(思维方式)，还包含思维路径延伸的起点、过程和目标中赖以为继的思维素材，以及触发这一思维活动得以展开的背景线索，它们构成了各式各样的思维情境。无论是思维起点的未确定情境、思维过程中的过渡性情境还是可能的目标情境，以及思维过程中情感和心理体验的要求，都充分表明思维过程是根植于生成和运用知识的社会与自然情境之中的。由此看来，依循学科知识或技能学习的思维过程、创设"特定的情境素材和特定的学习活动"以此拓展思维的空间，是知识形成和发展的需要，也是知识、社会和技术融合的良好契机。

由于思维情境选择的来源是广阔的社会生活、自然环境，或是其他相关学科的内容，并且同一知识或技能的学习可以依据不同的需要而创设出各种各样的具体事件、问题情境或学习活动，为此我们建立了思维情境素材选择和整合的一般性程序，见图5-5。整个过程包含了素材搜索、多重筛选和整合呈现等环节。

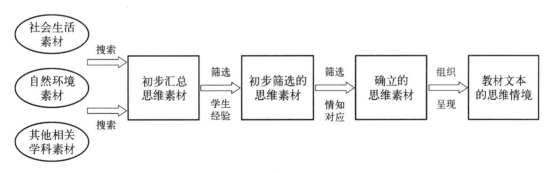

图5-5 思维情境素材选择和整合流程

(1) 思维素材的初步汇总。针对学科主题所辖的研究领域和范围、研究对象的特征等因素，寻求分散在主题各处可能来自社会生活、自然环境或与其他学科相关的思维素材，对其进行初步的特征识别并分类汇总,为进一步的筛选整合作好准备。

(2) 思维素材的多重筛选。思维素材要真正发挥启迪思维、深化知识理解与应用、关照情感体验和价值形成的作用,一方面必须具有与学科知识建立意义联系的天然条件,另一方面也要能够与学生的心智、经验和情感相互融通。因此我们要对初步汇总出的思维素材进行逐级筛选,找到能承载特定知识学习的适切的情境。而在过滤筛选的过程中,学生经验和知识与情境的对应性则成为了对思维素材进行获取和摒弃的"过滤器"。

① 基于学生经验

情境之所以能促使学生开展深层的思维加工和积极的认知体验,关键在于它们与学生的认知需要、知识和经验的背景状态相关联。因此,"基于学生经验"是情境选择和设计的重要前提。"基于学生经验"主要从以下两个方面着眼:一是情境素材能引起学生投入学习的积极心向,唤起学生热爱化学的积极情感,尽量避免选择容易导致学生负面情感的素材;二是情境素材能调动学生已有的生活体验,引领学生走入文本,感悟文本与自我生活的整合。情境素材尽量避免选择远离学生生活经验、学生对之缺乏思考和判断以及无法产生体验和共鸣的问题或事件。

② 情知对应性分析

思维情境是思维活动的固着点或激发器,其往往隐含在知识获取或方法习得的思维过程之中,因此思维情境必须与知识相互对应,才能与知识发生有意义的联系并使彼此的融合成为可能。我们将情境对于知识的匹配情况称为情知对应性,它是思维素材选择的最关键的因素。情知对应性分析主要围绕知识形成的起点、过程和目标等环节对情境的针对性要求来展开,具体包含以下方面:情境素材与知识的学习目标取向是否一致,是否能帮助学生明确学习任务;情境素材是否蕴含知识赖以产生的现实背景、知识的来龙去脉;情境素材在新旧知识的衔接处是否能为学生提供新旧知识联系的具体实例,并从不同角度挖掘知识的本质及联系;情境素材在思维的转折处、承上启下的过渡处、归纳结论的关键处等部位能否为学生各种类型思维的发展创造不同的可能性,促使学生对知识的理解和应用,等等。

(3) 思维素材的整合呈现。思维素材转变成教材文本中以一定形式存在的思维情境,需要经历思维素材的学习要求定位、加工和组织等程序。对于同一段化学史话、同一个生活事件或社会现象,从确定学习要求的角度出发,可以将其设置为:组织线索型情境,主要为化学知识学习活动的展开"牵线搭桥",或激趣、或置疑、或导思,而不作为学习和评价的对象;辅助知识理解型情境,以解释性材料的形式出现,介绍知识形成的现实背景、描述知识的意义、呈现知识应用的环境,服务于知识的可理解性和可建构性,也不作为学习和评价的对象;知识拓展型情境,寻找社会现象或生活事件与学科前沿理论成果之间的联系,挖掘素材所反映的学科、社会和技术之间的关系,或是从多学科知识的深度关联等角度对社会现象或生活事件进行加工改造,旨在拓展学生的学习视野和认知深度,大部分情况下以常识性了解为主,不作为考试评价的对象。在明确情境的学习要求之后,应根据学生的认知特点和思维习惯,将思维素材设计成一定的物化形式,例如将其以实物、模型、图片、表格等形态展现,或是将其作为实践活动的载体,为学生提供多角度、多层次的体验。

综上所述,基于新知识分类的中学化学教材内容体系建构,必须以系统性为根本出发点,寻找不同层次内容之间和不同类型内容之间相互渗透、相互交流、实现真正一体化融合的契机。教材内容体系的建构仿佛是在规划一棵繁茂的知识大树,从树干到枝干按图索骥地延伸。我们一直致力于寻找"树干"的本原,从具有极大统摄性的化学基本观念上我们看到了系统核心的熠熠光辉,教材中化学基本观念统摄整合知识的作用主要通过学科主题的构建来实现,为此我们建立了"学科主题—核心概念—以核心概念为基础的知识结构—围绕知识点的具体内容设计"一贯而下的构建思路,可用图5-6表示。第一、二层级中特定学科主题下辖若干核心概念以及它们之间的联系,第三层级以核心概念为中心聚合一系列一般性概念和具体事实性知识,形成以核心概念为标签的知识结构以显现知识之间更精细化的联系。第二层级和第三层级构建的学科知识及其联系均是以学科的内在逻辑为基础的。第四层级是以知识点为认知单元的教材微观内容设计基础,在此我们提出了"教材中的化学知识是作为一个具体的思维过程而存在的,而不仅仅是以语言、符号表达的最终的确定性的知识内容",这是围绕知识点的微观内容设计的基本假设,基于该假设我们将知识点的微观内容设计还原为两个主要维度:思维过程和思维情境的设计,而思维过程和思维情境的设计分别指向了方法性知识中的化学思维方法与社会性知识的选择和设计。

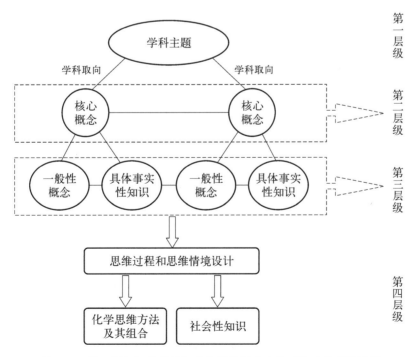

图5-6 基于新知识分类的初中化学教材内容体系构建的理论过程

"为了发展学生素养"是我们提出新知识分类,并以新知识分类为基础构建化学教材内容体系的出发点,也是其归宿。我们将影响和制约该目标的各种复杂因素加以考察和整理后形成了上述教材内容体系的构建理论性框架。而无论这一过程具体如何操作,怎样变化,都要以贯彻"为了发展学生素养"为前提。

研究实践编

第6章 基于新知识分类的初中化学教材内容体系构建实践

从系统论的角度看,基于新知识分类的中学化学教材内容体系建构流程,勾勒和描绘了不同类型的知识在系统核心的导向作用下不断被引入和组织设计的过程。学科性知识、方法性知识、社会性知识等要素不是以简单叠加的方式存在于教材内容体系中,而是根据其功能特征和相互联系重新整合后分别确定了各要素在体系中的应有位置。其中方法性知识中具有极大统摄性的化学基本观念被确立为系统核心,而教材中学科基本观念统摄整合知识的作用主要是通过学科主题的构建来实现的,故此教材内容体系构建的实质为学科主题的设计。该设计过程包含了学科主题的划分、围绕学科主题的核心概念、核心概念下辖的一般性概念、化学事实性知识等学科性知识的选择、依据具体知识的形成和展开过程对思维方法体系与社会性知识的选择和设计等环节。显然,学科主题的划分和学科主题中学科性知识框架的形成是内容体系构建的起点,并且化学思维方法体系和社会性知识的设计也是以此为契机的。上述教材内容体系构建各环节的理论设计为教材编制实践作出了系统规划,但如何对该设计进行创造性地理解和应用,并在实践中加以选择和拓展的操作方法尤为关键。鉴于"评价"的形成和改进功能,我们将教材内容选择和组织的构建操作与教材评价活动统一起来,寻求一种在评价中实现构建,在构建中实施评价的实践之路。

从教学的角度上看,学科主题中学科性知识框架的设计就是为了向学生呈现知识序列。回溯现代课程理论之父泰勒提出的学校课程开发所必须回答的四个问题,其中"选择学习经验"和"组织学习经验"被其视为课程开发的主体环节,可见知识序列的设计同样也要以上述问题为导向,一方面关注教材阐述的概念、原理、定律、规则等知识节点,另一方面也要注意各知识节点的联系方式和层阶发展顺序。为此,学科主题的构建要以解决与内容特性和组织特征等相关的一系列问题为旨趣:

(1) 教材选取哪些学科主题?主题中包含哪些微观的学科性知识?微观的学科性知识的学习要求如何,是必学内容还是选学内容?——内容特性

(2) 主题中微观内容的逻辑关系和认知顺序的形态?如何处理知识逻辑与学生认知顺序的关系?化学思维方法体系和社会性知识在协调学科性知识的逻辑组织和心理组织过程中的作用?——组织特征

本章以义务教育化学教材为研究对象来对教材内容体系的建构展开实践尝试。针对学科主题框架设计,将通过对第三次国际数学与科学成就研究(Third International Mathematics and

Science Study,TIMSS)课程分析工具——"主题追踪图"(Topic Trace Mapping,TTM)的演进历程展开深入地追溯并对其研制思路作出深刻解读来获取有关学科主题的设计特征,同时基于对化学学科性知识的特征性分析提出构建理想学科主题内容模型的方式以解决有关学科主题"内容特性"的问题:在学科主题中的学科性知识基本确定的条件下,如何呈现知识的先后顺序和错综复杂的联系。下文将以"物质结构"主题为例,对四套现行初中化学教材中"物质结构"主题对应的章节进行层次化、结构化以及微观化的内容呈现分析,并结合各版本教材"物质结构"主题的内容发展图,逐一揭示学科性知识的组织方式中有关化学思维方法和社会性知识的设计,从而对学科主题的"组织特征"问题作出回答。

一、TIMSS课程分析工具"主题追踪图"的演进与启示

课程内容研究是基础教育课程研究的核心领域。综观国内外课程内容研究的现状,尤其是课程比较研究的成果可以发现,它们或是在国际视野下关注个别国家与地区之间特定课程内容的选择和组织差异,或是侧重于某典型课程的内容微观分析以形成启示,具有比较范围小、微观化、以主观价值判断为主的特征。尽管以上类型的课程内容比较分析可以为课程改革中微观内容的调整提供参考,但由于其缺乏大范围课程文本考察的基础,因而形成的启示和建议所具有的导向性价值有限,难以为课程内容实现整体性的宏观结构设计提供充分的依据。鉴于此,美国密歇根州立大学的施密特(W. H. Schmidt)教授主持开发了以建模方法为基础的整体性课程分析工具——TIMSS"主题追踪图",该工具的应用开拓了课程内容研究的新领域,并使得研究范式的转型成为可能。[1]

(一)"主题追踪图"的设计

1995年,TIMSS提出对参与其测验的各地学生的数学和科学成就表现的差异展开研究,该比较研究涉及的要素包括课程内容、教学资源分配、教学实践等影响学业表现的背景性因素。[2] 其中课程内容分析是该研究任务中的重要维度,施密特教授与其团队从参与TIMSS测验的各国或地区的数学和科学课程的内容选择、要求以及组织等方面着眼,采用文本分析(Document Analysis)、主题追踪(Topic Tracing)、专家问卷和学生问卷等基本方式来获取以上几个方面的信息,进而为追溯引致差异的原因提供现实依据。[3]

---

[1] 张新宇,袁智强,占小红.课程内容研究的新视野——TIMSS课程分析工具"主题追踪图"的演进与启示[J].比较教育研究,2011,(1):76-80.
[2] MULLIS I V S, MARTIN M O, RUDDOCK G J, et al. TIMSS 2011 assessment frameworks[EB/OL].(2009-11-14)[2021-12-23].http://www.timss.bc.edu/timss2011.
[3] SCHMIDT W H. Survey of mathematics & science opportunities[EB/OL].(2009-11-18)[2021-12-23]. http://ustimss.msu.edu.

以往的课程文本分析由于限于小范围的课程文本比较或对个别课程文本的微观解读,故而只能初步了解具体内容的深广度差异,存在"只见树木而难以成林"的弊端,无法把握课程内容发展的基本趋势和整体结构。为解决以上问题,施密特及其研究团队根据 TIMSS 学科重要内容框架(Subject-matter Content Framework)①确定出课程内容的主题(Topic),并基于此设计了二维的主题追踪图来标记特定主题在各年级的出现情况(见图 6-1)。其中横向的一维为年级,纵向的一维为核心主题,以"+""-"的标记方式说明特定主题分别出现在哪些年级,前者代表该主题在该年级为重点学习对象,后者则代表该主题在该年级为一般性学习对象。

核心主题	年 级							
	1	2	3	4	5	6	7	8
主题 1	−	−	+	+	−			
主题 2			−	−	+	+	+	−
主题 3					−	−	+	+	+

图 6-1 主题追踪图示意

利用主题追踪图,可以了解到特定主题出现的起始年级、结束年级和被作为重点学习内容的年级。以上信息可以帮助我们从整体上把握各个核心课程内容主题在不同学段的基本设置情况。但其局限性也十分突出,它无法反映主题内部微观内容的选择和设计信息。为此,"深入主题追踪图"(In-depth Topic Trace Mapping, ITTM)应运而生②,研究者选取"主题追踪图"中的特定主题,解构主题形成二级主题,渐次生成微观内容要点,并按照"主题追踪图"的二维追踪方式,来标记特定主题中微观内容要点在不同年级出现的情况以及学习要求(见图 6-2),较好地反映了特定主题中微观内容要点出现的顺序和相互联系,实现了从整体和微观角度上对特定主题年级设置情况的把握。

主 题 1	年 级							
	1	2	3	4	5	6	7	8
微观内容 1	−							
微观内容 2		−	+					
微观内容 3				+				

图 6-2 深入主题追踪图示意

---

① MARTIN M O, KELLY D L. TIMSS technical report[EB/OL].(2009-11-22)[2021-12-23]. http://timssandpirls.bc.edu/timss1998.hml.
② 张新宇,袁智强,占小红.课程内容研究的新视野——TIMSS 课程分析工具"主题追踪图"的演进与启示[J].比较教育研究,2011(1).76-80.

(二) 基于"主题追踪图"的课程连贯性理想模型开发

施密特及其研究团队利用主题追踪图,对由 TIMSS 学科重要内容框架形成的所有核心内容主题展开追踪并绘制了"整体主题追踪图"(General Topic Trace Mapping, GTTM)。与此同时,施密特等人还十分关注课程内容组织的连贯性特征,认为课程内容的学段设置必须要反映知识发展的逻辑结构,即"由易到难,由简到繁,螺旋式上升",并以此作为衡量课程内容设计质量水平的核心指标。[①] 为此他们以"整体主题追踪图"为基础,构建了课程连贯性理想模型(Ideal Scenario of Coherence for Curriculum, ISCC,以下简称连贯性模型)作为国际性的课程内容构建和评价基准(International Benchmarks)。同时,团队还建立了具有普遍意义的参照标准以保障连贯性模型的代表性和可信度。鉴于各国或地区的 TIMSS 学业成就与课程设置尤其是课程内容的连贯性具有密切联系,施密特教授等人便选取了 1995 年 TIMSS 学业成就最优异(Top-achieving)的国家或地区的数学及科学课程为蓝本,通过对新加坡、韩国、日本、中国香港、比利时和捷克等六地的数学课程文本和新加坡、捷克、日本和韩国等四地的科学课程文本进行分析,完成了具有国际基准效力的连贯性模型,其基本的构建程序如图 6-3 所示。

阶段 1:根据 1995 年的 TIMSS 整体追踪图信息,形成以上各国或地区 1—8 年级的数学与科学课程主题追踪图。

⇩

阶段 2:根据 TIMSS 各学科重要内容框架,统计以上各国或地区课程中各主题在各年级出现的总次数。若在某年级,选择某主题的国家或地区数量超过 60%,则可以确定该主题应该作为此年级的学习内容。例如,就数学课程而言,在某特定年级,对于某特定主题,若有超过 4 个国家或地区选择设置,则认为该主题应作为学习内容,并标记为"●"。

⇩

阶段 3:将统计结果汇总到由主题和年级共同组成的二维矩阵中,即可得到一个上三角区(Upper Triangle Area,即二维矩阵中的阴影部分),该区域就被用来指示课程的连贯性,称为连贯区(Coherence Area)。

图 6-3 连贯性模型构建程序

基于连贯性模型的构建程序,施密特教授及其团队完成了 TIMSS 学科重要内容框架中所有核心主题的连贯性模型(图 6-4 为 1—8 年级数学课程的连贯性理想模型)。

如图 6-4 所示,1—8 年级数学课程连贯性理想模型中包含了上三角区(即连贯区)、前上三角区(Area Before the Upper Triangle,简称为前区)以及后上三角区(Area After the Upper Triangle,简称为后区)。连贯区代表了核心主题恰当的出现位置,将其与各国或地区的整体主题

---

① SCHMIDT W H, WANG H A, MCKNIGHT C C. Curriculum coherence: an examination of US mathematics and science content standards from an international perspective[J]. Journal of Curriculum Studies, 2005, 37(5): 525-599.

追踪图(GTTM)作比对,若该国或地区课程内容中的某主题出现于连贯区,则表明安排恰当;若位于前区,则表明安排得过早,存在与学生的接受能力不相符的可能,容易造成学习负担进而导致学业失败;若安排在后区,则表明安排得偏晚,相较于安排得偏早,其不良影响并不显著。表6-1为各国或地区1—8年级数学课程核心主题与连贯性模型的比较结果。其中美国的主题总数远远高于作为建立连贯性模型标准的国家或地区,处于连贯区的主题数量也明显高于其他国家或地区,位于前区的主题数量更是居于首位,但上述两个数值将形成相反的评价导向,因此到底是以连贯区的主题数量优势为主,还是重点参考前区主题数量的影响,理想连贯性模型用以评价课程的依据值得进一步思考。

主题	年级							
	1	2	3	4	5	6	7	8
整数的意义	●	●	●	●	●			
整数的运算	●	●	●	●	●			
测量的单位	●	●	●	●	●	●	●	
分数			●	●	●	●	●	
公式与方程			●	●	●	●	●	●
数据表征与分析			●	●	●	●		●
平面几何基础			●	●	●	●	●	●
多边形和圆				●	●	●	●	●
周长、面积和体积				●	●	●	●	●
四舍五入和有效数字				●	●			
估算				●	●			
整数运算性质				●				
估计数量与大小				●				
小数				●	●			
分数与小数的关系				●				
分数与小数的性质				●	●			
百分比				●	●			
比例概念				●	●	●	●	
比例问题				●	●	●	●	

续 图

主题	年级							
	1	2	3	4	5	6	7	8
坐标几何					●	●	●	●
几何变换						●	●	●
负数、整数及其性质					●	●		
数论							●	●
指数、根与无理数							●	●
指数与数量级							●	●
测量的估计和误差						●		
尺规作图							●	●
立体几何							●	●
全等与相似								●
有理数及其性质								●
模式、关系与函数								●
斜率与三角几何								●

图 6-4　1—8 年级数学课程连贯性理想模型[1]

表 6-1　各国或地区 1—8 年级数学课程核心主题与连贯性模型的比较[2]

国家/地区	总量	前区	连贯区	后区	国家/地区	总量	前区	连贯区	后区
新加坡	115	11	84	21	韩　国	125	27	90	8
日　本	128	39	86	3	中国香港	79	9	62	8
比利时	155	37	87	31	捷　克	119	32	83	4
美　国	186	63	98	25					

---

[1] 张新宇,袁智强,占小红.课程内容研究的新视野——TIMSS 课程分析工具"主题追踪图"的演进与启示[J].比较教育研究,2011,(1): 76-80.
[2] 张新宇,袁智强,占小红.课程内容研究的新视野——TIMSS 课程分析工具"主题追踪图"的演进与启示[J].比较教育研究,2011,(1): 76-80.

(三)理想连贯性模型的课程评价指标确定

针对以上提及的理想连贯性模型所面临的课程评价问题,施密特教授等人展开了深入的模型适切性论证和评价指标确定工作。他们分别考察了连贯区、前区和后区主题数量与学生数学学业成就表现的关系,从而确定核心评价依据,但他们发现无法单独以某一区间的主题数量为指标衡量课程内容连贯性并说明学生学业成就表现,因此其他指标参数的寻找成为一种必然。施密特教授及其团队深入考察各变量与学生学业成就的关系,比较各变量对学业成就影响的趋势,基于主题总量与学业成就的反比关系和连贯区主题数量与学业成就的正比关系提出了一个复合变量——连贯区主题数量与主题总量之比,并再次利用回归分析对该复合变量与学生数学学业成就的关系进行论证,结果表明二者具有明显的正相关,即连贯区主题数量与主题总量之比越高,学业成就表现越优异,这间接反映了课程内容的连贯性水平。

(四)基于"主题追踪图"的教材学科主题模型构建启示

针对当前个别化、微观化、经验化的小范围课程内容比较研究的局限性,施密特教授及其团队构建的"主题追踪图"研究工具,以及渗透在工具研制过程中的研究思路和方法,为我们展现了课程内容研究领域的另一番图景。比较研究的实质就是课程评价,而评价需要立足于依据,故依据的可信度和代表性将直接影响研究结果的可推广性和可借鉴价值。施密特教授等人正是立足于寻求具有广泛代表性的理想化课程内容评价依据而展开了十几年不懈的艰苦研究。"主题追踪图"借鉴统计学的相关概念和原理,从宏观层面上把握课程内容的主题覆盖范围和年级分布,并基于当前普遍将学业表现与课程质量划等号的基本假设,确定将连贯性视为反映课程质量的基本属性。进而选取TIMSS学业成就测验最优异国家或地区的课程内容设置情况为标准形成理想连贯性模型,以此作为衡量各国或地区课程内容设计质量的依据,并通过对连贯性模型中的变量与学业成就的关系考察,提炼出模型中反映学业成就的基本变量。以上从"主题追踪图""整体主题追踪图""深入主题追踪图"直至"课程连贯性理想模型"的演进过程,让我们看到了一个构建理想学科课程内容体系的大胆尝试,也为我们利用建模方法研究学科教材内容体系提供了新思路。它不仅弥补了传统的内容列举法、特征比较法及频数统计法等研究方法中遭受诟病的缺憾,也为研究者立足于国际视野了解各国或地区教材内容选择与组织的整体特征和一般性趋势创造了重要契机。

化学教材中学科性知识作为学科主题的"内核",是学科主题存在之根本,具有相对的稳定性和确定性,即学科主题中学科性知识体系具有相对确定的知识节点,存在严密的逻辑联系,并且更新速度有限。因此,在世界范围的各国化学教材中的学科性知识体系存在可比性和可借鉴性,这为形成理想化学学科主题框架奠定了基础。这与TIMSS数学和科学学科重要内容框架的形成具有相通之处。鉴于此,本研究将着眼于认识世界化学课程改革的方向与趋势,深入分析以发达国家或地区为主体的初中科学(化学)教材中的化学学科性知识体系,构建相对理想化的学科主题内容模型,力求使该模型包含学科性知识的广度和要求等,由此走出学科主题构建的第一步,为后续学科主题中思维方法体系、社会性知识等要素设计奠定基础。

二、初中化学教材学科主题理想内容模型构建

通过对 TIMSS 主题追踪图的演进过程和设计思想的考察,以及对化学学科性知识相对确定的认识,使我们确信勾勒当前初中学段化学学科性知识体系的主流形态——理想学科主题内容模型(简称理想内容模型)具有可操作性,而对这一主流形态展开探索是我们重新审视当前教材国际比较研究现状之后的审慎选择,这也将成为我们开展新形式的教材国际比较研究的一个重要起点和依据。那么,理想内容模型应包含哪些学科性知识要素,而这些要素的确定方式又将如何保障内容模型在理想化特征方面的要求,并有效反映初中学段化学教材学科主题中学科性知识选择的一般趋势?这些问题既包含了对理想内容模型构建的一般性要求,又为我们提出了模型构建过程的两个基本任务——明确模型的构成要素和设计确定要素的操作方式。本研究将遵循如图 6-5 所示的研究思路逐一完成以上基本任务。

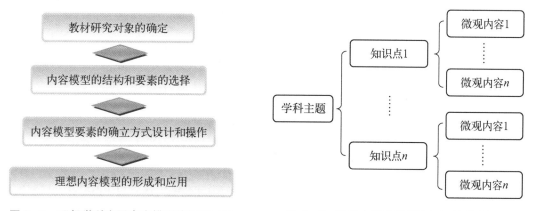

图 6-5 理想学科主题内容模型的构建过程　　图 6-6 学科主题中学科性知识的基本构成

TIMSS 重要学科内容框架是施密特教授建立主题追踪图中核心主题的依据,因此本研究如何对初中化学学科主题加以确定既是分析教材学科性知识体系的起点,又是进一步解构学科主题,描绘主题层级结构,并最终确定学科主题中一系列微观学科性知识的基础。学科主题框架有助于我们从整体上把握教材的学科性知识体系,而微观的学科性知识则是教材学科性知识系统构建的最终落脚点。现对学科主题、知识点、微观内容作如下定义。图 6-6 表明了三者的关系。

- **学科主题**　指统整学科内容的子知识系统,是学科探求的若干基本问题,存在于学科研究的基本领域之中;
- **知识点**　指构成学科主题的基本单元;
- **微观内容**　指同一知识点涵盖的不同方面,是学科知识的最小单位。

(一) 教材研究对象的确定

为了使化学教材理想内容模型既能反映世界课程与教材改革的发展方向,又能兼顾我国科学文化特征以指导我国初中化学教材内容体系的调整,本研究选择以先进性、典型性、适应性及广泛性作为模型构建的基本出发点(见图6-7),在综合考虑这四方面因素的基础上确定合适的研究对象。

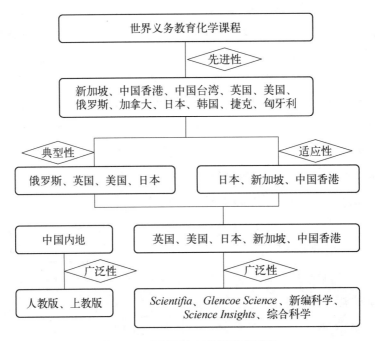

图6-7　教材研究对象的确定过程

1. 先进性

当前虽无统一标准对课程教材的先进性进行判断,但国际范围内通常以PISA等大型测试的成绩作为判断各国或地区教材先进性的重要参考。为此,参照历次PISA科学素养测试结果,并适当考虑影响力,本研究将新加坡、中国香港、中国台湾、英国、美国、加拿大、日本、韩国、捷克、匈牙利、俄罗斯等国家或地区的教材纳入筛选程序之中。

2. 典型性

深入分析以上各国或地区教材的特征发现,由于受地域文化和教育体制等因素的影响,有些国家或地区的教材具有一定的相似度,有些则差异很大。因此需要对以上研究对象进行归类和精简以保障内容模型的包容性和多元化。首先根据相似度将上述国家或地区的教材分为四类:美国、加拿大;英国、新加坡、中国香港;日本、韩国、中国台湾;俄罗斯、捷克、匈牙利。其次,在同类教材中寻找典型性较为突出的一版作为该类型的代表,由此获得第二轮的筛选结果,分别为美国、英国、日本、俄罗斯。由于研究条件限制,本研究最终未将俄罗斯教材纳入研究视野。

3. 适应性

从文化研究的角度看,课程发展受文化因素的影响,不同国家或地区的课程教材会具有明显的地域性特征。我国经历了特有的社会文明发展阶段,与西方文化形成了强烈的对比和差异,内在的独特文化传统和文化心理特征必将对中西方的课程与教材的编制和发展产生不同的作用,先进的具有典型代表意义的西方课程教材编制经验如何能与我国的本土化教材建设进行互动,这是本研究构建内容模型的一个不可忽视的动因。为此,研究对象的选择还需要考虑文化的相似性。除了上述确定的研究对象中同属亚洲文化圈的日本,作为华人文化圈代表地区的新加坡和中国香港的经验同样值得借鉴。由于历史原因,中国香港、新加坡两地均在东西方社会价值观的剧烈碰撞中逐步实现着文化交融,这种交融同样体现在课程改革层面,使得这些国家或地区的课程既反映了国际课程改革的发展趋势,又融入了民族元素,从而可借鉴性大为增强。为此,本研究选择中国香港、新加坡作为研究对象。

4. 广泛性

在确定了作为研究对象的国家或地区后,最为关键的任务就是选择用于研究分析的教材文本。由于各国或地区多采用一纲多本或多纲多本的教材开发机制,在选择文本时,需要再次对多方面因素进行权衡,在综合考虑教材的独特性、业界影响力和受众面等因素后,最终教材在该国家或地区范围内使用的广泛性被确定为基本出发点,因为使用范围在一定程度上反映了教材内容设计的可接受性。

综合以上分析,本研究确定以美国、英国、日本、新加坡、中国香港为内容模型构建的信息源。由于这些国家或地区在义务教育阶段主要以综合性科学教材为主,本研究分别选择了一套在各国或地区中应用较为广泛、获得评价较高的科学教材为研究对象。所选教材的基本信息如表6-2所示。

表6-2 作为研究对象的发达国家或地区的典型教材

教　材	类　型	出版社	国家/地区	出版年份
The nature of matter Chemistry（《物质的化学本质》）	科学系列中的化学	Glencoe	美国	2005年
Science insights（1—2）（《科学洞察力》）	科学	EPB	新加坡	2008年
Scientifica（7—9）（《科学》）	科学	Nelson	英国	2009年
新编科学	科学	东京书籍	日本	2006年
综合科学（1—3）	科学	雅集	中国香港	2008年

在选择内地教材时,同样以典型性和代表性为主要依据,选择了传统特征较为明显的、目前使用较为广泛的人民教育出版社出版(以下简称人教版)的义务教育化学教材为研究对象。

5. 科学教材中化学学科性知识的可比性说明

科学课程旨在为学生提供一个观察和理解客观世界的综合视角,强调多学科知识的交叉和整合,物理、化学、生物、地理等科学学科知识将以一定的整合方式出现在科学课程当中。根据罗宾·福格蒂(Robin Fogarty)提出的十种课程统整模式,对上述教材文本中多学科知识的统整逻辑进行考察发现,以上各地初中科学教材中各学科知识多以分立式和联合式存在。美国 *Golenco Science*(《格伦科科学》)教材(见图 6-8)在章节目录中就明确地以生命科学(即生物)、物质科学(即物理、化学)及地球科学(即地理)来定义 3 个部分,深入分析"物质科学"部分的 6 个单元,其中除科学本质关注科学研究与方法层面的问题,热能、能源部分涉及少量化学的内容以外,1—3 单元明显属于物理学科,4—6 单元则明显属于化学学科。由此可见,"物质科学"部分的物理和化学学科知识泾渭分明,具有典型多学科知识联合组建的特征,虽然不同学科知识之间存在相互联系,但独立性更为突出。

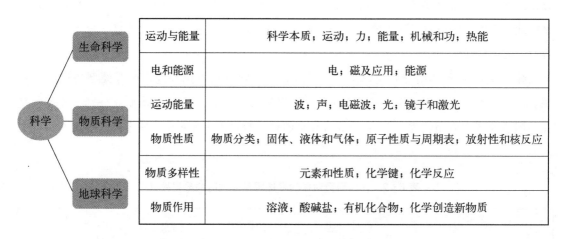

图 6-8 美国 *Golenco Science* 教材的学科内容结构

再以英国 *Scientifica* 教材的章节体系为例(见图 6-9),七至九年级的教材内容结构均隐含了"生物—化学—物理—地理"层递的知识主线,且各章节内容也均以特定的学科体系为依据,彼此间相互独立又存在一定的逻辑联系,体现出微观组合的特点。

整体而言,上述初中科学教材的统整程度有限。从统整范围上看,虽是多学科的统整,但是就统整强度而言,学科间的交叉有限,而学科间的界限从教材章节结构中可以明显地勾勒出来,这为本研究以各地初中科学教材为依据,构建初中化学教材学科性知识体系奠定了基础。

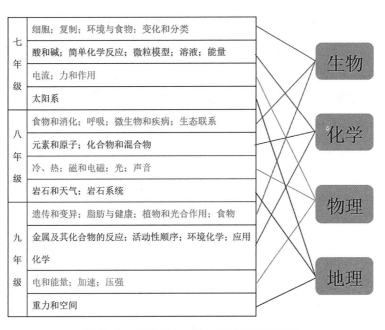

图 6-9 英国 Scientifica 教材的章节体系

（二）学科主题框架的形成

在教材内容体系构建的理论模型中,基于化学基本观念的学科主题划分是我们确定学科主题的重要方式。但考虑到"教材理想学科主题内容模型建构"研究是采用教材文本分析的方式展开的,而各国或地区的课程纲领性文件对教材的学科主题体系构成均作了相应的规定,故对各版本学科课程纲领性文件进行分析与研究需要确定具有广泛适用性的可用于教材分析的学科主题体系。为此,我们需要在基于化学基本观念的学科主题划分的基础上,进一步结合对各版本教材对应的课程纲领性文件中学科主题设置的分析,来确定用于指导教材内容体系构建的学科主题框架。另外,本研究对初中化学教材内容体系的研究立足于通过国际视野的教材解读和借鉴,实现本土教材的改进和完善。为此,本研究尝试在初中化学基本观念体系分析的基础上生成初步的学科主题框架,接着以我国初中化学课程标准中的内容主题设计为基础,基本建立初中化学的学科主题框架,再通过分析其他国家或地区的课程纲领性文件,对上述学科主题框架进行补充和调整,完成具有代表性的初中化学学科主题框架。学科主题的确定程序如图 6-10 所示。

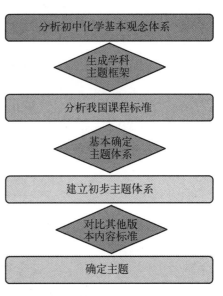

图 6-10 学科主题确定的主要程序

1. 阶段1 分析初中化学基本观念体系:学科主题框架的初步生成

根据前文提出的由元素观、物质微粒观、物质变化观、物质分类观和化学社会观构成的初中化学基本观念体系,深入分析每一个化学基本观念的具体构成,了解每一个化学基本观念主要是针对学科研究中的哪些基本问题或核心领域的总观性认识,进而对涉及的学科研究的基本问题或核心领域加以界定,初步生成初中化学学科主题框架。其中物质微粒、物质变化观和物质分类观的核心内容分别与化学学科研究的若干重要领域相对应,依次为"物质的结构""物质的性质与变化"以及"物质的组成与分类";而元素观中的诸多内容均涉及学科研究的不同领域,难以将其与特定的问题或领域相对应;化学社会观反映的是对学科社会价值的整体性认识,在不同的学科研究领域中得到渗透和体现。综合以上分析,我们初步形成了"物质的结构""物质的性质与变化"以及"物质的组成与分类"三个初中化学学科主题。

2. 阶段2 分析我国课程标准:学科主题框架的基本建立

我国《义务教育化学课程标准(2011年版)》由一级主题、二级主题、内容标准及活动建议等部分组成。根据标准中对五个一级主题、一系列二级主题和具体的内容标准所作的描述,可以确定如图6-11所示的包含"空气""水与溶液""金属与矿物""燃料与燃烧""酸碱盐""营养物质""物质的组成与分类""物质结构"以及"物质的性质与变化"等学科主题的主题框架。在学科主题中,"科学探究"作为新课程倡导的重要学习方式和学习内容,将会渗透在其他主题具体知识的学习过程当中;"化学与社会发展"主题着重反映化学与社会生产生活相联系的新课程理念,是初中化

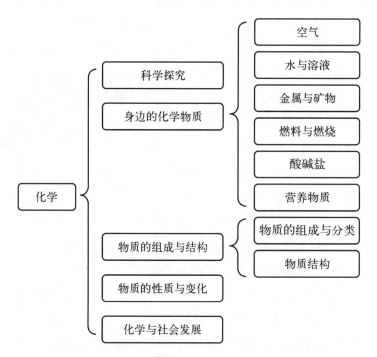

图6-11 依据我国课程标准确定的初步学科主题框架

学课程设计的基本价值取向之一,体现了多学科主题内容与社会生产生活信息的综合,其不宜作为一个特定的内容主题加以考察。

3. 阶段3 研读其他版本课程纲领性文件:学科主题框架的补充调整

在对上述研究对象依据的科学课程纲领性文件进行了初步分析的基础上,鉴于日本初中科学课程标准的结构和描述过于简练,本研究主要针对美国《国家科学教育标准》、英国《科学课程纲要》、新加坡《科学课程纲要》以及中国香港《科学课程指引》展开分析和比较,并将各版本初中科学课程纲领性文件所规定的内容主题提炼至表6-3中。

表6-3 各版本科学课程纲领性文件中的主题

版　　本	主　　题
美国《国家科学教育标准》	物体的结构、性质及其变化;物质与能量的相互转变
英国《科学课程纲要》	固体、液体和气体(微粒观点);元素、化合物和混合物(原子、金属、非金属、化学反应、化学式、混合物、分离技术);化学反应;金属;酸和碱
新加坡《科学课程纲要》	元素、化合物和混合物;溶液;化学反应;物质结构(元素周期表、物质状态、分子和原子、化合物)
中国香港《科学课程指引》	能量(能源、燃料);水(水净化、水污染、溶解、结晶);物质的粒子观(微粒、原子);生物与空气(空气、燃烧);常见的酸和碱(酸、碱、盐);金属

4. 阶段4 关注共同主题,兼顾差异:学科主题框架的确定

将上述各版本科学课程标准中提炼形成的学科主题与以我国《义务教育化学课程标准(2011年版)》为基础初步确定的学科主题进行比较,结果见表6-4。

表6-4 各版本科学课程标准的化学学科主题与初步确定的学科主题的比较

版　　本	空气	水与溶液	金属与矿物	燃料与燃烧	酸碱盐	物质的组成与分类	物质的性质与变化	物质结构
美国《国家科学教育标准》							★	★
英国《科学课程纲要》		★	★	★	★	★	★	★
新加坡《科学课程纲要》		★				★	★	★
中国香港《科学课程指引》	★	★	★	★	★			★

表注:标记"★"代表该课程标准设置了相应的学科主题。

结合表6-4可以发现,"物质结构"是各版本课程标准共同设置的学科主题,同时"物质的性质与变化""物质的组成与分类"主题也受到了普遍的关注。在有关"身边的化学物质"一级主题的学科领域中,各课程文本的主题设置也反映了"水与溶液""金属与矿物""燃料与燃烧""酸碱盐"等内容的突出地位。我国化学课程标准中的传统学科主题"空气"(包括氧气、氮气、二氧化碳等内容)在其他版本的课程标准中却鲜有涉及。值得注意的是,"营养物质"属于学科交叉特征明显的主题,各版本课程纲领性文件对该主题内容的学科类属关系的判断并不一致,有关"营养物质"主题的内容要求规定分别出现在生物学科和化学学科分支当中,而且较为分散,因此营养物质主题并未纳入本次分析中。

根据上述对以我国为主体的各版本课程纲领性文件中化学学科主题设置情况的分析,从整体上来看,初中化学学科主题框架具有趋同的设置特征,充分体现了学科知识体系的相对稳定性和确定性及学习阶段的特殊性对学科主题设置的规约作用;从各版本课程纲领性文件的学科主题框架的对比和联系上看,化学学科中最核心的主题诸如"物质结构""物质的性质与变化""物质的分类与组成"等,其重要性均受到了普遍关注;另一方面,各版本课程纲领性文件中呈现的学科主题框架又反映了"现代性"和"课程传统"等因素的导向作用,例如我国"空气"主题"独树一帜",而"营养物质""燃料与燃烧"等学科边界模糊、体现出与社会发展主题的紧密联系等。无论是以"寻学科之根本"的方式存在,还是以一脉相承为创建基础,亦或是以现实需求为标签,各个学科主题的出现从不同侧面启迪了我们对初中化学学科主题框架架构的现实操作,在此我们以我国课程标准中化学学科主题的设置为基础,秉承"求同存异"的架构思路来实现形成学科主题框架的目标,在此"求同"并非简单地归并,而需要合理的解释和说明;而"存异"也并非无原则地将各种可能的学科主题设置结合在一起,而应该加以仔细鉴别与析取,这都是初步确定的学科主题框架继续发展的主动选择。

令人欣喜的是,我们从上述课程纲领性文件的学科主题设置之间的对话中找到了综合创新不同学科主题设置的依据(见图6-12):以初步确定的学科主题框架作为我们与其他国家或地区学科主题体系相衔接的桥梁,一方面我们获得了坚守"物质结构""物质的性质与变化""物质的组成与分类"等经典学科主题的支持;另一方面我们从学科基本研究领域的特征和现实需要出发,借助各地学科主题设置的视域,形成了对"水与溶液""金属与矿物""酸碱盐"等学科主题的选择。而在面对不单纯受学科需要和现实需要影响的"空气"和"营养物质"两个主题时,我们对其进行的分析及操作是,前者因代表性不够,无法适应具有广泛参照意义的学科主题框架的探讨,因此不将其置于框架之中,再做单独研究和说明以丰富我国课程传统与国际视野兼容的思考;后者因应学科归属关系而产生的学科主题设置新问题,将有助于我们理解学科主题框架的边界现象,也将作为一个特例编于学科主题框架之外,寻求另一种解释路径以回答学科交叉内容的处理方式。至此,我们最终确定了初中化学七大核心学科主题,分别为:

(1)物质结构。"物质结构"是学生认识物质世界的基础。该主题主要包含了"物质构成的微粒理论""原子结构""分子结构""离子结构"等核心内容,旨在引导学生利用模型和符号的方法研

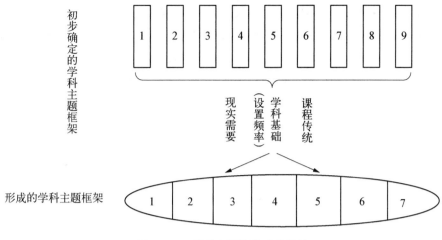

图 6-12　学科主题筛选过程设计

究与学习构成物质基本微粒的结构和特点,建立物质结构与性质的相互关系,学会利用结构对物质性质作出解释,基于性质对物质结构作出预测和判断,从而促进良好的科学思维习惯的养成。

(2) 物质的性质与变化。"物质的性质与变化"是化学研究的主要内容之一,主要包括化学反应的特征、化学反应的类型、化学反应中的能量变化、质量守恒定律和化学反应的表示方法等内容。以上内容对于学生进一步学习化学理论、理解化学独特的思维方式、深入认识生活中的化学现象、解决实际生活问题均具有重要意义。

(3) 物质的组成与分类。"物质的组成与分类"主题针对物质的内部组成和结构进行类别划分,是相对简单的理论性知识分支,既为物质的性质与变化的特征的探索奠定了基础,也为人们观察和理解客观世界创造了条件,同时也体现了重要的比较与分类等科学方法在化学学科中的具体应用。通过对"物质的组成与分类"主题的学习,学生可以了解到物质世界既具有多样性和复杂性,又体现一定的规律性和有序性,促使学生对化学学科的认识从个别走向一般,促进学生分析性思维与抽象性思维能力的发展,并帮助学生掌握规范描述客观世界的方式和途径。

(4) 水与溶液。水是重要的化学物质,溶液是物质存在的基本形态之一,在初中科学(化学)课程中,"水与溶液"主题涉及内容广泛,既包含了有关水的性质、作用及水资源保护问题,溶液的基本概念和分类,溶液的性质和特征,又涉及溶液的配制和使用、溶液的计算等内容。"水与溶液"主题的学习有助于学生观察和理解物质的存在形态与变化,可促进学生对现实生活问题的分析和判断,还可以帮助学生形成科学研究所需的重要技能和方法。可以说"水与溶液"主题是贯穿于中学化学学习乃至科学学习始终的重要内容。

(5) 金属与矿物。金属与矿物是生产生活中应用极其广泛的物质,系统地介绍了常见金属及合金,帮助学生认识其性质与用途之间的关系,指导学生在生活中合理地使用金属,形成防止金属污染、保护资源的环境意识。另外,该主题体现了"结构决定性质,性质反映结构"的重要学科基本观念,是学生理解金属活动性顺序、元素周期律、原电池原理以及电解池原理等重要理论知识的基础。

(6) 燃料与燃烧。"燃料与燃烧"主题不仅是学科知识体系中重要的组成部分,同时也是引导学生正确处理生活中相关问题,保障生活质量的必备知识。该主题主要涉及燃烧的条件、燃烧中的能量变化、充分燃烧与不充分燃烧、爆炸、防爆与灭火等内容,涉及为什么以及如何利用燃料、如何减少污染以及防止爆炸等一系列问题。

(7) 酸碱盐。化学是研究物质的科学,酸碱盐是具有代表性的物质类型,研究酸碱盐的组成、结构与性质,一方面帮助学生把握不同类型物质的特征,了解其在生产生活中的合理使用,以便更有效地指导日常生活;另一方面,这也是促进学生理解化学反应原理与规律的前提,是训练实验技能、发展科学思维并形成探究能力的载体。因此"酸碱盐"主题是化学学科的重要内容以及化学理论学习的基础。

(三) 知识点及微观内容的确定

初中化学学科主题框架的形成为学科性知识体系的建立迈出了坚实的一步,我们需要进一步挖掘和阐释主题微观的内容特征,确立学科主题所包含的知识点及其下辖的微观内容系统。

根据以上对各学科主题内涵和地位的界定,对学科主题进行次级解构,形成二级主题结构。在特定二级主题中生成知识点序列,并对被选教材展开深入地研读,寻找与二级主题中的知识点对应的教材内容范围。在此基础上,以教材选择的广泛性程度为标准进一步提炼和修正特定主题的知识点序列。操作程序如图 6-13 所示。

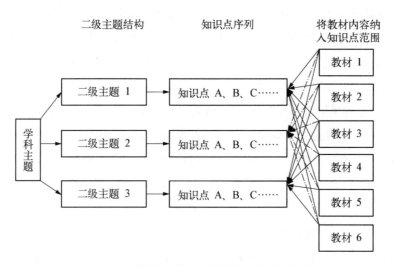

图 6-13　学科主题中知识点序列的确定方式

以"物质结构"主题为例,按照以上知识点序列的确定方式和初中阶段该主题的内容组块范围,首先形成该主题的四个二级主题:

● 物质构成的微粒理论
● 原子结构

- 分子结构
- 离子结构

然后围绕各二级主题进行精细化的知识点序列预设。以"物质构成的微粒理论"为例,根据该二级主题所定义的内容领域,主要关注微粒观、微粒结构模型、微粒变化作用等方面,初步生成以下三个具体的知识点:

- 微粒理论主要观点
- 微粒模型
- 物质变化中的微粒变化

以二级主题为基点,初步划定与该二级主题对应的教材内容范围,进而观察对应的教材内容范围中知识点的分布情况,对以上形成的二级主题的知识点序列进行再确认和补充,从而使调整后的知识点序列具有最大程度的统摄性。我们发现在被选教材对象中,部分教材涉及不同晶体的特征和微观结构差异相关内容,通过比较该内容与四个二级主题的相关性,最终确定将其纳入"物质构成的微粒理论"二级主题中,从而使该二级主题的知识点序列拓展为包含"晶体""微粒理论主要观点""微粒模型""物质变化中的微粒变化"四个知识点。

微观内容是知识点的次级单位,反映知识点不同方面的要求,一般意义上教材的知识广度和学习要求都是针对微观内容提出的,因此在微观内容层面对教材学科性知识体系的比较和分析才具有现实意义。但不同教材对同一知识点的理解和处理方式差异显著,为此,我们以教材选择的广泛性程度(覆盖率大于或等于60%,覆盖率为出现该内容的教材比例)[①]为依据来考察和确定特定知识点下辖的微观内容序列,操作方式如图6-14所示。

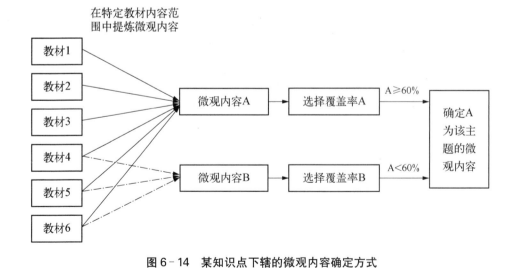

图6-14 某知识点下辖的微观内容确定方式

---

① 借鉴施密特教授等人确定核心主题的覆盖率依据。

在微观内容的确定程序中,分别确定各教材中特定微观内容的选择和设计是考察微观内容覆盖率的前提,是构建理想内容模型的基础,同时也是了解各教材内容的微观差异的契机。为了获取各教材有关该主题的微观内容的信息,我们设计了如表6-5所示的学科主题微观内容追踪记录表。

表6-5 学科主题微观内容追踪记录表

课程名称：_____　　　教材名称：_____
国家或地区：_____　　　出版社：_____

主题	微观内容序号	章	节	教材页码	要求描述	要求层次

通过表6-5的追踪方式,可以在二级主题对应的教材内容范围内展开对微观内容的追踪和甄别判断,进而分别确定各版本教材微观内容出现的确切位置和学习要求的水平层次[①]。表6-6为汇总了各版本教材"物质结构"主题微观内容组成的结果,16个知识点共计包含50个微观内容。

表6-6 基于被选教材特定内容范围研读形成的微观内容序列

二级主题	知识点	微观内容			
物质构成的微粒理论	晶体	不同晶体的特征	不同晶体的微观结构存在差异		
	微粒理论主要观点	物质是由微粒构成的	微粒是在不断运动的	微粒之间有空隙	

---

① 微观内容的学习要求的水平层次另作说明。

续 表

二级主题	知识点	微 观 内 容			
物质构成的微粒理论	微粒模型	微粒模型的发展历史	不同模型的主要特征		
	物质变化中的微粒变化	固态、液态、气态中微粒运动特征的差异	三态变化中微粒运动的变化	溶解过程中的微粒变化	化学变化中的微粒变化
原子结构	原子的特征	原子的含义	原子的特征	相对原子质量	
	原子结构	原子的构成	构成原子的微粒的特征	构成原子的微粒的数量关系	核外电子排布
	原子的表示方式	元素符号	原子结构示意图	电子式	
	原子结构模型	原子结构模型的发展历史	古典原子模型	道尔顿原子模型	汤姆生原子模型
		卢瑟福原子模型	玻尔原子模型	现代原子模型	
	原子结构与物质性质	由原子直接构成的物质	物质中原子间的相互作用	核外电子排布与电子得失	元素周期表
分子结构	分子的特征	分子的含义	分子的特征	相对分子质量	
	分子结构	分子由原子构成	分子中原子间的相互作用	共价键的类型	
	分子的表示	分子式	分子模型	电子式	
	分子的性质	分子的极性			
离子结构	离子的特征	离子的含义	离子的特征		
	离子结构	离子的形成	离子符号		
	离子化合物	化学式	电子式	离子化合物中离子的空间排布	离子间的相互作用

通过进一步统计各版本教材的微观内容追踪记录表的相关信息并对上述 50 个"物质结构"主题的微观内容在各版本教材中的覆盖率加以了解,对覆盖率达 60% 及以上的微观内容在表中以"*"标示,并将其汇总如表 6-7 所示。

表 6-7 基于覆盖率的微观内容汇总

	A	B	C	D
微观内容	物质是由微粒构成的、微粒是在不断运动的、微粒之间有空隙、三态中微粒运动特征的差异、三态变化中微粒运动的变化、化学变化中的微粒变化、原子的含义、原子的特征、原子的构成、构成原子的微粒的特征、元素符号、分子的含义、分子是由原子构成的、分子式、分子模型、离子的含义、离子的形成、离子符号(18)	相对原子质量、构成原子的微粒的数量关系、核外电子排布、原子结构示意图、核外电子排布与电子得失、元素周期表、化学式、离子间的相互作用(8)	不同晶体在特征方面存在差异、不同晶体的微观结构存在差异、微粒模型的发展历史、不同模型的主要特征、溶解过程中的微粒变化、原子结构模型的发展历史、古典原子模型、道尔顿原子模型、汤姆生原子模型、卢瑟福原子模型、玻尔原子模型、现代原子模型、原子电子式、由原子直接构成的物质、物质中原子间的相互作用、分子中原子间的相互作用、共价键的类型、分子电子式、分子的极性、离子的特征、离子化合物电子式、离子化合物中离子的空间排布(22)	分子的特征、相对分子质量(2)

表注:"A"列为同时出现在我国人教版教材和其他版本教材中,覆盖率达60%及以上的微观内容;"B"列为同时出现在我国人教版教材和其他版本教材中,但覆盖率小于60%的微观内容;"C"列为覆盖率小于60%且主要出现在其他国家或地区教材中的微观内容,我国人教版教材未涉及;"D"列为只出现在我国人教版教材中的微观内容。

由表6-7可知,符合标准A的微观内容为18个,包含了微粒理论主要观点中的基本内容、固液气三态中的微粒运动特征、三态变化中的微粒行为、化学变化中的微粒变化、原子的微观构成、原子与分子的关系、离子的形成和表示等。根据覆盖率大小的筛选结果形成理想学科主题内容模型的知识点和微观内容序列,如表6-8所示,知识点由16个调整为10个,对应的微观内容更是发生了很大变化,其最终数量确定为18个。该理想内容模型的知识点和微观内容构成,既遵循了物质世界微观探索的逻辑起点,又反映了与初中阶段学生认知特点和知识基础相适应的内容选择取向。以微粒观的基本内涵及其在现实世界的解释作用,帮助学生由宏观世界向微观世界过渡,进而分别着眼于原子、分子和离子等构成物质的不同微粒层面,并基于对各种微粒的定义、结构、相互关系及其表示方法的讨论,为学生构筑开展物质结构主题深入学习的基石。

表 6-8 基于覆盖率筛选机制形成的知识点和微观内容序列

二级主题	知识点	微观内容		
物质构成的微粒理论	微粒理论主要观点	物质是由微粒构成的	微粒是在不断运动的	微粒之间有空隙
	物质变化中的微粒变化	固态、液态、气态中微粒运动特征的差异	三态变化中微粒运动的变化	化学变化中的微粒变化

续 表

二级主题	知识点		微 观 内 容	
原子结构	原子的特征	原子的含义	原子的特征	
	原子结构	原子的构成	构成原子的微粒的特征	
	原子的表示方式	元素符号		
分子结构	分子的特征	分子的含义		
	分子结构	分子由原子构成	分子式	
	分子的表示	分子模型		
离子结构	离子的特征	离子的含义		
	离子结构	离子的形成	离子符号	

与此同时,反观我国人教版化学教材在微观内容选择上所表现的特征,即对"相对原子质量""相对分子质量"和"构成原子的微粒的数量关系"等包含一定数理关系的概念的重视,承继了人教版初中化学教材对定量化内容的一贯追求。而其他版本教材在共同选择的内容范围之外,也出现对"晶体微观结构和特征""分子极性""共价键的类型""电子式""离子化合物中离子的空间排布"等微观内容的个别化的内容选择现象,而根据学科知识体系的逻辑脉络和学生认知发展阶段以及学段的统一关系来看,这些内容的选择明显具有超前性,并且选择的教材极少,不具有代表性。但这也反映了学科主题微观内容选择的复杂性和多样性,更加凸显了理想学科主题内容模型在现实中的规范和指导作用,它不仅能勾勒出具有代表性的学科主题内容框架,而且能揭示各版本教材的共性特征和本土化个性化的差异,为我国化学教材内容的精致化设计提供更多元化的参考依据。

此外,值得关注的是原子结构模型的相关内容,该内容虽在各版本教材均有所涉及,但微观选择上存在一定的差异,除美国和新加坡教材按照从最初的古典原子模型到现代原子模型的顺序基本完整地呈现了原子结构模型发展的历史,具体介绍了各种原子结构模型的特征和意义,强调模型方法的应用以外,其他版本的教材则更多地选择了"道尔顿原子模型""汤姆生原子模型""卢瑟福原子模型"等经典模型,既体现了对模型方法的重视,也充分考虑了学生的可接受性,而我国人教版教材则将有关原子结构模型的内容置于更高的学段学习,对模型方法以及原子结构的探索历史提出更高的认知要求。

(四) 基于微观内容序列的学习要求要素追踪

学科主题内容框架既需要体现主题层级结构(一级主题和二级主题的构成)、二级主题中的知识点及微观内容等基本单元,又要包含每个微观内容的学习要求。表6-5所示的学科主题微观内容追踪记录工作表格正是基于学科主题内容框架建构的两个基本要素——内容点和学习要求而设计的,利用该表格提出的主题内容追踪要求,可以生成如图6-15所示的学科主题中学科性知识框架的基本形态。

学科主题	二级主题	知识点	微观内容(要求)
水与溶液	水	水的组成 水的性质 水的用途	水的物理性质(了解) 水的化学性质(应用)

图6-15 学科主题中学科性知识框架的基本形态

在微观内容选择维度上,通过考察各版本教材所表现出的共同趋势和差异,我们基本确立了具有代表性的学科主题微观内容序列。对于如何进一步在微观内容序列基础上完成确定学习要求的操作,本研究将借鉴施密特"主题追踪图"的二元矩阵设计,设计如图6-16所示的主题微观内容学习要求的追踪图以实现上述要求(分别对六套被选教材进行字母标识编码,以"A、B、C……"等依次指代)。

微观内容	学习要求层次					
	A	B	C	D	E	F
微观内容1						
微观内容2						
微观内容3						
微观内容4						
……						
微观内容n						

图6-16 微观内容学习要求追踪图

根据布卢姆教学目标分类理论中提出的具有连续性、层次性和累积性的认知目标体系(见表6-9),结合课程教材开发的特点,本研究从教材内容分析的可操作性等角度出发,设计了四个层次的主题微观内容学习要求,即教材化的学习要求层次。首先,由于教材内容存在必学和选学的区分,故将学习要求的水平起点定在常识性介绍,即层次1,将处于该层次的教材内容仅作为阅读、拓展视野之用;其次,将布卢姆提出的"知识"和"理解"层次合并为层次2,表现为对知识的记忆和再认;再次,提取"理解"层次中较高水平的"解释""转译"等目标要求,形成层次3的"解释"水平;最后综合布卢姆所提出的"应用""分析""综合"和"评价"等层次,以任务驱动为特征来定义层次4的微观内容学习要求,即学生可能要经历分析微观内容的应用情境、思考多要素的影响、获取问题解决方法、发挥微观内容在问题解决中的作用等过程。教材学科主题微观内容学习要求层次划分说明如下:

层次1:常识性介绍水平,即教材中有该内容,虽然作为学习对象,但并未提出学习要求。

层次2:知道或了解水平,即要求在一定的情境下再认或再现有关内容。

层次3:解释水平,即要求能描述有关内容的来龙去脉。

层次4:应用水平,即能在一定的情境中应用有关内容进行问题解决。

表6-9 布卢姆教学目标分类体系中的认知目标说明

层次	目标描述
知识	个别事物和共同事物的记忆,处理具体事物方式方法的记忆,形式、结构和背景的记忆
理解	了解或领悟,个人因而知道沟通的内容和能够利用所沟通的材料或观念,如解释文字资料、图或表,转译资料等
应用	应用概念、定律、原理及学说于特殊和具体的情境中,如制作图或表,解答应用问题等
分析	剖析信息,找出构成要素,使相关层次更为清晰,如认出推理逻辑上的谬误、评鉴资料相关性、区分真正事实与推理意见等
综合	将多元素或部分组成构成一个整体性的型式或结构,如制定实验计划、完成问题解决方案等
评价	对于能达到特定目标的材料或方法给予价值判断或质和量的判断,如判断材料的逻辑一贯性、判断资料对于支持观点的正确性等

如何基于以上的微观内容学习要求的层次划分,准确客观地评定各微观内容的学习要求层次,本研究设计了如下的学习要求层次评定细则:

评定方法1:参考课程标准、教学指引或考试大纲等课程政策文献。一般来说,对于层次2、3、4,课程标准中会作出一定的描述;但对于层次1,课程标准中可能并未出现相关说明。

评定方法2:基于对教材内容的阅读与分析,根据其呈现的方式推断内容的学习要求。若属于背景性信息或拓展性栏目的内容,多属于层次1;若简单描述,并未作细致解释,一般属于层次2;若涉及详细解释、分析过程,则一般属于层次3;若附有关例题并作深入说明,则一般属于层次4。

评定方法3:参照教材章节的目标说明、栏目设置及习题。若习题中未出现该内容,则属于层次1(常识性介绍);若习题中仅要求再认或回忆,则属于层次2(了解);若要求解释某现象的原因,则属于层次3(理解);若要求在问题情境中应用知识解决问题,则属于层次4(应用)。

以上的评定方法分别依托于课程政策性文本、教材内容的微观描述、教材目标说明、教材栏目和习题设计,在具体的评定操作过程中需要综合上述的评定方法,从多个角度分析和寻求判定的依据。

由于学习要求的评定主要基于主观判断,为了保障评定结果的可信度,至少需要两位评定者分别完成"学科主题微观内容追踪记录表",并对评定依据的描述和评定结果进行一致性比较。如存在显著分歧,则需通过小组讨论的方式交流判断依据和经验,回溯教材的相关内容片段,对评定结果达成统一。

以"物质结构"中的二级主题"原子结构"为例:统计基于该二级主题微观内容序列在各版本教材中的学习要求,若针对某一特定微观内容的学习要求,有60%及以上的教材作出了同一层次的规定,则可以认为该层次即为在理想学科主题内容模型中该微观内容的学习要求;若各版本教材对某一特定微观内容的学习要求不能实现多数统一,则以60%及以上的教材所确定的学习要求中的最低要求为标准。具体结果如表6-10和表6-11所示,有关二级主题"原子结构"的五个微观内容的学习要求均为层次2,其中选择了"构成原子的微粒的特征"的教材中60%以上均达到或高于层次2,因此定义其学习要求为层次2。

表6-10 "原子结构"理想内容模型中微观内容的学习要求(1)

微观内容	A	B	C	D	E	F
原子的含义	2	2	2	3	2	2
原子的特征	2		1	2		2
原子的构成	2		2	1		2
构成原子的微粒的特征	3		2	1		2
元素符号	2	2	2	2	1	2

表6-11 "原子结构"理想内容模型中微观内容的学习要求(2)

微观内容	要求			
	层次1	层次2	层次3	层次4
原子的含义		●		
原子的特征		●		
原子的构成		●		
构成原子的微粒的特征		●		
元素符号		●		

从教材研究对象的选择,到学科主题的确定、二级主题的分解、知识点和微观内容序列的确立,直至微观内容学习要求的评定分析,任何一个环节的设计都是基于 TIMSS 课程研究工具主题追踪图所倡导的"普遍性"和"代表性"原则而展开的,而各环节"普遍性"和"代表性"要求的多重叠加为本研究中最终形成的学科主题内容模型的最优化和理想化特征给予了最有力的支撑。可以说理想内容模型的生成思路及其结果代表了当前国际视域下的科学(化学)教材内容改革的基本方向,反映了一种主流的选择,为同一学段的科学(化学)教材学科性知识的设计提供了相对客观的参照系,也为各版本教材的自我评价和配对比较提供了合理的标尺。当然,基于多因素控制所形成的理想内容模型必然受到各因素变化的影响,因此具有发展性特征,尤其会随着学科发展的进程发生变化。但对理想化内容形态的不懈追求和孜孜不倦的思考,将为每一个阶段的理想内容模型带来生命力,这也是本研究特以操作示例的方式来展现模型构建过程的立意所在。图 6-17 为以"原子结构"为例呈现的初中化学教材理想内容模型的最终形态。

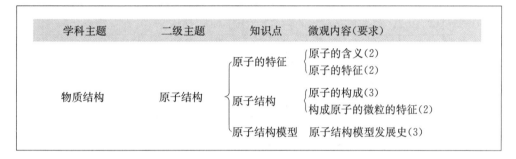

图 6-17　以"原子结构"二级主题为例的理想内容模型

(五) 学科主题内容框架与理想内容模型的比较

利用理想学科主题内容模型可以进行特定教材与理想模型的配对比较,进而从主题的设置和内容容量及要求等方面揭示其差异,并对特定教材的内容体系作出客观评价并以此寻求改进的落脚点。基于配对比较的旨向,可以通过绘制面积图的方式来获取特定教材学科主题内容设计与理想模型的相异程度。其实际操作程序如下:首先,依据各版本教材的七大学科主题的微观内容追踪记录表信息,初步完成表 6-12 的某教材学科主题内容框架,并对该教材七大主题之外的特有学科主题信息加以补充,形成特定教材学科性知识的完整信息。

其次,基于某教材的学科主题内容框架,对该教材中微观内容序列的学习要求层次加以统计,绘制包含内容容量和学习要求等信息的面积图,并与对应的理想内容模型面积图进行比较,反映两者在内容组成与学习要求上的相似性和差异性。通常情况下,既可以针对特定教材的所有学科主题的内容框架,也可以围绕某一主题绘制面积图,实现从内容体系的整体性分析到对特定主题微观比较的统一。表 6-13 和表 6-14 分别为我国人教版初中化学教材和理想内容模型中"物质结构"主题的微观内容及其学习要求汇总结果。

表 6-12 ____版本教材学科主题内容框架

一级主题	二级主题	知识点	微观内容	要求说明	要求			
					层次1	层次2	层次3	层次4

表 6-13 人教版"物质结构"主题微观内容及其学习要求汇总

二级主题	知识点	微观内容			
物质构成的微粒理论	微粒理论主要观点	物质是由微粒构成的 2	微粒是在不断运动的 4	微粒之间有空隙 4	
	物质变化中的微粒变化	化学变化中的微粒变化 4			
原子结构	原子的特征	原子的含义 2	原子的特征 2	相对原子质量 3	
	原子结构	原子的构成 2	构成原子的微粒的特征 2	构成原子的微粒的数量关系 2	核外电子排布 3
	原子的表示方式	元素符号 2	原子结构示意图 2		
	原子结构与物质性质	核外电子排布与电子得失 2	元素周期表 2		

续 表

二级主题	知识点	微 观 内 容			
分子结构	分子的特征	分子的含义 2	分子的特征 4	相对分子质量 4	
	分子结构	分子由原子构成 3			
	分子的表示	分子式 4			
离子结构	离子的特征	离子的含义 2			
	离子结构	离子的形成 3	离子符号 2		
		化学式 4	离子间的相互作用 2		
学习要求		**层次 1**	**层次 2**	**层次 3**	**层次 4**
频 次		0	14	4	7

表 6-14 "物质结构"理想内容模型学习要求汇总

二级主题	知识点	微观内容			
物质构成的微粒理论	微粒理论主要观点	物质是由微粒构成的 2	微粒是在不断运动的 4	微粒之间有空隙 4	
	物质变化中的微粒变化	固态、液态、气态中微粒运动特征的差异 3	三态变化中微粒运动的变化 3	化学变化中的微粒变化 2	
原子结构	原子的特征	原子的含义 2	原子的特征 2		
	原子结构	原子的构成 2	构成原子的微粒的特征 2		
	原子的表示方式	元素符号 2			
分子结构	分子的特征	分子的含义 2			
	分子结构	分子由原子构成 2			
	分子的表示	分子式 3	分子模型 2		
离子结构	离子的特征	离子的含义 2			
	离子结构	离子的形成 3	离子符号 2		
学习要求		**层次 1**	**层次 2**	**层次 3**	**层次 4**
频 次		0	12	4	2

三、"物质结构"主题的内容设计及分析

构建理想学科主题内容模型是针对"内容特性"这一研究问题而提出的,在学科性知识基本确定的条件下,如何呈现知识的先后顺序和错综复杂的关系,这当中涉及学科主题宏观层面上的层次划分和微观层面上不同类型知识的联系方式等。[①] 为此,以下我们将以"物质结构"主题为例,针对该学科主题进行层次化的微观结构设计和微观内容组织呈现分析,有关方法性知识和社会性知识的设计也融合在了学科主题的宏观结构和微观结构设计的过程当中。

(一)"物质结构"主题的内容层次划分

维果茨基曾经指出每一个概念的本质都要求具备一定的概念体系,内容体系的形成是由概念的组合开始的,因此我们在理论设计中提出了以核心概念为组织中心,由核心概念渐次延伸出一般性概念、事实性知识及其他辅助材料来构成教材内容体系的子结构或子系统,最后由子系统的组合形成教材特定学科主题的整体结构。上述思路反映了"核心概念—子系统—学科主题"三个结构的发展关系,这种层次化策略主要是从知识自身发展的系统性和规律性出发的。需要注意,这并非是学科主题层次化的固定模式,因为不同学科主题可以根据自身的特点和学习要求在层次化方式上有不同的尝试。

"物质结构"主题是学生认识物质世界的基础,主要包含了"物质构成的微粒理论""原子结构""分子结构""离子结构"等核心知识,侧重于引导学生利用模型方法研究与学习构成物质的基本微粒的结构和特点,建立物质结构与性质的相互关系,学会利用结构对物质性质作出解释,基于性质对物质结构作出预测和判断,从而促进良好的科学思维习惯的养成。

"物质结构"主题涵盖了宏观、微观、符号三大领域的知识,这些知识之间并不是孤立的,相反它们相互作用,密切联系,宏观、微观、符号的联系性思维是化学学科最具特征的思维方式。从"物质结构"主题的内容及学习要求中,我们看到了该主题的深层结构所具有的科学理性及其对学生思维方式可能产生的强大影响。因此,我们根据这三大领域知识在习得时间上的先后和难易程度的大小上的区别,分析在该主题上学生认知活动的发展变化,从"研究物质宏观上的性质及其变化",到"研究物质微观上的组成和结构",再到"利用微观结构解释物质性质及其变化",直至"学会使用符号对宏观物质及其变化与微观构成及微粒作用关系进行表征",将该主题划分为"宏观""微观""符号"三个层次(见图6-18)。

[①] ROSEMAN J E, STERN L, KOPPAL M. A method for analyzing the coherence of high school biology textbooks [J]. Journal of Research in Science Teaching, 2010, 47(1): 47-70.

图 6-18 "物质结构"主题的三个层次及其关系

(二)"物质结构"主题的微观结构设计

通过学科主题的层次划分,学科主题的内容形成了一个渐进序列。在层次结构的内部存在着对内容的微观结构化要求,内容的微观结构化要以迎合学生认知结构中知识的组织特点和学生的思维特点为依据,对学科内容的逻辑体系进行考察,考虑学科性知识哪些部分的逻辑关系可用,在多大程度上可用以及需要作出怎样的改变等,并通过微观的内容组织正确地揭示这种关系。例如,内容之间相互独立的并列型设计、内容之间存在条件关系的顺序型设计等,最终通过关系的联结,使所有内容能统一在一定的框架体系中,形成一个整体结构。当然学科主题在微观层面的结构化并不存在一种潜在的、既定的关系网络,通常情况下,不同的教材都是在学科逻辑的启发下受一定教学法的支配以不同方式来构造结构。可以说,在设计学科主题的微观结构化过程时,既要考虑学科主题中各部分内容之间本身固有的逻辑联系,又要观照学生的发展心理和学习心理特点,合理地解决两者协调过程中产生的矛盾和问题。

美国"2061 计划"研究成果《科学素养的导航图》(Atlas of Science Literacy)设计的主题内容发展图是一种图示模型,主要依据《科学素养的基准》里的科学教育基准而制定。导航图设计者的基本信条是"学生当前的学习是以过去为基础的,以未来为目标的"。因此,该内容发展图综合考虑主题的学科逻辑与学生的心理和认知特征(经验准备状态和认知发展水平),呈现了学生在不同年级、不同学科之间所学的知识和技能如何依赖于或支持别的知识和技能[①],建立不同知识和技能之间的意义联系,提供了课程设计的顺序性信息,为课程教材编制和教学中设计连贯而综合的课程提供有意义的参考。本研究参考《科学素养的导航图》中对"物质结构"主题内容发展的设计[②],针对表 6-13 中初中化学教材"物质结构"主题的微观内容序列,绘制了初中化学教材"物质结构"主题标准化的内容发展图(见图 6-19)

图 6-19 中包含了初中化学"物质结构"主题理想内容模型中涉及的 18 个微观内容以及它们之间的发展关系。其中一个边框代表一个微观内容,框中文字精确描述了微观内容的涵义。图 6-19 中用箭头表示微观内容之间的发展关系,箭头指向代表微观内容发展的方向,表明前一个内容是后一个或几个内容的学习基础,微观内容的连接建立在逻辑联系和关于学生如何学习的

---

① 琚四化,符太胜.美国科学素养导航图简述及启示[J].科学教育,2005,(6):3.
② 美国科学促进协会.科学素养的导航图[M].中国科学技术协会,译.北京:科学普及出版社,2008:54-55.

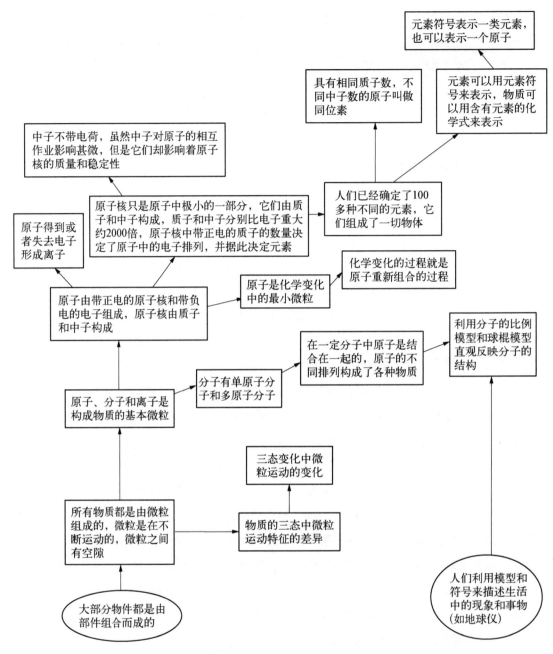

图 6-19 初中化学教材中"物质结构"主题的内容发展图

认知研究基础之上。值得注意的是,椭圆边框所示的微观内容是"物质结构"主题学习所需要的先前概念,这些内容来自之前的学习或经验的积累,它们不一定要求出现在教材中,但是这些内容的出现对学生学习相关内容具有促进作用。①

---

① 占小红.教材"连贯性"评价工具设计及应用[J].全球教育展望,2010,(9):51-56.

本研究以图 6-19"初中化学教材中'物质结构'主题的内容发展图"作为参考,按照"宏观—微观—符号"的层次结构分别绘制我国人教版化学教材,英国、日本和我国香港科学教材中有关"物质结构"主题的内容发展图,一方面旨在探查各版本教材在内容微观结构的设计方式上如何体现宏微符三者联系的思维特点以及微观内容之间的逻辑关系,通过分析比较的方式寻求具有学科特征的思维方式和一般性的逻辑思维方法,并对其作为内容组织的线索或学习目标而在教材内容设计中加以考虑的可能方式进行探索;另一方面关注教材在阐述具体知识的过程中如何选取社会环境、日常生活和自然界中丰富的素材,通过对其进行适当的加工设计使其以合理的方式呈现,从而促进学生建立对知识意义和关系的理解以及对其应用价值的认识。对各版本教材有关"物质结构"主题的内容发展图的分析主要涉及两方面:

第一,教材中"宏观—微观—符号"的层次结构和微观内容的展开顺序。

● 是否对主题进行合理分解,构建"宏观—微观—符号"的层次结构;

● 微观内容的展开顺序是否反映一系列微观内容之间的逻辑联系,即提供的微观内容以及内容之间的联系是否在一定的逻辑体系上对学生的现有特征予以了考虑;

第二,教材中微观内容的组织呈现。

● 是否根据不同微观内容之间的逻辑关系,选择合适的建立微观内容联系的思维过程;

● 是否运用有效手段清晰地呈现思维过程,如以插图、表格等方式辅助文字描述以强化微观内容和联系的可理解性,帮助学生获得知识之间实质性的联系,实现有意义的学习;

● 是否阐述概念在现实生活中的客观事物、事件以及过程中的应用,增强教材的可读性,而且有助于学生从实用角度学习概念间的联系。

1. 不同版本教材"物质结构"主题中"宏观—微观—符号"的层次结构分析

图 6-20 分别呈现了英国、日本科学教材,以及我国香港科学教材和人教版初中化学教材中"物质结构"主题的内容展开顺序,各版本教材均从各种角度建立宏观、微观、符号知识的联系,反映具体与抽象、感性与理性内容的内在依存关系,实现三个层次的融合。

其中英国和日本的教材实现宏观和微观内容衔接与转换的方式主要是从"固液气三态特征及转化"转入"物质微粒学说",通过探讨三态变化的微粒运动模型来建构对微粒观的基本内容的理解;我国香港教材则是合理利用三态性质及变化与各种丰富的实例,逐一建立微观粒子特性和三态微粒模型;我国人教版教材是在呈现大量生动具体的生活场景或实验活动的基础上进行归纳分析,概括提炼物质微粒观的内涵。当然在各版本教材中,宏观和微观内容的联系并不完全是单向发展的,如日本教材中经由固液气体的特征研究揭示物质微观粒子的特性,再将"微观粒子之间有空隙"这一结论用于解释相同质量的固液气体体积不同这一现象,宏观与微观内容之间相互推演、论证,激活了学生对两个领域内容的理解。

符号是表达宏观现象和微观世界的抽象形式,传递着宏观、微观、化学计量等多重信息。因此,教材中宏观、微观与符号内容的联系,必须以建立符号的意义为内在依据。综观各版本教材

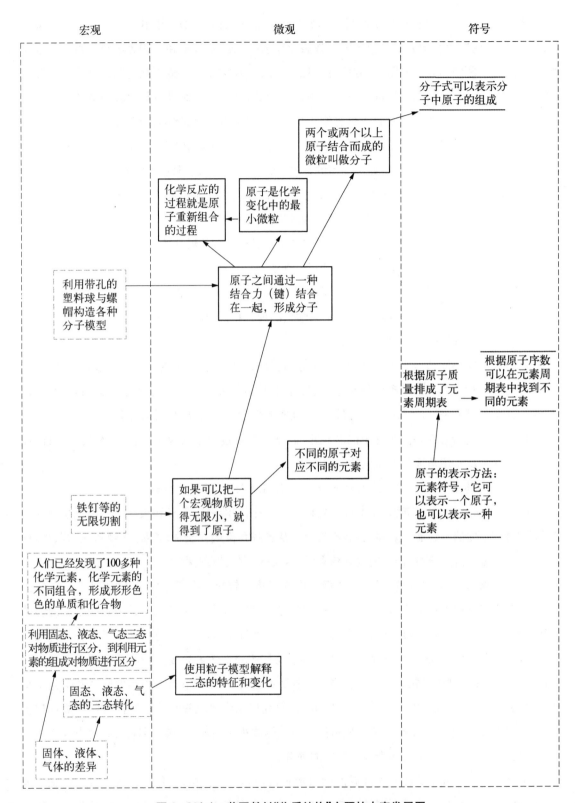

图 6-20(a) 英国教材"物质结构"主题的内容发展图

| 宏观 | 微观 | 符号 |

```
                                                      ┌──────────────┐
                                                      │元素可以用元素符│
                                                      │号来表示，物质可│
                                                      │以用含有元素的化│
                                                      │学式来表示    │
                                                      └──────────────┘
                                                              ↑
                                   ┌──────────────┐    ┌──────────────┐
                                   │原子得到或者失 │    │元素符号表示一 │
                                   │去电子形成离子 │    │种元素，也可以 │
                                   └──────────────┘    │表示一个原子  │
                                           ↑           └──────────────┘
                                   ┌──────────────┐           ↑
                                   │原子的质量以₁₂C│
                                   │质量的1/12为基 │
                                   │准           │
                                   └──────────────┘
                                           ↑
                                   ┌──────────────────┐
                                   │人们已经发现100多种元│
                                   │素，用元素符号表示  │
                                   └──────────────────┘
                                           ↑
                        ┌────────────────────────────────┐
                        │原子由原子核和核外电子组成，原子  │
                        │核处于原子中心，由带正电的质子和  │
                        │不带电的中子构成，核外带负电的电  │
                        │子在分层的空间不断运动          │
                        └────────────────────────────────┘
                                           ↑
                        ┌────────────────────────────────┐
                        │原子在化学变化中不可再分，原子    │
                        │种类确定则质量确定，在化学      │
                        │变化中原子不会消失、不会创造、   │
                        │不会转化为其他原子             │
                        └────────────────────────────────┘
                                           ↑
                              ┌──────────┐      ┌──────────────┐
                              │原子、分子 │─────→│在分子中原子是 │
                              │是构成物质 │      │结合在一起的， │
                              │的基本微粒 │      │原子的不同排列 │
                              └──────────┘      │构成了各种物质 │
                                      ↑         └──────────────┘
┌──────────────┐                      │
│固态、液态、气态│                      │
│三态变化时体积发│─────────────────────┤
│生变化，质量不变│                      │
└──────────────┘                      │
                                      │
┌──────────────┐      ┌──────────────┐
│大多数物质都根据│      │物质的三态中微 │
│温度以固态、气态│─────→│粒的间隔不同  │
│液态的形式存在 │      └──────────────┘
└──────────────┘              ↑
┌──────────────┐      ┌──────────────────┐
│放大物质时    │      │所有物质都是由微粒构│
│（报纸、银）  │─────→│成的，微粒体积很小  │
│看到黑色小    │      └──────────────────┘
│颗粒         │
└──────────────┘
```

图 6-20(b)　日本教材"物质结构"主题的内容发展图

第6章　基于新知识分类的初中化学教材内容体系构建实践

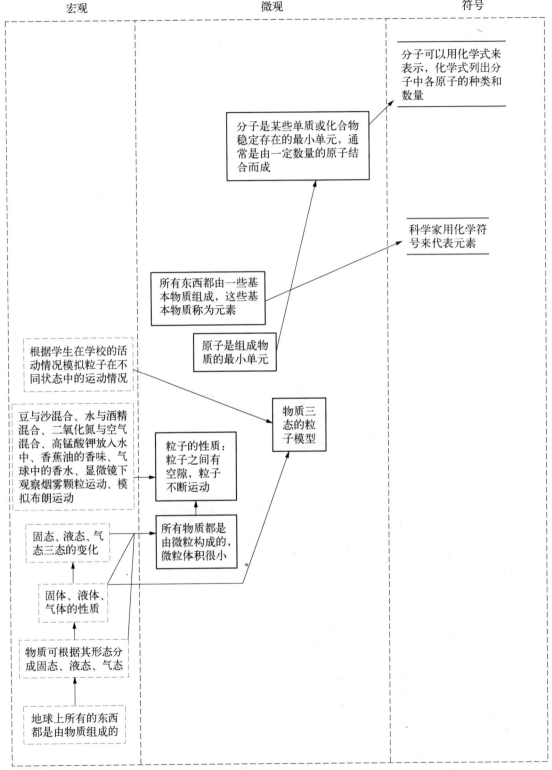

图 6-20(c) 我国香港教材"物质结构"主题的内容发展图

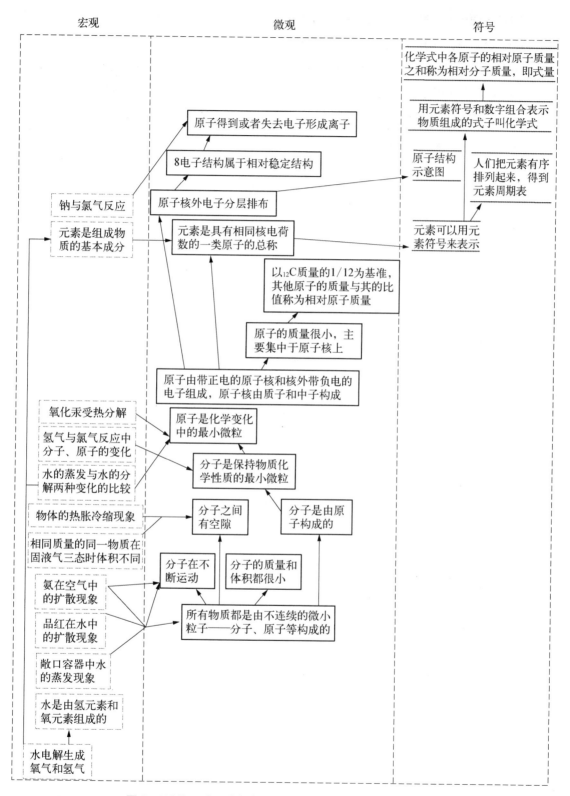

图 6-20(d)　我国人教版教材"物质结构"主题的内容发展图

"物质结构"主题中元素符号、化学式、原子结构示意图、元素周期表等内容与其他微观内容的发展关系,有关化学符号的微观内容一般均在阐释"符号表示的对象的意义"之后才提出。例如,分子式是在微观内容"分子是由一定数量原子构成的"的基础上提出的,用以描述分子中原子的组成,包括原子的种类和数量等信息;元素符号则是以对"所有物质都是由元素组成的"或"元素是一类原子的总称"等微观内容的阐释为前提,说明可以利用元素符号来表示一种元素或一个原子;人教版中原子结构示意图也是"原子核外电子分层排布"微观内容的下位派生。值得注意的是,英国教材的元素概念是在物质世界宏观层面的探索阶段提出的,从"化学元素的不同组合形成了形形色色的单质和化合物"中引出元素的定义与物质世界的本质,宏观层面有关元素的内容并未直接与符号层面的元素符号等内容建立联系,而是通过描述原子和元素的关系,再进一步提出原子的表示方法——元素符号。

综合以上分析,各版本教材在呈现宏观、微观、符号三个领域内容的层次结构及其联系方面都有相对清晰和合理的设计。整体而言,教材一般先是以宏观水平的感性素材为情境激发学习的动机,进而转入微观水平的内容学习并初步建构微观模型,之后再通过化学符号来描述既有的宏观现象和微观结构。此外,各版本均致力于在教材自身预设的主题内容框架中寻找不同领域内容衔接和转入的"突破点",以恰到好处地凸显三者紧密结合的关系。

2. 不同版本教材"物质结构"主题微观内容的展开顺序分析

"宏观—微观—符号"的层级划分是"物质结构"主题内容内在逻辑结构的初步设计,我们需要在层级之间和层级内部对内容体系的逻辑构成进行考察,以期能全面把握主题内容的整体结构。在各版本教材的主题内容发展图中,箭头连接了前后两个内容,用以暗指两者之间的逻辑联系;而在箭头的导引下发展图自下而上地构建也反映了微观内容的出现先后顺序。在此,我们分别深入各版本教材内容发展图的各构成部分,勾勒各教材内容体系的逻辑主线和结构,并加以比较和评价。

英国教材以"如何认识周遭环境中各式各样的物质"为问题源起,在同一章中设计了两条相互平行的内容发展脉络:其一是由"固液气体的特征及区别和三态转化"分别引出"三态的粒子模型"和"从三态区分物质到以元素组成来区分物质";其二是以"铁钉无限切割可以得到原子"为线索引出原子,由此开辟了以原子概念为起点从微观结构区分物质的探索之路。

日本教材有关"物质结构"主题的内容也不是统一出现在同一章节中的,物质三态及变化和物质微观结构的内容分别出现在不同的章节中,并且自成体系。其中"物质微观结构"的内容沿着一贯而下的逻辑主线展开,依次介绍原子、分子、离子等构成物质的基本微粒,以及元素和元素符号。另外,相对原子质量则单独出现在"化学方程式的书写"这一单元中。

我国香港教材有关"物质结构"主题的内容置于三个不同的篇章中,其中第六章是以粒子学说为核心的,其展开过程是以"什么是物质"为起点,继而讨论物质的形态、三态物质的性质和三态的转化,由此引出粒子学说的详细内容。有关元素、元素符号等内容出现在第十三章"金属"

中,作为学习"如何提取金属"的基础知识,由金属单质和非金属单质的组成引出原子、元素和元素符号;分子和分子式等内容则在第十四章"物料新纪元"中出现,作为了解原油的主要成分——碳水化合物的前提,需要知道何为分子以及分子的表示方法。

我国人教版教材"物质结构"主题的微观内容较多,在逻辑联系上也略显复杂。有关内容在教材中也是分散编排的,分别出现在第三单元"自然界的水"和第四单元"物质结构的奥秘"中,两个组块的内容相对独立。第三单元的课题2"分子和原子"集中介绍了物质的粒子学说,首先以水的电解为背景提出了水的元素组成,继而通过大量的实验现象推演物质的粒子特性,接着再次利用水的电解以及氧化汞的受热分解、氢气与氯气的反应等化学变化揭示原子、分子的本质特征。在"物质结构的奥秘"这一内容组块中则先由原子结构的讨论分别推及相对原子质量、原子的核外电子排布,再以原子核外电子的分层排布引出离子的形成、元素的定义,进而向符号层面发展,引出元素符号、元素周期表、分子式、式量等内容。

在以上各版本的教材中,首先,无论是以独立篇章呈现抑或分散编排,都在一定程度上反映了"物质结构"主题各微观内容之间特定的逻辑联系,"物质微粒观—原子、分子""原子—分子""原子—离子""原子—相对原子质量—式量""物质组成—元素""原子—元素""元素—元素符号—元素周期表""分子—化学式",上述各组内容之间的衔接与过渡、前后的联系都在教材中得到了相应的设计。其次,"物质三态及变化"和"物质微观结构"构成了教材中相对独立的内容组块,在组块层面上保持了主题内容整体结构的形态,以我国人教版和日本教材最为突出,但组块间的逻辑联系普遍不明显,尤其是分散在不连续的篇章中的组块缺乏彼此呼应,以我国香港教材为代表。最后,英国教材以独立篇章的方式集中编排主题内容,从认识活动的规律性出发设计起点问题,发挥起点问题贯穿始终的作用,呈现清晰的内容逻辑主线,将微观内容有序地设置在主题的展开过程中,实现了学科逻辑结构与心理结构的统一。我国香港教材则将主题内容分别镶嵌在其他主题内容的结构中,作为其他内容学习的支撑或辅助材料,此时内容之间的逻辑关系已由原有主题中内容的前后衔接和发展转变为与其他主题内容的关联。这种联系通常是以"需要才知"来驱动建立的。两种不同的编排方式决定了逻辑体系审视角度的转换。

综合而言,教材在构建"物质结构"主题内容的逻辑体系时,首先,必须明确主题编排的方式,集中编排有利于学科逻辑结构的体现,也有助于学生对内容学习的融会贯通;分散编排将使主题内部的微观内容与其他主题内容发生关联,建立主题间的横向联系,促进不同主题内容的统一学习,有利于体现知识的应用范围和价值。前者主要以学科主题的逻辑结构为前提,后者则更多地从教学需要出发考虑不同学科主题内容之间的联系。其次,在分散编排的教材结构中,必须要考虑主题内容的合理分解,尽可能利用组块内容相对独立的特征以穿插编排的方式进行,因为组块内部的微观内容之间联系十分紧密,随意割裂这种联系将会在一定程度上影响微观内容意义的表达和传递,因此各版本教材多以"物质三态特征及变化"和"物质微观结构"为内容组块分散编排。另外,要创造穿插编排合适的切入点,让不同主题的内容之间建立自然的联系。例如,我国香港教材在"如何提取金属"的单元中由金属单质和非金属单质的组成引出原子、元素和元素符号等内容,作为学习从金属的化合态中提取金属单质的基础知识,分子和分子式等内容则出现在介绍原油的主要成分——碳水化合物的相关章节中。再次,不论何种编排方式,都必须以建构整体性的主题内容结构为目标,即使在分散编排的教材结构中,我们更多地只能看到在特定章节范围内微观内容之间由此及彼的联系或由几组微观内容的联系构成的内容组块。但是我们应立足于整个学段或不同学段教材中学科主题的发展,形成教材的主题内容发展图,从而了解内容从何起源,向哪些方向发展,以纵览的视角来审视散落于不同篇章中的主题内容,这既是教材分析的方式,也是一种教材内容逻辑体系构建的方式。

(三)"物质结构"主题的微观内容组织呈现

任何知识都需要经历一个具体的思维过程才能够获得,且该获得过程受特定的思维背景、思维方式和思维路径的限定。① 因此教材中阐述化学知识的具体过程就是对知识形成的思维过程的设计,就是从预设新旧知识的逻辑联系到实现它们之间的实质性联系的过程。我们分析教材中微观内容的组织呈现主要就是围绕教材中针对微观内容设计的思维过程的形式、思维过程的具体情境和活动及其效果来展开的。

在构建各版本教材"物质结构"主题的内容发展图时,我们发现在"物质三态特征及变化"—"物质粒子学说"这一组块内容中各版本教材均有独特的设计,因此在讨论主题微观内容的组织呈现时,我们将围绕该组块内容来展开分析和比较,以了解各教材在实现微观内容的可理解性、可建构性方面所做的各种尝试。

1. 微观内容组织呈现中的思维方法设计

微观内容的表达和呈现是针对知识的自身特征,基于一定的思维方式来设计其展开路径的。各版本教材在"物质三态特征及变化"—"物质粒子学说"这一组块内容的设计中十分关注化学思维方法的作用,并合理地选用了一系列的具体思维方法来组织架构内容。

(1)英国教材:分类、比较、模型、演绎

由于有关物质三态转化的内容在较早学段的教材中已有涉及,英国初中科学教材首先利用火山喷发的实景图片引出物质分类的重要方法——固体、液体和气体,强调分类思想在化学研究中的意义,继而以回顾旧知的方式将物质三态转化的相关内容融合在三道选择题之中。接着通过漫画的形式描绘了"氢气球与装有二氧化碳的气球浮动情况不同""煮沸的水及其蒸气、冰柜中的冰块所含微粒是否不同"和"铁条加热发生膨胀现象"等问题情境用于导入新知学习,然后通过蹒跚学步的婴孩喜欢将饮水杯中的饮品泼洒出来形成漂亮的水洼这一生活实例引出有关固液气三态物质的可塑性、可压缩性和流动性的比较问题,并设计了"为什么在泳池水中跑步比在

---

① 钟学斌,林祺胜.知识的思维结构特性及其在创新思维培养中的教学论意义[J].咸宁师专学报,2001,(2):74.

空气中显得更加艰难"等讨论问题和以铁球、铁圈、针筒等为素材的探究活动来对物质三态的性质展开对比研究学习。至此,教材提出有些物质难以用三态对其进行分类,从而引出科学家尝试用建构模型的方法来描述物质的性质和行为的史实,并具体介绍了科学模型的方法。接着引用从德谟克利特提出的粒子模型到布朗观察到水中花粉的运动对粒子模型的变迁史进行了介绍,最终提出固液气三态的粒子模型并利用它对导入环节提出的问题作出解释和回应,同时还大量引入"美食香味四溢""水中染料颜色扩散"等图片和生活现象作为粒子模型的应用情境。

(2) 日本教材:推因

日本教材中"物质三态特征及变化"与"物质粒子学说"分别出现在不同的章节中,为此教材作了一个特别处理——将"物质粒子学说"的基本内涵之一——"物质是由微粒构成的"先于"物质三态特征及变化"出现。教材从"放大报纸、银器具等物品,可以看到黑色颗粒"推及物质是由微粒构成的,并以此为基础,主要采用推因的方式串联所有内容:从设置栏目活动讨论物质存在的形态和影响物质形态的温度因素,到提供三态的粒子模型图,引导学生通过图片观察提出三态的本质差异源于微粒的间隔,再到利用物质三态中微粒的间隔,结合有关三态变化的实验现象解释三态变化时物质体积变化、质量不变的原因。

(3) 我国香港教材:归类概括、演绎、类比、对比

我国香港教材中物质三态性质及变化是作为新学内容出现的,教材在这部分内容呈现了一个相对完整和精彩的设计。首先以"氦气球事件"作为导入情境,带着"氦气球为什么会缩小,金属箔气球仍然胀满"等问题进入单元的主体部分,接着教材着力于设计"物质""物质三态""物质三态的性质"和"物质三态的转化"四个微观内容的展开过程。虽然教材未使用明确的语言描述在上述四个微观内容之间进行衔接和过渡,但是微观内容的编排顺序已经体现了一种明显的层递发展关系,并且教材还采用标题方式加以强调,使得内容的逻辑结构更加清晰。在四个微观内容对应的教材片段中,较多地采用归纳提炼的方式来形成微观内容的意义,诸如"何谓物质"——图片辨析,揭示物质的共同特征;"物质三态"——实物观察,归类概括;"物质三态性质"——设计一系列对比实验,概括三态在体积和形状等性质上的差异;"三态转变"——利用蜡烛烧融、冰块熔化、呼出的水蒸气在镜面上的凝结等实验现象,总结三态变化的特点,继而以日常生活中的三态变化创设知识应用的问题情境。在物质三态特征及变化这一内容充分展开的基础上,教材提出问题"为什么物质会有不同的形态?为什么固态、液态、气态的性质不同?"而后顺势转入"粒子学说"的内容。在"粒子学说"这部分内容的设计中,教材利用"海星五角执五面旗帜"的卡通形象,开宗明义地亮出了粒子学说的五个基本内涵,进而再以演绎、类比、对比等思维方式逐一对五个基本内涵加以例证说明。诸如为了让学生理解"物质是由微粒构成的,微粒很小",教材通过展示食盐颗粒、细菌、病毒和红血球等物质的实物图片来说明上述对象还是由比它们更小的微粒构成的,以帮助学生在对比中引发联想;另外教材还以足球之于地球,微粒之于1cm 直径的小球的类比方式形成强烈的视觉冲击,为学生想象微粒体积创造了足够的思维空间。有关"微粒之间有

空隙""微粒是不断运动的"的教材内容设计,则分别选择固(豆和沙)、液(水与水、酒精与酒精、水与酒精)、气体(二氧化氮与空气)的混合实验以及实验室(高锰酸钾溶于水)和生活(香蕉油的香味、气球中的香水)中的扩散现象进行充分例证,并通过显微镜观察烟雾盒中微粒的运动方式、以微粒运动模拟器模拟布朗运动等实验活动,从宏观现象的观察分析到微粒运动的直接观察模拟,丰富的感性素材和真实体验,为学生正确认识和解释物质粒子性的思维过程奠定了基础。至此,就如何将物质三态的特征与微粒运动的情况联系起来,"物质三态的特征"和"粒子学说"为"物质三态粒子模型"的建立作好了知识准备。教材在"物质三态粒子模型"的内容设计中,考虑到内容的抽象性,合理地利用了对比和类比的方式组织内容:教材首先通过学生活动引导学生回顾之前学习的物质三态的特性,组织学生讨论概括三态中粒子的运动情况,进而将学生设想的结果与科学家提出的三态粒子模型(图片)进行对比,使学生能对最初获得的模糊或错误的认识加以修正和调整;接着又将科学的粒子模型与学校的生活场景进行生动有趣的类比,分别以学生上课的状态比拟固态、课间休息的状态比拟液态、体育课的状态比拟气态这三态中粒子的不同运动情况。上述过程从学生的理解,到科学的描述,再到生活情境的类比,充分调动了学生的抽象思维和空间想象能力,实现了"物质三态粒子模型"在学生认知结构中的自然生长。

(4) 我国人教版教材:归纳提炼、对比

我国人教版教材"物质粒子学说"的内容不是以"物质三态特征及变化"为基础的,而是在大量的生活经验和实验现象中逐一归纳提炼的,其具体的展开过程为:利用敞口容器中水的蒸发、品红在水中的扩散现象引出物质是由微粒构成的;结合扫描隧道显微镜观察得到的苯分子图像和移动硅原子形成"中国"字样的图片以及一滴水中水分子的个数等实例,证明微粒的质量和体积都很小;通过浓氨水扩散的对比实验、不同温度下水分子的运动状态的图片,说明微粒总是在不断运动;选用物体热胀冷缩现象、相同质量的同一物质不同形态时所占体积不同的事实,表明微粒之间有空隙。"物质粒子学说"的基本内涵均按照从具体案例分析到抽象理论形成的过程来设计,使学生不断经历"现象—本质""宏观—微观"的动态转换,更好地把握现象本身和微观世界的实质性联系。

综合以上的描述和分析,"物质三态特征及变化"—"物质粒子学说"组块内容的学习旨在培养学生在具体知识的抽象过程中对宏观现象建立最具本质的认识,形成独立于具体知识的物质微粒观。因此,各版本教材都致力于为学生创造"现象—本质""宏观—微观"动态转换的思维空间,使学生在学习中能始终把握现象本身和微观结构的实质性联系。各版本教材均充分考虑学生的思维能力水平,关注到该组块内容涉及抽象的理论知识和生动具体的宏观现象之间的联系这一特征,选择了符合内容基本特征和学生自身的思维特点与水平的思维方式来组织"现象—本质""宏观—微观"的认识转换过程。诸如我国香港教材中演绎、类比、对比等思维方式与"物质粒子学说"五个基本内涵相互契合的精彩演绎,日本教材采用推因的方式完成"宏观现象"与"微观本质"的多次串联等,以上设计从学习的角度看均为学生创设了运用科学的思维方式和方法思考问题的学习支架,也为我们从引导学生自主学习、掌握、建构和内化知识与技能的功能定位上去思考教材微观内容的设计提供了鲜活的实践案例。

2. 微观内容组织呈现中的社会性知识设计

教材预设的思维方式要真正被激活离不开与其相对应的思维情境设计,这就涉及社会性知识的选择和组织。在"物质三态特征及变化"—"物质粒子学说"组块内容中,抽象的微观世界需要用生活化和经验化的方式呈现出来,让学生从接触最多的生活情境和实验现象中观察与理解他们看不到的微观世界。经过分析可以发现,各版本教材在该组块的内容设计中均引入了大量社会生活中的感性素材,内容来源广泛,功能定位各异,呈现的方式也存在很多变化。在此我们将从内容选择、功能定位及呈现形式三个不同视角,利用比较法、分类法及统计法等科学方法,对该组块的社会性知识进行深入分析。

(1) 内容选择

根据本研究中对社会性知识类型和功能的定义,结合"物质三态特征及变化"—"物质粒子学说"组块内容的特征性,我们将各版本教材中涉及的社会性知识分为三个领域,分别为"日常生活中的化学""化学专业生活""化学与环境",如表6-15所示。

表6-15 "物质三态特征及变化"—"物质粒子学说"组块的社会性知识和设置目的[1]

内容领域	主 要 内 容	设 置 目 的
日常生活中的化学	化学知识在日常生活中的应用	促使学生从化学的视角理解生活现象,解决日常问题
化学专业生活	杰出科学家的突出贡献;化学科学的前沿领域;科学技术的发展方向	促使学生了解化学的过去、现在和未来,感悟科学的社会性
化学与环境	化学知识在环境问题解决中的应用	促使学生形成关心环境保护、应用知识解决环境问题的意识

结合表6-15中对"物质三态特征及变化"—"物质粒子学说"组块的社会性知识的领域划分和内容说明,我们对各版本教材中涉及的社会性知识进行提炼和分类,结果汇总于表6-16中。很显然,各版本教材中有关"日常生活中的化学"领域的社会性知识选择比例最高,"化学与环境"领域则没有出现相应的选择。所选择的属于"日常生活中的化学"领域中的社会性知识普遍是与学生生活联系最紧密的经验或体验,并且反映了不同国家或地区地域性文化和生活习俗上的差异。此外,通过比较发现,英国和我国香港教材在社会性知识引入的数量上最为突出,教材生活化设计的特征非常明显。

---

[1] 占小红,张新宇.新课程视域下的社会性内容选择与设计——新加坡《Chemistry Insights》教材中"化学快报"栏目研究[J].外国中小学教育,2010,(2): 26-30.

表6-16 各版本教材社会性知识的领域分布

领域＼版本	英国教材	日本教材	我国香港教材	我国人教版教材
日常生活中的化学	火山喷发的实景图片,氢气球与装有二氧化碳的气球浮动情况不同,煮沸的水及其蒸气、冰柜中的冰块是否所含微粒不同,铁条加热发生膨胀现象,蹒跚学步的婴孩喜欢将饮水杯中的饮品泼洒出来形成漂亮的水洼,为什么在泳池水中跑步比在空气中显得更加艰难,美食香味四溢、水中染料颜色扩散	放大报纸、银器具等物品,可以看到黑色颗粒	蜡烛烧融、冰块熔化、呼出的水蒸气在镜面上的凝结等现象,豆和沙的混合实验、生活中的扩散现象(香蕉油的香味、气球中的香水)、显微镜观察烟雾盒中微粒运动方式和微粒运动模拟器模拟布朗运动等实验活动、科学的粒子模型与学校生活场景的生动类比、氢气球事件	敞口容器中水的蒸发、品红在水中的扩散现象
化学专业生活	德谟克利特提出的粒子模型,布朗观察到水中花粉的运动			扫描隧道显微镜观察得到的苯分子图像、移动硅原子形成"中国"字样
化学与环境	无			

(2) 内容功能定位

社会性知识被引入教材内容体系中的功能定位如何直接关系到该知识的呈现形式？通过对各版本教材社会性知识功能定位的初步分析,我们提出从"激趣导思""揭示知识背景""建立知识联系""阐释知识意义"和"体现应用价值"五个方面(见表6-17)对各版本教材社会性知识的功能定位加以考察。

表6-17 社会性知识的功能说明

功　　能	说　　明
激趣导思	激发学习动机,转入新知学习
揭示知识背景	描述知识的渊源,使学生了解知识的来龙去脉
建立知识联系	呈现新旧知识的关联或实现新知识之间的衔接
阐释知识意义	用于解释知识的内涵和关键性信息
体现应用价值	呈现知识的应用情境,说明应用的范围和注意事项

表 6-18 的统计结果表明,社会性知识的功能定位主要集中于"激趣导思"和"阐释知识意义"方面,而较少涉及"揭示知识背景""建立知识联系"和"体现应用价值"方面,可见该组块的社会性知识主要定位于在知识形成的起点和目标阶段发挥相应的作用,前者旨在帮助学生明确学习目标,后者则侧重于使学生从不同角度形成对知识本质的理解。

表 6-18　各版本教材社会性知识的功能分布

功能 版本	激趣导思	揭示 知识背景	建立 知识联系	阐释知识意义	体现 应用价值
英国教材	氦气球与装有二氧化碳的气球浮动情况不同,煮沸的水及其蒸气、冰柜中的冰块是否所含微粒不同,铁条加热发生膨胀现象	德谟克利特提出的粒子模型,布朗观察到水中花粉的运动	火山喷发的实景图片	为什么在泳池水中跑步比在空气中显得更加艰难	美食香味四溢、水中染料颜色扩散
日本教材				放大报纸、银器具等物品,可以看到黑色颗粒	
我国 香港教材	氦气球事件			生活中的扩散现象(香蕉油的香味、气球中的香水)、显微镜观察烟雾盒中微粒运动方式和微粒运动模拟器模拟布朗运动等实验活动、科学的粒子模型与学校生活场景的生动类比	
我国 人教版 教材				敞口容器中水的蒸发、品红在水中的扩散现象、扫描隧道显微镜观察得到的苯分子图像、移动硅原子形成"中国"字样	

(3) 内容呈现方式

基于对社会性知识不同的功能定位,各版本教材在此类知识的呈现方式上也表现出明显的特征性。整体而言,教材常以呈现图片、漫画或问题的方式来发挥"激趣导思"功能,如我国香港教材中的"氦气球事件"正是以漫画结合简单问题的方式引出单元的学习目标;对于"阐释知识意义"这一需要结合知识要点展开细致的说明或例证的功能,教材通常以文字描述或实验活动的方式来呈现相关内容,如我国人教版教材通过设计"敞口容器中水的蒸发、品红在水中的扩散"的观察实验逐一揭示物质的微粒性;"揭示知识背景"和"体现应用价值"功能则较多采用拓展性栏目或图片展示等方式,如英国教材中的"美食香味四溢、水中染料颜色扩散",正是通过提供新鲜出炉的奶香面包图片和锥形瓶中天然染料在水中颜色不断扩散的图片来说明微粒是不断运动的；而"建立知识联系"功能则主要建立在回忆型和比较型的问题设计基础上，如英国教材利用"火山喷发"的实景图片，引出识别图片中固液气三态物质的学习任务，对之前学习的物质三态的分类方式加以回顾。

综合以上分析，各版本教材在"物质三态特征及变化"—"物质粒子学说"内容组块的社会性知识的选择和设计上，不仅广泛地获取与学习内容相关的社会性知识作为思维情境的来源，而且在"关注学生经验"和"强调知识与情境的对应性"方面也基于社会性知识过滤筛选的要求作了相应的考虑。所选的生活情景或问题均为学生接触最多、最为熟悉的内容，能有效地吸引学生的注意和降低理解的难度。在情知对应性方面，由于"物质三态特征及变化"涉及三态性质的研究学习和大量物态变化现象的分析，而"物质粒子学说"主要涉及三态粒子模型的理论学习和应用，因此该组块内容的设计需要充分考虑如何为学生建立宏观现象与微观世界之间的联系提供支持，让学生通过丰富的感性素材和真实的活动体验，从微观层面对宏观现象作出解释，进而提炼理论模型并在实践中加以应用研究。与此同时，抽象的理论模型学习还需要借助学生熟悉的、易于激发联想和对比的生活实物或场景进行类比说明，使抽象的理论直观化、形象化。为此，各版本教材主要从激趣导思和阐释知识意义角度对这些素材提出设计要求，尽量选择一定的物化形式，主要以图片、文字描述、栏目活动等形式予以呈现。

可以说，依循本研究提出的教材内容体系构建模型中的思维情境设计的一般性思路和要求，对各版本教材中的社会性知识进行比较分析的操作，使得我们通过评鉴的方式从已有教材文本的设计中看到了思维情境设计的具体形式和结果，并且很好地说明了理论模型中思维情境设计的思路和要求的合理性。但在这一过程中同时也产生了新的疑问：首先，各版本教材在同一组块内容的设计中，社会性知识的引入数量存在明显差异，英国和我国香港教材中社会性知识所占的比例和篇幅反映了其突出的地位，日本和我国人教版教材则相对弱化，那么我们如何看待社会性知识选择的"量"的问题，能否把"多""少"这些反映内容数量的属性作为衡量内容编制质量的效标纳入到社会性知识设计的考量范围中？其次，从各版本教材社会性知识的领域来源看，在"物质三态特征及变化"—"物质粒子学说"内容组块中，"日常生活中的化学"领域可谓一枝独秀，而其他领域的社会性知识寥寥。如何看待上述社会性知识选择的领域分布现象？是否在其他学科主题的内容设计中也具有类似的情况？"日常生活中的化学"领域的社会性知识是否具有优选的天然条件？社会性知识选择是否具有领域分布的一般性特征？再次，上述有关社会性知识功能的讨论主要源于各版本教材中的已有设计，"激趣导思""揭示知识背景""建立知识联系""阐释知识意义"和"体现应用价值"是否能涵盖社会性知识应有的教育功能？这些功能定位依次对应了社会性知识不断提升的认知要求，那么化学教材中社会性知识的功能定位是否应有所侧重？解决以上的疑问，我们需要开辟独特的研究路径，继续深入社会性知识的内部展开全面的探索。教材内容体系的构建是一项复杂的系统工程，从理论到实践的转变存在巨大的鸿沟，需要编制者具备敏锐深邃的眼光、高屋建瓴的视野,更要有敢于创新和尝试的勇气,去逾越横亘其中的各种障碍。常言说,理论是唯一的,而实践却是多元的。理论为实践提供了指路明灯,而实践则以更加灵动的方式主动地选择和创造。本章在已有教材内容体系构建的理论框架中开展了一次创造性的构建实践,既是对教材内容体系构建理论设计的实践性考察,又是对落实教材设计思想的一种尝试。在教材内容体系构建的实践中,鉴于教材评价所具有的形成和改进功能,我们将教材评价的过程与教材内容生成和改进的过程统一在一起,进行基于评价的教材内容体系建构活动。无论是教材内容选择的方式,还是内容组织的设计,都以评价为依托,在分析和评价中确定内容范围,获取内容组织的合理模式。在教材内容选择的维度中,我们借鉴了TIMSS课程研究工具"主题追踪图"中隐含的内容模型建构思想,充分考虑化学教材学科性知识体系相对稳定和确定的特征,立足于国际教材比较的视野,深入分析以发达国家或地区为主体的初中科学(化学)教材的学科性知识,形成了理想的学科主题内容模型,反映出特定学科主题在学科性知识广度和学习要求等方面的一般化追求,为我国初中化学教材内容体系的设计和评价提供了有价值的参考。在内容组织的维度中,我们着眼于呈现知识的先后顺序和错综复杂的关系,通过教材学科主题内容的层次划分、微观结构设计以及微观内容组织呈现的分析,依次实现了宏观的主题内容结构的勾勒、中观的内容逻辑体系的设计和微观的内容呈现和表达,完整地呈现了教材内容组织过程中的各种具体问题和解决问题的主要方式。学科主题的微观结构设计和微观内容组织呈现同样地采用了教材文本分析比较的方式,以《科学素养的导航图》中主题内容发展图的设计思想和设计意图为参考,在理想的学科主题内容模型的基础上,完成了"物质结构"主题的内容发展图,并参照该内容发展图对选取的教材中有关"物质结构"主题的内容设计进行分析和提炼,形成了一系列的教材"物质结构"主题内容发展图。围绕各教材的主题内容发展图展开系统的分析和比较,在比较中获取对内容层次划分、微观结构设计和微观内容组织呈现的操作性启示。

教材内容体系构建的实践让我们走出泛泛讨论教材内容设计的局限,从只期冀得出方法论转向同时关注具体设计中的经验性和可操作性问题。在实践的过程中,我们更加深刻地认识到教材内容体系的构建是各类型知识的协同性设计,而非不同类型知识的堆砌。与此同时,也再次表明我们所坚持的信念,我们需要在方法论上获得支持,但是我们不能限于方法论的规约,评价式的教材内容体系构建是对方法论的践行,它反映了理论设计的基本框架,但更多的是超越性的尝试,期望通过这样的实践获得更多对理论的回哺和对实践本身的反思机会。

第 7 章 基于复杂网络理论的高中化学教材学科知识结构研究

一、研究背景

掌握教材中知识内部的顺序和逻辑关系,厘清知识之间的层次结构,是师生开展有效教学活动的前提条件。[1] 因此,教材知识结构的重要性不言而喻。传统教材的体系比较完整,内容较为丰富,框架结构比较具有逻辑性,语言表达也具有严谨性。[2] 但知识量在随着人类社会的不断发展而急剧增长,受到学生的学习时间的限制,教材需要不断推陈出新以满足不同时代的人才培养需求。在新课程改革背景下,普通高中化学课程以全面发展学生的化学学科核心素养为主旨,化学教材的知识结构也在发生调整和变化。解读和把握新版高中化学教材知识结构的特征及问题,可为知识结构优化及教学提供重要参考和启示。

出于对教材知识结构重要性的认识,已经有一些学者基于多种研究方法和视角对其进行了研究。如采用文本分析[3]、访谈或者问卷[4]等方式进行质性分析或量化统计,以期从宏观上把握整体的教材知识结构。又如采用人工绘制图谱的方式可视化地呈现有条理的、逻辑清晰的教材知识结构图[5],再从宏观和微观上分析教材知识结构的特征。也有学者采用解释结构方程模型(Interpretive Structural Model,简称ISM)的方法进行教材研究。此方法能够结合矩阵和计算机程序可视化地呈现教材知识结构的层级有向图,从而促进教师对教材知识结构的理解,并以层级有向图为依据进行教学设计。[6] 经比较发现,图谱分析在对教材知识结构的刻画上比起文本分析描述或编码量化统计的方式更为直观。但由于教材知识容量大且知识间的关系复杂,采用图谱分析的研究者一般只能够对教材的章或节等局部知识结构加以描绘和呈现,但透过章或节的教

---

[1] 张群喜,张松.基于ISM法的中英高中生物学教材结构的分析与比较——以"变异与育种"内容为例[J].生物学教学,2020,45(01):9-13.
[2] 任丹凤.论教材的知识结构[J].课程·教材·教法,2003,(02):5-8.
[3] 诸莲红.小学科学教材知识结构和呈现方式的比较研究[D].上海:上海师范大学,2016.
[4] 曹芳婷.高中地理教科书知识结构研究[D].天津:天津师范大学,2012.
[5] 占小红,王祖浩.师范生课堂知识结构的特征研究——基于课堂知识结构与教材知识结构的比较[J].全球教育展望,2014,43(08):83-91.
[6] 毛琦.基于ISM法的物理教科书分析及分析结果实用性的探讨[D].上海:华东师范大学,2010.

材知识结构无法帮助我们了解教材整体层面的知识构成及关系,不能把握章与章、节与节之间的知识的联系,也就无法把握教材知识结构的全貌。

目前在各大领域中的复杂网络理论研究如火如荼,恰好给了我们一个分析与优化教材知识结构的科学客观的视角与工具。教材知识结构中的知识点之间具有复杂的逻辑关系和层次结构,可视为一个复杂对象。倘若把知识点当作节点,根据知识点间的关系进行连边,教材知识结构就可以被视为一张复杂网络,故在各领域中的复杂网络理论研究的相关方法和技术可以适当迁移到教材领域。已经有学者在复杂网络理论的视角下,对物理教材知识网络进行描述,分析了知识网络的基本统计参数;[1]也有学者利用复杂网络理论的统计参数寻找物理教材知识结构中的核心知识;[2]或是利用复杂网络理论对不同化学教材的知识点网络结构进行分析比较。[3] 这些研究虽然利用了复杂网络理论,但以可视化形式呈现的教材知识结构网络只体现了知识点及其之间的连边,并未深刻反映出教材知识的编排顺序等方面的重要情况。为此,本研究借用复杂网络理论的视角与技术,探索科学客观的教材知识结构的分析程序,以此来透视新版高中化学教材的学科知识结构。通过教材知识结构的可视化呈现并结合相关参数的计算,解读与分析新版高中化学教材知识结构的构成和特征,以便得到进一步优化教材知识结构的启示。

二、基于复杂网络理论的教材知识结构分析框架

结合本研究的目的,在文献分析的基础上,建构基于复杂网络理论的教材知识结构分析框架。

(一) 教材知识结构分析框架

经文献分析发现,研究者对教材知识结构的关注点大致如下:陈月茹关注知识的来源与选择,知识的情境性,教材中知识的编排、呈现方式;[4]王晶关注教材体系的构建、教材内容的选择、内容的呈现与处理;[5]何凤关注知识的类型和知识结构,其中知识结构包括了"知识的量""知识的质"和"知识的配合方式";[6]王幼俊关注知识内容的深广度、难度、与课程标准的契合度,以及知识结构的逻辑性和应用性;[7]曹芳婷关注教材各组成部分的排列顺序和组织形式;[8]林丹等人关注

---

[1] 崔雪梅,李凤月,SEUNG K H.物理知识网络的特性分析[J].复杂系统与复杂性科学,2013,10(02):30-36.
[2] 彭征,郭玉英.基于复杂网络理论的教材知识结构模型研究——以初中物理教材为例[J].教育理论与实践,2017,37(20):42-45.
[3] 孙逸明.化学教科书知识点网络结构特征研究[D].上海:华东师范大学,2018.
[4] 陈月茹.论建构主义教材观[J].教育发展研究,2007,(12):18-21.
[5] 王晶.高中化学教材的研究和编制——人教版高中化学必修模块教材分析[J].中学化学教学参考,2009,(Z1):3-6.
[6] 何凤.人教社课标版高中语文必修教材知识类型及结构分析[D].重庆:西南大学,2010.
[7] 王幼俊.中美初中科学教材知识体系比较研究[D].武汉:华中师范大学,2013.
[8] 曹芳婷.高中地理教科书知识结构研究[D].天津:天津师范大学,2012.

教材内容的展开顺序及表现形式。① 综上可知,教材知识结构分析可从微观、中观、宏观三个层面来展开:微观层面是指知识点的类型,中观层面是指知识点之间的关系,宏观层面是指知识的编排线索与层级关系。大部分学者会选择微观、中观、宏观中的一个或两个层面对教材知识结构进行研究,但只有从多角度分析才能系统全面地把握教材知识结构的特征。因此,本研究的教材知识结构分析框架将包含微观、中观、宏观三个维度,如表7-1所示。

表7-1 教材知识结构的分析框架

教材知识结构	微观	知识点的类型	知识点所属的领域、知识点的重要性。
	中观	知识点之间的关系	知识点之间的顺序和逻辑关系。
	宏观	编排线索	由所有知识点出现的先后顺序体现出的编排线索,主要包括学科逻辑和社会情境线索。 学科逻辑指的是反映真实的科学过程、体现科学认识规律的知识形成过程。它既包括某类科学知识从发生、发展到形成的基本过程,也包括知识形成过程的具体途径、方式,即科学方法的运用过程。② 化学学科的学科逻辑通常包含以下几类:① 物质的结构→物质的性质→物质的应用;② 物质的应用→物质的性质→物质的结构;③ 理论或方法的创立→理论或方法的阐释→理论或方法的应用;④ 理论或方法的应用→理论或方法的阐释→理论或方法的创立。 社会情境线索指从现实生活中找到负载学科知识的情境,将知识点嵌于情境涉及的实际问题的解决过程中。③ 化学学科的社会情境线索主要涉及以下几类:① 从生活常识、化学事件、化学史、科技新成果等生产生活角度选择某一个特定情境,依据其中问题解决的过程,嵌入相应的化学知识;② 从生产生活角度选择多个情境,依据不同的情境需要解决的问题嵌入相应的化学知识。
		层级关系	章与章、节与节等之间联系的紧密程度。如某章节单一知识点与另一章节单一知识点的联系,某章节单一知识点与另一章节多个知识点的联系、不同章节之间多个知识点之间的联系等情况。

(二) 基于复杂网络理论的教材知识结构分析框架构建

由前文对教材知识结构的相关文献分析可知,现有的相关研究内容不够系统全面,而研究方法很难服务于我们全面且深入地把握教材知识结构是目前教材知识结构分析面临的关键难题。为此,我们提出了由微观、中观和宏观三个层面构成的教材知识结构分析框架,并结合基于复杂网络技术生成的知识结构图谱,确定微观、中观和宏观三个层面的具体分析对象,如表7-2所示。

---

① 林丹,胡典顺,王明巧.美国高中 Core-Plus Mathematics 数学教材编排结构特点及启示[J].数学通报,2015,54(01):32-37.
② 历晶,郑长龙.课堂教学逻辑的构建[J].东北师大学报(哲学社会科学版),2013,(06):278-280.
③ 江栋.美国中学化学教材 Chemcom 的分析研究[D].济南:山东师范大学,2005.

表7-2 教材知识结构的基本分析维度与图像参数的对应关系

教材知识结构		图谱	图像特征	含 义	参数数据	含 义
微观	知识点的类型	顺序网络图	节点的颜色,标签的颜色	不同类型的知识点	节点、标签的颜色分布频率	不同类型的知识点的占比
			节点的大小	知识点的重要性	度、介数	知识点的重要性
中观	知识点之间的关系		边的颜色	不同类型的知识点之间的关系	颜色的分布频率	不同类型的知识点之间的关系的占比
			边的粗细	知识点之间联系的紧密程度	权重	知识点之间联系的紧密程度
宏观	编排线索		根据所有知识点出现的先后顺序加以判断		/	/
	层级关系	层级网络图	层与层之间的连线数目	层与层知识点之间联系的紧密性	网络密度、聚类系数	层与层知识点之间联系的紧密性

本研究在微观层面主要分析知识点所属领域、知识点重要性的分布特征、度值和介数值反映的实际核心知识点及其根据课程标准中的要求所对应的重要性类别。具体包括：① 不同颜色的节点、标签表征不同类型的知识点,节点、标签的颜色分布频率可以表征不同类型知识点的占比；② 节点的大小,度、介数的数值表征知识点的重要性。节点越大或者度值越大,表明该知识点越重要,越能成为教材的核心知识点。介数大的知识点表明其是连接不同知识的桥梁,对于知识结构的形成具有重要性。

中观层面主要分析知识点之间的关系的分布特征、连边的紧密性。具体包括：① 不同颜色的连边表征不同类型的知识点之间的关系,颜色的分布频率可以表征不同类型知识点之间的关系的占比；② 边的粗细与边的权重表征两个知识点之间联系的紧密程度,边越粗或者权重越大,表明两个知识点之间的联系越紧密。

宏观层面主要分析教材知识结构的编排线索、章与章/章内节与节的知识点之间联系的紧密性。具体包括：① 通过顺序网络图展现章/节内部所有知识点之间的连接顺序来呈现章/节的编排线索；② 通过层级网络图展现不同层面(章与章、章内部的节与节)知识点之间的层级关系。其中,网络密度和聚类系数两个参数也可以表征层与层之间知识点联系的紧密性。网络密度越大,在一定程度上说明教材知识结构层与层之间的联系越紧密。网络的聚类系数越大,说明教材知识结构越呈现出集团化结构。当知识点聚集为大大小小的知识群时,知识群内部之间联系紧密,而各个知识群之间的联系就会比较微弱。

三、基于复杂网络理论的高中化学教材知识结构分析程序

基于复杂网络理论的教材知识结构分析程序包括4个基本步骤:(1)提取知识点并编码;(2)界定知识点之间的关系;(3)将编码数据导入分析软件,生成教材知识结构图与参数数据;(4)对图谱和参数进行解读,分析教材知识结构的特征。

(一) 知识点的提取与编码

通过深入阅读高中化学教材,参考《普通高中化学课程标准(2017年版2020年修订)》①、相关文献和专家意见,综合确定知识点的提取和编码依据。需要说明的是,本研究提取知识点的范畴不包含习题。

1. 知识点的类型

(1) 根据知识点所属领域的分类

刘知新主编的第一版《化学教学论》②将化学知识分为了"化学用语""化学基本概念""化学基础理论""元素化合物知识""有机化合物知识""化学生产知识"6类。第五版《化学教学论》③将化学知识分为"事实性知识""理论性知识""技能性知识""情意类内容"4类。这两种分类虽有不同但均是按照知识点所属的领域进行的,且前一划分标准更能体现化学学科特色。本研究参考上述两版《化学教学论》的知识分类与专家意见,将化学知识点所属领域分为"元素化学""有机化学""物质结构""理论化学""化学技能"5个一级维度。在5个一级维度下再细分二级维度,如表7-3所示。对知识点领域的划分有助于辨识和提取教材中的知识点;对不同领域的知识点分别编码,用以统计不同知识点的分布与频率。

表7-3 知识点的领域

一级维度	二级维度	具体描述示例	编码
元素化学	物理性质	颜色、状态、气味、溶解性等。	A
	化学性质	A具有可燃性、强氧化性等;A可以与B发生反应。	A
	制 备	氯气的制备。	A
	应 用	次氯酸可以杀菌消毒。	A

---

① 中华人民共和国教育部制定.普通高中化学课程标准(2017年版2020年修订)[S].北京:人民教育出版社,2020:11-52.
② 刘知新.化学教学论(第一版)[M].北京:高等教育出版社,1990.
③ 刘知新.化学教学论(第五版)[M].北京:高等教育出版社,2018:312.

续 表

一级维度	二级维度	具体描述示例	编码
有机化学	物理性质	颜色、状态、气味、溶解性等。	B
	化学性质	A具有可燃性、强氧化性等；A可以与B发生反应。	B
	制 备	甲烷的来源。	B
	应 用	甲烷可以用作燃料。	B
物质结构	结 构	原子结构、分子结构、晶体结构等。	C
	结构规律	同主族元素原子半径从上到下依次增大。	C
理论化学	基本概念	氧化还原反应的定义、离子反应的定义等。	D
	反应本质	氧化还原反应的本质等。	D
	反应规律	升高温度会加快化学反应速率、勒夏特列原理等。	D
化学技能	实 验	实验仪器的介绍、实验设计、操作知识与技能等。	E
	计 算	物质的量的计算、摩尔质量的计算等。	E
	符号表达	概念符号、单位、计算公式；化学式、结构式、化学方程式；原子结构示意图、核外电子排布式等。	E
	研究方法	分类、模型等。	E

(2) 根据知识点重要性的分类

知识点的分类标准除所属领域外还有多种分类形式。根据研究需要，本研究提出按照知识点的重要性对其进行分类。首先对应年级区分教材中的知识点为"已学"和"未学"两部分，然后依据化学课程标准[1][2]的学习要求将教材中出现的未学知识点区分为"学业要求内"和"学业要求外"两类，接着再进一步将"学业要求内"知识点分为"一般知识"和"核心知识"，其中仅要求学生"知道""了解"的知识点属于"一般知识"；而以"理解""应用"等行为动词描述的知识点则为"核心知识"。相关标准与编码如表7-4所示。

---

[1] 中华人民共和国教育部制定.义务教育化学课程标准(2011年版)[S].北京：北京师范大学出版社,2012：9-31.
[2] 中华人民共和国教育部制定.普通高中化学课程标准(2017年版2020年修订)[S].北京：人民教育出版社,2020：11-52.

表 7-4 知识点的重要性

一级维度	二级维度	三级维度	说　　明	编码
已学知识	/	/	学生已经学习过的知识。	a
未学知识	学业要求外	/	对在课程标准学业要求内的知识起到理解、拓展视野等辅助作用且在学业要求范围外的知识,如化学前沿、大学化学的某些理论等。	b
未学知识	学业要求内	一般知识	除重点之外的知识。	c
未学知识	学业要求内	核心知识	重点知识。	d

2. 知识点的提取程序

知识点的提取程序包括以下 5 个步骤:

(1) 把握知识点的类型划分标准

由至少两名编码者对知识点进行提取和编码,且在此之前编码者需要阅读知识点的领域、知识点的重要性划分标准,并熟悉课程标准中的内容要求和学业要求,为知识点的提取和编码作好准备。

(2) 阅读教材文本

编码者需要阅读研究范围中的教材内容,包括文字、图片、表格等信息,以形成对教材中知识点的分布的全局性把握。

(3) 提取知识点

编码者依据知识点的领域划分标准、课程标准的内容要求和学业要求以及自身的专业判断对知识点进行提取。为了保障提取出的知识点能够在完整客观地呈现教材的知识结构的同时便于进行有效的质性分析和量化统计,本研究以教材中出现的知识点下辖的微观内容为最小的提取单位,①如在教材中"物质的量"的下辖微观内容有其"定义""符号 n"以及"单位 mol"。

由于知识点的呈现形式和篇幅不同,故在提取知识点时需对一定篇幅中以特定形式呈现的知识点加以识别和定义。如 2019 版人教版《普通高中教科书 化学必修第一册》②的第二章"海水中的重要元素——钠和氯"正文中有如下描述:"氯是一种重要的'成盐元素',在自然界中除了以 $NaCl$、$MgCl_2$、$CaCl_2$ 等形式大量存在于海水中,还存在于陆地的盐湖和盐矿中。"(见图 7-1)根据这部分的文字描述可以提取知识点"氯的存在形式"。

若有些图片是为了配合正文内容呈现的,则将图片和正文内容合并为一个知识点予以提取,

---

① 占小红.化学课堂结构系统研究[D].上海:华东师范大学,2013.
② 王晶,郑长龙.普通高中教科书·化学必修第一册[M].北京:人民教育出版社,2019:32-62.

> 氯是一种重要的"成盐元素",在自然界中除了以 NaCl、MgCl₂、CaCl₂ 等形式大量存在于海水中,还存在于陆地的盐湖和盐矿中。氯的单质氯气是一种重要的化工原料,大量用于制造盐酸、有机溶剂、农药、染料和药品等。

图 7-1　知识点的提取示例 1

【实验2-7】
在空气中点燃氢气,然后把导管缓慢伸入盛满氯气的集气瓶中,观察现象。

可以看到,纯净的 H_2 在 Cl_2 中安静地燃烧,发出苍白色火焰。反应生成的气体是 HCl,它在空气中与水蒸气结合,呈现雾状。

$$H_2 + Cl_2 \xrightarrow{\text{点燃}} 2HCl$$

HCl 气体溶于水,就成为我们常用的盐酸。

图 7-2　知识点的提取示例 2

见图 7-2。左边的图片是右边正文中对氢气在氯气中燃烧的实验现象描述的图像呈现,因此将此图片和正文内容合并编码为知识点"氢气在氯气中燃烧实验现象"。

而当知识点以表格形式出现时,也需考虑表格信息与正文内容的关系,如果表格本身独立地呈现了特定的知识内容,则根据其所表达的信息判断和定义知识点;如果表格信息是与正文内容相配合,则将其与正文组合起来定义相应的知识点。如图 7-3 所示,表格中呈现的信息可以定义为知识点"国际单位制的 7 个基本单位"。

国际单位制(SI)的7个基本单位

物理量	单位名称	单位符号
长度	米	m
质量	千克(公斤)	kg
时间	秒	s
电流	安[培]	A
热力学温度	开[尔文]	K
物质的量	摩[尔]	mol
发光强度	坎[德拉]	cd

图 7-3　知识点的提取示例 3

(4) 编码知识点

编码者首先对提取的知识点进行所属领域和重要性的类型编码,再对知识点进行顺序编码,如在研究对象中第一个出现的知识点编码为1,第二个出现的知识点编码为2,以此类推。

(5) 编码结果的讨论与修订

为确保编码结果的可靠性,将编码者对知识点提取与编码的结果进行对照,一致性需达到80%及以上才可进行后续分析。编码者再针对不一致的判定结果进行协商讨论,最终达成共识。

(二) 知识点关系的确定

1. 知识点的关系

知识点之间的关系包括顺序关系和逻辑关系。顺序关系是指知识点在教材中出现的先后顺序,与其所在页码及其在该页中所处的位置(先上后下,先左后右)有关。

知识点之间的逻辑关系是多元的,包括学科逻辑关系、形式逻辑关系以及非逻辑关系三种基本类型。其中,学科逻辑关系是用科学思维的方式去理解学科知识从发生、发展到形成的基本过程,以及知识形成的具体途径和方式,包括"一般到个别""内容与形式""现象与本质""因果"等;形式逻辑关系主要是遵循了一般的科学思维逻辑而建立的联系,如"并列""隶属""递进"等;非逻辑关系是指利用事物的某种特点的相似性建立的联系,通常被定义为"相同""相似"或"相反"。[①]

不同学者综合考虑以上逻辑关系后给出了不同的分类方式。如有学者将知识间的关系分为依赖、被依赖、属于、包含、拥有、被拥有、同义、反义8类;[②]有学者则分为先后、包含、比较、分类、同一、平行、重复7类;[③]有学者以包含、相关、逻辑依存3类描述知识点的关系;[④]也有学者分为了隶属、并列、递进、需求、激发5类。[⑤]

本研究对以上逻辑关系的类型与本质进行了综合考虑,联系前文所述的知识点的领域及其重要性的分类、知识点提取的规则,将知识点之间的逻辑关系分为并列和上下位两大类,其中上下位又分为需求、激发和递进。对知识点之间逻辑关系的界定如表7-5所示。

---

① 占小红.化学课堂结构系统研究[D].上海:华东师范大学,2013.
② 杨东明,杨大为,顾航,等.面向初等数学的知识点关系提取研究[J].华东师范大学学报:自然科学版,2019,(5):53-65.
③ 刘景霞.基于复杂网络的《教育技术学》课程知识网络构建与分析[D].昆明:云南师范大学,2019.
④ 黄焕,元帅,何婷婷,等.面向适应性学习系统的课程知识图谱构建研究——以"Java程序设计基础"课程为例[J].现代教育技术,2019,29(12):89-95.
⑤ 占小红.化学课堂结构系统研究[D].上海:华东师范大学,2013.

表 7-5 知识点之间逻辑关系的界定

关　系		说　　　明	示　　　例
并　列		知识点 A 与知识点 B 属于同级的关系,无上下位之分。	"氯气与钠反应的化学方程式""氯气与铜反应的化学方程式""氯气与铁反应的化学方程式"三者并列。
上下位	需求	知识点 A 是学习知识点 B 的基础或前提。	在学习"摩尔质量的定义"之前需要学习"物质的量定义"。
	激发	知识点 B 的学习受到知识点 A 的启发或促发联想。	"化学反应速率的定义式"受到"物理中速率的数学定义式"的启发。
	递进	从知识点 A 到知识点 B 是按一定顺序推进的,如由简单到复杂、现象到本质、一般到个别等。	"氯的原子结构"到"氯气的强氧化性"。

2. 知识点的连边程序

确定知识点之间的关系包括以下 4 个步骤:

(1) 把握知识点之间的逻辑关系的划分标准

由至少两名编码者进行知识点之间的连边操作。在此之前编码者需要阅读并熟悉知识点的逻辑关系划分标准,为确定知识点之间的关系作好准备。

(2) 阅读教材文本

编码者需要阅读研究范围中的教材内容,包括文字、图片、表格等信息,以对教材中各知识点之间的逻辑关系形成整体把握。

(3) 编码知识点之间的关系

编码者依据知识点的逻辑关系划分标准以及自身的专业判断对知识点之间的关系进行分析确定。具体编码规则为:若在研究对象范围内出现的两个知识点间存在表 7-5 中的某种逻辑关系,即有连边;若两个知识点并列则连边无向(考虑到后续参数计算的算法问题,将无向边改为双向边);若有上下位关系则连边有向且单向;若两个知识点在研究对象范围内只同时出现一次,则连边权重为 1;若两个知识点在研究对象范围内的某处产生连边,在研究对象范围内的另外一处又产生连边,它们之间的权重为 2,即连边的次数等于权重的数值。如图 7-4 所示,从"氯的原子结构"到"氯气的强氧化性"为递进关系,则这两个知识点间有连边且编码为"递进"。

> 氯原子的最外电子层上有7个电子,在化学反应中很容易得到1个电子,使最外电子层达到8个电子的稳定结构。氯气是很活泼的非金属单质,具有强氧化性。

图 7-4 确定知识点间关系示例

(4) 编码结果的讨论与修订

同样地，为确保编码结果的可靠性，将编码者确定的知识点之间关系的结果进行对照，一致性需达到80%及以上才可进行后续分析。针对不一致的判定结果，编码者需要进行协商讨论并达成最终的共识。

(三) 教材知识结构图及参数数据生成

1. 教材知识结构图的生成

(1) 导入数据

以2019版人教版《普通高中教科书 化学必修第一册》的第二章第二节“氯及其化合物”为例进行知识点的提取和编码，并将编码的知识点数据和连边数据储存于Excel中。再分别将上述数据另存为csv文件格式，如图7-5所示。最后将其导入到Gephi 0.9.2中以待处理，导入Gephi后的节点数据和边数据资料见图7-6。

Id	Lable	领域	重要性
0	1-成盐元素	A	c
1	2-氯的存在形式	A	c
2	3-氯气的用途	A	c
3	4-舍勒发现	A	c
4	5-氯气的颜色	A	c
5	6-氯气的气味	A	c
6	7-氯气的状态	A	c
7	8-戴维确认	A	c
8	9-化学史的启示	A	b

Id	Source	Target	Type	Weight	Lable
0	3	8	Directed	1	需求
1	3	59	Directed	1	需求
2	4	5	Directed	1	并列
3	4	6	Directed	1	并列
4	5	4	Directed	1	并列
5	5	6	Directed	1	并列
6	6	4	Directed	1	并列
7	6	5	Directed	1	并列
8	7	8	Directed	1	需求

图7-5 知识点和连边数据的csv格式示例

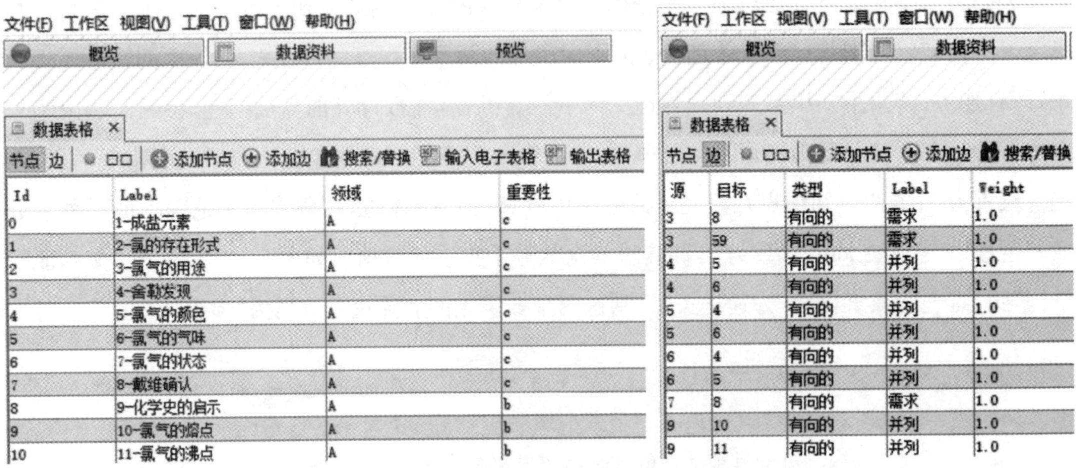

Id	Label	领域	重要性
0	1-成盐元素	A	c
1	2-氯的存在形式	A	c
2	3-氯气的用途	A	c
3	4-舍勒发现	A	c
4	5-氯气的颜色	A	c
5	6-氯气的气味	A	c
6	7-氯气的状态	A	c
7	8-戴维确认	A	c
8	9-化学史的启示	A	b
9	10-氯气的熔点	A	b
10	11-氯气的沸点	A	b

源	目标	类型	Label	Weight
3	8	有向的	需求	1.0
3	59	有向的	需求	1.0
4	5	有向的	并列	1.0
4	6	有向的	并列	1.0
5	4	有向的	并列	1.0
5	6	有向的	并列	1.0
6	4	有向的	并列	1.0
6	5	有向的	并列	1.0
7	8	有向的	需求	1.0
9	10	有向的	并列	1.0
9	11	有向的	并列	1.0

图7-6 节点和边数据图示例

(2) 生成顺序网络图

点击"概览"并选择合适的"布局",在经过适当调整后就可以得到如图7-7所示的顺序网络图。其中,从左到右的顺序是依据知识点所在的页码由小到大排列,从上到下的顺序是依据知识点在教材同一页中出现的先后顺序排列,一页中的知识点只出现在同一列中。在 Gephi 中,可以用不同填充颜色标明不同领域的知识点、不同标签颜色标明不同重要性的知识点、不同颜色连边标明知识点之间的不同关系、不同大小的节点表示不同度值的知识点、不同粗细的连边表示知识点之间联系的紧密程度。以上各颜色和大小设置根据分析对象(节点/连边/网络)按需选择,在本章第四节的教材知识结构图解析中会举例说明。

(3) 生成层级网络图

以第二章"海水中的重要元素——钠和氯"中的第一节"钠及其化合物"、第二节"氯及其化合物"和第三节"物质的量"为例进行知识点的提取和编码示范。将 Excel 中已经编码完成的知识点数据和连边数据分别另存为 csv 文件格式,再导入到 Gephi 中。操作设置节点、标签,以及边的颜色、大小、粗细,点击"概览",选择合适的"布局",经过适当调整后,就可以得到如图7-8所示的层级网络图。

由于层级网络图只需分析教材知识结构的层级关系,关注层与层之间知识点的联系,因此将隐藏顺序网络图中的一些节点和标签信息。其中,从下到上的三个知识点区域分别代表了第二章中的第一节到第三节,节点的不同颜色代表所属的不同的节,所有节点的标签颜色、大小一致,连边颜色表示知识点间不同的逻辑关系。章与章之间的层级网络图的生成也是如此。

2. 教材知识结构图参数数据的生成

从顺序网络图和层级网络图中可获得教材知识结构微观、中观及宏观层面所对应的点、线、面数据。

在 Gephi 的"统计"工具栏中可以直接计算网络密度(见图7-9"图密度")、聚类系数(见图7-9"平均聚类系数")等基本参数;点击"平均度"和"网络直径"的"运行"按钮后,在"数据资料"中有每个节点相应的度和介数的数值,如图7-9所示。

经过 Gephi 的运行,可得到如表7-6所示的教材知识结构图的数据资料,对这些数据进行解读便可了解其对应的教材知识结构的特征。

(四) 教材知识结构图谱及参数数据分析

1. 解析顺序网络图

图7-7中所展示的是第二章第二节"氯及其化合物"的教材知识结构图的初始状态,接下来将在 Gephi 中设置此图节点和连边的大小、颜色、粗细等属性,并从微观、中观、宏观三个方面进行解析。

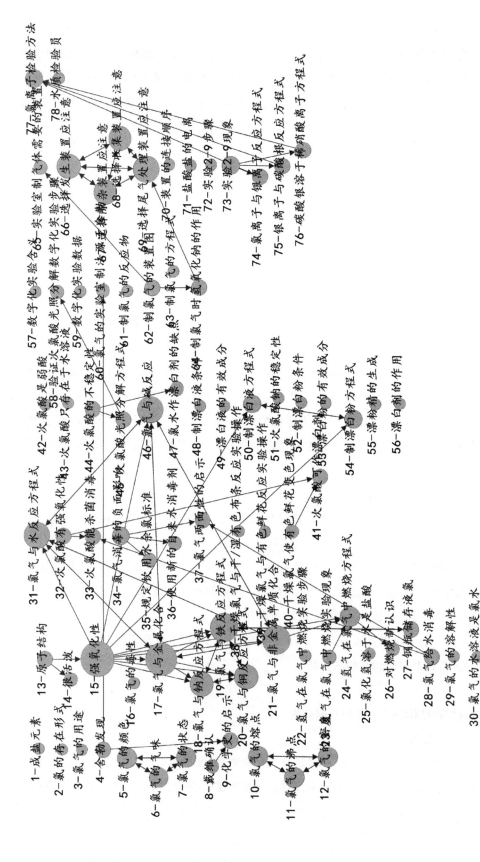

图 7-7　第二章第二节顺序网络图

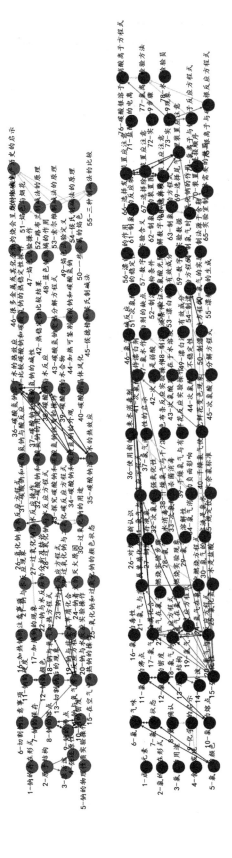

图 7-8 第二章节与节的层级网络图

图注：节点（第一层：2.1，第二层：2.2，第三层：2.3），连边（不同颜色连边分别代表并列、需求、激发、递进关系）

图 7-9 参数数据生成示例

表 7-6 教材知识结构图可获取的参数数据

教材知识结构图	宏观（网络）	网络密度
		聚类系数
	中观（连边）	各类型知识点之间的关系的分布比例
		各类型知识点之间的关系的权重
	微观（节点）	不同领域知识点的分布比例
		不同重要性的知识点的分布比例
		度
		介数

在微观层面主要分析知识点所属领域的分布特征、知识点重要性的分布特征、度值和介数值反映的实际核心知识点及其根据课程标准中的要求所对应的重要性类别；在中观层面主要分析知识点之间关系的分布特征、连边的紧密性；在宏观层面则着重分析教材知识结构的逻辑线索、章与章/章内节与节的知识点之间联系的紧密性。

（1）微观层面分析

① 不同领域知识点的分布比例

知识点所属领域是知识点的重要属性，不同领域知识点的分布比例也是教材知识结构的重要特征。教材中的每一章和每一节都有特定的主题，根据比例可知不同领域的知识点在该章/节主题下的分布是否合理。在 Gephi 的"外观"窗口中设置节点的颜色,不同颜色的节点表示不同领域的知识点,设置后示例如图 7-10 所示。

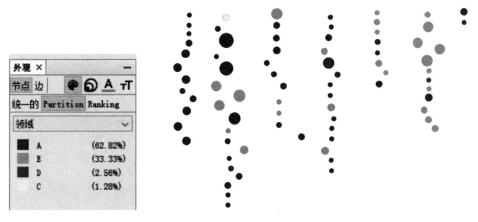

图 7-10　第二章第二节不同领域知识点的分布图

图注:A-元素化学,C-物质结构,D-理论化学,E-化学技能

根据 Gephi 中的统计可得到不同领域知识点的分布比例,结果如表 7-7 所示。

表 7-7　第二章第二节不同领域知识点的分布比例

知识点领域	元素化学	有机化学	物质结构	理论化学	化学技能
分布比例	62.82%	0.00%	1.28%	2.56%	33.33%

由表 7-7 可知,在"氯及其化合物"一节中,大部分知识点属于元素化学领域,占比 62.82%,有 33.33% 的知识点属于化学技能领域,其他个别知识点属于物质结构和理论化学领域,没有涉及有机化学领域的知识点。氯元素是高中第一个系统学习的非金属元素,氯及其化合物的相关知识点属于元素化学范畴,因此元素化学知识占比高;而化学技能领域的知识点均是与氯元素相关的化学方程式书写和实验操作,可见,该节中不同领域知识点的分布情况与主题对应的领域关系密切。

② 不同重要性的知识点的分布比例

本研究将教材知识点按照不同重要性区分为已学和未学,未学知识依照课程标准可分为学业要求外和学业要求内,而学业要求内的知识点又可进一步分为一般知识和核心知识,这四类知识点的分布比例在一定程度上能够反映教材知识的难度。在 Gephi 的"外观"窗口中设置节点标签的颜色,不同颜色的标签表示不同重要性的知识点,设置后示例如图 7-11 所示。

根据 Gephi 中的统计可得到具有不同重要性的知识点的分布比例,结果如表 7-8 所示。

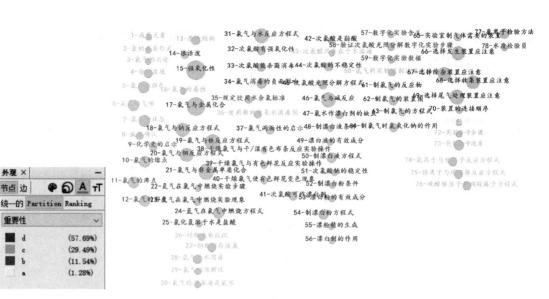

图 7-11 第二章第二节不同重要性知识点的分布图

图注：a-已学，b-要求外，c-一般，d-核心

表 7-8 第二章第二节不同重要性的知识点的分布比例

知识点重要性	已 学	要求外	一 般	核 心
分布比例	1.28%	11.54%	29.49%	57.69%

由表 7-8 可知，在"氯及其化合物"一节中，几乎所有知识点都是未学的。其中 11.54% 的知识点是课程标准学业要求之外的，而在学业要求范围内的知识点中核心知识点占比 57.69%，一般知识点占比 29.49%。学业要求范围外的知识点主要包括氯气的熔沸点、密度，以及验证次氯酸光照分解产物的数字化实验。课程标准要求内的核心知识点包括氯气的化学性质、氯气的实验室制备中的具体内容，核心知识点占比大，且有一定难度。

③ 度

度是复杂网络理论中的一个基本且重要的参数，度值越大说明该知识点越重要，是教材知识结构中实际的核心知识点。从 Gephi 中导出不同度值对应的知识点个数图谱，如图 7-12 所示。

由图 7-12 可知，在 76 个知识点中，仅有一个知识点以度值"11"位列第一，度值处于 6—10 的知识点数目也较少，度值处于 3—4 的知识点也不多，而绝大多数知识点的度值处于 0—2。在教材知识结构中，度值大的知识点表明其处于核心位置，是联系其他知识点的关键。选择度值为 6 及以上的知识点，通过比对其根据课程标准的学习要求所对应的重要性类别，可知教材核心知识的选择与课程标准的一致性情况，结果如表 7-9 所示。比对课程标准的学习要求发现，教材中度值大的知识点均为课程标准要求学习的核心知识点，可见教材以课程标准中的学习要求为依据进行知识选择与组织。

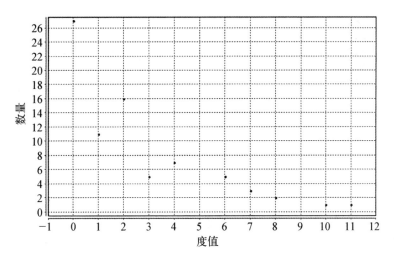

图 7-12 第二章第二节不同度值对应的知识点个数

表 7-9 第二章第二节度值和与课程标准中知识点的重要性对比

度 值	知 识 点	知识点的重要性
11	15-强氧化性	核心
10	17-氯气与金属化合	核心
8	21-氯气与非金属单质化合	核心
8	19-氯气与铁反应方程式	核心
7	31-氯气与水反应方程式	核心
7	46-氯气与碱反应	核心
7	69-选择尾气处理装置应注意	核心
6	18-氯气与钠反应方程式	核心
6	20-氯气与铜反应方程式	核心
6	66-选择发生装置应注意	核心
6	67-选择除杂装置应注意	核心
6	68-选择收集装置应注意	核心

④ 介数

介数是复杂网络理论中又一个重要参数,介数的数值越大,表明该知识点越处于教材知识结构中的"桥梁"位置,对于教材知识结构的形成越为关键。从 Gephi 中导出不同介数值对应的知识点个数图谱,如图 7-13 所示。

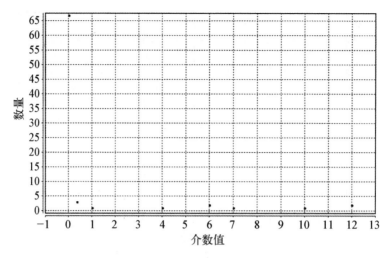

图 7-13 不同介数值对应的知识点个数

由图 7-13 可知,在 76 个知识点中,有两个知识点的介数值最大为 12。介数值为 4—10 的知识点较少,而介数值为 0—1 的知识点数目占绝大多数。选择介数值为 6 及以上的知识点,比对其根据课程标准的学习要求所对应的重要性类别,可知教材编写时选择了哪些"桥梁"知识点,结果如表 7-10 所示。介数值大的知识点均为课程标准所要求的核心知识点,可见教材编写关注以课程标准规定的核心知识点为桥梁进行知识结构的构建。再对比表 7-9 可知,一些介数值大的知识点同时也是度值大的知识点,如"15-强氧化性""17-氯气与金属化合",这些知识点既是教材知识结构的中心,也是知识联系的重要桥梁。

表 7-10 第二章第二节介数值和与知识点的重要性对比

介数值	知 识 点	知识点的重要性
12	15-强氧化性	核心
12	17-氯气与金属化合	核心
10	19-氯气与铁反应方程式	核心
7	24-氢气在氯气中燃烧方程式	核心
6	21-氯气与非金属单质化合	核心
6	69-选择尾气处理装置应注意	核心

(2) 中观层面分析

① 四类知识点之间的关系的分布比例

通过梳理各知识点之间的关系并统计各类关系的分布比例,可以了解到教材知识结构中知识点之间关系的分布特点。在 Gephi 的"外观"窗口中设置连边的颜色,不同颜色的连边表示不同的知识点之间的关系,设置后示例如图 7-14 所示。

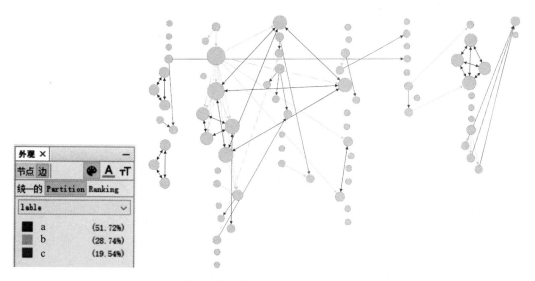

图 7-14　第二章第二节四类知识点之间的关系的分布图

图注：a-并列,b-递进,c-需求

根据 Gephi 中的统计可得到四类知识点之间的关系的分布比例,结果如表 7-11 所示。在"氯及其化合物"一节中,具有连边的知识点之间的关系有 51.72% 属于并列关系,28.74% 属于递进关系,其余 19.54% 属于需求关系。如氯气的各项物理性质——颜色、气味、状态、熔沸点、密度,各种化学性质——氯气与金属钠铁铜反应、与非金属单质氢气反应、与水反应、与碱反应等,均属于并列关系。而氯原子的结构到氯气的强氧化性,再到氯气与水的反应,以及次氯酸的不稳定性,最后到氯气与碱的反应,它们之间呈现递进关系。除此之外,需求关系表现在学习燃烧的新定义(无氧参与的燃烧)之前需要知道氢气可以在氯气中燃烧。整体而言,该节中知识点之间的联系呈现了多种类型的关系,并以并列关系为主。

表 7-11　第二章第二节四类知识点之间的关系的分布比例

知识点之间的关系	并　列	需　求	激　发	递　进
分布比例	51.72%	19.54%	0.00%	28.74%

② 四类知识点之间关系的权重

在"氯及其化合物"一节中,当知识点 A 与知识点 B 发生连边时均只出现一次连边,权重均为 1,说明教材在编排时没有特别要凸显某两个知识点之间的关系。

(3) 宏观层面分析

对顺序网络图宏观层面的分析主要从所有知识点呈现的先后顺序来判断教材知识的编排线索。

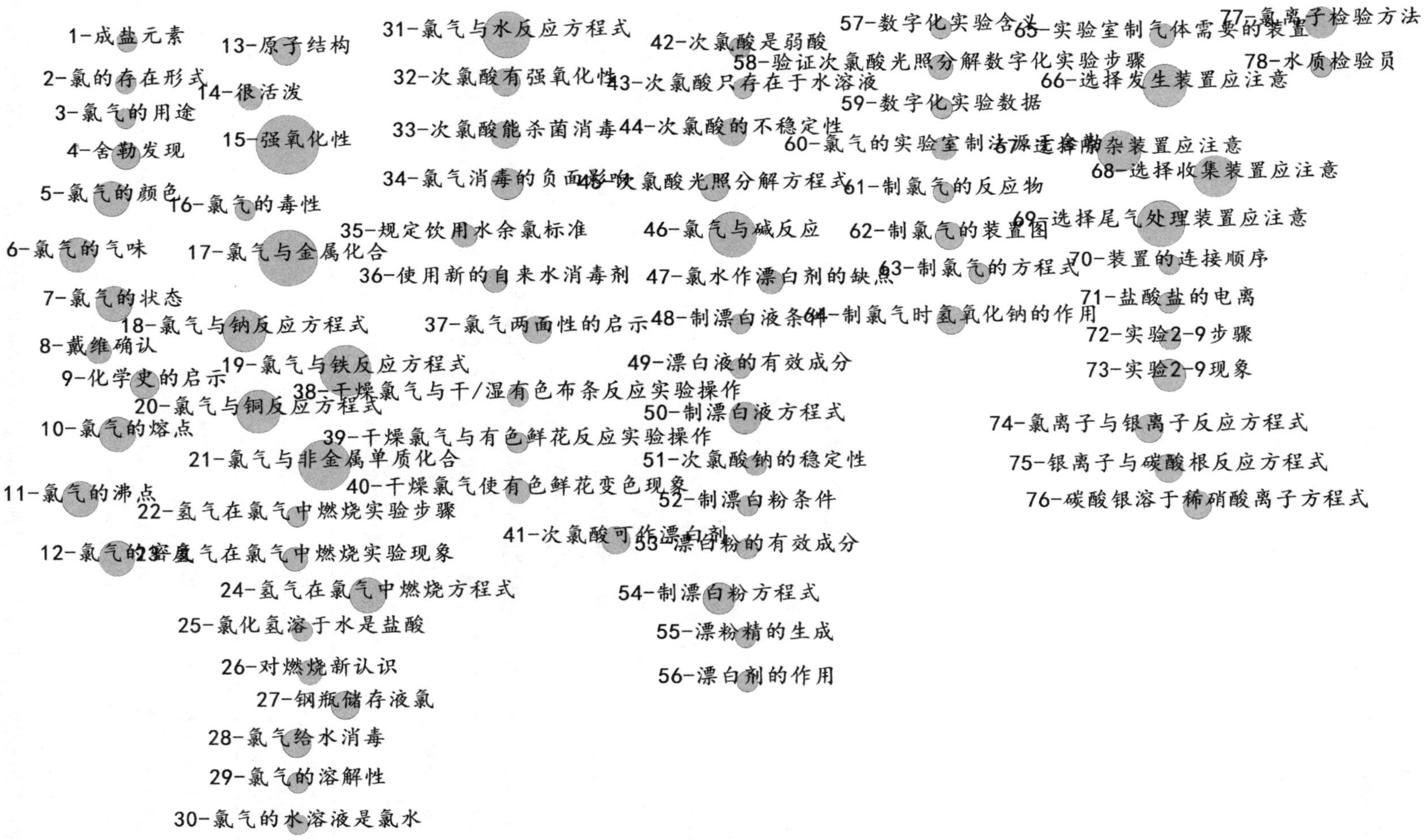

1-成盐元素　2-氯的存在形式　3-氯的用途　4-含氯物发现　5-氯气的颜色　6-氯气的毒性　7-氯气的状态　8-戴维确认　9-化学史的启示　10-氯气的溶点　11-氯气的沸点　12-氯气的密度　13-原子结构　14-很活泼　15-强氧化性　16-氯气与钠　17-氯气与钠反应方程式　18-氯气与铁反应方程式　19-氯气与铁　20-氯气与铜　21-氯气与非金属单质反应　22-氢气在氯气中燃烧实验现象　23-氢气在氯气中燃烧方程式　24-氯气在氯气中燃烧实验　25-氯化氢溶于水是盐酸　26-对燃烧新认识　27-钢瓶贮存液氯　28-氯气溶水消毒　29-氯气的溶解性　30-氯气的水溶液是氯水　31-氯气与水反应方程式　32-次氯酸有强氧化性　33-次氯酸能杀菌消毒　34-氯气消毒的负面影响　35-规定饮用水余氯标准　36-使用新的自来水消毒剂　37-氯气两面性的启示　38-干燥氯气与干/湿布条反应实验　39-干燥氯气与有色鲜花反应实验　40-干燥氯气中燃烧实验现象　41-次氯酸可使有色鲜花变色现象　42-次氯酸是弱酸　43-次氯酸尺存在于水溶液　44-次氯酸光照分解方程式　45-氯酸光照分解反应　46-氯气与碱反应　47-氯水作漂白剂的缺点　48-制漂白液的有效成分　49-漂白液的启示　50-制漂白液操作　51-次氯酸钠的稳定性　52-制漂白粉的条件　53-制漂白粉的有效成分　54-制漂白粉方程式　55-漂粉精的生成　56-漂白剂的作用　57-数字化实验含氯　58-验证次氯酸只存在于水溶液　59-数字化实验教据　60-氯气的实验室制法的反应物　61-制氯气的反应　62-制氯气的装置　63-制氯气时氢氧化钠的作用　64-制氯气液白剂的作用　65-实验室制气体需要考虑的问题　66-选择发生装置步骤　67-气体的实验装置检验方法　68-选择收集装置　69-选择尾气处理装置　70-装置的连接顺序　71-盐酸的电离　72-实验2-9步骤　73-实验2-9现象　74-氯离子与银离子反应方程式　75-银离子与碳酸根反应方程式　76-碳酸银溶于稀硝酸离子方程式　77-氯离子的检验方法　78-水质检验员

图7-15　第二章第二节知识点的编排线索图

由图 7-15 可知,该教材知识结构图中共有 76 个知识点。由所有知识点出现的先后顺序可知该节的编排线索为:氯元素的存在与发现→氯气的物理性质(颜色、状态、气味、熔沸点、密度)→氯原子的结构→氯气的化学性质(与金属钠铁铜反应、与非金属单质氢气反应、与水反应、与碱反应)→氯气的制备→氯离子的检验。上述知识编排体现了学科逻辑顺序中的"物质的结构→物质的性质→物质性质的应用",板块的界限清晰且环环相扣,而由易到难的编排组织逻辑也符合学生的认知发展规律,有利于学生元素化学知识的建构。

由以上示例的图像和参数数据分析可知,第二章第二节"氯及其化合物"的教材知识结构呈现如下特征:在微观层面,知识点所属领域分布合理,虽然知识点领域的种类多样化,但仍以该章节主题对应领域的知识为主。在知识点重要性分布中,核心知识点较多且有一定难度,度和介数数据反映出该节编写充分关注了课程标准中提出的学习要求的核心知识,并以核心知识点作为连接各知识板块的桥梁。在中观层面,知识点之间的关系也涉及多种类型,但仍以并列关系为主且未出现激发关系。在宏观层面,该节利用学科逻辑线索由易到难进行知识编排,符合学生的认知发展规律,有助于学生元素化学知识的建构。

2. 解析层级网络图

从层级网络图中可以看到层与层之间连线的多或少,数目越多则代表层与层之间知识点的联系越紧密。层级网络图生成的数据——网络密度和聚类系数同样可以反映层与层之间知识点联系的紧密程度。网络密度越大,在一定程度上说明教材知识结构层与层之间的联系越紧密。网络的聚类系数越大,说明教材知识结构越呈现集团化特征,知识点聚集为大小不一的知识群,知识群内部知识之间联系紧密,而各个知识群之间的联系较弱。

节与节的层级网络图的知识点来自第二章"海水中的重要元素——钠和氯"中的第一节"钠及其化合物"、第二节"氯及其化合物"和第三节"物质的量"。从 Gephi 中导出的图谱如图 7-8 所示。由图 7-8 可知,第二章中共存在 202 个知识点和 223 条连边。但是由于本章三节的知识点之间并没有出现相互联系,因而网络密度数值很小,只有 0.005。聚类系数数值为 0.175,说明知识结构具有一定的集团化特征,各节中形成了不同的知识群,节内部知识点联系的紧密性远远大于节与节之间知识点的紧密性。

具体来看,第一节介绍钠及其化合物,第二节介绍氯及其化合物,两节分别介绍了一种金属元素和非金属元素及其化合物,而两节知识之间没有出现任何联系。教材利用章标题"海水中的重要元素——钠和氯"将两节内容统整在一章中,主要是出于对钠元素和氯元素分别是典型且重要的金属元素和非金属元素的考虑,将二者在一章中统一编排可以让学生相继了解金属/非金属元素及其化合物的相关知识,掌握学习元素化学的方法,并形成对元素化学的基本认识。同样地,该章的第三节"物质的量",主要围绕物质的量介绍相关概念及计算,旨在体现在科学研究或者化工生产过程中,需要利用物质的量等概念和相关计量方法进行物质性质的研究与应用,但教材未能将钠及其化合物、氯及其化合物的性质研究和实际应用等内容与第三节建立起有机联系。

此外,章与章之间的层级网络图绘制和解析方式相同,在方法介绍中便不再赘述。

四、基于复杂网络理论的人教版高中化学必修教材知识结构分析

以下将应用上述教材知识结构分析程序来分析 2019 版人教版高中化学必修教材知识结构的特征,并对分析程序进行可行性检验,以期进一步完善该分析程序。

(一)研究对象说明

人教版高中化学教材是目前国内使用范围最广的高中化学教材,其中必修课程是全体学生必须修读的课程,目的在于为全体高中学生奠定共同的化学基础,促进学生化学学科核心素养的发展以使其适应未来社会发展的需要,其重要性不言而喻。因此,选取 2019 版人教版《普通高中教科书 化学必修第一册》为研究对象,探讨其知识结构的特征。分析范围为第一章和第二章,如表 7-12 所示。

表 7-12 研究对象和分析范围

《普通高中教科书 化学必修第一册》	
第一章 物质及其变化	第一节 物质的分类及转化
	第二节 离子反应
	第三节 氧化还原反应
第二章 海水中的重要元素——钠和氯	第一节 钠及其化合物
	第二节 氯及其化合物
	第三节 物质的量

选取分析对象为第一章和第二章的原因如下:

(1)典型性和代表性。第一章的内容主题属于理论化学领域,第二章的内容主题属于元素化学和化学技能领域。这两章的教材知识结构基本可以反映整套教材在理论化学、元素化学和化学技能板块的编写模式,具有典型性和代表性。不同内容主题的章节的教材知识结构可能会有所差异,选择不同主题的章节进行分析有助于获得教材知识结构更加丰富的特征。

(2)重要性。"物质及其变化"作为整个高中化学教材的第一章,承担着衔接初高中化学学习的责任。通过该章三节内容的学习,学生将会形成高中化学研究无机物性质的两个重要认识角

度——"物质类别"和"元素价态",并学会利用"离子反应"对常见的物质反应进行分类和分析说明。第二章"海水中的重要元素——钠和氯"旨在通过对两种重要的元素及其化合物知识的学习,进一步提升学生综合运用"物质类别"和"元素价态"认识角度系统地研究物质的能力。在第二章第三节,引出了物质的量这一概念,物质的量是联系宏观物质与微观粒子的桥梁,是中学化学计算和物质研究的重要基础。可以说,第一章和第二章教材知识结构的编写模式及其合理性将在很大程度上影响学生化学知识的建构和化学学习的体验。

(二)"物质及其变化"教材知识结构分析

1. 各节顺序网络图分析

按照教材知识结构分析程序,导出教材第一章中"物质的分类及转化""离子反应""氧化还原反应"三节的顺序网络图,如图7-16所示。

(a) 第一节 "物质的分类及转化"

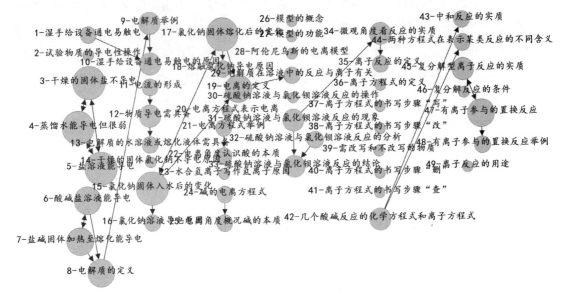

(b) 第二节"离子反应"

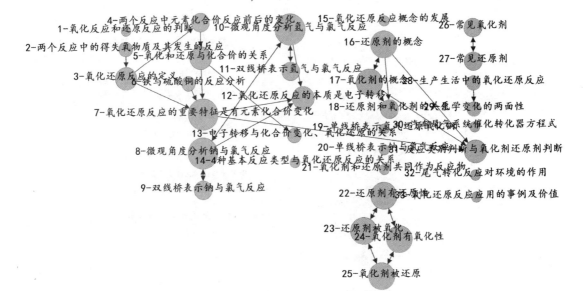

(c) 第三节"氧化还原反应"

图 7-16 第一章各节顺序网络图

接下来将结合图像和参数数据从微观、中观、宏观三个层面解析各节的顺序网络图。

(1) 微观层面

① 不同领域知识点的分布比例

根据 Gephi 中的统计可得到三节中不同领域知识点的分布比例，结果如表 7-13 所示。

表 7-13 各节不同领域知识点的分布比例

知识点领域		元素化学	有机化学	物质结构	理论化学	化学技能
分布比例	第一节	1.32%	0.00%	3.95%	60.53%	34.21%
	第二节	0.00%	0.00%	0.00%	69.39%	30.61%
	第三节	0.00%	0.00%	0.00%	84.85%	15.15%

由表 7-13 可知,在"物质的分类及转化"一节中,大部分知识点属于理论化学领域,占比 60.53%,有 34.21% 的知识点属于化学技能领域,极个别知识点属于元素化学和物质结构领域,但没有知识点属于有机化学领域。人教版初三化学教材已经就物质的分类及反应类型作了介绍,在此基础上本节引入了分类方法,进一步发展化学的分类体系,并总结了各类物质间的转化规律。其中很大篇幅的内容在介绍各类别物质的概念、相似性、转化规律和分散系,均属于理论化学领域。还有一部分内容在介绍分类方法、与实验相关的图标及说明,均属于化学技能领域。

在"离子反应"一节中,大部分知识点属于理论化学领域,占比 69.39%。其他知识点则属于化学技能领域,占比 30.61%。本节主要介绍电解质、离子反应相关概念和理论,属于理论化学领域,其中也穿插介绍了实验操作、离子方程式的书写等化学技能领域的知识点。

在"氧化还原反应"一节中,大部分知识点属于理论化学领域,占比 84.85%。其他知识点则属于化学技能领域,占比 15.15%。本节主要就氧化还原反应的概念、本质和应用进行介绍,属于理论化学领域,而个别化学方程式的书写则属于化学技能领域。整体而言,本章各节的知识点所属领域分布较为合理。

② 不同重要性的知识点的分布比例

根据 Gephi 中的统计可得到三节中具有不同重要性的知识点的分布比例,结果如表 7-14 所示。

表 7-14 各节不同重要性的知识点的分布比例

知识点重要性		已 学	要求外	一 般	核 心
分布比例	第一节	19.74%	3.95%	55.26%	21.05%
	第二节	8.16%	2.04%	65.31%	24.49%
	第三节	6.06%	6.06%	69.70%	18.18%

由表7-14可知,在"物质的分类及转化"一节中,19.74%的知识点是已学的,3.95%的知识点是课程标准要求之外的未学知识点,核心知识点占比21.05%,一般知识点占比55.26%。就位置而言,本节位于必修第一册第一章第一节,为了使学生在初中与高中化学学习中顺利完成过渡衔接,便会有意识地与初中已学内容进行一定的联系,因此会有较多的已学知识出现,如单质、氧化物、酸碱盐及其转化关系。此外,核心知识点占比不大且不是难点。

在"离子反应"一节中,已学的知识点占8.16%,在课程标准要求之外的未学知识点占2.04%,核心知识点占24.49%,一般知识点占65.31%。本节中的已学知识点如"物理中电流产生的条件",为阐释电解质的电离奠定基础。课程标准要求之外的知识点如"阿伦尼乌斯的电离模型",旨在拓展视野、学习科学家的探索精神。核心知识点的占比不高,难点主要在"电解质与非电解质的判断""离子方程式的书写"上。

在"氧化还原反应"一节中,已学知识点占6.06%,在课程标准要求之外的知识点占6.06%,核心知识点占18.18%,一般知识点占69.70%。本节中的已学知识点如初中学习的"氧化反应和还原反应的判断依据",为学习"氧化还原反应的定义"奠定了基础。课程标准要求之外的知识点如"氧化还原反应概念的发展",在拓展视野的同时,也让学生认识到科学理论是不断探索发展的。本节的核心知识点如"氧化还原反应的本质",涉及从微观角度去理解电子的转移,对于学生而言有一定难度,但占比不高。总的来说,本章三节中具有不同重要性的知识点的占比较为合理,难度一般。

③ 度

从Gephi中导出三节中不同度值对应的知识点个数图谱,如图7-17(a)(b)(c)所示。

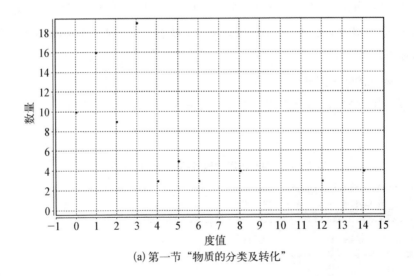

(a) 第一节"物质的分类及转化"

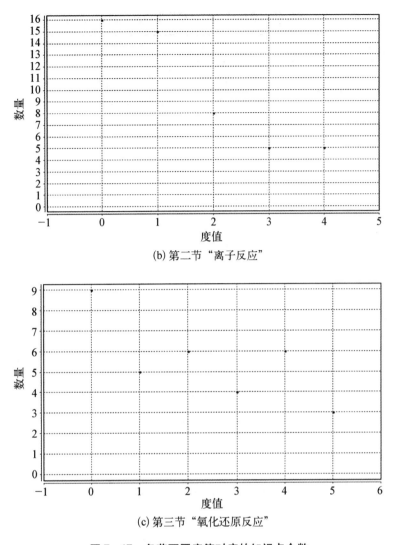

(b) 第二节"离子反应"

(c) 第三节"氧化还原反应"

图 7-17 各节不同度值对应的知识点个数

由图 7-17 可知,在"物质的分类及转化"一节的 76 个知识点中,度值为 12—14 的知识点数目较少,度值处于 4—8 的知识点数目也不多,绝大多数知识点的度值处于 0—3。选择度值为 8 及以上的知识点,比对它们在课程标准中的学习要求对应的重要性类别,结果如表 7-15 所示。在"离子反应"一节的 49 个知识点中,度值最大的是 4,有 5 个知识点。而后是度值处于 2—3 的知识点,数目不多。绝大多数知识点的度值处于 0—1。选择度值为 3 及以上的知识点,比对它们在课程标准中的学习要求对应的重要性类别,结果如表 7-15 所示。在"氧化还原反应"一节的 33 个知识点中,度值最大的为 5,数目较少。度值为 1—4 的知识点数目不多,分布比较均匀。度值为 0 的知识点最多。选择度值为 4 及以上的知识点,比对它们在课程标准中的学习要求对应的重要性类别,结果如表 7-15 所示。

表7-15 各节知识点度值和与课程标准中知识点的重要性对比

第一节			第二节			第三节		
度值	知识点	知识点的重要性	度值	知识点	知识点的重要性	度值	知识点	知识点的重要性
14	39-护目镜图标及说明	核心	4	3-干燥的固体盐不导电	一般	5	7-氧化还原反应的重要特征是有元素化合价变化	核心
14	40-洗手图标及说明	核心	4	4-蒸馏水能导电但很弱	一般	5	8-微观角度分析钠与氯气反应	核心
14	43-热烫图标及说明	核心	4	5-盐溶液能导电	一般	5	10-微观角度分析氢气与氯气反应	核心
14	44-明火图标及说明	核心	4	15-氯化钠固体入水后的变化	一般	4	16-还原剂的概念	一般
12	41-用电图标及说明	核心	4	17-氯化钠固体熔化后的变化	一般	4	17-氧化剂的概念	一般
12	42-排风图标及说明	核心	3	6-酸碱盐溶液能导电	一般	4	22-还原剂有还原性	一般
12	45-锐器图标及说明	核心	3	7-盐碱固体加热至熔化能导电	一般	4	23-还原剂被氧化	一般
8	56-酸与活泼金属反应	已学	3	8-电解质的定义	核心	4	24-氧化剂有氧化性	一般
8	58-酸与碱性氧化物反应	一般	3	19-电离的定义	核心	4	25-氧化剂被还原	一般
8	60-酸与碱反应	已学	3	47-有离子参与的置换反应	一般			
8	62-酸与某些盐反应	已学						

由表7-15可知,"物质的分类及转化"一节的教材知识结构中度值大于8的知识点大部分为课程标准中规定的核心知识点,只有4个为已学和一般知识点。深入分析教材具体内容发现,度值为12—14的知识点都是实验安全图标及其说明,这类知识点数目多,有7个,在实验安全知识群内联系紧密,但它们并未与本节中实验内容外的知识点发生联系。再看"56-酸与活泼金属反应""60-酸与碱反应""62-酸与某些盐反应"这些初中已学知识点的度值大,是因为它们均属于酸的化学性质知识群,知识群内联系紧密。

"离子反应"一节中,度值大的知识点既有课程标准规定的核心知识点,也有一般知识点。"3-干燥的固体盐不导电""4-蒸馏水能导电但很弱""5-盐溶液能导电"度值大是因为作为实验结论,在实验结论知识群内联系紧密。而"8-电解质的定义""19-电离的定义"度值大是因为它们是由一些知识点联系引出的。

"氧化还原反应"一节中,度值大的知识点主要涉及课程标准要求之内的核心知识和一般知识,其中核心知识点"7-氧化还原反应的重要特征是有元素化合价变化"需要由一些知识点作铺垫才能引出,而"8-微观角度分析钠与氯气反应""10-微观角度分析氢气与氯气反应"则是能够延伸出新知识点的基础知识点。度值为4的知识点如"22-还原剂有还原性""23-还原剂被氧化""24-氧化剂有氧化性""25-氧化剂被还原"属于知识群内联系紧密的知识。

④ 介数

从 Gephi 中导出三节中不同介数值对应的知识点个数图谱,如图 7-18(a)(b)(c)所示。

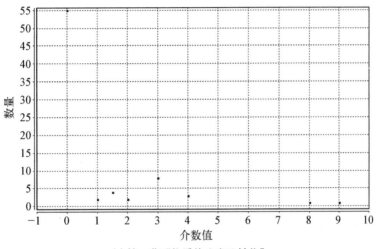

(a) 第一节"物质的分类及转化"

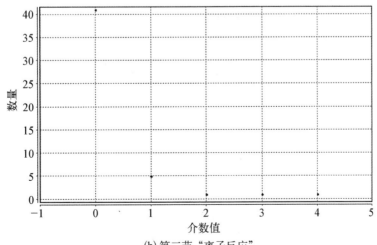

(b) 第二节"离子反应"

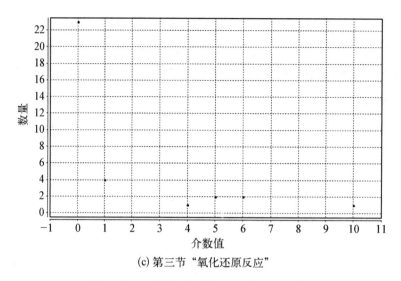

(c) 第三节"氧化还原反应"

图 7-18　各节不同介数值对应的知识点个数

由图 7-18 可知,在"物质的分类及转化"一节的 76 个知识点中,介数值最大为 9,只有一个知识点。介数值为 1—8 的知识点数目均较少,绝大多数知识点的介数值为 0。选择介数值为 4 及以上的知识点,比对它们在课程标准中的学习要求对应的重要性类别,结果如表 7-16 所示。在"离子反应"一节的 49 个知识点中,介数值最大为 4,只有一个知识点。介数值为 1—3 的知识点数目均比较少,绝大多数知识点介数值为 0。选择介数值为 2 及以上的知识点,比对它们在课程标准中的学习要求对应的重要性类别,结果如表 7-16 所示。在"氧化还原反应"一节的 33 个知识点中,介数值最大为 10,只有一个知识点。介数值处于 1—6 的知识点比较少,绝大多数的知识点介数值为 0。选择介数值为 4 及以上的知识点,比对它们在课程标准中的学习要求对应的重要性类别,结果如表 7-16 所示。

表 7-16　各节知识点介数值和与课程标准中知识点的重要性对比

第一节			第二节			第三节		
介数值	知识点	知识点的重要性	介数值	知识点	知识点的重要性	介数值	知识点	知识点的重要性
9	72-确定制取某类物质的方法的依据	一般	4	8-电解质的定义	核心	10	7-氧化还原反应的重要特征是有元素化合价变化	核心
8	71-单质到盐的转化关系	一般	3	9-电解质举例	核心	6	3-氧化还原反应的定义	核心
4	12-根据性质分类	一般	2	19-电离的定义	核心	6	5-氧化和还原与化合价的关系	一般

续 表

第一节			第二节			第三节		
介数值	知识点	知识点的重要性	介数值	知识点	知识点的重要性	介数值	知识点	知识点的重要性
4	24-分散质和分散剂的概念	一般				5	8-微观角度分析钠与氯气反应	核心
4	74-工业生产制取物质的考虑	一般				5	10-微观角度分析氢气与氯气反应	核心
						4	4-两个反应中元素化合价反应前后的变化	一般

由表7-16可知,"物质的分类及转化"一节中介数值大的知识点并不是课程标准规定的核心知识点,而是一般知识点。如知识点"72-确定制取某类物质的方法的依据"连接了知识点"物质的分类与转化"与知识点"确定制取某种物质的方法",发挥了从理论到实践应用的"桥梁"作用。可见,在教材编制过程中,不一定会以课标要求的核心知识点作为教材知识结构建立的"桥梁"。

"离子反应"一节中,介数值高的知识点均是课程标准要求的核心知识点。如核心知识点"8-电解质的定义"连接了知识点"物质的导电性实验"与知识点"电解质能导电的原因","19-电离的定义"连接了知识点"电解质"与知识点"离子反应"。

"氧化还原反应"一节中,介数值高的知识点既有属于课程标准要求的核心知识点,也有一般知识点。如核心知识点"7-氧化还原反应的重要特征是有元素化合价变化"连接了知识点"氧化还原反应的定义"与知识点"氧化还原反应的本质",一般知识点"5-氧化和还原与化合价的关系"连接了知识点"初中学习的氧化和还原反应的化学方程式"与知识点"氧化还原反应的本质"。综合可见,在教材编制过程中,不一定会以课标要求的核心知识点作为教材知识结构建立的"桥梁"。

(2) 中观层面

① 四类知识点之间的关系的分布比例

根据Gephi中的统计可得到三节中四类知识点之间的关系的分布比例,结果如表7-17所示。

表7-17 各节四类知识点之间的关系的分布比例

知识点之间的关系		并列	需求	激发	递进
分布比例	第一节	62.96%	18.52%	2.22%	16.30%
	第二节	36.36%	39.39%	0.00%	24.24%
	第三节	52.94%	32.35%	0.00%	14.71%

由表 7-17 可知,在"物质的分类及转化"一节中,当知识点发生连边时,有 62.96% 属于并列关系,18.52% 属于需求关系,16.30% 属于递进关系,2.22% 属于激发关系。就并列关系来看,如 7 个与实验有关的图标及说明为并列关系;而从分散系的定义到分散质和分散剂的概念则表现为需求关系;关于递进关系,如从根据性质分类指向酸性氧化物的概念。总体来看,各知识点之间的联系呈现多种类型并以并列关系为主。此外,由于本节核心知识点不多且以一般知识点为主,难度并不大,故选择较简单的并列关系对知识点进行连接,有助于学生形成物质的分类及转化知识体系。

在"离子反应"一节中,在发生连边的知识点中有 36.36% 属于并列关系,39.39% 属于需求关系,24.24% 属于递进关系。并列关系,如"4-酸碱盐溶液能导电"与"5-盐碱固体加热至熔化能导电";需求关系,如从"9-电流的形成"指向"10-物质能导电需具备";递进关系,如从"18-电离方程式举例"指向"19-电离角度认识酸的本质"。各知识点之间的联系中,并列、需求、递进三类关系分布比例均衡,但没有激发关系。

在"氧化还原反应"一节中,当知识点间存在连边时,有 52.94% 属于并列关系,32.35% 属于需求关系,14.71% 属于递进关系。并列关系,如"8-微观角度分析钠与氯气反应"与"10-微观角度分析氢气与氯气反应";需求关系,如从"2-两个反应中的得失氧物质及其发生的反应"指向"3-氧化还原反应的定义";递进关系,如从"7-氧化还原反应的重要特征是有元素化合价变化"指向"12-氧化还原反应的本质是电子转移"。各知识点之间的联系以并列、需求为主,没有激发关系。

② 四类知识点之间的关系的权重

在本章各节中,当知识点 A 与知识点 B 发生连边时,均只出现一次连边,权重均为 1,说明教材没有特别要强调某两个知识点之间的关系。

(3) 宏观层面

由"物质的分类及转化"一节中 76 个知识点出现的先后顺序(图 7-16)可知,该节的编排线索为:根据物质的组成和性质分类实例→分类法的介绍→分散系及其分类→酸碱盐的性质→物质的转化。该线索属于学科逻辑顺序中的"理论或方法的创立→理论或方法的阐释→理论或方法的应用"。

由"离子反应"一节中 49 个知识点出现的先后顺序(图 7-16)可知,该节的编排线索为:物质的导电性实验→电解质的定义→电解质导电的原因→电离与电离方程式→离子反应与离子方程式→离子反应的应用。该线索属于学科逻辑顺序中的"理论或方法的创立→理论或方法的阐释→理论或方法的应用"。

由"氧化还原反应"一节中的 33 个知识点出现的先后顺序(图 7-16)可知,该节的基本编排线索为:初中学过的氧化反应和还原反应的判断→重新定义氧化还原反应→氧化还原反应的本质→氧化剂和还原剂→氧化还原反应的应用。该线索也属于学科逻辑顺序中的"理论或方法的创立→理论或方法的阐释→理论或方法的应用"。

2. "物质及其变化"节与节层级网络图分析

按照教材知识结构分析程序,导出第一章"物质及其变化"三节的层级网络图,如图 7-19 所示。

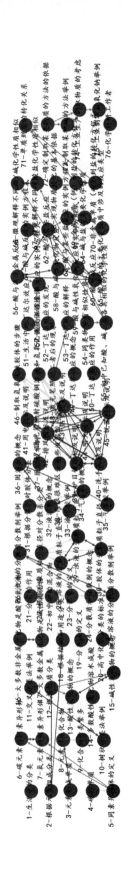

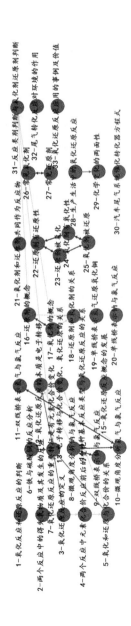

图 7-19 第一章三节的层级网络图

图注：节点（第一层：1.1，第二层：1.2，第三层：1.3），连边（不同颜色的连边分别代表并列、需求、激发、递进关系）

第 7 章 基于复杂网络理论的高中化学教材学科知识结构研究　　171

由图 7-19 可知,第一章共有 158 个知识点,202 条连边。但是三节知识点之间并没有联系,因而网络密度数值很小,只有 0.008。聚类系数数值为 0.193,说明该教材知识结构具有一定的集团化特征,表现为本章中的知识点主要围绕各节的主题来展开并形成了各自的知识群,节内部知识点的紧密性远远大于节与节之间知识点的紧密性。

具体来看,通过对第一节"物质的分类及转化"、第二节"离子反应"和第三节"氧化还原反应"的学习,学生需要分别建立高中化学研究无机物性质的两个重要认识角度——"物质类别"和"元素价态",并学会利用"离子反应""氧化还原反应"对常见的反应进行分类和分析说明。这三节的知识点之间没有连边,相互独立,但是它们之间仍存在一些隐性联系。如第一节介绍了分类的方法,而第二节的电解质与非电解质就是从一个新的角度对化合物进行的分类,是对分类法的具体运用。再往后从电离的角度认识酸、碱的本质,也是从新的角度对酸碱进行了分类。第三节的氧化还原反应是从一个新的角度对反应类型进行了分类,也是对第一节分类法的实际应用。

(三)"海水中的重要元素——钠和氯"教材知识结构分析

1. 各节顺序网络图分析

按照教材知识结构分析程序,导出教材第二章三节"钠及其化合物""氯及其化合物""物质的量"的顺序网络图(教材第二节"氯及其化合物"的图谱及其分析作为本章第三节分析程序的案例出现,以下不再讨论),如图 7-20 所示。

接下来将结合图像和参数数据从微观、中观、宏观三个层面解析各节的顺序网络图。

(1) 微观层面

① 不同领域知识点的分布比例

根据 Gephi 中的统计结果可得到两节中不同领域知识点的分布比例,结果如表 7-18 所示。

由表 7-18 可知,在"钠及其化合物"一节中,大部分知识点属于元素化学领域,占比 69.64%。一部分知识点属于化学技能领域,占比 28.57%,还有个别知识点属于物质结构领域,仅占 1.79%。该节主要是对钠及其化合物的相关性质和应用进行介绍,属于元素化学领域,其中也有穿插实验操作和化学方程式书写,属于化学技能领域。知识点的选取以元素化学为主。

在"物质的量"一节中,大部分知识点属于化学技能领域,占比 94.12%。还有极少数知识点属于物质结构领域,仅占 5.88%。该节主要是对物质的量及基于物质的量的化学计算方法进行介绍,相关知识基本属于化学技能领域。其中也穿插有影响物质体积大小的因素的知识点,属于物质结构领域。知识点所属领域分布较为合理,并以化学技能为主。

② 不同重要性的知识点的分布比例

根据 Gephi 中的统计可得到两节中具有不同重要性的知识点的分布比例,结果如表 7-19 所示。

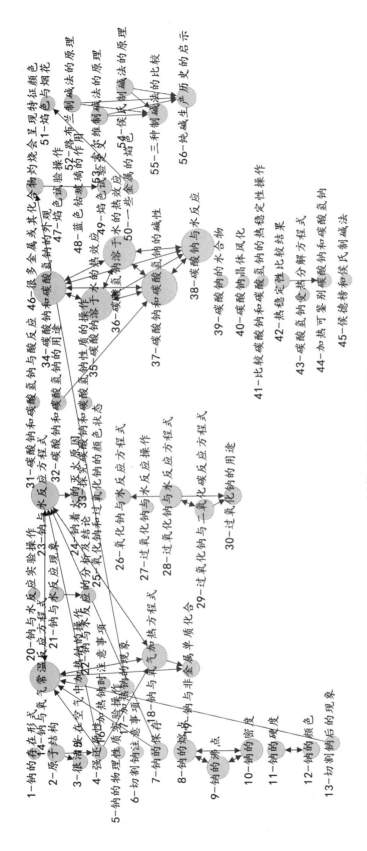

(a) 第一节 "钠及其化合物"

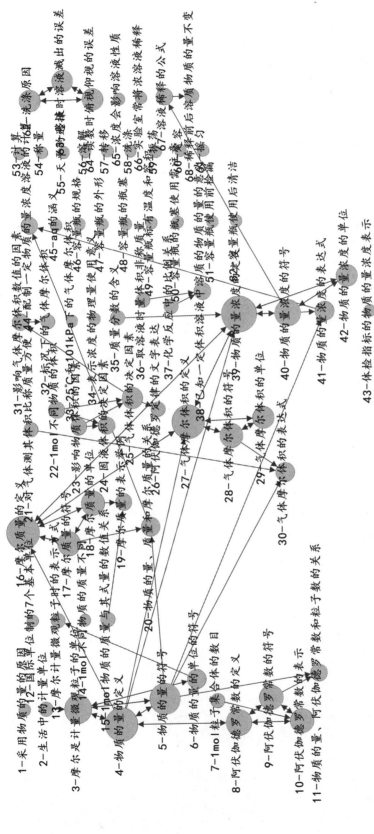

(b) 第三节 "物质的量"

图 7-20 第二章各节顺序网络图

表 7-18 各节不同领域知识点的分布比例

知识点领域		元素化学	有机化学	物质结构	理论化学	化学技能
分布比例	第一节	69.64%	0.00%	1.79%	0.00%	28.57%
	第三节	0.00%	0.00%	5.88%	0.00%	94.12%

表 7-19 各节不同重要性的知识点的分布比例

知识点重要性		已 学	要求外	一 般	核 心
分布比例	第一节	3.57%	5.36%	30.36%	60.71%
	第三节	8.82%	8.82%	17.65%	64.71%

由表 7-19 可知,在"钠及其化合物"一节中,有 3.57% 的知识点是已学的知识点,在课程标准要求之外的知识点占比 5.36%,而核心知识点占比 60.71%,一般知识点占比 30.36%。由于钠是学生进入高中接触的第一种金属元素,其中绝大多数都是未学知识点。核心知识点的占比较多,主要是钠及其化合物的化学性质。虽然核心知识点较多,但对学生而言学习难度并不会很大,知识点重要性的分布较为合理。

在"物质的量"一节中,已学的知识点占比 8.82%,课程标准要求之外的知识点占比 8.82%,而核心知识点占比 64.71%,一般知识点占比 17.65%。该节核心知识点很多,物质的量、摩尔质量、气体摩尔体积、物质的量浓度等均是重点,也是难点,学习难度会比较大。

③ 度

从 Gephi 中导出各节中不同度值对应的知识点个数图谱,如图 7-21 所示。

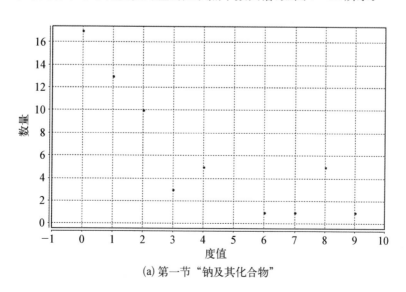

(a) 第一节"钠及其化合物"

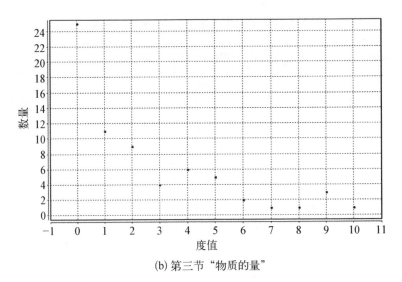

(b) 第三节"物质的量"

图 7-21 各节不同度值对应的知识点个数

由图 7-21 可知,在"钠及其化合物"一节的 56 个知识点中,度值最大为 9,只有一个知识点。度值处于 3—8 的知识点个数比较少,大部分知识点的度值为 0—2。选择度值为 6 及以上的知识点,比对它们在课程标准中的学习要求对应的重要性类别,结果如表 7-20 所示。

在"物质的量"一节的 68 个知识点中,度值最大为 10,仅有一个知识点。度值处于 3—9 的知识点个数不多,大部分知识点的度值处于 0—2。选择度值为 6 及以上的知识点,比对它们在课程标准中的学习要求对应的重要性类别,结果如表 7-20 所示。

表 7-20 各节知识点度值和与课程标准中知识点的重要性对比

	第一节			第三节	
度值	知 识 点	知识点的重要性	度值	知 识 点	知识点的重要性
9	37-碳酸钠和碳酸氢钠的碱性	核心	10	39-物质的量浓度的定义	核心
8	14-钠与氧气常温反应的化学方程式	核心	9	4-物质的量的定义	核心
8	34-碳酸钠和碳酸氢钠的外观	一般	9	16-摩尔质量的定义	核心
8	35-碳酸钠溶于水的热效应	核心	9	27-气体摩尔体积的定义	核心
8	36-碳酸氢钠溶于水的热效应	核心	8	5-物质的量的符号	核心
8	38-碳酸钠与水反应	核心	7	3-摩尔是计量微观粒子的单位	核心
7	23-钠与水反应的化学方程式	核心	6	8-阿伏伽德罗常数的定义	核心
6	18-钠与氧气加热的化学方程式	核心	6	40-物质的量浓度的符号	核心

由表 7-20 可知,在"钠及其化合物"一节中度值大的知识点涉及课程标准要求的核心知识点,也有一般知识点。在这些知识点中,有因为在知识群内呈现并列关系而联系紧密的知识点,如"34-碳酸钠和碳酸氢钠的外观""36-碳酸氢钠溶于水的热效应"与"38-碳酸钠与水反应";也有需要一些知识点的铺垫才能引出的知识点,如"14-钠与氧气常温反应的化学方程式"和"23-钠与水反应的化学方程式"。

在"物质的量"一节中,度值大的知识点都是课程标准要求的核心知识点。在这些知识点中,有能够延伸出新知识点的基础知识点,比如"4-物质的量的定义"。也有知识群内部联系紧密的知识点,但它们同时也是能够延伸出新知识点的基础知识点,如"39-物质的量浓度的定义""16-摩尔质量的定义""27-气体摩尔体积的定义"三者呈现并列关系,同时也延伸出了较多其他知识点。

④ 介数

从 Gephi 中导出各节中不同介数值对应的知识点个数图谱,如图 7-22 所示。

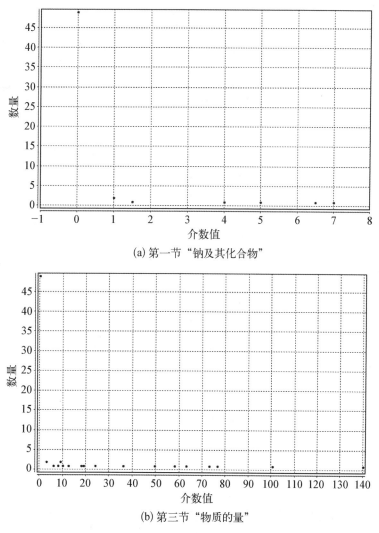

(a) 第一节"钠及其化合物"

(b) 第三节"物质的量"

图 7-22 各节不同介数值对应的知识点个数

由图 7-22 可知,在"钠及其化合物"一节的 56 个知识点中,介数值最大为 7,只有一个知识点。介数值为 1—6.5 的知识点数目很少,绝大多数知识点的介数值为 0。选择介数值为 4 及以上的知识点,比对它们在课程标准中的学习要求对应的重要性类别,结果如表 7-21 所示。在"物质的量"一节的 68 个知识点中,介数值最大为 140,只有一个知识点。介数值处于 3—100.5 的知识点比较少,绝大多数知识点的介数值为 0。选择介数值为 24 及以上的知识点,比对它们在课程标准中的学习要求对应的重要性类别,结果如表 7-21 所示。

表 7-21　各节知识点介数值和与课程标准中知识点的重要性对比

第一节			第三节		
介数值	知　识　点	知识点的重要性	介数值	知　识　点	知识点的重要性
7.0	14-钠与氧气常温反应的化学方程式	核心	140.0	4-物质的量的定义	核心
6.5	23-钠与水反应的化学方程式	核心	100.5	39-物质的量浓度的定义	核心
5.0	4-强还原性	核心	76.5	16-摩尔质量的定义	核心
4.0	37-碳酸钠和碳酸氢钠的碱性	核心	73.0	8-阿伏伽德罗常数的定义	核心
			63.0	27-气体摩尔体积的定义	核心
			58.0	3-摩尔是计量微观粒子的单位	核心
			49.5	40-物质的量浓度的符号	核心
			36.0	5-物质的量的符号	核心
			24.0	10-阿伏伽德罗常数的表示	核心

由表 7-21 可知,在"钠及其化合物"一节中,介数值高的知识点都是课程标准要求的核心知识点。如"4-强还原性"连接了知识点"钠的原子结构"与知识点"钠的化学性质"。在"物质的量"一节中,介数值高的知识点也都是课程标准要求的核心知识点,发挥了"桥梁"作用。

(2) 中观层面

① 四类知识点之间的关系的分布比例

根据 Gephi 中的统计结果可得到各节中四类知识点之间的关系的分布比例,结果如表 7-22 所示。

表 7-22 各节四类知识点之间的关系的分布比例

知识点之间的关系		并 列	需 求	激 发	递 进
分布比例	第一节	59.68%	20.97%	0.00%	19.35%
	第二节	59.74%	32.47%	2.60%	5.19%

由表 7-22 可知,在"钠及其化合物"一节中,当知识点发生连边时有 59.68% 属于并列关系, 20.97% 属于需求关系,19.35% 属于递进关系。并列关系,比如钠的物理性质相互并列,钠的化学性质相互并列;需求关系,如从"23-钠与水反应的化学方程式"指向"24-钠着火的灭火原因";递进关系,如从"7-钠的保存"指向"14-钠与氧气常温反应的化学方程式"。各知识点之间的联系以并列为主,没有激发关系。

在"物质的量"一节中,当知识点间存在连边时有 59.74% 属于并列关系,32.47% 属于需求关系,2.60% 属于激发关系,而 5.19% 属于递进关系。并列关系,如摩尔质量、气体摩尔体积、物质的量浓度等知识点相互并列;需求关系,如从"4-物质的量的定义"指向"16-摩尔质量的定义";激发关系,如从"2-生活中的计量单位"指向"3-摩尔是计量微观粒子的单位";递进关系,如从"22-1摩尔不同物质的体积"指向"24-固液体积的决定因素"。各知识点之间的联系较为合理,并以并列关系为主。

② 四类知识点之间的关系的权重

在本章各节中,当知识点 A 与知识点 B 发生连边时,均只出现一次连边,权重均为 1,说明教材没有特别要强调某两个知识点之间的关系。

(3) 宏观层面

由"钠及其化合物"一节 56 个知识点出现的先后顺序可知,该节的编排线索为:钠的原子结构→钠的物理性质→钠的化学性质→氧化钠和过氧化钠的物化性质及应用→碳酸钠和碳酸氢钠的应用及物化性质→焰色试验。该线索属于学科逻辑顺序中的"物质的结构→物质的性质→物质性质的应用"。

由"物质的量"一节 68 个知识点出现的先后顺序可知,该节的编写线索为:物质的量→阿伏伽德罗常数→物质的量、阿伏伽德罗常数与粒子数的关系→摩尔质量→物质的量、质量与摩尔质量的关系→气体摩尔体积→物质的量浓度→配制一定物质的量浓度的溶液。该线索属于学科逻辑顺序中的"理论或方法的创立→理论或方法的阐释→理论或方法的应用"。

(四) 第一章与第二章的层级网络图分析

由 Gephi 导出第一章"物质及其变化"和第二章"海水中的重要元素——钠和氯"之间的层级网络图,如图 7-23 所示。

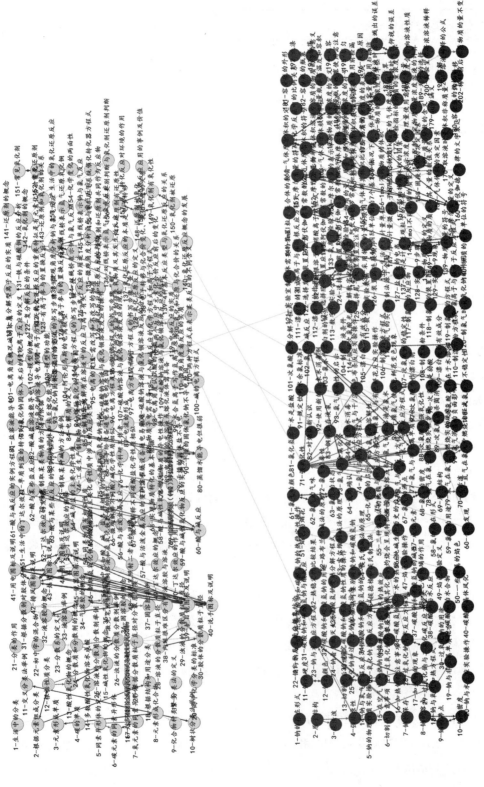

图 7-23 第一章与第二章的层级网络图

图注：节点（第一层-第一章、第二层-第二章），连边（不同颜色连线分别代表并列、需求、激发、递进关系）

180　当代化学教材内容设计与特征研究

由图 7-23 可知,第一章和第二章共有 360 个知识点和 432 条连边。但是第一章与第二章只有个别知识点间存在连边,连边共有 5 条,这表明两章之间的联系很微弱,因而网络密度数值很小,只有 0.004。聚类系数数值为 0.183,说明该教材知识结构具有一定的集团化特征,体现在每章的知识点围绕着各章主题展开,各章内部的知识点互相连边形成各自的知识群,章内部知识点的紧密性远远大于章与章之间知识点的紧密性。

具体来看,第一章"物质及其变化"主要介绍高中化学研究无机物性质的两个重要认识角度——"物质类别"和"元素价态",以及"离子反应""氧化还原反应"的反应类型。第二章"海水中的重要元素——钠和氯"主要介绍两种重要的金属元素钠和非金属元素氯及其化合物的性质和用途,并且引出了基于物质的量的化学计量方法。两章之间的显性连边不多,仅为 5 条。分别是从第一章第二节"离子反应"中"95-电离的定义"指向第二章第二节"氯及其化合物"中"127-盐酸盐的电离"的需求关系;从第一章第三节"氧化还原反应"中"133-微观角度分析钠与氯气反应"指向第二章第二节"氯及其化合物"中"74-氯气与钠反应的方程式"的需求关系;从第一章第三节"氧化还原反应"中"135-微观角度分析氢气与氯气反应"指向第二章第二节"氯及其化合物"中"80-氢气在氯气中燃烧的方程式"的需求关系;从第一章第三节"氧化还原反应"中"147-还原剂有还原性"指向第二章第一节"钠及其化合物"中"4-强还原性"的需求关系;从第一章第三节"氧化还原反应"中"149-氧化剂有氧化性"指向第二章第二节"氯及其化合物"中"71-强氧化性"的需求关系。可见 5 条连边均是需求关系,可以理解为第一章的相关知识点为第二章的学习作了铺垫。

实际上两章还存在一些隐性联系,如第一章第一节引出用分类法对物质进行分类后,人们可以分门别类地进行物质研究,而第二章正是从单质和化合物两个类别对钠及其化合物的性质和用途展开探究学习的。

五、研究结论

本研究基于文献分析界定了教材知识结构的定义,并建立了教材知识结构的基本分析框架。此外,在了解复杂网络理论的基本参数、统计特性及其相关应用之后,本研究建构了基于复杂网络理论的教材知识结构分析程序:(1)提取知识点并编码;(2)确定知识点之间的关系;(3)将编码数据导入分析软件以生成教材知识结构图与参数数据;(4)对图谱和参数进行解读,分析教材知识结构的特征。

据此以 2019 版人教版《普通高中教科书 化学必修第一册》的第一章和第二章为研究对象进行教材分析后,得到教材知识结构呈现出以下特征。

(1)在微观层面,知识点的领域分布合理,均以章节主题对应的领域为主;核心知识点的占比在不同章节有所差别;度值和介数值大的知识点大多数情况下均为课程标准要求的核心知识点。① 知识点的领域分布合理,均以章节主题对应的领域为主。元素化学主题章节第二章中的"钠及其化合物""氯及其化合物"等节所涉及的知识点领域呈现多样化的特点,而理论化学主题章节第一章中的"离子反应""氧化还原反应"等节的知识点种类则只有两类(理论化学与化学技能)。② 在不同重要性的知识点分布中,由于第一章需要考虑与初中化学的衔接问题,其中存在一定比例的已学知识点,而核心知识点的占比并不多,学习难度不大。第二章出现的核心知识点多且有一定的难度。③ 度值大的知识点大部分属于课程标准要求的核心知识点,但也有属于一般知识点和已学知识点的。在深入剖析教材知识结构图后发现,这些度值大的知识点可以分为三类:能够延伸出较多知识点的基础知识点、需要由较多知识点作铺垫才能引出的知识点,以及在知识群内联系紧密但是与知识群外联系微弱的知识点。④ 绝大多数介数值大的"桥梁"知识点也是课程标准要求的核心知识点。

(2) 在中观层面,知识点之间关系的种类呈多样化,紧密性一般。① 四类知识点之间的关系分布较为合理,知识点之间关系的种类在各章节呈现多样化的特点,以并列关系为主,其次是需求关系、递进关系,激发关系很少出现;② 当知识点 A 与知识点 B 发生连边时,均只出现一次连边,权重均为1,说明教材没有特别需要强调的某两个知识点之间的关系。

(3) 在宏观层面,编排线索清晰,均运用了学科逻辑,层级联系不紧密。① 在逻辑线索上,两章中各节的编排线索都是学科逻辑,线索十分清晰,由易到难,环环相扣,在一定程度上符合学生的认知发展规律;② 在层级关系上,章与章的联系很微弱,有连边的知识点之间仅为需求关系,章内部节与节之间甚至没有连边。

六、研究启示

(1) 避免具有一定难度的核心知识点的集中出现。从对所选教材章节知识结构的分析结果可知,具有一定难度的核心知识点在教材中表现出较为集中地出现的情况。之所以呈现这种知识的选择与编排情况,一方面是源于章节主题所对应的课程标准中学习要求的规定,即有些章节主题在课程标准中被要求重点学习的知识点比较多;另一方面则是因为教材章节主要采用学科逻辑线索对内容加以编排,知识点会遵循一定的逻辑关系出现。如第二章第三节"物质的量"就涵盖了物质的量、摩尔质量、气体摩尔体积、物质的量浓度等一系列核心知识点,教材以较少的篇幅集中介绍了上述具有一定难度的核心知识点,对学生而言具有挑战性。因此,可以考虑根据学生认知的需要,充分利用理论化学知识、元素化学知识和化学技能知识间的内在联系,在介绍具体物质的性质与用途的过程中引出具有工具意义的化学概念或化学技能,或是在概念或技能学习时巧妙联系元素化学知识以及相关问题情境,从而使难度较大的化学理论知识和化学技能知识的学习得到支撑,在降低理解难度的同时也避免了难度大的知识点集中出现的情况。

(2) 加强章节间的联系,发挥教材知识结构有机整体的育人功能。在解读两章教材知识结构时可以发现章与章、章内部节与节之间的联系很微弱,彼此之间甚至没有出现连边。为改善当前教材整体结构略显松散的问题,教材需要在强调各节内部知识点紧密联系的基础上,特别关注结合章与章、章内部节与节之间知识点间可能存在的互动关系,从而增强层级之间联系的紧密性并提升章节知识结构的整体性、一体化程度,充分运用教材章节整体的育人功能赋能学生知识网络的构建。实际上,对教材章节内容的分析可以发现章节之间具有潜在的关联,如第一章第一节介绍了分类的方法,第二节的化合物分类又从电离的角度对酸、碱的本质作出了区分并对常见的酸碱物质进行了分类,第三节则从另一个全新的视角认识了氧化还原反应,这些都体现了对第一节分类方法的具体应用。此外,第二章以钠和氯作为金属元素与非金属元素的典型代表展开了元素化合物的学习,该设计既体现了学习顺序中前者为后者提供认识视角和研究方法的示范,同时也为后续元素化合物章节的学习奠定了重要的基础。上述知识之间的关系目前在教材文本中并没有以显性化的方式予以呈现,导致学生感知潜在联系或自主建立联系的难度较大,这会影响学生对章内部各节以及章与章之间关系整体性的认识。为此,可考虑采用文字描述、问题提示或知识结构图的方式对章节之间的知识联系予以呈现和说明,从而为学生建构完善的知识体系提供引导和支持。

第 8 章 基于复杂网络理论的沪科版高中化学教材理科跨学科知识结构研究

一、研究背景

全球科技创新与竞争日趋激烈,使得跨学科人才培养至关重要,故科学教育已被视为建设创新型国家以及响应科教强国政策的根本之基。而跨学科教育作为一种跨学科知识教与学的课程形态,其已成为培养具有前瞻性交叉思维、能解决复杂问题的复合型创新人才的根本途径。2017 年我国教育部对多门学科的高中课程标准做出了修订,提倡"综合性学习"的教育理念,并在分科科学体系中特别强调了探索跨学科的融合。欧美地区国家在最新一轮的科学教育改革中也普遍尝试构建跨学科课程的内容体系,如美国《K-12 科学教育框架》(2012)提出要构建以交叉概念和学科核心概念为共同主体的内容体系。[①] 可见,提倡跨学科的科学教育旨在将学生培养为跨学科的思考者和行动者,其业已成为 21 世纪科学教育转型的重要目标。

1968 年第一届综合科学教学国际研讨会对综合科学课程和分科科学课程作出定义,自此,科学教育者便致力于寻求"分科"与"合科"的平衡态。[②] 我国高中阶段的科学教育一直在实行物理、化学、生物和地理的分科教学制度,这在一定程度上削弱了个体科学知识体系的综合性和整体性。分科科学教材作为科学教学内容的重要载体,其对跨学科知识结构的设计会在很大程度上影响学生跨学科知识的习得以及跨学科素养的发展。为使科学教育从"单一学科导向"的事实性知识习得转向"跨学科导向"的素养培育,分科科学教材在梳理学科知识、促进学生理解本学科知识框架的基础上逐步引入其他分科科学知识,形成了由本学科与其他分科科学知识共同组成的跨学科内容,这一整合是学生理解不同学科知识的关系、实现科学知识整合与迭代、有效提升其科学创新与实践能力的基础。

当前以科学教材为研究对象的跨学科内容研究主要包含内容设计研究和内容特征分析两个方面。在教材跨学科内容设计研究方面,戈尔丁·克林顿(Golding Clinton)指出教材的跨学科设计应提供程序性知识或技能,使读者能理解如何进行跨学科思考以及构建复杂的个人认知框架

[①] 郭玉英,姚建欣,彭征.美国《新一代科学教育标准》述评[J].课程·教材·教法,2013,(8):118-127.
[②] 毕华林,万延岚.当前国际化学课程改革的发展动向及启示[J].比较教育研究,2015,(9):79-84.

以形成跨学科思维。① 比施霍夫豪森(Bischhoffshausen)等人指出教材跨学科内容编制首先要让读者相信跨学科方法是有价值的,其次要凸显跨学科的用途和方法,使读者掌握辨别何时以及如何使用的能力。② 在教材跨学科内容特征分析方面,当下的研究根据其核心关注点的不同可以分为两类:一是关注跨学科知识的构成。如周鹏琴等人以 STEM 为视角划分了美国科学教材中的知识点,并统计了知识点的数量以及在三大主题(物质科学、生命科学、地球科学)中的分布;③ 印晓明等人基于对中美主流物理教材"光学部分"的比较,指出美国教材更重视物理学与其他学科融合;④ 韩雅慧从数量和学科来源的角度对英语教材跨学科内容进行研究,发现牛津版倾向于引入人文学科知识,人教版倾向于均衡不同学科来源知识的比例,而外研版则倾向于纳入多种学科的知识。⑤ 二是关注跨学科知识之间的联系和功能。如西扎斯·迪米特里奥斯(Schizas Dimitrios)等人分析了高中生物教材中的地质时间和地球生命史等地理知识,指出这些知识支持了进化生物学内容的逻辑过程和历史推理;⑥ 潘小勤等人从学科来源、分布位置、使用目的、呈现方式四个维度对数学教材跨学科内容进行量化统计,发现跨学科知识通常用于建构数学问题的背景情境,与数学本体知识融合的深度不够。⑦

  总体而言,在科学教材的跨学科内容研究中针对分科科学教材的研究并不多,并且其主要采用的"指标编码-描述统计"研究方法难以支持对教材知识间的关联及整体网络特征进行有效分析,因此需要在分析视角和技术手段上寻求突破。复杂网络是一种分析复杂系统的视角,可以为理解、分析教材理科跨学科知识结构提供新视角。为此,本研究将复杂网络视角引入到高中化学教材跨学科知识研究之中,通过深入挖掘复杂网络技术的分析功能,一方面全面刻画高中化学教材理科跨学科知识的构成情况;另一方面还将利用网络参数分析把握理科跨学科知识结构的网络特征并识别主导知识的角色特征,以找到跨学科知识结构优化的突破口,为我国基础教育科学课程教材改革提供重要参考。

---

① GOLDING C. The educational design of textbooks: a text for being interdisciplinary[J]. Higher Education Research & Development, 2014, 33(5): 921-934.
② BISCHHOFFHAUSEN J K V, HOTTUM P, SCHURITZ R. Service science textbooks: opportunities of an interdisciplinary approach[A]. Springer International Publishing. International Conference on Exploring Services Science[C]. 2016: 742-749.
③ 周鹏琴,徐唱,张韵,李芷.STEM 视角下的美国科学课程教材分析——以 FOSSK-5 年级科学教材为例[J].中国电化教育,2016,(5): 25-32.
④ 印晓明,陈坤.中美高中主流物理教材在"光学"部分内容呈现的差异与启示[J].物理教师,2016,(2): 74-77.
⑤ 韩雅慧.高中英语教材阅读文本跨学科分析——以牛津版、人教版、外研版三版教材对比为例[J].海外英语,2019,(18): 176-177.
⑥ SCHIZAS D, PAPATHEODOROU E, STAMOU G. Transforming "ecosystem" from a scientific concept into a teachable topic: philosophy and history of ecology informs science textbook analysis[J]. Research in Science Education, 2018,(48): 267-300.
⑦ 潘小勤,张维忠.高中数学教材中跨学科内容的呈现——以新人教 A 版高中数学必修教材为例[J].中学数学教学参考,2020,(13): 31-34.

二、高中化学教材理科跨学科知识分析指标及编码框架设计

本研究针对分科科学教材——化学教材中的理科知识点，建立包含如下9个分析指标和相应编码类目的分析框架，作为高中化学教材理科跨学科知识研究的重要依据。

(1) 学科类别

根据《中华人民共和国学科分类与代码国家标准》，自然科学是研究大自然中包括生物属性在内的有机自然界和无机事物现象的科学，含有的一级学科包括物理学、化学、生物学、地球科学和天文学等。本研究分析化学教材中的理科跨学科知识，因此主要关注数学、化学、物理、生物、地理等学科的知识及联系。

(2) 知识板块

除了学科来源，还关注知识点所属的学科知识板块，据此把握教材中不同知识板块的知识构成情况。各学科的知识板块构成按照相应的参考来源确定如下：① 数学，参照教育部考试中心的知识分类标准，分为代数、平面几何、立体几何、三角函数、概率与统计五部分。② 化学，参照刘知新在《化学教学论》中对化学知识的分类，并结合教材内容分析的需要补充"化学史知识"板块，划分为化学概念、化学原理、元素化合物知识、化学用语、化学实验、化学计算、化学史七类。③ 物理，从知识领域化的角度分成力学、光学、热力学、电磁学、原子物理五个类别。由于考虑到学生在初中阶段的物理学习中接触到了物质和物质相关属性以及物理信息技术的内容，因此增加了物质及其属性和信息技术知识板块。④ 生物，按照课程标准的模块进行分类，分为分子与细胞、遗传与进化、稳态与调节、生物与环境、生物技术与工程五大模块。⑤ 地理，按照教材章节分为行星地球、地表形态的塑造、自然人口的变化、城市与城市化、农业地域的形成与发展、人与环境协调发展、自然资源等主题。

(3) 知识类型

参照布卢姆教育目标分类学的标准，知识可以分为：事实性知识、概念性知识、程序性知识和元认知知识四类。[①] 考虑到教材鲜少涉及元认知知识，本研究仅将教材中的理科跨学科知识分为事实性知识、概念性知识、程序性知识三类。其中，事实性知识是指通过实验观察得到或者自然中存在的事实和现象，如三角形有三条边、灯泡通电后会发光发热、海边城市冬暖夏凉、大多数的植物会向光生长等；概念性知识是从大量的事实性知识中高度概括、归纳总结得到的，通常指术语、概念、规律、原理、学说、模型、理论、定理、公理等，如平行线定理、机械运动概念、DNA分子的双螺旋结构模型、地质系统定义等；程序性知识即利用概念、原理、规律等知识解决问题的策略和方法，如对人口密度的数量变化进行函数建模的过程、受力分析过程中力的合成和分解方法、植

[①] 张燕,黄荣怀.教育目标分类学2001版对我国教学改革的启示[J].中国电化教育,2005,(7):16-20.

物组织培养的方法、在地图上绘制黄赤交角和太阳直射点的关系等。

(4) 学习要求

已有研究指出准确分析和把握教材的重难点与关键点,是决定教学能否成功的关键。根据课程标准要求以及与教学任务的关联性,可以将知识点分为"有学习要求"和"无学习要求"的知识点。对于各学科课程标准中要求学生学习的知识点,本研究参照布卢姆认知目标分类学(修订版),进一步将其认知要求分为记忆、理解、应用、分析、评价和创新,[①]其中达到"应用、分析、评价和创新"水平的知识点被定义为"核心知识点",而处于"记忆、理解"水平的知识点则为"一般知识点"。

(5) 呈现方式

教材中知识的呈现方式体现了教材对信息传达形式的趋向性。尚念在中美数学教材跨学科对比研究中,将跨学科内容的呈现方式分为文字和图表两种类型。[②] 本研究在参考其分类的基础上,将图表进一步分为图片和表格两类。考虑到教材的某一跨学科知识可能涉及多种呈现方式,如文字＋图片、文字＋表格,故将此类混合式呈现方式也纳入分析框架。

(6) 分布位置

分布位置是指跨学科知识在教材中出现的位置,对跨学科知识分布位置的统计分析可以了解其编排顺序和分布情况。皮亚杰提出,学习的过程本质是在已学知识和相关认知的基础之上对新的知识进行建构和巩固,并形成不断更新的认知结构。[③] 沪科版教材(不包括章节封面和章末的项目学习活动)各章主要由正文及多样化的栏目构成,因此本研究把除正文外的栏目归属于以下四个功能板块：学习准备栏目(如学习聚焦、知识回放栏目)、意义建构栏目(如思考讨论、书写表达、实验探究栏目)、拓展延伸栏目(如拓展视野、链接学科、链接职业、化学史话栏目)和巩固提升栏目(如例题导引、练习巩固、素养提升、核心框图、体验分享栏目)。

(7) 内容篇幅

对于教材中跨学科知识的容量问题,除了关注知识点数量,还要关注其占教材的篇幅情况。本研究参照了曾兵芳等人制定的分析编码方法,对于单一文字内容选择以100—300字为界限,规定了"略篇"(少于100字)、"中篇"(多于100字少于300字)和"详篇"(多于300字)。[④] 对于利用图片和表格呈现的内容篇幅,借鉴刘玉荣在对日本高中化学教材插图的研究中根据面积进行篇幅大小区分的方式,[⑤]以占页面1/6—1/2为界限,规定了"略篇"(少于1页的1/6)、"中篇"(多于1页的1/6,少于1页的1/2)和"详篇"(多于1页的1/2)。

[①] 王小明.上海市初中数学教学目标特征研究——布卢姆认知目标分类学(修订版)的视角[J].基础教育,2016,13(04)：82-89.
[②] 尚念.中美初中数学教材跨学科内容的比较研究[D].上海：华东师范大学,2017.
[③] 黄娜.教学内容编排顺序对学生认知结构的影响研究[D].西安：陕西师范大学,2012.
[④] 曾兵芳,蔡彩芳.我国高中化学教科书中化学史的变化研究[J].化学教育(中英文),2019,40(21)：90-95.
[⑤] 刘玉荣,王阳.现行日本高中化学教材插图特点分析及启示[J].化学教育(中英文),2020,41(19)：1-13.

（8）顺序关系

在学习新知时，学生已习得的与新知识相关联的知识将对其学习效果产生重要影响。在化学知识认知过程中所涉及的其他学科知识如果学生已经学习，其将对化学知识的学习产生促进作用；反之，如果学生还未学习所涉及的其他学科的知识，则有可能不利于学生对化学新知的习得。为此，本研究对化学教材中涉及的理科跨学科知识作出"已学"和"未学"的判断与区分。

（9）教学功能

尚念在中美数学教材对比研究中将跨学科内容引入的目的分为引用、补充说明、应用三类。[①] 引用指的是跨学科知识能为本学科知识的教学作铺垫；补充说明是指跨学科内容的功能在于补充学习材料并拓展学生视野；应用指的是利用两个或多个学科的知识解决具体情境中的问题。本研究对上述教学功能进一步具体化和明确化，形成如下四类跨学科知识教学功能：拓展跨学科视野、作为化学知识的认知支撑、培养跨学科思维和提升跨学科问题解决能力，并以此认识教材中不同学科知识之间的作用关系。

三、文本编码和图谱分析过程

本研究选取上海科学技术出版社 2021 版的高中化学教材必修第一册和必修第二册为研究对象，依据上述教材跨学科知识分析指标和编码框架，进行如下分析编码和图谱分析操作。

首先，进行跨学科知识的提取，由三人组成的教材文本分析小组，分别对教材进行逐页阅读和分析，识别教材中的各理科学科知识点，并对应指标进行编码，再对三人的编码结果进行汇总和协商统一，得到教材理科跨学科知识在各指标上的编码结果。

其次，借助 Excel 的数据统计分析功能对各指标的编码结果进行简单数据分析，并结合数据透视表对多个指标进行关联性分析。

再次，利用知识图谱技术（Gephi）对跨学科知识的属性特征进行可视化表征，得到跨学科知识结构图。如可执行"Gephi"—"添加节点"程序呈现知识点，通过"改变节点以及改变节点标签颜色"程序体现知识点的学科来源、知识板块等属性信息。

最后，对构建的知识网络进行参数运算，如网络密度、平均路径长度、节点参数等，并结合运算的结果分析参数的意义，进而揭示高中化学教材理科跨学科知识结构的整体网络特征及未来优化方向。

四、结果与分析

本研究从三个方面对高中化学教材理科跨学科知识的编码数据进行处理与分析：首先，对除

[①] 尚念.中美初中数学教材跨学科内容的比较研究[D].上海：华东师范大学，2017.

知识板块以外的8个分析指标编码结果进行统计,以了解化学教材中引入的理科跨学科知识的数量、来源与类型等信息;其次,对相关指标进行关联性分析,从而认识跨学科知识认知要求与教学功能之间的关系;最后,借助复杂网络技术构建高中化学教材理科跨学科知识网络并对其主要参数展开运算与分析,深入探讨高中化学教材的理科跨学科知识结构的网络特征及存在的问题,进而为高中化学教材有效整合理科跨学科知识提供有益参考。

(一) 各指标的统计结果与分析

对各指标的编码结果进行汇总,见表8-1,可知高中化学必修教材共出现了77个数学、物理、生物、地理等理科学科知识,以下对各指标的编码结果进行统计分析。

表8-1 高中化学必修教材中理科跨学科知识的编码结果

指标	编码类目及结果			
学科类别	数学	物理	生物	地理
	5(6%)	39(51%)	24(31%)	9(12%)
知识类型	事实性知识		概念性知识	程序性知识
	20(26%)		45(58%)	12(16%)
学习要求	无学习要求		一般知识点	核心知识点
	34(44%)		21(27%)	22(29%)
呈现方式	文字		文字+图片	
	50(65%)		27(35%)	
分布位置	正文	意义建构栏目	拓展延伸栏目	巩固提升栏目
	38(49%)	9(12%)	20(26%)	10(13%)
内容篇幅	略篇		中篇	详篇
	43(56%)		2(3%)	32(41%)
顺序关系	已学		未学	
	58(75%)		19(25%)	
教学功能	拓展跨学科视野	作为化学知识的认知支撑	培养跨学科思维	提升跨学科问题解决能力
	9(12%)	20(26%)	27(35%)	21(27%)

在学科类别上,高中化学教材中出现的其他理科学科知识的数量并不均衡,以物理和生物知识居多,而地理和数学相对较少。这与化学教材中引入的部分现代技术手段和研究问题选自物理化学与生物化学等交叉融合性学科有关。

在知识类型上,概念性知识和事实性知识占比分别为58%和26%,而程序性知识仅占16%,可见教材中以事实性和概念性跨学科知识为主。其中概念性知识的引入可以让学生接触到更多不同学科的专业术语和表达并将其与化学领域内的相关概念建立起有意义的联系,事实性知识的学习难度相对较小,而程序性知识的纳入则有助于学生将其与化学自身的程序性知识融会贯通以发展其解决真实生活情境中复杂程度较高的实际问题的能力。

在学习要求上,以"无学习要求"(44%)的跨学科知识为主,核心知识点和一般知识点则分别占整体的29%和27%,可见教材中的理科跨学科知识在其源学科中的学习要求整体不高。

在呈现方式上,65%的跨学科知识以文字形式呈现,其余以"文字+图片"的形式呈现,且没有涉及表格形式,整体而言呈现形式较为单一。

在分布位置上,近一半的跨学科知识出现在正文中,其他则广泛分布于不同类型的教材栏目中。既体现了分布位置的灵活性,又凸显了理科跨学科知识功能的多样化。

在内容篇幅上,教材中的理科跨学科知识所占页面比例属于略篇的达到了56%,41%为详篇,而仅有3%为中篇,表明教材中对于跨学科知识的表述主要分为具体介绍和简单带过两种。

在顺序关系上,虽然已学知识远远多于未学,但化学教材中引入的理科跨学科知识中仍有25%的部分是学生尚未学习过的,这将会给教师的教学设计和学生的认知活动带来挑战。

在教学功能上,培养跨学科思维占比最多,其次是提升跨学科问题解决能力和作为化学知识的认知支撑,而拓展跨学科视野功能占比最小。可见,教材中的理科跨学科知识的教学功能多元,尤其注重促进学生运用多学科的知识体系和思维方法来思考与解决综合问题的能力的发展。

(二)多指标的关联性分析

在对各指标的编码统计结果进行分析的基础上,本研究将进一步对多个指标的结果进行关联性分析。

1. 理科跨学科知识的学习要求和教学功能的关联性分析

对教材选择的理科跨学科知识在其源学科中的学习要求与在化学教材中的教学功能进行关联性分析,统计结果见表8-2。可以看到,在源学科中有学习要求(核心和一般)的理科跨学科知识点在化学教材中主要发挥了对化学知识的认知和对跨学科思维的培养的支撑性作用。而对于在源学科中不作认知要求的跨学科知识,其教学功能主要在于促进学生跨学科问题解决能力的提升。深入分析教材内容可以发现,在促进学生跨学科问题解决能力发展的环节中,理科跨学科知识主要被用于创设跨学科的问题或任务情境,而非问题解决所需要的知识基础或方法程序,因此在其源学科中"无学习要求"的跨学科知识占比较大并不会引发问题。

表8-2 理科跨学科知识学习要求和教学功能的关联性统计情况

学习要求	教学功能							
	拓展跨学科视野（频数/百分比）		作为化学知识的认知支撑（频数/百分比）		培养跨学科思维（频数/百分比）		提升跨学科问题解决能力（频数/百分比）	
无学习要求	6	17.65%	6	17.65%	10	29.41%	12	35.29%
核心知识点	2	9.09%	6	27.27%	8	36.36%	6	27.27%
一般知识点	1	4.76%	8	38.10%	9	42.86%	3	14.29%

2. 未学的跨学科知识的多维度关联性分析

在统计出的77个理科跨学科知识点中,未学的知识点达到了19个,那么这些知识点在相应学科中的学习要求如何?与教材中的哪些化学知识发生了联系?具体又体现出怎样的教学功能?这些都是讨论在化学教材中引入理科跨学科知识的合理性的重要问题。为合理解答上述问题,本研究对未学的理科跨学科知识的编码结果进行了汇总,见表8-3。可以看到,在19个未学的理科跨学科知识点中,在源学科中不作学习要求的为10个,而属于一般知识点和核心知识点的分别为6个和3个,整体来看未学的理科跨学科知识点的学习要求不高;将与它们发生联系的化学知识点与其在课程标准的要求进行对照,发现其中属于无学习要求或一般知识点的各有5个,而属于化学学科核心知识点的为9个,显然作为跨学科知识融合结点的化学知识具有较高的学习要求;在教学功能上,以培养跨学科思维和提升跨学科问题解决能力为目标的、未学的理科跨学科知识点达到了15个,而用于拓展跨学科视野和作为化学知识的认知支撑的知识点仅为4个,可见这些未学的理科跨学科知识点发挥教学价值的倾向性明显。进一步考察上述编码结果的对应关系后可以发现,无学习要求的理科跨学科知识主要联系和沟通了同样无学习要求或一般的化学知识,而与核心化学知识发生联系的理科跨学科知识大部分为一般甚至是核心知识点;另外,79%的未学的理科跨学科知识主要发挥了培养跨学科思维和提升跨学科问题解决能力的作用,并且主要在情境创设或任务设计中引入,因此这些知识是否已经被学生学习和掌握并不会对其化学学科的学习产生很大影响。

表8-3 未学的理科跨学科知识的编码结果汇总

学科类别	理科跨学科知识	跨学科知识学习要求	联系的化学知识点	化学知识学习要求	教学功能（个）
物理	X射线实验	不要求	莫塞莱定律	不要求	4
物理	超导现象	不要求	金属及其化合物材料	不要求	4

续 表

学科类别	理科跨学科知识	跨学科知识学习要求	联系的化学知识点	化学知识学习要求	教学功能（个）
物理	转变温度	不要求	金属及其化合物材料	不要求	4
物理	超导体定义	不要求	金属及其化合物材料	不要求	4
物理	超导体应用	不要求	金属及其化合物材料	不要求	4
物理	电场下带电离子运动分析	核心	胶体	一般	3
生物	半透膜的特点,例子	不要求	分散系种类	一般	1
生物	辐射育种原理	不要求	同位素	一般	4
地理	不同地貌的种类	一般	胶体	一般	2
地理	河口冲积岛实例	不要求	胶体	一般	3
地理	可燃冰	不要求	甲烷	核心	1
地理	页岩气	不要求	甲烷	核心	1
地理	风化作用过程	一般	硫及其化合物	核心	3
生物	生物多样性减少原因	一般	氮及其化合物	核心	3
地理	土地荒漠化原因	一般	氮及其化合物	核心	3
生物	乙烯是植物生长调节剂	一般	乙烯	核心	3
生物	发酵酿酒原理	一般	乙醇	核心	3
生物	呼吸作用	核心	氧化还原反应	核心	3
生物	各级消费者利用能量	核心	硫及其化合物	核心	3

（三）知识网络的参数分析

根据知识图谱的输入与输出程序,将提取的知识点的指标编码信息输入至"Gephi"软件中,形成高中化学必修教材的理科跨学科知识结构图。该知识结构图中的节点为在化学教材中引入的其他理科学科知识点以及与其具有关联性的化学知识点,节点的连线反映的是化学知识与其他理科学科知识之间的作用关系。以下将通过网络参数分析对教材理科跨学科知识结构的特征及问题加以探讨。

1. 网络密度

网络中节点之间关系的密切程度可通过网络密度进行表征。① 本研究构建出的由化学知识及其他理科学科知识构成的知识网络密度为 0.012,即网络中两个知识点之间存在作用关系的概率是 0.012,表明内容紧密程度较低。网络密度较大的区域主要出现在某些特定的化学知识板块,并且出现了同一个化学知识和多个其他理科学科知识相联系的情况,该多维联系对网络密度的贡献较大。但由于其他理科学科知识之间未建立联系,因而知识网络呈现出较为松散的状态。

2. 平均加权度

平均加权度指的是网络中由于不同知识点间的相互作用有可能存在多次,故连边会具有一定的权重。② 本研究形成的理科跨学科知识网络的平均加权度为 1.238,即平均每个知识点可以与其他 1.238 个知识点产生联系,说明高中化学教材中的理科跨学科知识网络存在一定的知识递进性,但整体来看知识间的联系还是较为分散的,大多数的化学知识和其他理科学科知识的关系简单,一个化学知识点往往只与一个其他理科学科的内容发生联系。

3. 平均路径长度

高中化学教材的理科跨学科知识网络的平均路径长度为 1.7,即网络中两个节点之间发生联系时,平均距离约是 1.7 条边,说明网络中存在少量关联性较强的知识区域,区域内知识的流动关系密切,③ 个别的化学知识可以和多个其他学科的知识点存在知识流动关系。由于这些化学知识在整个跨学科知识网络中充当着部分区域的主导角色,发挥着连接不同学科、不同领域知识的桥梁作用,因此对这类知识应予以重点关注。

4. 节点参数

对理科跨学科知识网络中各节点的度值进行分析,可以了解到教材中哪些化学知识更容易与其他理科学科知识建立联系,以及哪些其他理科学科知识更容易被引入化学教材并和化学知识产生联系。本研究所形成的知识网络是一个有向网络,箭头方向表示知识的指向性。代表各类教学功能的连线的箭头方向如下:拓展跨学科视野的边从化学知识指向其他理科学科知识;作为化学知识的认知支撑的边从其他理科学科知识指向化学知识;培养跨学科思维和提升跨学科问题解决能力的边则是双向指向的。另外由于该知识网络的边存在权重,所以选取加权入度、加权出度、加权度等指标进行分析,各学科中度值较大的节点参数信息见表 8-4。

---

① 汪小帆,李翔,陈观荣.复杂网络理论及其应用[M].北京:清华大学出版社,2006.
② 汪小帆,李翔,陈观荣.复杂网络理论及其应用[M].北京:清华大学出版社,2006.
③ 汪小帆,李翔,陈观荣.复杂网络理论及其应用[M].北京:清华大学出版社,2006.

表 8-4 理科跨学科知识网络中各学科部分节点参数的相关信息

节 点	学 科	加权入度	加权出度	加权度
金属及其化合物材料	化 学	7	4	11
胶 体		6	6	12
氮及其化合物		5	5	10
甲 烷		2	4	6
电路构成连接	物 理	2	6	8
压强传感器使用		2	2	4
气化冷凝的过程		2	2	4
导电性		0	3	3
正四面体的特点	数 学	2	2	4
正六边形性质		1	1	2
曲线斜率计算		1	1	2
比例式计算		0	1	1
人工合成牛胰岛素	生 物	2	2	4
脂肪酶的分泌		1	1	2
油脂的供能过程		1	1	2
乙烯是植物生长调节剂		1	1	2
自然界循环过程	地 理	1	1	2
土地荒漠化原因		1	1	2
河口冲积岛实例		1	1	2
地质系统的类别		1	1	2

由表8-4可知,化学、物理、数学、生物学科(地理学科的几个节点加权度均为2,未能区分)加权度最大的知识点分别是:金属及其化合物材料、电路构成连接、正四面体的特点、人工合成牛胰岛素,它们对于教材知识的流动具有重要作用,因此把握这些知识点与其他知识发生联系的逻辑关系是认识教材理科跨学科知识网络形成的关键。

为进一步了解教材中各理科学科不同知识板块的重要性,选择以各理科学科的知识板块为节点进行加权入度分析,加权入度的大小可以反映某知识板块在跨学科知识网络中的作用强弱,度数越大说明该知识板块越容易和其他知识板块建立联系,得到的结果如表8-5所示。由表8-5可知,加权入度最大的化学知识板块是元素化合物知识,其几乎达到了一半的比例;其他理科学科加权入度最大的知识板块分别是:生物学科的分子与细胞(12)、物理学科的电磁学(11)、地理学科的地表形态的塑造(4)、数学学科的立体几何(2)。可见,生物学科的分子与细胞知识板块、物理学科的电磁学板块与化学的元素化合物知识板块的知识之间的联系更多、更紧密。

表8-5 各理科学科知识板块节点参数的相关信息

学 科	知 识 点	加权入度
化 学	元素化合物知识	33
	化学原理	11
	化学概念	11
	化学实验	11
	化学史	1
	化学计算	1
地 理	地表形态的塑造	4
	自然资源	2
	行星地球	1
	人与环境协调发展	1
生 物	分子与细胞	12
	稳态与环境	6
	遗传与进化	2
	生物技术实践	1
数 学	立体几何	2
	代 数	1
	平面几何	1
物 理	电磁学	11
	光 学	5
	热力学	3

续表

学　　科	知　识　点	加权人度
物　理	信息技术	3
	物质及其属性	2
	力和运动	0

五、研究结论

本研究通过构建化学教材理科跨学科知识分析指标及编码框架,对2021版沪科版高中化学必修教材中的相关知识进行编码和数据分析以把握整体呈现与设计情况,并对理科跨学科知识的学习要求及其所承担的教学功能展开关联性分析,从而了解当下纳入化学教材的理科跨学科知识对学生的化学学习起到了何种作用。此外,本研究利用复杂网络技术形成理科跨学科知识结构网络模型,分别从网络密度、平均加权度、平均路径长度和节点参数四个方面进行参数运算与分析,以掌握沪科版高中化学必修教材中呈现的理科跨学科知识点与化学本体知识点之间的作用关系与密切程度,并识别主导知识或知识板块,进而把握优化理科跨学科知识设计的突破口。

从教材理科跨学科知识的分析指标统计结果来看,高中化学必修教材中出现的其他理科学科知识为77个,以物理和生物知识为主,数学和地理知识偏少;事实性知识和概念性知识占比突出;以在源学科中不作要求或一般的知识点为主,知识的学习要求整体不高;未学的知识占有一定比例;呈现方式主要为文字或文字+图片,形式相对单一;内容篇幅略篇(简单介绍)占比略大于详篇(细致阐述),中篇极少;在四种教学功能中,培养跨学科思维和提升跨学科问题解决能力、作为化学知识的认知支撑占比较大,而具有拓展跨学科视野功能的知识最少。

在理科跨学科知识多项指标间的关联性分析中,从学习要求和教学功能的关系上看:教材引入在源学科中有学习要求(核心和一般)的理科跨学科知识,主要是作为化学知识的认知支撑并发挥其培养跨学科思维的作用,而引入在源学科中不作要求的理科跨学科知识,其教学功能主要为促进学生跨学科问题解决能力的提升;进一步分析在教材中占比为25%的尚未学习的理科跨学科知识可以发现,其多为无学习要求的或一般的知识点,主要教学功能也在于培养跨学科思维和提升跨学科问题解决能力,并且这些未学的理科跨学科知识和与其发生联系的化学知识在学习要求上表现出一致性,即在源学科中不作要求或仅为一般知识点的理科跨学科知识往往与同样为不作要求或一般的化学知识发生联系。

从知识网络特征来看,高中化学教材的理科跨学科知识网络属于松散型网络,知识点之间的联系不紧密。平均加权度不大,知识点之间存在一定的相关性但不明显,另外存在一些流动性较强的知识区域。进一步考察网络的节点参数发现,不同学科的知识节点和知识板块节点的加权度具有一定的差异性,但其中均出现了加权度高的知识节点和知识板块节点,它们在整个理科跨学科知识网络中发挥纽带作用,重要性突出。

六、研究启示

(一) 把握学科教材跨学科知识整合设计的目标要求和发展趋向

教材层面的跨学科知识整合设计首先要解决的是目标问题。有效厘清当前教材跨学科整合设计的核心目标并把脉其今后的发展趋向,将会对促进教材优化此类目标导向的跨学科知识整合设计提供明确的指引。跨学科教育与研究是当今科技经济社会发展的客观要求,被认为是学科新的增长点,可能促使产生重大的学科突破和革命性变革。[①] 但教材层面的跨学科知识整合设计则是通过多学科跨越知识边界的相互作用,让学生在比较、联系和综合中理解不同学科知识各自的意义,并更进一步地在不同学科知识的相互作用中把握它们所呈现出的共同点和差异性,从而拓展具有"化合"特征的知识视野,有效地培养和促进学生融会贯通多学科知识与思维方法,培养学生综合运用各种知识来观察和分析社会现象,以及发展其为解决复杂问题而形成新设想、新构思的能力。[②] 可见,知识的拓展、跨学科融合思维的形成、洞察分析和解决综合性问题的能力的初步发展,是教材进行跨学科知识整合的核心诉求。通过对化学必修教材中理科跨学科知识的教学功能分析发现,培养跨学科思维和提升跨学科问题解决能力的育人目标占据了主导,同时作为化学知识的认知支撑的目的也是重要的,而以往较为关注的拓展跨学科视野的目的相对弱化。可以说,教材在理科跨学科知识整合上追求较高层次的目标要求,展现了教材跨学科整合设计目标的发展趋向,而对目标的厘清和把握当前教材跨学科整合设计的目标倾向性将会对促进教材优化此类目标导向的跨学科知识整合提供明确的指引。

(二) 综合主导知识贡献和系统化思维精准又灵活地布局教材跨学科知识联系

本研究对化学教材中理科跨学科知识结构网络总体特征的分析结果表明,不同理科学科知识之间存在一定的相互依存、促进和互补关系,但主要表现为对化学知识的单向性支撑,而不同学科来源的知识之间的联系程度较低。如何做好知识结构的关联效应的"乘法",实现多学科之间的真正融合状态的塑造,是实现教材跨学科知识整合品质跨越性提升的关键。通过对编码结果的描述性统计分析和网络参数分析还发现,化学知识点与其他理科学科知识点在跨学科知识

---

① 陈婵,邹晓东.跨学科的本质内涵与意义探析[J].研究与发展管理,2006,(2):104-107+112.
② 陈涛.跨学科教育:一场静悄悄的大学变革[J].江苏高教,2013,(4):63-66.

结构网络中存在关联方向和程度的差异,使得不同知识点在知识结构内部具有不同的位置与角色。在化学学科知识中,化学元素化合物知识在理科跨学科知识网络结构中具有较强的辐射力,是现阶段的主导知识点(板块),在多学科知识联系中起到了一定的桥梁作用。从这一层面来讲,现阶段的教材跨学科知识结构优化可以考虑从主导知识点(板块)的确立与调整来着手。但也需要注意这种处理方式可能会陷入单纯的序列规划的局面,不利于广泛而灵活地拓展跨学科认识视野与思维方法,与跨学科知识整合的初衷相背离。因此,既要观照对跨学科知识网络紧密性水平作出较大贡献的主导知识点(板块)的选择与设计,又要将系统化思维、精准化分析纳入到教材理科跨学科知识结构的整体布局中,注重整体知识结构上化学知识与其他学科知识之间,乃至其他学科知识点之间的关系和关联效应,以此为契机设计相应的调整和优化教材跨学科知识结构的策略。[①]

(三) 以"共同关注、整体把握"为改进教材跨学科知识整合具体形式的标志

高中化学教材中化学知识与其他理科学科知识的整合具有多种具体形式:有一定比例的化学知识的内涵及要素本身就涉及其他理科学科的知识,如原电池里涉及电流产生原理,分馏涉及气化冷凝过程,阿伏伽德罗定律涉及比例式计算;教材也通过展现化学知识在不同学科领域中的迁移应用实现多学科联系,如利用化学平衡理论对细菌和酶的分解作用进行解释,指出乙烯可作为植物生长调节剂等;展示为探究复杂科学问题而建构出综合性研究方法,这也是教材中的一种具体的跨学科知识整合形式,即在问题解决的不同阶段先后引出各学科的概念、原理或方法,如先通过化学方法(如显色反应、沉淀反应等)逐步确定物质成分,再引出物理学的检测手段——X射线衍射分析用于表征物质结构;此外,高中化学教材还利用有关人口、环境、能源等复杂的社会性议题来驱动多学科间的联系,以求揭示不同学科在概念、原理、规律、方法上面的共同点。以上几种跨学科知识整合的形式,在一定程度上体现了跨学科整合的两大方向:扩大境界和灵活应用。既阐发了各学科本体知识在理论建构过程中概念互鉴的交融情况,又通过引用基于多元学科研究方法和价值取向之间的共通性与互补性而发展出的科学技术或社会议题的实例来彰显各学科独特的应用价值与魅力。但也不难发现,教材在跨学科知识整合的开放性和灵活性上做得还不够,无论是内嵌于化学知识意义建构过程的跨学科知识整合,还是作为问题解决支持的知识引入,都未能做到对至少两门学科或专业领域的知识和技能的同时观照、整体把握。尽管教材目前已经超越了形式上"混合"的弱联系状态,但与相互协调的"化合"状态以及形成认识和解决复杂问题的新设想、新构思的强联系还是差距明显。上述以复杂问题驱动跨学科整合的方式是目前问题的聚焦点,这种整合方式的改进需要紧扣"共同关注、整体把握"的要求:[②]即首先挖掘两

[①] 彭征,郭玉英.基于复杂网络理论的教材知识结构模型研究——以初中物理教材为例[J].教育理论与实践,2017,37(20):42-45.
[②] 杜俊民.试论学科与跨学科的统一[J].科学技术与辩证法,2008,(4):56-59.

门及以上学科的观点与方法能同时观照的"问题";接着通过多元学科理论体系的融合来开拓视野,对问题从深度、广度两方面加以全面且细致的认识;然后对相关学科的认识论与方法论进行辨析,发现同中有异、异中显同的联结点,并立足该联结点来探寻实现学科界限跨越与互涉的突破点;最后再整体把握贯通两门及以上学科认识论与方法论的破题之法并将其灵活应用,以实现高层次的跨学科方法的真正融合。此外,引入贴近学生真实生活或服务于其未来职业规划的跨学科知识整合案例能够有效激活学生思维,使其认识到真实生活中并不存在绝对的学科界限这一客观事实,进而改善其对科学世界本质的认识与看法,形成更具通达性的高水平思维。

  本研究主要利用微观内容分析揭示高中化学教材的理科跨学科知识结构,发现化学教材理科跨学科知识结构网络存在整体松散、局部集聚的特征。关于后续研究,一方面将着眼于如何确定这些跨学科知识聚集模块并有效提取与分析它们,以模块化的视角解读知识网络,将能够在优化教材跨学科知识结构时具有更多的灵活性;另一方面则须立足时间视角,观察不同学科知识之间的关系演变和结构变化,以期揭示教材中学科交互的规律,帮助我们更直观地跟踪领域内知识生成的形态,甚至有可能对后续知识增长实现有效预测。

第 9 章　高中化学教材中学科核心素养要素设计研究
——以"宏观辨识与微观探析"为例

一、研究背景

2018 年 1 月,教育部组织修订并颁布了《普通高中化学课程标准(2017 年版)》(简称新课标),新课标依据化学学科的内容和特点,凝练出五大化学学科核心素养,它们分别是:"宏观辨识与微观探析""变化观念与平衡思想""证据推理与模型认知""科学探究与创新意识"与"科学态度与社会责任"。① 新课标指出,教材编写在选择教材内容、设计化学教材的结构与内容体系以及设计学习活动时必须根据化学新课标的要求,着力于发展学生的化学学科核心素养。② 在高中化学新课标的指导下,人民教育出版社出版的普通高中化学教材必修第一册、第二册(以下简称新教材)已于 2019 年秋季学期在北京等省份开始使用。③ 新教材是否落实了新课标对化学学科核心素养的要求? 具体落实情况又如何? 在现阶段课程教材改革的关键时期,我们亟待深入分析新教材在反映化学学科核心素养要求方面的内容设计。

新课标指明了化学学科的课程性质:化学是一门从原子、分子微观水平出发,研究物质的组成、结构、性质、转化以及应用的基础学科。其中,组成和结构指向物质的微观本质,性质和变化规律则指向物质的宏观表现。2019 版人教版高中化学必修教材在绪言中也强调:化学学科相比于其他基础学科的特点和魅力所在就是将宏观与微观联系起来研究物质。④ 由此看来,宏观和微观是学习化学的重要视角,五大化学学科核心素养中与之相对应的"宏观辨识与微观探析"素养正是指向了培养学生"结构决定性质,性质反映结构"的观念以及提升学生从微观和宏观相结合的视角分析与解决实际问题的能力,凸显了化学学科不同于其他基础学科的学科特征。学生从学习化学知识、形成化学思维、掌握化学方法到解决实际化学问题都离不开"宏观辨识与微观探析"素养的支撑。因此,本研究以"宏观辨识与微观探析"素养为例,以 2019 版人教版高中化学教材为研究对象,针对该素养在教材宏观、中观、微观不同层面的体现进行全面分

---

① 中华人民共和国教育部制定.普通高中化学课程标准(2017 年版)[S].北京:人民教育出版社,2018:6-7.
② 中华人民共和国教育部制定.普通高中化学课程标准(2017 年版)[S].北京:人民教育出版社,2018:54.
③ 教育部颁布做好普通高中新课程新教材实施工作的指导意见[J].重庆与世界,2018(18):13-15.
④ 王晶,郑长龙.普通高中教科书·化学必修第一册[M].北京:人民教育出版社,2019:4.

析,以把握新教材在体现核心素养要求上的设计情况,为教材编制优化和教学应用提供重要参考。

二、"宏观辨识与微观探析"素养内涵和目标要求

化学学科核心素养体现了化学这门自然科学的育人价值,反映了化学学科培育人才的基本要求,展现了化学课程对发展学生的重要意义。化学学科核心素养的五大要素从不同的角度对学生的知识与能力、思想与方法、价值观提出了要求。其中"宏观辨识与微观探析""变化观念与平衡思想"和"证据推理与模型认知"素养均对学生应当具备和掌握的化学学科思想与方法提出了要求;"科学探究与创新意识"素养则是鼓励学生开展实践活动,希望学生勇于质疑、敢于创新;"科学态度与社会责任"素养则基于上述四大核心素养进一步对学生的情感态度和价值观提出了更高的要求。通过分析可以发现,化学学科核心素养将化学知识与技能、化学过程与方法、化学思想与价值观等多方面的要求融为一体。在这五大化学学科核心素养中,"宏观辨识与微观探析"素养最能凸显化学学科区别于其他基础学科的特征。该素养强调了学习化学的两个重要视角:宏观和微观。从宏观视角辨识物质的性质和变化规律,从微观视角探析物质的组成和结构,并在宏观与微观之间建立联系。因此,本研究以"宏观辨识与微观探析"素养为例,对新教材体现核心素养的内容设计进行研究分析。

(一)"宏观辨识与微观探析"素养内涵

新课标提出了"宏观辨识与微观探析"素养的内涵,如表9-1所示。

表9-1 "宏观辨识与微观探析"素养内涵

化学学科核心素养	内 涵
"宏观辨识与微观探析"素养	● 从不同层次认识物质的多样性,对物质进行分类; ● 从元素和原子、分子水平认识物质的组成、结构、性质和变化,形成"结构决定性质"的观念; ● 能从宏观和微观相结合的视角分析与解决实际问题。

参考罗琴的研究,[①]从新课标的内涵说明中可以提炼出"宏观辨识与微观探析"素养所包含的五大关键词:物质的分类、组成、结构、性质和变化。也就是说"宏观辨识与微观探析"聚焦于物质的分类、组成、结构、性质和变化五个方面,从而对学生的知识、技能、思想、方法的学习提出

---
① 罗琴.基于化学学科核心素养的中美高中化学教科书比较研究[D].南昌:江西师范大学,2019:30.

了相应的要求。

(二)"宏观辨识与微观探析"素养课程目标

在"宏观辨识与微观探析"素养的内涵基础上,化学新课标提出了针对"宏观辨识与微观探析"素养的课程目标。把新课标中对"宏观辨识与微观探析"素养课程目标的描述与构成"宏观辨识与微观探析"素养的五个方面建立对应关系,如表9-2所示。

表9-2 "宏观辨识与微观探析"素养的课程目标与其要素的对应关系

素养的构成方面	课 程 目 标
物质的分类	● 根据性质和变化分类
物质的组成	● 符号表征 ● 从微观角度理解组成与结构和性质的联系
物质的结构	● 符号表征 ● 从微观层面理解结构与组成和性质的联系
物质的性质	● 从宏观层面辨识现象 ● 符号表征 ● 从微观层面理解性质与结构和组成的联系 ● 预测并解释
物质的变化	● 从宏观层面辨识现象 ● 符号表征 ● 预测并解释

从上述分析中,首先可以明确该素养由物质的分类、组成、结构、性质和变化这五大要素构成,且每一个要素都对应具体的课程目标;其次可以看出该素养的五大要素之间是存在关联的,例如,物质的组成和结构决定物质的性质和转化,物质的性质和转化可以体现物质的组成和结构的特点,物质分类的基础可以是物质的结构,也可以是组成、性质和变化等。因此,若要将该素养目标落到实处,应要求学生掌握这五大要素的内容和它们之间的关系,并能够运用这些关系分析和解决问题。因此为实现该核心素养的培育,教材设计必然要体现这五大要素的关联。

三、基于"宏观辨识与微观探析"的高中化学必修教材内容分析维度设计

在已有的基于化学学科核心素养的教材研究中,研究者大都选取特定教材要素进行分析。

例如,梁燕芳等人选取了课后习题这一教材要素;①曹亚等人选取了内容体系结构、正文内容、例题等教材要素;②程蔼荃选取了正文内容这一教材要素;③王磊等人则选取了内容组织编排、教学栏目设计、实验探究设计等教材要素。④ 上述研究为本研究选择分析的维度提供了重要参考,但这些研究的研究者均选择以个别的教材要素为对象展开分析,缺乏整体性。

"宏观辨识与微观探析"核心素养由物质的分类、组成、结构、性质和变化五大要素构成,新课标要求学生掌握各要素之间的关系,并运用这些关系去分析和解决问题。因此,物质的分类、组成、结构、性质、变化之间的关系应贯穿两册必修教材,分析教材的设计应关注章与章之间、节与节之间的关联以及节内部内容的展开逻辑。

毕华林等人认为化学基本观念是学生在学习化学的过程中,通过深入理解化学学科特征而获得的对化学的总观性认识,包括微粒观、元素观、分类观、实验观等。⑤ 新课标中指出高中化学学科核心素养是学生通过学习化学学科而逐渐形成的正确的价值观念、必备品格以及关键能力。⑥ 从化学基本观念和化学学科核心素养的内涵可以看出化学学科基本观念是化学学科核心素养的重要组成部分。"宏观辨识与微观探析"素养重点要求学生理解物质的组成、结构和性质的关系,从而形成"结构决定性质"的化学观念。因此"宏观辨识与微观探析"素养的培育离不开"结构决定性质"化学观念的建构,而教材的设计也需要凸显对这一观念的构建过程,从而促进学生的学科知识向素养的转变。那么应如何在教材的设计中体现对观念的构建呢? 毕华林等人认为,单元内容的选择必须能统领化学基本观念;内容的编排必须符合观念的建构思维;化学事实的选择必须具有典型性;问题设置必须有较高的思维容量;学习情境、探究活动等设计必须要引导学生深入思考。⑦ 可以看出,教材的单元设计、编排逻辑、正文内容、问题设计、情境设计、探究活动设计等都是体现"宏观辨识与微观探析"素养的关键。

为了更好地确定分析维度,本研究对高中化学新教材的结构作了勾勒,如图9-1所示。总体而言,教材由绪言、章、节、栏目、正文、附录等要素构成。同时参考盛萍学者针对生物教材提出的教材结构——宏观、中观、微观三个层面,⑧我们认为化学新教材的结构也可以分为宏观、中观、微观三个层面。其中宏观层面是指教材的整体内容框架,即绪言和章的设计;中观层面是指章下辖的节的结构;而微观层面则是各节中内容的组织和呈现。

---

① 梁燕芳,曾兵芳,郭康,谭钱钱,等.中美高中化学教科书中氧化还原反应主题习题比较研究[J].山东化工,2020,49(05):208-210.
② 曹亚,李学强.中美高中化学教材关于物质的量内容的对比研究[J].中国教育技术装备,2019,(21):134-136.
③ 程蔼荃.基于学科核心素养的中英高中化学教材比较研究[D].西宁:青海师范大学,2019.
④ 王磊,陈光巨.外显学科核心素养促进知识向能力和素养的转化——北京师范大学"新世纪"鲁科版高中化学新教材的特点[J].化学教育(中英文),2019,40(17):9-19.
⑤ 毕华林,卢巍.化学基本观念的内涵及其教学价值[J].中学化学教学参考,2011,(06):3-6.
⑥ 中华人民共和国教育部制定.普通高中化学课程标准(2017年版)[S].北京:人民教育出版社,2018:4.
⑦ 毕华林,杜明成.基于化学基本观念构建的教科书设计[J].化学教育,2007,(10):11-13+61.
⑧ 盛萍.生物教材设计论[D].济南:山东师范大学,2015.

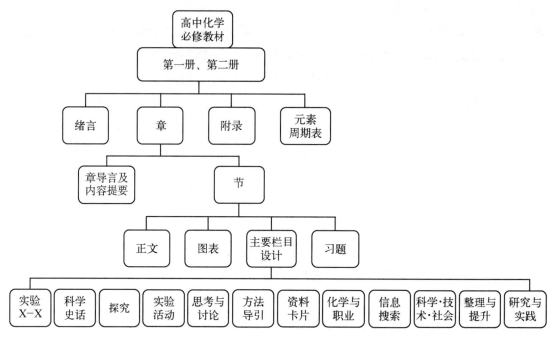

图 9-1 高中化学必修教材体例结构

综合已有的针对素养培养和观念建构的教材设计研究分析可以发现,教材若要体现核心素养的要求,就应通过对教材的宏观、中观、微观三级结构的设计来实现。以"宏观辨识与微观探析"素养为例,教材的宏观层面即绪言以及章结构(必修两册八章)的设计是如何体现"结构和性质"的逻辑关联的?中观层面即教材章下辖各节的结构关系,例如第一章"物质及其变化"共分为"物质的分类及转化""离子反应""氧化还原反应"三节,这三节的设置是否反映了"宏观辨识与微观探析"素养的内在逻辑?微观层面即节中具体内容的展开,包括正文是如何介绍物质的分类、组成、结构、性质或变化的?图表设计、栏目设计和习题设计等是如何引导学生建立宏观和微观之间的关联的?本研究将从上述宏观、中观、微观三个层面对教材如何反映"宏观辨识与微观探析"素养的要求展开分析,图 9-2 为各层面的具体分析内容。

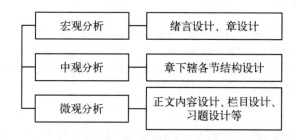

图 9-2 基于"宏观辨识与微观探析"素养的教材分析维度设计

四、基于"宏观辨识与微观探析"的高中化学必修教材分析

(一) 宏观分析

宏观分析是从绪言设计、教材章结构设计两个方面展开的,旨在探讨教材在宏观层面是如何体现"宏观辨识与微观探析"素养的。

1. 绪言内容分析

绪言是高中化学必修教材的开篇,具有激发学生学习兴趣和明确学习目标的功能,可为学生学习化学指明方向,并提供基本的化学知识框架和学习思路;也能为教师的教学提供指导。[①] 根据心理学中的"首因效应",绪言课的内容会让学生对化学学科产生深刻而鲜明的态度,所以教材中绪言内容的设计对于学生未来的化学学习具有十分重要的影响。分析人教版高中化学必修新教材的绪言可知,绪言部分首先定义了化学学科,然后依次介绍了化学的发展史、当代化学的发展情况及价值、我国化学的发展成就、化学的魅力和特点及学习化学的途径。

(1) 化学发展史从宏观和微观两方面展开

绪言首先定义了化学学科的性质,使学生认识到物质结构和性质的重要性。接着介绍了化学学科的发展历程,主要涉及宏观和微观两个层面的内容,其中陶瓷、冶金、火药、造纸、酿造等技术的发展是对领域或技术发展的介绍,主要涉及宏观事实的描述;而有关燃烧的氧化学说、原子学说、分子学说的提出以及原子结构奥秘的揭示等则涉及从微观结构层面对物质构成和化学变化进行解释。

(2) 直接点明宏微观结合的思想是重要的化学思想

绪言部分在提及化学学科的魅力和特点时特别强调:化学的魅力和特点所在就是将宏观与微观联系起来研究物质及其变化,在研究物质的变化时应当注重宏观与微观的结合。这直接点明了学习化学应将宏观与微观相结合,在学生的心目中种下"宏微结合"思想的种子,有利于学生在后续的化学学习中提升"宏观辨识与微观探析"素养。

2. 教材章结构分析

教材的体系结构是教材的核心,而章结构又是教材体系结构的重中之重。一般而言,教材章结构的设计应体现学科知识体系的逻辑性,同时也要符合学生的认知规律和心理特点。高中化学必修教材第一册和第二册各设置了四章,共计八章,各章主题如表 9-3 所示。

---

① 童孝建,靳莹.从中加化学教材比较看绪言的功能[J].化学教育,2010,31(08):10-11.

表 9-3　人教版高中化学必修教材各章主题

章	主　题
第一章	物质及其变化
第二章	海水中的重要元素——钠和氯
第三章	铁　金属材料
第四章	物质结构　元素周期律
第五章	化工生产中的重要非金属元素
第六章	化学反应与能量
第七章	有机化合物
第八章	化学与可持续发展

第一章"物质及其变化"着重介绍物质的分类和转化，让学生感受物质分类的重要性并掌握常见的分类方法，进而能够从物质的类别与元素的化合价两个角度理解和设计物质的转化。

第二章"海水中的重要元素——钠和氯"主要学习典型金属元素钠及其化合物、典型的非金属元素氯及其化合物、化学计量三部分内容。通过第二章的学习，学生既能够从物质的类别和元素的价态两个角度认识物质的转化，又能够从定性和定量两个角度认识物质的转化。

第三章"铁　金属材料"学习生活中应用广泛的铁及金属材料，通过对铁及其化合物的学习，可以让学生进一步从物质的类别和元素化合价的角度认识物质的性质及其相互间的转化，并强化学生"性质决定用途"的观念。

第四章"物质结构　元素周期律"揭示了原子的微观结构，在元素周期表的学习中让学生从微观角度探索元素之间的内在联系，并进一步认识元素性质及其递变规律；再通过研究粒子间的相互作用，让学生认识化学反应的本质，逐步建立"结构决定性质"的观念。

第五章"化工生产中的重要非金属元素"从物质的类别和元素价态两个视角研究了硫和氮等元素及其化合物的性质和用途，有助于深化学生对物质间转化关系的认识。

第六章"化学反应与能量"则研究了化学反应过程中除物质变化之外的另一种变化——能量变化，并从结构变化即化学键的断裂和形成的角度理解化学反应过程中的物质和能量的变化。结合化学反应速率和反应限度的学习，学生认识到能量、速率、限度也是认识和研究化学的重要视角。

第七章"有机化合物"要求学生在了解碳原子的结构和成键规律的基础上，认识有机化合物的分子结构，以及决定其性质的官能团，进而认识有机化学反应，理解有机化合物之间的转化。

有机化合物种类繁多,通过学习甲烷、乙烯、乙醇、乙酸等典型的有机化合物的性质,从而初步了解烷烃、烯烃、醇类、酸类等有机物的化学性质,这就要求学生能够深刻地意识到"结构决定性质"的化学观念,从官能团的角度分析有机化合物的化学性质。这样的结构和性质的交互学习有利于学生对二者之间的关系形成更深刻的认识,并增强学生从结构的角度推测和分析物质性质的意识。

第八章"化学与可持续发展"主要从资源、能源、材料、环保、健康、安全等角度介绍化学可以科学、安全、有效、合理地开发自然资源和使用各种化学品,为建设魅力家园贡献重要力量。这一章主要从宏观和微观相结合的视角分析和解决实际问题。

综合以上对各章主要内容的分析可以发现,两册必修教材主要包含元素及其化合物知识、基本概念及原理知识(见图9-3)。分析元素及其化合物知识和基本概念及原理知识的编排顺序,可以发现两类知识分散在教材中穿插编排。理论知识和元素化学知识的交替学习是符合化学学习的规律的,因为元素及其化合物知识的学习需要在理论知识的指导下进行,而基本概念和原理的得出又需要对元素及其化合物知识的归纳总结。第四章"物质结构 元素周期律"则发挥了建立结构和性质之间联系的作用。在第四章之前,学生通过对钠及其化合物、氯及其化合物、铁及其化合物和金属材料这些元素及化合物知识的学习,已经对物质的结构、性质及其转化有了一定的认识,为学习第四章积累了丰富的素材。而第四章的学习也可以帮助学生从本质上把握物质的结构和性质的关系。在第四章之后,教材的第五章又进一步编排了硫及其化合物、氮及其化合物、无机非金属材料元素及其化合物的相关内容,是对第四章原理知识的应用和深化。有机化学的学习更是对"性构相依"的综合体现,可以帮助学生全面深入地理解结构和性质的关联。

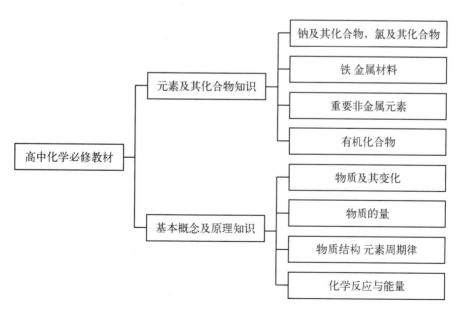

图9-3 新教材元素及其化合物知识与基本概念及原理知识

综上所述,在两册必修教材中元素化学和理论化学知识穿插学习,并以"性质—结构"的逻辑主线贯穿其中,以此来帮助学生认识结构和性质的关联,形成"结构决定性质"的观念,从而提升"宏观辨识与微观探析"核心素养。

(二) 中观分析

本研究中教材的中观分析主要探讨章下辖各节结构体现"宏观辨识与微观探析"素养的情况。章下辖各节的逻辑结构主要有以下两种:宏观—微观、微观—宏观,现选取典型的章节进行具体分析。

1. 节之间的逻辑结构:宏观—微观

第一章"物质及其变化"主要要求学生掌握分类的方法,对物质的种类和转化进行分类。物质的转化可以从宏观和微观两个角度理解:根据反应前后物质种类的变化将化学反应分为化合反应和分解反应,这是宏观视角;而分析物质转化过程中分子、离子、电子、化学键等的变化则是微观视角。在第一章的三节中,第一节"物质的分类及转化"主要是从物质的种类这个宏观角度分析物质的变化,例如由金属单质到盐的转化、由酸到盐的转化。而第二节"离子反应"和第三节"氧化还原反应"则是深入到微观层面分析物质的转化,例如离子反应涉及物质转化过程中是否有离子参与,氧化还原反应则是从微观层面是否存在电子转移来认识物质的转化。整体呈现出了由宏观到微观逐步学习物质的转化的过程,从而帮助学生掌握分析化学变化的两个角度:宏观和微观。

第二章"海水中的重要元素——钠和氯"主要要求学生掌握钠及其化合物、氯及其化合物的性质、变化和用途等知识,并通过物质的量将宏观和微观加以联系。第一节"钠及其化合物"涉及典型的金属钠及其化合物的结构、性质及其转化,第二节"氯及其化合物"的学习内容则是典型的非金属氯及其化合物的结构、性质及其转化。前两节都是定性描述物质的组成、结构和转化,而第三节"物质的量"则引出物质的量的概念从微观层面定量地描述物质的组成和变化。在上述三节中,钠及其化合物、氯及其化合物的学习为第三节的定量计算提供了素材,而第三节的定量计算可以引导学生从微观层面分析物质的构成以及物质转化过程中微观粒子的变化。定性和定量的结合,使学生对物质及其变化过程形成更加清晰和全面的认识。

2. 节之间的逻辑结构:微观—宏观

第四章"物质结构 元素周期律"主要是认识元素"位—构—性"的关系。元素原子的结构决定元素在元素周期表中所在的位置,在元素周期表中的位置会体现出元素原子的结构,而原子的结构又决定了元素的性质,元素的性质反映了原子的结构。其中,第一节"原子结构与元素周期表"主要学习原子的结构和元素在元素周期表中的位置。第二节"元素周期律"主要通过同主族元素的性质递变规律和同周期元素性质的递变规律来认识元素周期律。如图9-4所示,第一节到第二节的学习过程体现了"结构—位置—性质"的逻辑线索,也凸显了由微观结构到宏观性质的认识路径,提升了学生根据元素在周期表中的位置和原子结构预测、分析、解释元素性质的能力,从

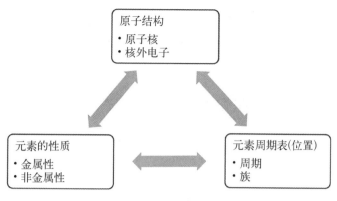

图 9-4 元素"位—构—性"关系

而培养学生的"宏观辨识与微观探析"素养。

综合以上对章下辖各节结构的分析可以发现,教材在章内充分利用"宏观—微观""微观—宏观"的逻辑顺序进行节的设置与编排,深入刻画宏观和微观的联系,促进学生"宏观辨识与微观探析"素养的发展和提升。

(三) 微观分析

教材的微观分析是对教材正文内容设计、栏目设计、图表设计、课后习题设计等教材微观层面要素展开的分析。教材微观层面的要素设计是教材体现"宏观辨识与微观探析"素养要求的关键环节。因此,深入分析教材微观层面的要素设计,是把握教材在凸显"宏观辨识与微观探析"素养要求上的具体表现的重要方面。

1. 教材正文分析

正文是教材的重要组成部分,正文的内容展开逻辑、信息表达方式会对学生的认知过程产生直接影响。因此,在本研究中,教材正文分析主要关注正文内容展开的逻辑结构和文字描述。

（1）内容展开的逻辑：结构—性质、性质—结构

围绕结构和性质的教学涉及两种展开逻辑,即由结构出发推测或解释性质,或由性质到结构,再基于结构解释性质或变化。对新教材正文内容的展开逻辑进行分析,结果如表 9-4 所示,可以看出这两种逻辑的应用十分普遍。

表 9-4 "结构—性质"及"性质—结构"的展开逻辑应用情况

逻辑结构	节 标 题
结构—性质	"活泼的金属单质——钠""氯气的性质""碱金属元素""元素性质的周期性变化规律""硫及其化合物""氮及其化合物""烷烃""乙烯""乙醇""乙酸""糖类"
性质—结构	"电解质的电离""卤族元素""化学反应与热能""化学反应与电能""乙烯——加成反应"

① 结构—性质

图9-5为"结构—性质"的逻辑结构图示,即首先认识物质的结构,由结构推测物质的性质,再通过实验或数据分析验证先前的猜想。

图9-5 "结构—性质"逻辑结构

如第二章第一节"活泼的金属单质——钠"部分,教材按照如图9-6所示的内容顺序展开:首先介绍钠的原子结构特点——"钠原子最外电子层上有1个电子",在化学反应中该电子很容易失去;由此推断金属钠的化学性质——"钠的化学性质非常活泼,表现出强还原性";然后用金属钠和氧气在常温下反应生成氧化钠、在加热条件下反应生成过氧化钠,以及金属钠和水剧烈反应生成氢氧化钠和氢气这三个实验来验证金属钠的化学性质非常活泼。这样由结构到性质再到验证的逻辑结构有助于学生理解金属钠的化学性质活泼和活泼程度,同时培养学生从物质的微观层面理解其性质的化学思维。

图9-6 "活泼的金属单质——钠"的展开逻辑

又如第二章第二节"氯气的性质"部分也体现了类似的"结构—性质"的逻辑结构,如图9-7所示。教材首先介绍氯原子的结构特点——"氯原子最外层电子层上有7个电子",容易得到1个电子;接着得出氯气的化学性质——"氯气是很活泼的非金属单质,具有强氧化性";然后再利用氯气和钠、铁、铜等金属单质反应,与氢气等非金属单质反应,与水、碱溶液等反应的实验事实来验证氯气具有强氧化性。

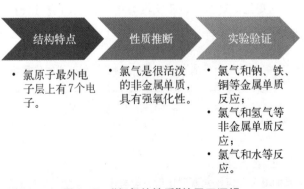

图9-7 "氯气的性质"的展开逻辑

再如第四章第一节"碱金属元素"部分,碱金属单质在结构和性质上既有相似性又有一定的递变规律,能够充分体现结构和性质的关系,是培养学生"宏观辨识与微观探析"素养的经典范例。在碱金属的学习中,教材主要以学生自主探究的形式遵循"结构特点—性质推断—实验验证"的逻辑思路展开,如图9-8所示。首先引导学生观察与比较碱金属原子的原子结构示意图、最外层电子数、电子层数和原子半径的数据,思考与讨论在元素周期表中从上往下碱金属元素原子的核电荷数、原子半径、原子核外电子的排布特点和规律,并让学生思考为什么碱金属元素的化学性质具有相似性;接着让学生在结合金属钠的性质的基础上推断锂、钾元素可能具有的化学性质;通过钾在空气中加热反应、钾和水反应这两个实验现象分析与讨论碱金属元素化学性质的相似性和递变规律,最后得出结论——碱金属元素的化学性质相似,并且具有递变性。碱金属元素的学习培养了学生根据物质的微观结构预测物质的化学性质的能力以及根据实验现象归纳物质性质的能力,同时也帮助学生更好地理解元素原子的电子层数和最外层电子数对元素性质的影响,从而发展学生的"宏观辨识与微观探析"素养。

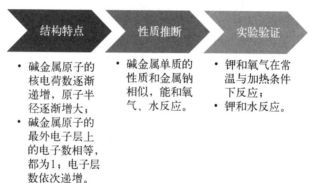

图 9-8 "碱金属元素"的展开逻辑

② 性质—结构

"性质—结构"的逻辑结构,即首先学习物质的物理、化学性质,然后认识物质的微观结构,再由物质的微观结构出发探究物质具有一定物理、化学性质的原因。

如第一章第二节"电解质的电离"部分按照如图9-9的逻辑结构展开。首先,通过联系生活经验以及物质的导电性实验,学生知道部分溶液能够导电而部分溶液不能够导电的客观事实。接着,以物质溶于水能否导电的宏观性质入手,从微观层面分析氯化钠的结构及其溶解在水中时微粒的变化,得出氯化钠溶液能够导电的微观原因是:在水分子的作用下,氯化钠固体表面的钠离子和氯离子脱离,与水作用形成能够自由移动的水合钠离子和水合氯离子。如果把电极插入到氯化钠溶液中,水合钠离子因带正电向负极移动,相反水合氯离子向正极移动。最后,由氯化钠推出电解质在水中或熔融状态下能否导电的本质——能否电离产生带电荷的阴阳离子,并用电离方程式来表示电解质的电离。

性质	结构特点	机理
• 干燥的氯化钠固体、硝酸钾固体、蒸馏水不导电； • 盐酸、氢氧化钠溶液、氯化钠溶液导电。	氯化钠固体中含有带正电荷的钠离子和带负电荷的氯离子，在干燥条件下，钠离子和氯离子按一定规则紧密地排列，不能自由移动从而不导电；在水分子的作用下，钠离子和氯离子能够形成自由移动的水合钠离子和水合氯离子而导电。	电解质在水溶液或熔融状态下能电离出自由移动的阴离子和自由移动的阳离子而导电。

图 9-9 "电解质的电离"的展开逻辑

又如第四章第一节"卤族元素"部分，卤族元素包含氟、氯、溴、碘等，它们是典型的非金属元素，在结构和性质上都呈现一定的递变规律。在卤素单质的学习中，教材按照如图 9-10 所示的逻辑结构展开。首先学习这四种卤素单质的物理性质，分析物理性质可以发现在元素周期表中从上往下它们的颜色逐渐加深，密度、熔沸点都逐渐升高。再分析卤素单质和氢气生成卤化氢的反应条件和实验现象，可以发现从上往下卤素单质与氢气反应越来越难，生成的氢化物越来越不稳定。由此，学生可以明显地感受到卤素单质的物理性质和化学性质都存在一定的递变规律。然后再分析卤素原子的原子结构，讨论卤素原子的结构特点和卤素单质所表现出的物理与化学性质之间的关联。至此，学生可以推断出卤素原子最外层电子数都为7，在反应中容易得到1个电子，并且随着电子层数的递增，它们得到电子的能力逐渐减弱，和氢气的化合也越来越难。初步了解了卤素单质的性质递变规律后，再通过卤素单质间的置换反应，更全面地认识卤素单质的性质及其递变规律，甚至进一步推广至非金属的结构及性质的递变规律：在元素周期表中，同主族元素从上到下原子核外电子层数依次增多，原子半径逐渐增大，得电子能力逐渐减弱，非金属性逐渐减弱。

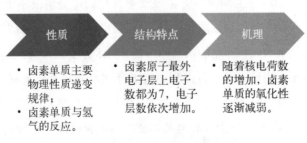

图 9-10 "卤族元素"的展开逻辑

再如第六章第一节"化学反应与热能"部分的编排也遵循了从宏观到微观的组织逻辑。化学反应过程一定伴随着能量的变化,而热能是其中之一。在化学能与热能的学习中,教材按照如图 9-11 所示的逻辑结构展开。首先通过金属镁和盐酸反应、氯化铵和八水合氢氧化钡反应的实验让学生直观地感受到化学反应过程中伴随着的放热和吸热现象,这是化学反应所具有的宏观性质。紧接着教材提出问题:化学反应过程中为什么会有能量的变化?为什么有的化学反应释放热量,有的化学反应吸收热量?引导学生从微观层面思考化学反应中能量变化的本质。物质发生变化时旧的化学键会断裂,新的化学键形成,而断开化学键要吸收能量,形成化学键要放出能量。所以物质变化的同时伴随能量变化的本质是因为旧化学键的断裂和新化学键的形成。再以氢气和氯气反应生成氯化氢为例,用数据说明化学反应吸放热和物质键能大小的关系。最后再总结出判断反应是吸热反应还是放热反应的两种方法:比较反应物和生成物的键能、比较反应物和生成物的能量。

图 9-11 "化学反应与热能"的展开逻辑

(2) 正文的内容描述采用设问句或陈述句强调结构和性质的因果关系

物质的结构决定性质,性质决定其用途和生产方式;结构是因,性质是果。在教材正文的内容描述中通常采用设问和陈述两种句式来表达这种因果关系。

如第一章第一节"酸、碱、盐的性质"部分,介绍酸和碱的性质时,教材的描述如图 9-12 所示:"为什么不同的酸(或碱)具有相似的化学性质?"接着从微观角度分析得出这些性质相似的酸中

> 为什么不同的酸(或碱)具有相似的化学性质?是因为它们在组成上具有相似性。从微观角度来看,不同的酸溶液中都含有 H^+,不同的碱溶液中都含有 OH^-。不同的碳酸盐溶液中都含有碳酸根离子,所以不同的碳酸盐也具有相似的化学性质。
> 从反应类型来看,初中我们学过的酸与金属、盐与金属的反应都属于置换反应,酸与碱、盐与酸、盐与碱、盐与盐之间的反应都属于复分解反应。

图 9-12 "酸、碱、盐的性质"教材正文描述

都含有氢离子。同理,不同的碱中也都会存在氢氧根离子。

又如第六章第一节"化学反应与热能"部分学习化学能与热能的相互转化(见图9-13),当学生已经认识到化学反应伴随着能量的变化时,教材提问:"化学反应过程中为什么会有能量变化?"然后引导学生分析化学反应的微观变化本质,即从化学键变化的角度分析能量的变化。

> 化学反应过程中为什么会有能量变化?为什么有的化学反应释放热量,有的化学反应吸收热量?
> 我们知道,物质中的原子之间是通过化学键相结合的,当化学反应发生时,反应物的化学键断裂要吸收能量,而生成物的化学键形成要放出能量。以氢气与氯气化合生成氯化氢的反应为例:

图9-13 "化学反应与热能"教材正文描述

上述"性质—结构"的因果推断,表现为首先提出为什么有这样的宏观性质,再从微观角度加以分析与解释。设问句的使用不仅可以传递知识信息,而且能够有效引发学生的思考,并帮助学生掌握由宏观到微观的分析方法,当学生再次遇到类似的问题时便能够考虑从物质的宏观特征入手,结合微观结构对宏观现象作出解释。

关于陈述句式的使用,如第五章第二节"氮气与氮的固定"部分学习氮气的性质(见图9-14),教材描述氮原子的结构为:氮原子的最外电子层有5个电子,既不容易得到三个电子,也不容易失去5个电子,因此,氮原子一般通过共用电子对与其他原子相互结合构成物质。同时教材也提到:由于氮分子内两个氮原子间以共价三键结合,断开该化学键需要较多的能量,所以氮气的化学性质很稳定,通常情况下难以与其他物质发生化学反应,无法被大多数生物体直接吸收。

> 由于氮分子内两个氮原子间以共价三键(N≡N)结合,断开该化学键需要较多的能量,所以氮气的化学性质很稳定,通常情况下难以与其他物质发生化学反应,无法被大多数生物体直接吸收。但在高温、放电等条件下,氮分子获得了足够的能量,使N≡N断裂,氮气能够与镁、氧气、氢气等物质发生化合反应,分别生成氮化镁、一氧化氮和氨气等。

图9-14 "氮气与氮的固定"教材正文描述

又如第七章第二节"乙烯"部分学习乙烯的性质(见图9-15),教材正文描述:乙烯分子中含有碳碳双键,烷烃中有碳碳单键,乙烯和烷烃的结构相差较大,因此在性质上也有很多的不同。

> 乙烯分子中含有碳碳双键，在组成和结构上与只含碳碳单键和碳氢键的烷烃有较大差异，因此在性质上也有很多不同。碳碳双键使乙烯表现出较活泼的化学性质。

图 9-15 "乙烯"教材正文描述

可见，在描述"结构—性质"的因果关系时教材也较多地用到陈述句。通过这样的教材内容描述可以加深学生对物质结构和性质之间关联的理解，促进其根据物质的结构描述或预测物质性质的能力的发展。

（3）注重利用有关物质的性质或用途的素材创设情境展开学习

合理地创设化学情境可以调动学生学习的积极性，激发学生学习的兴趣，提升学生分析问题和解决问题的能力。在两册必修新教材的正文部分创设了诸多的情境以引出后续内容，其中不少情境与物质的性质或用途有关，引导学生展开后续物质结构和性质的学习。

化学物质纷繁复杂，为了便于研究需对其加以分类。物质的分类是"宏观辨识与微观探析"素养的五大构成要素之一，要求学生能从不同层次认知物质的多样性，并且对物质进行分类。如图 9-16 所示，在第一章第一节"物质的分类及转化"中，教材正文以图书馆的图书要分类、快递公司的快递要分类等情境提出：为了认识和研究物质，物质需要分类。在该教学情境中，首先让学生认识到对物质进行分类的重要性和必要性，增强学生对物质进行分类的意识，然后又能让学生知道物质分类的依据，为后续的学习作铺垫。

> 图书馆中数不胜数的图书要分类陈列以便于人们查找，快递企业对数以千万计的物品要分类处理以提高工作效率。同样，为了认识和研究的方便，对于数以千万计的物质，人们常根据物质的组成、结构、性质或用途等进行分类。

图1-1 图书馆中分类陈列的图书

图1-2 智能机器人正在对快递物品进行分拣

图 9-16 "物质的分类及转化"正文情境

又如第二章第二节"氯气的性质"部分,教材将舍勒发现氯气的化学史素材作为情境引入,如图9-17所示。一方面可以让学生在化学情境素材的阅读中了解氯气的制备方法以及氯气的物理性质:黄绿色、有刺激性气味、常温常压下为气态;另一方面也为后续学习氯气的化学性质作铺垫。

图9-17 "氯气的性质"正文情境

(4) 运用多种化学语言描述物质及其变化

化学语言具有形象直观性,可以让学生对物质的结构和性质产生更深刻的认识。"宏观辨识与微观探析"素养对学生运用化学符号的能力提出了要求:运用化学符号描述常见物质;通过定量计算说明物质的组成及其变化。在两册必修新教材中均运用了多种化学语言来描述物质及其变化,情况如表9-5所示。可以看出,教材中涉及的化学语言种类丰富,并且多种化学语言相互配合,促成教学目标的达成。

表9-5 教材中化学语言的运用

用途	化学语言
表示元素或物质	元素符号、分子式、电子式、结构式、结构简式、实验式、化合价、离子符号
表示物质的变化	化学方程式、离子方程式、电离方程式、电极反应式、双线桥、单线桥

2. 栏目设计分析

栏目是构成教材的重要要素之一,在两册必修新教材中设计的栏目主要包括:"科学·技术·社会""实验X-X""科学史话""探究""实验活动""思考与讨论""化学与职业""方法导引""资料卡片""信息搜索""整理与提升""研究与实践"。这些栏目贯穿教材的每一个部分,其中以学习活动为主。因此,本研究主要对学习活动的设计情况加以分析。

(1) 发挥实验探究的重要作用

在两册必修新教材中有大量的实验和探究性栏目,例如"实验X-X""探究""实验活动",这些栏目在引导学生进行实验操作的同时总结物质的性质以及表征物质的变化。其中数量最多的是"实验X-X"栏目,情况汇总如表9-6所示。可以看出,除第八章外各章都十分关注实验栏目的设置,特别是第二章,共有10个实验。

表9-6 教材中各章"实验X-X"栏目设置情况

章	实 验
第一章 物质及其变化	光束通过溶液和胶体时的现象;物质的导电性实验;硫酸钠和氯化钡溶液的反应
第二章 海水中的主要元素——钠和氯	切开金属钠的实验;钠在空气中燃烧;过氧化钠与水反应;碳酸钠和碳酸氢钠性质比较实验;加热碳酸钠和碳酸氢钠;金属的焰色反应;氢气和氯气燃烧;氯气漂白性探究;检验氯离子;一定物质的量浓度的氯化钠溶液的配制
第三章 铁 金属材料	氢氧化铁和氢氧化亚铁的生成;铁离子的检验;铝片和盐酸反应
第四章 物质结构 元素周期律	卤素单质间的置换反应
第五章 化工生产中的重要非金属元素	二氧化硫溶于水实验;二氧化硫和品红溶液反应;浓硫酸与铜反应;硫酸根离子的检验;二氧化氮溶于水;氨气溶于水的喷泉实验;实验室制取氨气;硝酸与铜反应
第六章 化学反应与能量	盐酸与镁反应前后溶液的温度变化;吸热反应;原电池实验
第七章 有机化合物	甲烷和氯气反应;乙烯与高锰酸钾反应;乙烯和四氯化碳反应;乙醇和钠反应;乙醇的催化氧化;制备乙酸乙酯;淀粉与碘反应;蛋白质变性
第八章 化学与可持续发展	

如第二章第一节"活泼的金属单质——钠"部分的实验2-2"钠在空气中燃烧"(见图9-18)。学生通过观察钠在空气中燃烧的实验现象可以发现金属钠在空气中燃烧剧烈,从而反映出金属钠是一种非常活泼的金属。同时,学生还可以通过观察对反应物钠和产物过氧化钠的颜色、状态等物理性质形成更深刻的印象。此外,教材在每个实验栏目中都要求学生观察实验现象,力求在学生观察、记录和阐述实验现象的过程中培养学生根据实验现象辨识物质及其变化的能力。

教材的部分实验还要求学生根据实验现象写出反应的化学方程式。如第五章第一节"硫酸根离子的检验"部分的实验5-4"硫酸根离子检验"(见图9-19),要求学生根据实验现象写出将氯化钡溶液分别滴入稀硫酸、硫酸钠和碳酸钠溶液,以及向上述溶液继续滴加稀盐酸溶液的过程中相关的离子方程式,这样的设计有利于培养学生运用符号表征物质及其变化的能力。

【实验2-2】
将一个干燥的坩埚加热，同时切取一块绿豆大的钠，迅速投到热坩埚中。继续加热坩埚片刻，待钠熔化后立即撤掉酒精灯，观察现象。

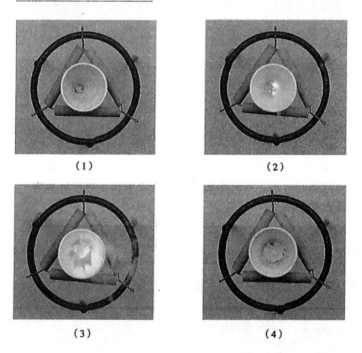

图9-18 "钠在空气中燃烧"实验

【实验5-4】
在三支试管中分别加入少量稀硫酸、Na_2SO_4溶液和Na_2CO_3溶液，然后各滴入几滴$BaCl_2$溶液，观察现象。再分别加入少量稀盐酸，振荡，观察现象。从这个实验中你能得出什么结论？写出相关反应的离子方程式。

图9-19 "硫酸根离子检验"实验

（2）重视化学思维和研究方法的学习

在必修教材中引入了"方法导引"栏目，该栏目旨在引导学生了解一些学科思维方法和研究方法，包括：分类、模型、实验室中制取气体装置的设计、认识元素及其化合物性质的视角、预测、化学实验设计、变量控制、认识有机化合物的一般思路等。上述"方法导引"栏目介绍的方法大部分适用于物质结构和性质的学习与研究。

如以"认识元素及其化合物性质的视角"为主题的"方法导引"栏目（见图9-20），主要介绍了根据物质的类别和元素价态预测物质的性质以及基于物质类别和元素价态设计物质转化的途

> **方法导引**
>
> ### 认识元素及其化合物性质的视角
>
> 物质类别和元素价态,是学习元素及其化合物性质的重要认识视角。
>
> 基于物质类别和元素价态,可以预测物质的性质。例如,对于Fe_2O_3,从物质类别来看,它属于金属氧化物,据此可以预测它可能与酸发生反应;从元素价态来看,Fe_2O_3中铁元素的化合价是+3价,为铁元素的高价态,据此可以预测它具有氧化性,可能与具有还原性的物质发生反应。
>
> 基于物质类别和元素价态,还可以设计物质间转化的途径。例如,要想从单质铁获得$FeSO_4$,既可以基于物质类别设计从金属单质与酸反应获得,也可以通过金属单质与盐的置换反应获得;还可以基于元素价态设计单质铁与+3价铁反应得到+2价铁。

图9-20 "认识元素及其化合物性质的视角"方法介绍

径。元素的化合价与元素原子的结构密切相关,所以根据化合价来推断物质的性质本质上也是一种由微观结构推断宏观性质的思维。同时,根据物质的类别推断物质的性质有助于提升学生对物质及其变化分类的能力。

化学新课标中"宏观辨识与微观探析"素养的水平四,要求学生能根据物质的微观结构,描述或预测物质的性质和在一定条件下可能发生的化学变化,能评估某种解释或预测的合理性。因此,教材设置了对"预测"方法进行介绍的栏目(见图9-21),栏目中强调:可以根据物质的组成、结构和反应规律等,预测元素及其化合物的性质、可能发生的化学反应,并评估所作预测的合理性。

> **方法导引**
>
> ### 预测
>
> 预测是在已有信息的基础上,依据一定规律和方法对未知事物所进行的一种推测。在化学研究中,可以根据物质的组成、结构和反应规律等,预测元素及其化合物的性质、可能发生的化学反应,并评估所作预测的合理性。
>
> 我们可以通过认识元素"位置""结构""性质"之间的内在联系,根据元素的"位置""结构"特点预测和解释元素的性质。例如,钠与钾是IA族元素,它们都能与水反应;铷与钠、钾属于同族元素,所以,可预测出铷也能与水反应。

图9-21 "预测"方法介绍

有机化学是化学学习中非常重要的内容板块,能充分体现"性构相依"的化学思维。在有关"认识有机化合物的一般思路"的"方法导引"栏目中(见图9-22),教材特别指出了有机物的认识过程可以按照"结构—性质—验证"的逻辑思路展开。

> **方法导引**
>
> **认识有机化合物的一般思路**
>
> 认识一种有机物,可先从结构入手,分析其碳骨架和官能团,了解它所属的有机物类别;再结合这类有机物的一般性质,推测该有机物可能具有的性质,并通过实验进行验证;在此基础上进一步了解该有机物的用途。另外,还可以根据有机物发生的化学反应,了解其在有机物转化(有机合成)中的作用。与认识无机物类似,认识有机物也体现了"结构决定性质"的观念。各类有机物在结构和性质上具有的明显规律性,有助于我们更好地认识有机物。

图9-22 "认识有机化合物的一般思路"方法介绍

除了设置"方法导引"栏目,教材还在每一章设计了"整理与提升"栏目,该栏目主要从提升学生认识观念的角度对该章的内容进行归纳和整理。

如在第一章的"整理与提升"中,教材引导学生认识到分类方法在化学学习中的重要程度,并要求学生从宏观、微观等角度对物质、化学反应、物质的转化进行分类(见图9-23)。

> **整理与提升**
>
> 运用分类的方法学习物质及其变化,不仅可以使有关物质及其变化的知识系统化,还可以通过分门别类的研究,发现物质及其变化的规律。
>
> **一、物质的分类**
>
> 请根据物质的组成和性质对学过的物质进行分类(可采用图、表等多种形式)。
>
> 请根据分散质粒子的直径大小对分散系进行分类(可采用图、表等多种形式)。

图9-23 第一章的"整理与提升"

又如第二章的"整理与提升"(见图9-24),教材总结了结构和性质、性质和用途之间的关系,并引导学生从物质的种类和所含元素化学价的角度认识物质的转化。可以发现,教材是以钠及其化合物为例来总结认识物质的性质和转化的方法的。这样的编排可以促进学生将化学知识向化学学习能力和化学学科素养的转化。

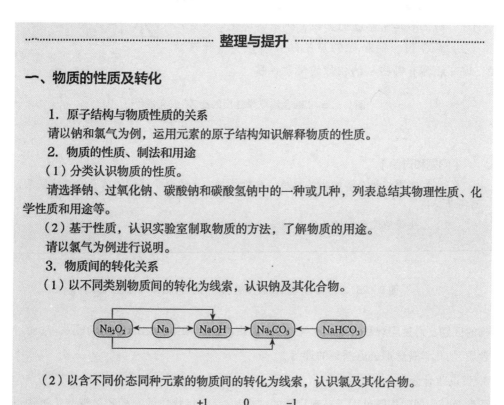

图9-24 第二章的"整理与提升"

(3) 设计学习任务与问题引导思考宏观和微观的关系

教材通过设置包含学习任务或问题的学习活动栏目,引导学生在探索与实践中持续思考宏观和微观之间的关系,提升其应用宏微结合思想去分析与解决问题的能力。如第四章的"探究"栏目"碱金属化学性质的比较"(见图9-25),要求学生在实验前结合锂、钠和钾的原子结构特点以及钠的化学性质预测锂、钾可能具有哪些与钠相似的化学性质。该过程让学生根据元素原子结构的特点预测物质的性质,从而认识到结构和性质的关系,提升"宏观辨识与微观探析"素养。

又如第七章第二节在学生学习甲烷和乙烯的性质与结构后,设置了"问题和讨论"栏目,如图9-26所示,要求学生根据甲烷和乙烯的化学性质的不同及其与结构之间的关系,判断乙炔是否是甲烷或乙烯的同系物。在针对该问题的思考过程中,学生会自觉地对比甲烷和乙烯之间性质

◎ 探究

碱金属化学性质的比较

【问题和预测】

（1）回忆第二章学过的知识，钠有哪些化学性质？

（2）结合锂、钠和钾的原子结构特点，请你预测锂、钾可能具有哪些与钠相似的化学性质。

⚠ 注意

不要近距离俯视坩埚和烧杯！

图 9-25 "碱金属化学性质的比较"探究栏目

【问题和讨论】

（1）比较甲烷和乙烯的化学性质，分析其与二者的分子结构之间存在哪些联系，与同学讨论。

（2）乙炔是甲烷或乙烯的同系物吗？为什么？

图 9-26 "乙烯与有机高分子材料"中的"问题和讨论"栏目

与结构的区别。通过宏观和微观的对比，感知物质的性质和结构之间密切的联系，从而对"结构决定性质"的化学观念形成更深刻的理解。

3. 图表设计分析

化学教材中的图表既可用于呈现物质的结构和变化，将物质的结构和微观变化过程可视化；还可用于呈现静态数据和动态数据的变化。本研究主要关注教材如何通过图表设计体现"宏观辨识与微观探析"的要求。

（1）利用图示、表格直观展示物质的结构和性质

物质的微观结构包括原子结构、分子空间构型、微粒的成键情况等抽象的微观信息，对学生而言具有一定的认知难度，教材利用了大量的图表将抽象的结构和微观变化过程进行直观展现。如图 9-27 所示，教材用不同颜色和大小的小球代表不同的微粒以表示不同的物质，再结合对物质结构特点的观察与分析来解释物质的宏观现象。

又如教材利用图 9-28 所示表格呈现了稀有气体元素原子核外电子排布情况，又通过图 9-29 所示表格展示了卤素单质的颜色、密度、熔点、沸点等物理性质的信息，让学生可以更加直观地感受不同物质的微观结构和性质的对比。

再如教材利用分子式、电子式、结构式、分子结构模型表示不同分子的结构（见图 9-30），通过横向和纵向的对比，学生可以全面地理解不同物质的微观结构特点及差异。

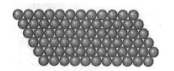
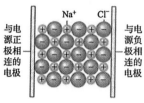

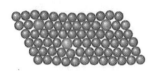

图1-10　干燥的 NaCl 固体不导电　　图3-13　纯金属与合金的结构比较

图 9-27　NaCl 固体结构模型、纯金属与合金结构模型

核电荷数	元素名称	元素符号	各电子层的电子数					
			K	L	M	N	O	P
2	氦	He	2					
10	氖	Ne	2	8				
18	氩	Ar	2	8	8			
36	氪	Kr	2	8	18	8		
54	氙	Xe	2	8	18	18	8	
86	氡	Rn	2	8	18	32	18	8

图 9-28　稀有气体元素原子的核外电子排布情况

卤素①单质	颜色（常态）	密度	熔点/℃	沸点/℃
F_2	淡黄绿色（气体）	1.69 g/L（15 ℃）	−219.6	−188.1
Cl_2	黄绿色（气体）	3.214 g/L（0 ℃）	−101	−34.6
Br_2	深红棕色（液体）	3.119 g/cm³（20 ℃）	−7.2	58.78
I_2	紫黑色（固体）	4.93 g/cm³	113.5	184.4

图 9-29　卤素单质的主要物理性质

分子	电子式	结构式	分子结构模型
H_2	H∶H	H—H	
HCl	H∶Cl̈∶	H—Cl	
CO_2	∶Ö∶∶C∶∶Ö∶	O=C=O	
H_2O	H∶Ö∶H	H—O—H	
CH_4	H∶C̈∶H (H上下)	H—C—H (H上下)	

图 9-30 常见分子的结构

图示除了可以表示物质的静态微观结构和性质,还可以表示物质在转化过程中的微观变化。如图 9-31 生动地展现出了氯化钠固体在水中溶解、形成水合钠离子和水合氯离子的过程,从而揭示了氯化钠的电离过程以及氯化钠溶液导电的原因。

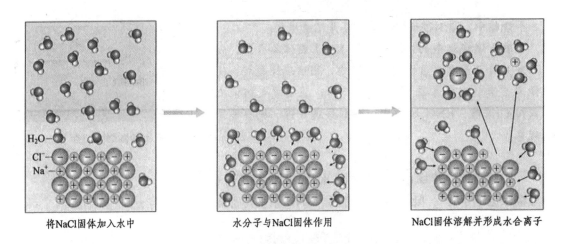

图 9-31 NaCl 固体溶于水的微观变化

又如图 9-32 则展示了氯化钠形成过程中电子的得失情况以及盐酸形成过程中化学键的变化情况,帮助学生理解物质变化和微观结构变化之间的关系。

4. 课后习题设计分析

课后习题可以帮助学生及时地巩固所学知识,进而提升学以致用的能力。两册必修新教材的每一节末均配有"练习与应用",每一章末均配有"复习与提高",这两个习题栏目提供了指向章

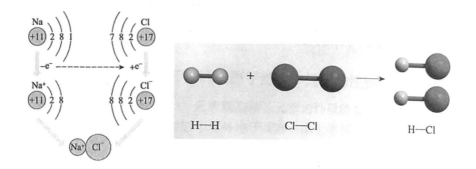

图 9-32 氯化钠和盐酸的形成过程

节知识巩固与应用的课后习题。通过习题内容、难度、题型等体现对学生"宏观辨识与微观探析"素养发展的促进和考察作用。

(1) 指向"宏观辨识与微观探析"素养要求

分类是"宏观辨识与微观探析"素养的重要组成要素。许多课后习题都涉及了对物质及其变化进行分类的内容。如第一章第一节的"练习与应用"的第1题要求学生对"H_2、O_2、H_2SO_4、KOH、H_2O、CH_4、C_2H_5OH、Al、空气、汽油"这些物质从组成和种类进行分类;第一章第二节的"练习与应用"则要求学生根据是否为电解质对"KNO_3、石墨、铜丝、$MgCl_2$、NaCl"进行分类;第一章第三节的"练习与应用"的第4、5、6题也要求学生依据反应是否为氧化还原反应对所给反应进行分类。

此外,几乎教材中每一节的习题中都会出现运用化学符号表征物质的性质及其变化的题目,且主要以书写方程式、补全方程式、判断方程式书写是否正确、合成路线设计、判断物质能否转化等形式出现。如第七章的"复习与提高"的第7题既要求学生根据合成路线推断出各物质,又要求学生写出其中关键步骤所发生的反应的化学方程式;第二章第三节的"练习与应用"包含大量的计算题,可以提升学生化学计算的能力,例如其中的第1题着重考察物质的离子的数量关系,第3题考察有关物质的量浓度的计算,而第6题则考察溶液稀释过程中浓度的计算;第六章的"复习与提高"的第3题要求学生根据相关键能计算 C、CO、CH_4、CH_3CH_2OH 四种燃料完全燃烧所放出的热量;第七章的"复习与提高"的第6题要求学生根据已学有机物的性质预测 CCl_4 和聚四氟乙烯的性质。上述习题均是考察学生对结构和性质的理解,能助力学生结合宏观和微观视角解决实际问题的能力的发展。

(2) 题型丰富,难度循序渐进

针对素养目标设计不同类型、不同难度梯度的题目,有助于学生循序渐进地掌握知识以及灵活运用知识,有利于"宏观辨识与微观探析"素养的进阶发展。两册必修新教材课后习题的题型包括:选择题、填空题、计算题、解答题、判断题等。对比而言,选择题和填空题难度较低,主要考察学生对教材基础知识的掌握情况;而计算题相对来说难度大一些,不仅涉及物质的转化,还有基于物质的量的计算;解答题则是难度最大的,通常情况下会创设化学情境或提供化学知识,要求学生举一反三地运用知识解决问题。

如第七章第二节"乙烯与有机高分子材料"的"练习与应用"的第3题为选择题(见图9-33)。该题考察烯烃的化学性质,需要学生根据结构判断该有机物为烯烃,再结合烯烃的性质推断该有机物的性质。如果学生掌握了烯烃的化学性质就能够快速判断出C选项是错误的,难度比较小。

> 3. 根据乙烯的性质可以推测丙烯($CH_2=CH-CH_3$)的性质,下列说法错误的是(　　)。
> A. 丙烯能使酸性高锰酸钾溶液褪色
> B. 丙烯能在空气中燃烧
> C. 丙烯与溴发生加成反应的产物是$CH_2Br-CH_2-CH_2Br$
> D. 聚丙烯的结构可以表示为$-[CH_2-CH]_n-$
> 　　　　　　　　　　　　　　　$|$
> 　　　　　　　　　　　　　　CH_3

图9-33 "乙烯与有机高分子材料"课后习题

又如第七章的"复习与提高"的第11题为计算题(见图9-34)。该题要求根据摩尔质量和各元素的百分含量推测该有机物的分子式,并结合文本信息推断该有机物的结构,最后用化学方程式表示乙醇和该有机物的反应。该题考察了学生对物质中元素含量的计算以及对蛋白质的水解反应产物的认识,还进一步考察了学生对酯化反应的掌握情况以及方程式的书写情况。该题要求学生不仅要掌握蛋白质的水解和酯化反应,还要能灵活运用上述知识分析题中的有机物,难度增大。

> 11. 某有机物由碳、氢、氧、氮4种元素组成,其中含碳32%,氢6.7%,氧43%(均为质量分数)。该有机物的相对分子质量为75。
> (1)请通过计算写出该有机物的分子式。
> (2)该有机物是蛋白质水解的产物,它与乙醇反应生成的酯可用于合成医药和农药,请写出生成该酯的化学方程式。

图9-34 "有机化合物"课后习题

再如第七章第四节的"练习与应用"的第9题为简答题(见图9-35)。这一类题型的灵活度增加,难度较大。该题的难度在于题目中创设了生活情境,如未成熟水果的果肉遇到碘酒会呈现蓝色、热的碱性溶液可以用于洗涤沾有油脂的器皿,要求学生能透过生活情境中的具体现象看到问题本质。以热的碱性溶液可以用于洗涤沾有油脂的器皿为例,需要学生提取其中的主要化学信息即油脂和碱性溶液在加热条件下发生的变化,并联系到油脂的水解反应。再如该题第一问中的果汁发生银镜反应,要求学生能够根据实验现象推测有机物的结构:能够发生银镜反应的官能团是醛基,所以可以推测成熟苹果的汁液中含有带醛基的有机物。这样由结构到性质的推断以及从性质到结构的推断体现了从宏微结合视角分析与解决实际问题的素养要求。

> 9. 请简要回答下列问题。
> （1）未成熟苹果的果肉遇碘酒呈现蓝色,成熟苹果的汁液能与银氨溶液发生反应,试解释原因。
> （2）在以淀粉为原料生产葡萄糖的水解过程中,可用什么方法来检验淀粉的水解是否完全?
> （3）为什么可以用热的碱性溶液洗涤沾有油脂的器皿?
> （4）如何鉴别蚕丝和人造丝(主要成分为纤维素)织物?

图 9-35 "基本营养物质"课后习题

五、结论与建议

本研究从宏观、中观、微观层面分析了 2019 版人教版高中化学必修教材中针对"宏观辨识与微观探析"素养要素的内容设计。研究发现,教材在宏观、中观、微观三个层面都充分体现了素养的要求。

在宏观层面,教材在绪言和章结构设计上均较好地体现了结构与性质的关系,但鉴于"宏观辨识与微观探析"素养由五个要素构成,而教材在宏观层面侧重于体现结构、性质、变化三大要素,分类与组成这两大要素则体现得不够。从绪言的功能和定位以及章结构展现教材核心内容体系来看,应考虑全面展现物质的分类、组成、结构、性质、变化等要素,对物质的分类与组成的内容加以补充,特别要在绪言部分指出物质分类的意义,以及高中阶段如何在初中阶段的认识基础上进一步拓展物质分类的视角,让学生在开启高中化学学习之旅时对五大要素形成初步的、全面的感知。

在中观层面,教材主要利用"宏观—微观"以及"微观—宏观"两种逻辑思路规划了章下辖的节结构。但整体来看,仅仅从节标题出发,学生很难自主发现和理解节之间的逻辑关系。因此,为了更加凸显节与节之间关系的设计,教材可以考虑在章前或者章后将节与节之间的关系加以梳理说明,从而帮助学生整体把握章内部各节之间的关系,并从节的逻辑结构上认识章内部有关宏观和微观层面内容的关系。

在微观层面,教材关注通过正文的展开逻辑、栏目设计、图表设计、习题设计等方面充分体现"宏观辨识与微观探析"素养的要求。特别是教材的正文展开逻辑:结构—性质、性质—结构,让学生深刻感知结构和性质的因果联系,并基于该联系由结构解释性质或由性质推测结构和机理。教材中的实验活动栏目、方法导引栏目和整理与归纳栏目等着眼于组织学生围绕物质的性质与结构的特点及其关系进行探索,学习基于宏微结合的视角认识物质的思维方法和研究方法,并对物质的宏观性质与微观结构知识及其关系进行归纳和整理,为发展学生"宏观辨识与微观探析"素养提供了重要的支持。教材中也普遍关注图表的使用,利用图表帮助学生直观地获取物质的微观结构及变化过程的微观层面的信息,并通过与图表中宏观信息的结合,引导学生发现和理解宏观现象或性质与微观结构或变化过程的联系。教材的课后习题也凸显了"宏观辨识与微观探析"素养目标的重要性,利用不同的题型、不同难度的习题对该素养中的诸要素进行了较为全面和多水平的强化与评价。但不难发现,教材有关宏微联系的图表设计和习题设计还是略显不足的,特别是图表中微观信息的表征形式以及提示或展现宏微联系的方式还有改进的空间;课后习题虽然呈现出了难度差异,但并未与核心素养的四个水平形成对应关系,且习题难度主要集中在基础和中等水平。因此,在教材微观层面,应着力于改进图表微观信息的表征效果,并考虑设置问题或提示性的文字引导学生从图表中获取关键信息和进行有效的信息加工,形成对物质微观结构、变化过程与物质性质关系的认识;完善课后习题的设计,充分考虑不同水平的素养要求与习题类型和内容的关系,通过设置基础题、提升题和拓展题等对应不同水平的素养目标,并对上述分类中的题型进行创新设计,如基础题除了常见的选择题和填空题,还可以以简单的问答题形式呈现;此外可考虑对不同水平的习题加以标识,便于教师和学生了解题目水平,对教材习题进行合理的选择和应用。

第10章 两版高中化学必修教材建模内容的比较研究

一、研究背景

建模是产生模型的过程,是指通过分析情境、收集信息、综合运用实验、预测、推理等活动,建立起模型并检验、应用模型来解决问题与寻找规律的多步骤的动态过程。学习建模能让学习者像科学家那样了解书本知识的产生过程,模拟科学家在面对复杂问题时的建模思维,[1]提升对科学本质的认识及理解与解决复杂问题的能力。[2]

建模的重要价值决定了其在科学教育中的重要作用,建模教学也逐渐成为世界科学教育领域的研究热点之一。目前,许多国家逐渐将模型与建模纳入国家科学教育课程纲领性文件中。我国《普通高中化学课程标准(2017年版)》提出的五大核心素养中的"模型认知"要素即反映了建模的目标要求,其内涵为:"知道可以通过分析、推理等方法认识研究对象的本质特征、构成要素及其相互关系,建立认知模型,并能运用模型解释化学现象,揭示现象的本质和规律。"[3]因此,以课程标准为依据进行编写的高中化学教材中蕴含了丰富的模型内容,向学习者传递模型与建模的相关知识,促进学生建立、检验、应用、修正模型等相关建模能力的发展。

当前国内外研究者较为关注建模教学,但鲜少研究教材的建模内容。通过文献分析有关教材中的模型与建模内容的研究,呈现出两个特点:一是对教材中模型的数量、类型、呈现形式等进行整本研究的量化统计分析;二是对教材中某一特定主题内容建模历程的比较研究,其中建模历程是指包括模型建立、检验、应用及修正等不断循环的建模具体过程。[4] 由于建模教学的开展和建模能力的培养都以建模历程为基础,了解基于建模历程视角下化学教材中建模内容的研究现状十分必要。但已有研究较少以建模历程作为切入点,亟待进一步的探索。

---

[1] KENYON L, DAVIS E A, HUG B. Design approaches to support preservice teachers in scientific modeling [J]. Journal of Science Teacher Education, 2011, 22(1): 1-21.
[2] 邹国华,童文昭,杨梓生.对活化能相关模型的反思——基于科学模型的教学视角[J].化学教学,2021(05):91-96.
[3] 中华人民共和国教育部制定.普通高中化学课程标准(2017年版)[S].北京:人民教育出版社,2018:7.
[4] 周红,马云鹏,张二庆.模型与建模在科学教育概念转变中的作用及启示[J].现代教育管理,2013(04):52-55.

综上,在"一纲多本"的新课程新教材实施背景下,本研究以 2019 版人教版和鲁科版高中化学必修教材为研究对象,着眼于建模内容呈现的频次、各建模历程要素的呈现比例和方式、完整度水平及建模水平等方面的探讨,以了解高中化学教材中建模内容的编写特点和异同,为高中化学教材建模内容的编写及教学提供启示与建议。

二、高中化学教材建模内容研究工具构建

为了构建高中化学教材建模内容的研究工具,首先,从建模历程角度揭示化学教材中建模历程的内容模型;其次,以内容模型为依据设计化学教材建模内容的分析框架;最后,进一步提出化学教材建模内容的建模水平及完整度水平分析框架。

(一) 化学教材中建模历程的内容模型

为了合理地选取化学教材中建模历程的基本要素,本研究对大多数学者所划分的建模历程要素进行了统计。依据表 10-1 的统计结果,结合对化学教材中具体内容的分析来确定化学教材中的建模历程要素。

表 10-1 不同学者对各建模历程要素的选择

	选择模型	建立模型	检验模型	分析模型	应用模型	评价模型	修正模型
哈伦(Hallou)[1]	√	√	√	√	√		
克莱门特(Clement)[2]	√	√	√	√		√	√
施瓦茨(Schwarz)等人[3]		√	√		√	√	√
郑孟斐等人[4]	√	√	√	√	√	√	√
邱美虹[5]	√	√	√	√	√	√	√

---

[1] HALLOUN L. Schematic modeling for meaningful learning of physics[J]. Journal of Research in Science Teaching,1996,33(9):1019-1041.
[2] CLEMENT J. Learning via model construction and criticism[A]. Handbook of creativity:assessment,theory and research[C]. New York:Plenum,1989:341-381.
[3] SCHWARZ C V, REISER B J, DAVIS E A, et al. Developing a learning progression for scientific modeling:making scientific modeling accessible and meaningful for learners[J]. Journal of Research in Science Teaching,2009,46(6):632-654.
[4] Cheng M F, Brown D E. The role of scientific modeling criteria in advancing students' explanatory ideas of magnetism[J]. Journal of Research in Science Teaching,2015,52(8):1053-1081.
[5] 邱美虹.科学模型与建模:科学模型、科学建模与建模能力[J].台湾化学教育,2016,(11):1-7.

续 表

	选择模型	建立模型	检验模型	分析模型	应用模型	评价模型	修正模型
张晋、毕华林①		√			√	√	√
合 计	4	6	5	4	5	5	5

依据表 10-1 可知,不同学者选择的建模历程要素有 4—7 个不等。其中,所有学者均选择了"建立模型"要素,可见"建立模型"是建模过程中必不可少的要素。与其他要素相比,"选择模型"和"分析模型"要素被选频次较低。此外,对于一个具体的建模活动而言,较少会包含所有的建模历程要素。

对于"选择模型"要素,该要素包括两个主要步骤:第一步是识别建模情境;第二步是在第一步的基础上,依据建模的目的,引导学习者从自己头脑中已有的知识经验或模型库中选择一个合适的模型,该模型指向学习者自身的心智活动。由于本研究的对象是化学教材中的建模内容,较少涉及第二步中学习者的思维活动。因此,化学教材建模历程的"选择模型"要素主要指向第一步,并将"选择模型"要素具体为"建模情境"要素。

对于"分析模型"和"检验模型"要素,"分析模型"是指分析所建立的模型是否可以用于预测或解释目标问题,而"检验模型"则是通过思想实验、实证实验、观察等方式对模型进行多方面的检验,其中也包括检验所建模型能否正确预测或解释建模目标。从这一角度来看,化学教材建模历程中的"分析模型"与"检验模型"往往是重叠的,"检验模型"要素往往包括对模型的分析。因此,本研究将"分析模型"要素纳入到"检验模型"要素中。

同样地,化学教材建模历程中的"评价模型"与"修正模型"要素也有交叠的特点。通过"评价模型"来考虑模型的局限性、评估模型的质量,并据此来修正、完善已有模型。因此,本研究将"评价模型"与"修正模型"要素合并为"评价与修正模型"要素。

基于上述分析,本研究主要选取了建模情境、建立模型、检验模型、应用模型及评价与修正模型五个核心要素,构建如图 10-1 所示的化学教材中建模历程的内容模型,具体内涵见表 10-2。

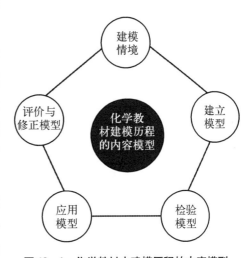

图 10-1 化学教材中建模历程的内容模型

---

① 张晋,毕华林.模型建构与建模教学的理论分析[J].化学教育(中英文),2017,38(13):27-32.

表 10-2 化学教材中建模历程的各要素及其定义

要 素	定 义
建模情境	用于明确建模目的或提供建模背景的教学情境
建立模型	通过不同化学建模路径初步建立模型
检验模型	验证初步建立的模型是否可以预测或解释原情境现象
应用模型	应用已检验的模型解决简单、相似的情境或复杂、新的情境中的问题
评价与修正模型	当发现所建立的模型无法解释更多情境问题时,修正、完善已有模型或重建模型,使模型具备更强的解释力

(二) 化学教材中建模内容分析框架

本研究以化学教材中建模历程的内容模型为基础,将内容模型中的建模情境、建立模型、检验模型、应用模型、评价与修正模型五个要素作为化学教材建模内容分析的一级指标,并结合现有研究中不同学者对各级指标的分类,构建出二级指标,进而形成化学教材建模内容分析框架,如表 10-3 所示。

表 10-3 化学教材中建模内容分析框架

建模历程要素	具体类别	操 作 性 定 义
建模情境	实验探究情境	模拟一个类似科学家开展科学研究的情境。
	生产生活情境	与日常生活、工业生产等有关的事件、现象、经验等情境。
	科学史实情境	与所学知识相关的科学史和化学史上的发明、发现的故事以及重大成就等情境。
建立模型	思想模拟建模	对已学的化学原理及获取的实验事实进行合理的想象推理分析和科学解释,进而建立模型的建模路径。
	抽象思维建模	利用想象出的抽象物质或模型来表征原型的本质属性的建模路径。
	数学建模	利用数学符号、公式、图表等数学语言对化学现象或规律等进行概括、抽象以建立起模型来解决问题的建模路径。
检验模型	检验模型的一致性	是否使用不同的方法、证据或其他情境来检验所建立的模型是否具有一致性。
	检验模型的合理性	判断是否考虑表征模型的文字说明、化学式或数学方程式的合理性,是否考虑预测结果与证据间的一致性。

续 表

建模历程要素	具体类别	操 作 性 定 义
检验模型	检验模型的完整性	判断是否忽略其他影响模型解释结果的因素,是否考虑用其他替代方案、证据来检验模型是否完整。
应用模型	模型近迁	将已检验的模型应用于较为简单、相似的情境的内容。
	模型远迁	将已检验的模型应用于较为复杂、新的情境的内容。
评价与修正模型	评估模型与原情境的关联性	判断建模所得的结论是否可对原建模情境进行解释。
	扩大模型的适用性	当所建立的模型无法解释新的问题或需考虑其他影响因素时,修正模型,扩大模型的解释范围。
	建构新的模型	原有模型无法再进行解释时,需要重新建构新的模型。

(三) 化学教材中建模内容的建模水平

教材中的建模内容除了有不同的要素,还存在着不同的水平层次。利用建模内容分析框架,可以对化学教材中各建模历程要素的频次及具体呈现形式等进行量化统计分析,但难以评价化学教材中建模内容的建模水平。设置建模内容的动机是让学习者了解所学模型的适用范围和局限性,掌握模型的本质,学会自主建立、分析、应用、修正模型等。从这一层面来讲,化学教材中的建模内容应给予学习者更多参与建模的自主权,而建模水平则主要反映了学习者在参与建模活动过程中的自主性。通过构建化学教材中建模内容的建模水平体系,可以比较不同版本化学教材中建模水平的差异,为教师使用教材开展建模教学提供帮助。

纵观当前国内外已有研究,尚缺乏对教材建模水平的测评研究,而建模活动反映了一种学习过程,这与探究活动有很多共同之处。鉴于目前对探究活动水平的研究较为成熟,本研究将在有关探究水平测评工具研究的基础上,构建化学教材中建模内容的建模水平体系,并以此来研究化学教材中建模活动的建模水平。

1. 化学教材建模水平的划分

根据学习者自主建模程度和化学教材提供指导的程度来定义化学教材中建模历程的三水平。从水平1到水平3,化学教材提供的活动指导逐渐减少,学习者的自主程度逐渐增加。其中,水平1为限定建模,即由教材直接提供详细的建模活动细节;水平2为引导建模,即教材提供部分活动指导,学习者具有一定的自主参与权;水平3为自主建模,即教材不提供任何引导,由学习者完全自主地开展建模活动。

2. 化学教材中建模历程要素水平的划分

学习者自主建模的程度及教材提供帮助的程度主要体现在具体的建模历程要素中,根据上述建模三水平来认识建模历程各要素的水平划分和表现,得到如表 10-4 所示的化学教材建模历程要素水平及赋分情况。教材单个建模活动的建模水平为该活动中涉及建模历程要素水平数值的加和平均,教材整体的建模水平数值则为教材中各建模活动建模水平数值的加和平均。本研究将建模水平的分数范围进行等级划分,分数范围为 1.00—3.00 分。其中,1.00—1.50 分为水平 1,属于限定建模;1.50—2.50 分为水平 2,属于引导建模;2.50—3.00 分为水平 3,属于自主建模。

表 10-4 化学教材中建模历程要素的水平划分

建模历程要素	水平 1 (1.00—1.50 分)	水平 2 (1.50—2.50 分)	水平 3 (2.50—3.00 分)
建模情境	直接阐述建模情境、提供建模背景或目的。	提供情境资料,再以问题的形式引导学生明确建模的问题或目的。	提供相关情境资料,由学习者自主产生建模问题或目的。
建立模型	直接陈述所建立的模型。	提供建模的思路及提示,以问题形式让学习者思考后再给予解释,帮助学习者建立模型。	未提供建立的视角,让学习者自主建立模型。
检验模型	直接提供模型检验的结果。	提供问题情境,引导学习者有目标地开展模型检验,并提供了解决的思路。	未提供提示,让学习者自主检验模型。
应用模型	直接阐述模型可应用于其他情境的内容。	提供问题情境,引导学习者应用模型,并提供了解决的思路。	未提供提示,让学习者自主应用模型。
评价与修正模型	直接提供评价与修正模型的内容。	要求学习者根据提示对模型进行评价与修正。	未提供提示,让学习者自主评价与修正模型。

(四) 化学教材中建模内容的完整度水平

建模内容的完整度是指教材中的每个建模活动出现的建模历程要素越多,意味着具有越完整的建模历程。由于对化学教材中建模历程各要素出现的频次及比例的分析,只能反映出对某些建模历程要素的重视程度,但无法判别建模内容的完整度。因此,为了了解化学教材中建模内容的完整度,本研究依据化学教材中建模活动所经历的不同建模历程要素的数量,将建模内容完整度划分为三个水平,如表 10-5 所示。

表 10-5 建模内容的完整度水平划分

完整度水平	定 义
低(水平 1)	建模活动过程只包含两个不同的建模历程要素
中(水平 2)	建模活动过程包含三到四个不同的建模历程要素
高(水平 3)	建模活动过程包含五个不同的建模历程要素

三、高中化学教材建模内容分析程序

(一) 分析对象的确定

由于化学教材中出现的模型类型众多,分类复杂,且并不一定存在建模历程,因此需要限定研究的范围。本研究所选的建模内容的标准有以下几点:(1)所选取的模型类型必须没有明显的交叉和重复;(2)所选取的模型类型是化学学科中的重要模型,而且在教材中多通过一定的建构过程来呈现;(3)在限定的模型类型中选取经历建模历程的模型为研究对象,仅直接呈现模型结果的情况不包括在本研究范围内。

根据上述标准对化学教材中的建模内容进行选取。首先,本研究以单旭峰对化学认知模型的分类为基础,选取了最具代表性的三类认知模型作为本研究的分析对象,即原理模型、结构模型和过程模型。[①] 这三类模型不仅是高中化学学习的主要模型,而且该分类避免了模型间的交叉问题,这三类模型的操作性定义及示例见表 10-6。其次,纳入本研究讨论范围的建模内容需包含两个及以上的建模历程要素。

表 10-6 化学模型的分类及定义

类 型	操 作 性 定 义 及 示 例
原理模型	以大量经验事实为支撑,能反映给定条件下发生的化学现象的规律或原理。如有效碰撞原理、勒夏特列原理、质量守恒定律等。
结构模型	复杂、抽象的物质或结构用实物、图示等方式表示,用于描述或解释物质内部的构成、相互作用及作用的结果。如物质结构模型、装置结构模型等。
过程模型	化学反应或化工生产过程中某物理量的变化过程、某元素构成的物质或状态间的变化过程。如反应量化模型及物质转化探究过程模型等。

(二) 分析单位的确定

本研究将单个建模活动作为一个"主题",例如,2019 版鲁科版高中必修第二册教材中所建立的原电池工作原理模型,无论占多大篇幅都计为 1 个建模主题。而同一建模主题中每一个建模历程要素出现一次则记为 1 处。

(三) 编码示例

以 2019 版鲁科版高中化学必修第二册教材中第二章的"原电池"原理模型为例,如图 10-2 所示。

[①] 单旭峰.对"模型认知"学科核心素养的认识与思考[J].化学教学,2019(03):8-12.

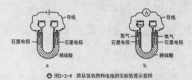

(a) 第一部分

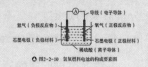

(b) 第二部分

(c) 第三部分

图 10-2 "原电池"建模主题编码示例

  所选编码案例中呈现了原电池工作原理模型的建模内容。首先,教材中以化学电池在人类生产生活中的应用及贡献为情境,明确指出化学电池是根据原电池的原理制成的,再提出两个问题,分别为"原电池是由哪些部分组成的?""原电池中各部分的作用是什么?"通过创设情境引出问题以明确建模的目的是掌握原电池的工作原理,涉及生产生活类建模情境,且"建模情境"维度处于水平 2。

其次,通过实验观察活动来获取实验事实,根据实验事实及已掌握的电流表指针偏转等知识来推理分析化学能转化为电能的工作原理和原电池的组成条件等,在头脑中初步建立起模型,属于思想模拟的建模路径。这是教材在学习者分析思考后提供相应的科学解释来帮助学习者建立模型,"建立模型"维度处于水平 2。

在建立起一个具体的原电池的工作原理模型后,继续让学习者分析另一种原电池的工作原理,这属于"应用模型"维度中的模型近迁,若进一步要求学习者根据所提供的实验用品设计原电池并进行实验,这属于"应用模型"维度中的模型远迁。除此之外,该建模内容中还涉及"检验模型"要素,通过让学习者思考锌铜原电池中的锌片、铜片及稀硫酸可以替换为哪些同样能构成原电池的物质的思考活动,从而检验模型的完整性。对于"检验模型"要素及"应用模型"要素,均是提出问题引发学习者思考后给予一定的提示或解决思路,均属于水平 2。

(四) 编码数据处理

根据研究工具对两版化学教材中的建模内容进行编码统计后,需要对编码数据进行处理,本研究主要从不同版本教材的比较和不同类型模型的比较的视角对编码结果进行处理,两种比较视角下的数据处理过程如下:

(1) 统计两版教材(或不同类型模型)中各建模历程要素出现的频次及比例,了解两版教材(或不同类型模型)对建模历程要素的关注倾向;

(2) 统计两版教材(或不同类型模型)中各建模内容中出现的建模历程要素的数量及比例,按照化学教材建模内容的完整度水平体系进行水平分析,得到各完整度水平的比例,从而了解两版教材(或不同类型模型)的建模内容的完整度水平;

(3) 统计两版教材(或不同类型模型)中各建模历程要素具体类型出现的频次及比例,了解两版教材(或不同类型模型)在建模历程要素具体类型选择上的倾向;

(4) 统计两版教材(或不同类型模型)中各建模历程要素的水平平均值和建模活动的整体水平,了解两版教材(或不同类型模型)在建模历程要素水平和整体建模水平上的特点和差异。

四、不同版本高中化学教材建模内容分析

对不同版本高中化学教材中建模内容的频次、完整度、各要素的比例及要素水平进行量化统计和对比研究,以了解不同版本化学教材中建模内容的编写特点和差异。

(一) 不同版本化学教材中建模内容的整体分析

由于不同版本化学教材对于不同主题内容的编排位置略有不同,为了方便统计分析,将同一

版本的两册教科书进行合并统计。

1. 不同版本化学教材中建模历程要素总量的分析

统计每个建模历程要素在教材中出现的频次,结果如表10-7及图10-3所示。

表10-7 不同版本高中化学教材中建模历程要素分布情况

建模历程要素	人教版		鲁科版		合计
	数量	比例	数量	比例	
建模情境	10	20.83%	10	18.87%	20
建立模型	17	35.42%	19	35.85%	36
检验模型	9	18.75%	10	18.87%	19
应用模型	8	16.67%	11	20.75%	19
评价与修正模型	4	8.33%	3	5.66%	7
合计	48	100.00%	53	100.00%	101

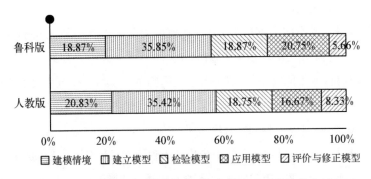

图10-3 不同版本高中化学教材中建模历程要素的分布情况

可以看出,鲁科版教材中建模历程要素的总数略多于人教版。总的来说,在建模历程的五个要素中,两版教材对于建模情境、建立模型、检验模型及应用模型这四个要素更加重视。其中,建立模型要素的占比均最大。除建立模型要素外,人教版教材强调对建模情境的创设及对所建模型的一致性、合理性及完整性的检验;鲁科版教材则更强调对建立的模型的迁移应用。两版教材均不太重视评价与修正模型要素。

2. 不同版本化学教材中建模内容完整度的分析

由于各建模历程要素在化学教材中出现的频次及占比只能初步反映教材对各要素的重视程度,难以反映教材中的建模内容是否经历了完整的建模历程。因此,本研究对教材中建模内容的完整度进行了统计分析,具体统计结果如图10-4所示。

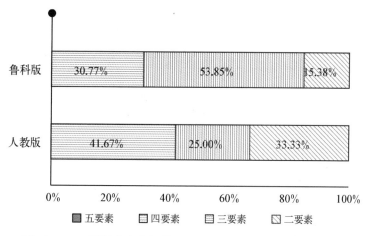

图 10-4 不同版本高中化学教材中建模内容的完整度情况分布

从图 10-4 可看出,两版教材中都不存在五要素齐全的建模内容,即两版教材所涉及的建模历程都有一定程度的要素缺失。从水平层次上看,人教版中约有 67% 的建模内容的完整度达到水平 2,鲁科版中约有 85% 的建模内容的完整度达到水平 2。可见,两版教材中的建模内容具有中等水平的完整度,鲁科版的建模内容的完整度水平略高于人教版。

(二) 不同版本化学教材中建模历程要素分析

1. 不同版本化学教材中"建模情境"要素的分析

对两版高中化学教材中"建模情境"要素的分布情况进行统计,数据结果如表 10-8 和图 10-5 所示。可以发现,两版教材中对于"建模情境"要素的使用情况大致相同,均重视用生产生活经验来引发建模知识的学习。另外两种类型的"建模情境"在两版教材中也都占有一定比例。其中,实验探究情境的创设可以培养学习者的探究意识,锻炼学习者的动手能力及科学探究能力。科学史实情境能让学习者了解模型的建立及演变过程,认识到科学模型的形成往往经历不断的修正乃至推翻重建的过程,从而培养学习者的批判精神及创造性思维。

表 10-8 不同版本高中化学教材中"建模情境"要素的分布情况

建模情境	人教版		鲁科版		合 计
	数 量	比 例	数 量	比 例	
实验探究情境	2	20.00%	3	30.00%	5
生产生活情境	6	60.00%	5	50.00%	11
科学史实情境	2	20.00%	2	20.00%	4
合 计	10	100.00%	10	100.00%	20

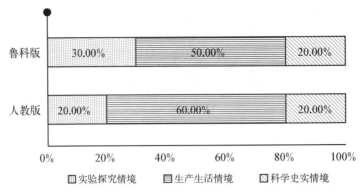

图 10-5 不同版本高中化学教材中"建模情境"要素的分布情况

2. 不同版本化学教材中"建立模型"要素的分析

对两版高中化学教材中"建立模型"要素的分布情况进行统计,得到不同版本教材中不同建模路径的数量和占比,结果如表 10-9 和图 10-6 所示。

表 10-9 不同版本高中化学教材中"建立模型"要素的分布情况

建模路径	人教版		鲁科版		合 计
	数 量	比 例	数 量	比 例	
思想模拟建模	13	76.47%	13	68.42%	26
抽象思维建模	4	23.53%	3	15.79%	7
数学建模	0	0.00%	3	15.79%	3
合 计	17	100.00%	19	100.00%	36

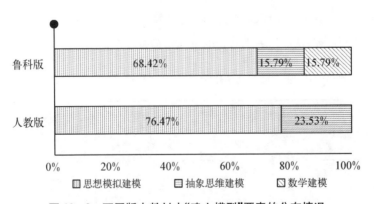

图 10-6 不同版本教材中"建立模型"要素的分布情况

通过对表 10-9 和图 10-6 中的数量及比例的分析发现,从数量上看,两版教材中"建立模型"要素总量接近;从建模路径上看,两版教材中思想模拟建模是最常见的建模路径。思想模拟建模常用于问题解决型建模,主要是借助学习者已学的化学原理等知识对解决问题的方法进行合理的想象推理,在头脑中建立起一个尝试性的心智模型,再通过实验、推理、分析等科学方法收集证据,对具体问题作出科学解释,进而确定所建模型的科学性。由于化学知识的学习通常以问题解决的模式进行,故而思想模拟建模占最大的比例,以培养学习者解决实际问题的能力。

与人教版相比,鲁科版所使用的建模路径更加丰富和均衡。除思想模拟、抽象思维建模路径外,鲁科版教材中还利用了数学建模路径。以两版教材中均出现的化学反应与能量变化模型为例,两版教材采用了不同的建构方式以帮助学习者建立起化学反应过程中能量变化的本质模型。其中人教版教材的相关描述如图10-7所示,鲁科版教材的相关描述如图10-8所示。可以看出,鲁科版教材采用了数学建模的路径,先呈现氢气与氧气反应断键及成键的能量变化数据,引导学习者从化学键的角度分析该反应为吸热或放热反应;再通过数学坐标图的形式对能量与反应过程的走势或数量等进行表征、归纳,从而建立起化学变化过程中能量变化的本质模型。而人教版教材仅用简单的关系示意图来表征。

我们知道,物质中的原子之间是通过化学键相结合的,当化学反应发生时,反应物的化学键断裂要吸收能量,而生成物的化学键形成要放出能量。以氢气与氯气化合生成氯化氢的反应为例:

$$H_2(g) + Cl_2(g) = 2HCl(g)$$

在25 ℃和101 kPa条件下,断开1 mol H_2中的化学键要吸收436 kJ的能量,断开1 mol Cl_2中的化学键要吸收243 kJ的能量,反应中1 mol H_2和1 mol Cl_2中的化学键断裂所需能量共为679 kJ;而形成2 mol HCl中的化学键要释放862 kJ的能量。化学键的断裂与形成是化学反应中能量变化的主要原因,化学反应中的物质变化总会伴随着能量变化,通常主要表现为热量的释放或吸收。一般情况下,如果一个化学反应过程中放出的能量多于吸收的能量,则有能量向环境释放,发生放热反应;反之,放出的能量少于吸收的能量,则需从环境吸收能量,发生吸热反应。在H_2与Cl_2的反应过程中,释放的能量大于吸收的能量,发生了放热反应。

各种物质都具有能量,物质的组成、结构与状态不同,所具有的能量也不同。放热反应可以看成是反应物所具有的化学能转化为热能释放出来,吸热反应可以看成是热能转化为化学能被生成物所"储存"。因此,一个化学反应

(a) 第一部分

是释放热量还是吸收热量,与反应物总能量和生成物总能量的相对大小有关。如图6-3所示,如果反应物的总能量高于生成物的总能量,发生反应时会向环境释放能量;如果反应物的总能量低于生成物的总能量,发生反应时需要从环境吸收能量。

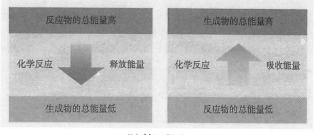

(b) 第二部分

图10-7 人教版教材中的化学反应与能量变化模型

交流·研讨

请根据下列信息判断氢气燃烧生成水蒸气时是吸收能量还是释放能量。

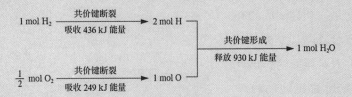

讨论

从化学键的角度分析化学反应中能量变化的实质。

在化学反应过程中,如果形成新化学键释放的能量大于破坏旧化学键吸收的能量,就会有一定的能量以热能、电能或光能等形式释放出来;如果形成新化学键释放的能量小于破坏旧化学键吸收的能量,则需要吸收能量,如图2-2-5所示。

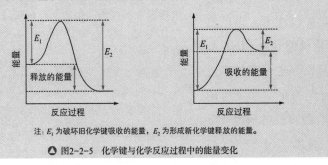

注:E_1为破坏旧化学键吸收的能量,E_2为形成新化学键释放的能量。

▲ 图2-2-5 化学键与化学反应过程中的能量变化

图10-8 鲁科版教材中的化学反应与能量变化模型

3. 不同版本教材中"检验模型"要素的分析

对两版高中化学教材中"检验模型"要素的分布情况进行统计,得到不同版本教材中"检验模型"类型的数量和占比,结果如表10-10和图10-9所示。研究发现,人教版教材中关于"检验模型"要素的三个二级维度的呈现较为均衡;鲁科版教材更注重用不同的方法或证据来检验模型的一致性。

表10-10 不同版本高中化学教材中"检验模型"要素的分布情况

检验模型	人教版		鲁科版		合计
	数 量	比 例	数 量	比 例	
检验模型的一致性	3	33.33%	5	50.00%	8
检验模型的合理性	3	33.33%	3	30.00%	6
检验模型的完整性	3	33.33%	2	20.00%	5
合 计	9	100.00%	10	100.00%	19

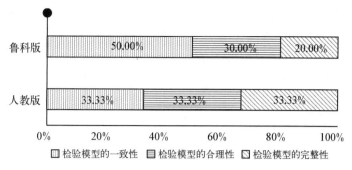

图 10-9 不同版本高中化学教材中"检验模型"要素的分布情况

4. 不同版本化学教材中"应用模型"要素的分析

对两版高中化学教材中"应用模型"要素的分布情况进行统计,得到不同版本教材中"应用模型"类型的数量和比例,结果如表 10-11 和图 10-10 所示。分析可知,从数量上看,鲁科版教材中"应用模型"要素的数量略多于人教版教材;从类型上看,人教版教材中的"应用模型"要素多以模型近迁的形式呈现,而鲁科版教材中模型近迁及远迁出现的比例相当。

表 10-11 不同版本高中化学教材中"应用模型"要素的分布情况

应用模型	人教版		鲁科版		合计
	数量	比例	数量	比例	
模型近迁	6	75.00%	6	54.55%	12
模型远迁	2	25.00%	5	45.45%	7
合计	8	100.00%	11	100.00%	19

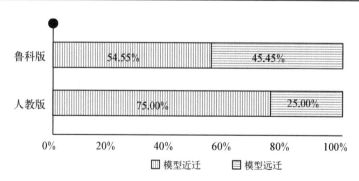

图 10-10 不同版本高中化学教材中"应用模型"要素的分布情况

5. 不同版本化学教材中"评价与修正"模型要素的分析

对两版高中化学教材中"评价与修正模型"要素的分布情况进行统计,得到不同版本教材中"评价与修正模型"类型的数量和比重,结果如表 10-12 和图 10-11 所示。可以看出,两版教材中评价与修正模型要素均较为缺乏。

表 10-12 不同版本高中化学教材中"评价与修正模型"要素的分布情况

评价与修正模型	人教版		鲁科版		合 计
	数 量	比 例	数 量	比 例	
评估模型与原情境的关联性	2	50.00%	1	33.33%	3
扩大模型的适用性	1	25.00%	1	33.33%	2
建构新的模型	1	25.00%	1	33.33%	2
合　计	4	100.00%	3	100.00%	7

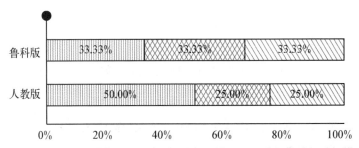

图 10-11 不同版本高中化学教材中"评价与修正模型"要素的分布情况

（三）不同版本化学教材中建模历程要素水平分析

对教材中各建模要素的水平进行编码赋值并计算各建模历程要素的平均分，以此来评价两版教材中各要素的水平，并进一步对教材中各建模活动的建模水平和整体建模水平进行计算，得到的结果如表 10-13 及图 10-12。

表 10-13 不同版本高中化学教材中各建模历程要素水平的比较

建模历程要素	要素水平平均分	
	人教版	鲁科版
建模情境	2.00	1.90
建立模型	1.82	1.84
检验模型	2.22	1.90
应用模型	2.25	2.18
评价与修正模型	1.00	1.00
平均建模水平	1.94	1.89

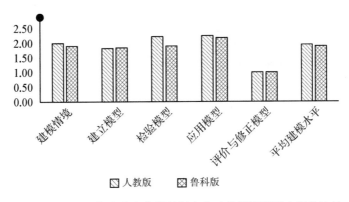

图 10-12　不同版本高中化学教材中各建模历程要素水平的比较

由表 10-13 及图 10-12 所示的结果可知,两版教材中建模情境、建立模型、检验模型及应用模型要素水平的平均得分在 1.50—2.50 分之间,处于水平 2;两版教材中的评价与修正模型要素水平均为水平 1,即学习者通过教材直接呈现的评价与修正模型的相关内容来构建知识。其中,人教版教材的建模情境、检验模型及应用模型要素水平略高于鲁科版,而建立模型、评价与修正模型要素水平两版相当。对于教材建模活动的整体建模水平,两版教材均处于引导建模水平,但人教版教材整体建模水平略高于鲁科版。

五、化学教材中不同类型模型建模内容的整体分析

本研究选择了化学教材中三种有代表性的模型类型,即原理模型、结构模型和过程模型来进行研究。由于不同模型各具特点,建模历程也会有所差异。本研究将两版教材进行合并统计,统计出四本教材中三类模型的总量,再对这三类模型的建构历程进行整体统计分析和各建模历程要素的微观定性分析,以揭示教材中不同类型模型的建模历程的完整度、建模水平及对其的关注程度等。

(一) 化学教材中的模型类型分析

表 10-14 中呈现了两版教材共四册书中三类模型的数量及其占比,可知两版高中化学必修教材对模型类型有所侧重,以原理模型为主,过程模型次之,结构模型数量相对较少。

表 10-14　两版高中化学教材中不同类型模型的分布情况

模型类型	人教版	鲁科版	合计	
			数量	比例
原理模型	7	8	15	60.00%
结构模型	2	1	3	12.00%

续 表

模型类型	人教版	鲁科版	合计 数量	合计 比例
过程模型	3	4	7	28.00%
合 计	12	13	25	100.00%

其中,化学原理在高中化学学习中的基础性和重要性决定了其在教材的建模活动中占主导地位。由于化学原理是建立在化学家们对有限的化学事实进行想象概括的基础上,描述的是给定条件下所发生的化学现象的规律,因此,化学原理的形成重视分析的过程,能够反映化学现象及事实的本质属性[①]。化学原理模型可以帮助学生领会蕴含的化学知识的内在本质、科学思想和方法,但该类模型知识较为抽象、难以理解,为了使学习者更好地掌握化学原理,通常以建模的形式建构知识。因此,化学教材中的建模活动以建构原理模型为主。

对于结构模型,在必修模块出现的结构模型主要为有机物的分子结构模型,这些模型在教材中通常以搭建实物模型活动的形式出现,如搭建甲烷分子的球棍模型。由于本研究的研究对象是认知模型,搭建实物模型不在分析之列,因此整体上看教材中建模活动所涉及的结构模型数量明显少于其他两类模型。

(二) 化学教材中不同类型模型建模历程要素总量分析

鉴于化学教材中的过程模型和结构模型的数量远少于原理模型,比较不同类型模型建构活动中各建模历程要素出现的频次并不妥当。因此,本研究对不同类型模型建构活动中各建模历程要素的比例进行加和平均与比较,结果如图 10-13 所示。

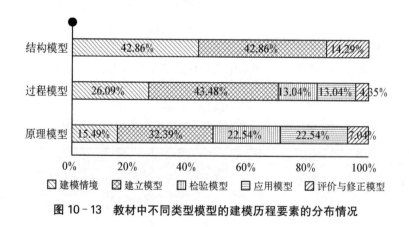

图 10-13 教材中不同类型模型的建模历程要素的分布情况

---

① 刘克文.中学化学基础知识的构成[J].中学化学教学参考,2003(06):10-12.

根据图10-13可知,三种模型的建模历程要素的分布既存在共性又有差异。共同点在于三类模型均以建立模型为核心要素。不同点在于原理模型的建模历程比其他两类模型更强调对模型的检验与应用,而对建模情境、评价与修正模型要素的重视程度较低;过程模型与原理模型在五个建模历程要素方面均有涉及,较为关注建模情境的创设与使用,对评价与修正模型要素的关注较少;结构模型的建模历程缺乏检验模型和应用模型要素,对建模情境要素的重视程度与建立模型要素相当,与其他两类模型相比,结构模型相对重视评价与修正模型要素。

(三) 化学教材中不同类型模型建模内容完整度分析

对化学教材中不同类型模型建模内容的完整度进行统计,结果如图10-14所示。可以看出,化学教材中三类模型的建模历程均有一定程度的缺失,且在水平层次上存在明显的差异,完整度水平由高到低依次为原理模型、过程模型、结构模型。其中,原理模型的建模历程主要以四要素和三要素为主,达到水平2的比例为93.33%,说明原理模型几乎全部处于中等完整度水平;过程模型的建模历程主要为三要素和二要素,其中达到水平2的比例为57.15%,超过一半为中等完整度水平;结构模型以二要素的建模历程为主,达到水平2的比例仅为33.33%,大部分处于低完整度水平。

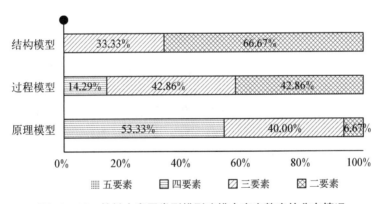

图10-14 教材中不同类型模型建模内容完整度的分布情况

(四) 化学教材中不同类型模型建模历程要素分析

1. 化学教材"建模情境"要素的分析

对化学教材中不同类型模型的"建模情境"要素的分布情况进行统计,结果如图10-15所示。原理模型和过程模型均较为重视创设生产生活情境。由于这两类模型中所蕴含的化学原理在日常生活、化工生产中有较为广泛的应用,因此利用真实的生产生活类情境引发模型的建构活动,更有助于学习者对模型的理解,激励学习者在实践中应用知识,提高解决实际问题的能力。如图10-16中的湿手容易触电的生活情境引出了电解质的电离模型;图10-17为硫酸的工业

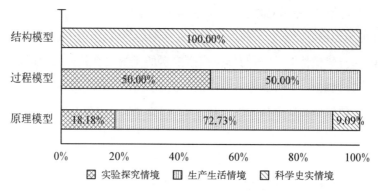

图 10‑15 教材中不同类型模型"建模情境"要素的分布情况

生产中通过控制反应条件实现含硫物质转化的生产应用情境,基于该情境建立不同价态含硫物质的转化模型。

> **一、电解质的电离**
>
> 生活常识告诉我们,给电器设备通电时,湿手操作容易发生触电事故。这是为什么呢?

图 10‑16 原理模型中生产生活情境的创设

> 从图 5-7 可以看出,自然界中的含硫物质在一定条件下能够相互转化。这种转化在人工条件下也能发生,硫酸的工业生产就是人类通过控制化学反应条件而实现的含硫物质的相互转化。那么,在实验室里如何实现不同价态含硫物质的相互转化呢?

图 10‑17 过程模型中生产生活情境的创设

除了生产生活情境,不同类型的模型对实验探究情境和科学史实情境的创设有所侧重。鉴于过程模型可以反映物质的转化过程,对物质转化的认识通常借助于科学探究活动,因此过程模型的建构较多地采用了实验探究情境。如图 10‑18 中,对氯气和水反应的探究是由氯气放置一段时间后氯水颜色变浅的现象引发的,学习者模拟完成了像科学家那样的实验探究过程,体验了猜想假设、设计方案、进行实验、思考交流等环节。由于结构模型中物质的内部构成和相互作用往往是经历了曲折的发现与修正过程的结果,因此,结构模型通常利用科学史实情境,让学习者了解结构模型知识产生的背景及过程,帮助学习者理解科学知识及科学本质,培养科学的批判精神。例如,在原子结构模型的学习中,通过介绍原子结构模型的演变史,让学习者沿着科学家们发现原子结构的历程,逐渐揭开原子的内部结构。

提出问题

在研究氯气的溶解性时,将氯水密闭放置一段时间后会发现氯水的颜色变浅。这说明氯气具有什么性质呢?

预测与依据

预测	依据

实验方案设计

实验目的	实验操作

实验用品

氯气,紫色石蕊溶液,$AgNO_3$ 溶液;
红纸条,试管,胶头滴管,砂纸,烧杯,广口瓶,橡胶塞,导管。

如图 1-2-12 所示,将干燥的氯气依次通过内有干燥红纸条的广口瓶 A 和内有湿润红纸条的广口瓶 B,通过红纸条是否褪色可以推断氯气能否与水发生反应。

在此基础上,可以通过检验氯水中是否有除氯气和水以外的物质存在来进一步确定氯气是否与水发生了反应。

▲图 1-2-12 验证氯气能否与水发生反应的实验

(a) 第一部分

实验方案实施

实验内容	实验现象	实验结论

思考

1. 氯气能与水发生反应吗?你是如何确定的?
2. 如果氯气能与水发生反应,生成物是什么?

(b) 第二部分

图 10-18 过程模型中实验探究情境的创设

2. 化学教材"建立模型"要素的分析

对化学教材中不同类型模型的"建立模型"要素的分布情况进行统计,结果如图 10-19。这三类模型均以思想模拟建模为主要建模路径,而在原理模型和结构模型中,抽象思维建模的使用仅次于思想模拟建模。究其原因,是原理模型的建构中往往涉及一些较为抽象的作用机理,如在电解质的电离模型中,通过抽象思维建模来帮助学习者理解氯化钠导电的本质,建立起"宏观—微观—符号"的联系(见图 10-20)。结构模型的建构需要了解微观结构及其内部作用,借助抽象

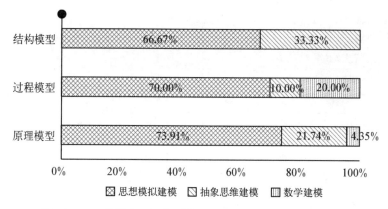

图 10-19 教材中不同类型模型"建立模型"要素的分布情况

思维建模认识结构的特征和本质,以简化研究。以共价键的形成为例,借助"·"来表示原子的最外层电子,以此来表征共价分子的形成过程,可以清晰地认识共价键形成过程中内部的相互作用(见图 10-21)。至于数学建模,三类模型均较少采用。

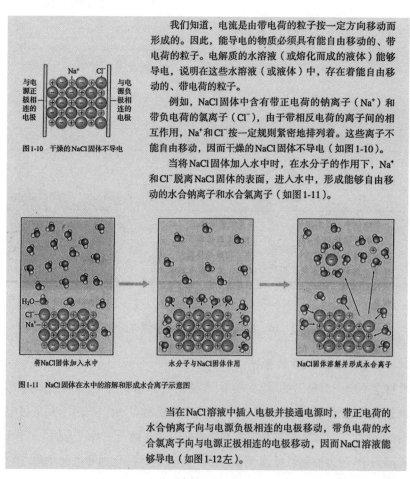

(a) 第一部分

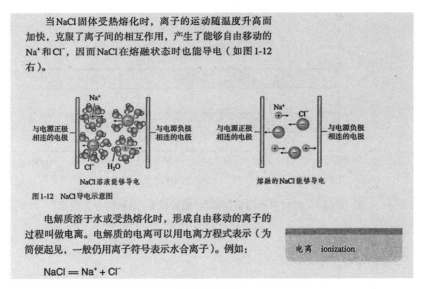

(b) 第二部分

图 10-20　原理模型中采用的抽象思维建模路径

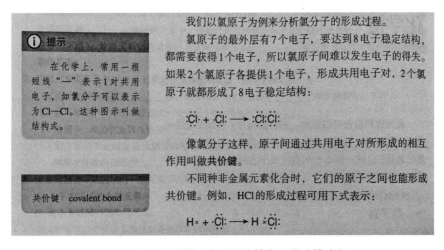

图 10-21　结构模型中采用的抽象思维建模路径

3. 化学教材"检验模型"要素的分析

对化学教材中不同类型模型的"检验模型"要素的分布情况进行统计,结果如图 10-22 所示。可以发现,教材中结构模型的建模历程不涉及检验模型要素,原理模型和过程模型在检验模型的三个维度上分布均衡,其中原理模型更强调模型的一致性检验。

4. 化学教材"应用模型"要素的分析

对化学教材中不同类型模型的"应用模型"要素的分布情况进行统计,结果如图 10-23 所示。可以发现,教材中结构模型的建模历程不涉及模型应用,而原理模型和过程模型的近迁移和远迁移应用的比例没有明显差异,都主要以模型近迁移的形式呈现。

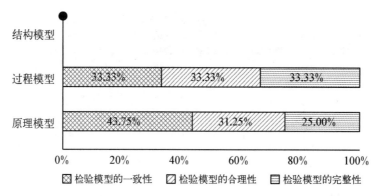

图 10-22　教材中不同类型模型"检验模型"要素的分布情况

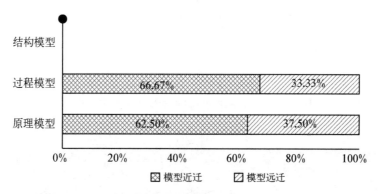

图 10-23　教材中不同类型模型"应用模型"要素的分布情况

5. 化学教材"评价与修正模型"要素的分析

对化学教材中不同类型模型的"评价与修正模型"要素的分布情况进行统计,结果如图 10-24 所示。可以发现,原理模型对评价与修正模型要素的三个类别均有涉及,主要以前两类为主;在过程模型中仅对模型与原建模情境的关联性进行了评估;在结构模型中只出现了模型的重建维度。实际上,结合各类模型的数量,可看出评价与修正模型要素在三类模型的建模历程中都未受到重视。对于部分模型而言,修正、重建模型并不是建模历程中的必经步骤,这可能也是导致教材中评价与修正模型要素较为缺乏的原因之一。

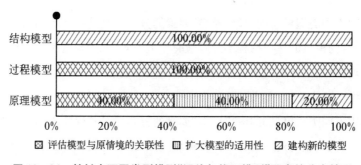

图 10-24　教材中不同类型模型"评价与修正模型"要素的分布情况

(五) 化学教材中不同类型模型建模水平的分析

根据教材中建模活动各历程要素的平均值,计算不同类型模型建模活动的整体建模水平,结果如表 10-15 和图 10-25。

表 10-15 教材中不同类型模型各建模历程要素水平的比较

建模历程要素	建模水平平均分		
	原理模型	过程模型	结构模型
建模情境	1.73	2.17	2.33
建立模型	1.83	2.00	1.33
检验模型	2.00	2.33	0.00
应用模型	2.19	2.33	0.00
评价与修正模型	1.00	1.00	1.00
平均建模水平	1.87	2.09	1.71

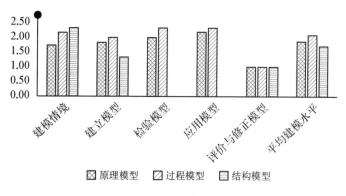

图 10-25 教材中不同类型模型各历程要素水平的比较

基于上述图表结果,对教材中三类模型各要素水平和整体建模水平进行比较,可得出以下结论。

首先,教材中各类模型在各要素水平上存在一定的差异。例如,原理模型、过程模型中的建模情境、建立模型、检验模型、应用模型要素的水平均值在 1.50—2.50 之间,处于水平 2,说明这几个要素大多处于引导建模水平;而评价与修正模型要素则为限定建模水平。对于结构模型,其建模情境要素水平处于水平 2,而建立模型、评价与修正模型要素的建模水平均值在 1.00—1.50 之间,水平较低,以限定建模为主。

其次，不同类型模型之间也存在一定的差异，结构模型的建模情境要素水平高于其他两类模型的，但其建立模型要素水平低于其他两类模型的。对于建模历程的前四个要素，过程模型的建模水平均高于原理模型。在评价与修正模型要素上，三类模型的水平分值相同，均处于限定建模水平。

最后，教材中三类模型的整体建模水平均处于引导建模水平，由高到低依次为过程模型、原理模型、结构模型。

六、研究结论

本研究通过对国内外模型与建模相关研究文献的梳理分析，构建了包含建模情境、建立模型、检验模型、应用模型及评价与修正模型五个建模历程要素的化学教材建模历程内容模型，据此设计了化学教材建模内容分析框架、建模水平体系及完整度水平框架。利用研究工具分别从不同版本教材和不同类型模型的比较视角，对两版化学教材中建模内容的整体分布特点以及建模历程要素的呈现方式、完整度水平、建模水平等进行了编码统计分析，得到如下研究结论。

（一）两版教材比较的结论

（1）两版教材对建模历程要素的关注倾向较一致，均存在一定程度的要素缺失，对评价与修正模型的关注都需加强。在建模历程的五个要素中，两版教材均表现出对建模情境、建立模型、检验模型及应用模型四个要素的重视，其中对建立模型要素的重视程度最高，而对评价与修正模型要素的重视程度较低，使得两版教材中的建模内容存在一定程度的要素缺失，鲁科版教材中的建模内容的完整度水平略高于人教版的。

（2）对建模历程要素二级维度的选择，人教版侧重模型的近迁应用，鲁科版的应用模型要素更均衡。两版教材中其他建模历程要素二级维度的分布接近，建模形式均丰富多元。其中，两版教材均以创设生产生活类建模情境、主要借助思想模拟建模路径来建立模型，评价与修正模型要素各二级维度的分布都较为均衡。

（3）两版教材各要素水平不一，人教版教材给予学习者更大的自主空间。两版教材内部各要素均水平不一，前四个要素处于引导建模水平，评价与修正模型要素均处于限定建模水平。两版教材的建模情境、检验模型、应用模型要素水平及整体建模水平均处于引导建模水平，人教版的建模水平略高于鲁科版的。

（4）人教版教材的建模内容以知识为导向，鲁科版以思维、方法为导向。人教版教材倾向于借助建模历程帮助学习者理解模型中蕴含的化学知识；鲁科版教材则倾向于借助建模活动帮助学习者形成运用模型方法来解决实际问题的思维方式，发展建立模型、应用模型等建模能力。

（二）三类模型比较的结论

（1）三类模型分布不均，以原理模型为主，结构模型较为缺乏。化学教材中建模活动涉及的模型类型分布有所侧重,主要集中在原理模型上,而结构模型数量较少。究其原因,是化学原理在高中化学学习中的重要地位及其特征决定了其在教材建模活动中的突出地位。教材中的结构模型常以搭建实物模型活动来呈现,这不属于本研究的分析范围;此外,对于部分结构模型如离子键的形成模型,教材直接呈现模型建构的结果,并不涉及建模历程,上述情况均是教材中涉及结构模型建模活动较少的原因。

(2) 在建模历程要素的倾向上,原理模型侧重检验与应用模型,过程模型关注建模情境,结构模型强调建模情境及评价与修正模型。除了建立模型要素在三类模型中都受到关注,其他建模历程要素在各类模型中的分布存在明显差异。其中,原理模型重视对模型的检验与应用,过程模型更注重创设建模情境来引发建模活动,而这两类模型对评价与修正模型要素的关注度都较低;结构模型的建构过程不涉及检验模型与应用模型要素,更多地关注建模情境的使用及对所建模型进行评价与修正。

(3) 关于建模历程的完整度水平,原理模型最高,结构模型最低;不同类型模型各要素水平不同,在整体建模水平上过程模型最高,结构模型最低。从建模内容的完整度水平来看,三类模型呈现出显著差异,三类模型的完整度水平由高到低为:原理模型>过程模型>结构模型。其中,原理模型的完整度处于水平2,过程模型的完整度主要介于水平1与水平2之间,而结构模型的完整度水平最低,大部分处于水平1。在三类模型内部各要素水平上,原理模型与过程模型较为一致,前四个要素均以引导建模为主,评价与修正模型要素为限定建模水平;结构模型的建模情境要素主要为引导建模水平,而建立模型、评价与修正模型要素主要为限定建模水平。对三类模型之间的各要素水平进行比较,在建模情境要素水平上,原理模型<过程模型<结构模型;建立模型要素水平则为过程模型>原理模型>结构模型;三类模型的评价与修正模型要素水平一致。三类模型的整体建模水平均处于引导建模水平,水平高低顺序为:过程模型>原理模型>结构模型。

(4) 三类模型在建模历程要素的二级维度选择上表现出差异性,其中部分要素选择受到模型知识特点的影响。首先,在建模情境要素中,由于原理模型及过程模型中的化学知识与生产生活联系紧密,倾向于选取生产生活情境来引发模型建构活动;鉴于过程模型、结构模型自身的特点,它们分别常用实验探究情境和科学史实情境作为建模情境。在建立模型要素方面,鉴于化学学习的特点,三类模型主要以基于问题解决的思想模拟建模路径来建立模型;由于原理模型中的抽象作用机理、结构模型中的微观结构及其相互作用的知识,往往需要利用抽象思维建模以帮助了解物质及其内在作用的本质。

七、研究启示

(一) 完善化学教材中的建模历程

通过对两版高中化学必修教材建模内容的深入分析,发现教材中所有模型建构活动均有一定程度的要素缺失,不存在高完整度水平的建模内容,这不利于师生利用教材开展模型建构教学,进而体验和认识完整的建模历程。因此,可以针对当前教材普遍缺失的历程要素加以改进,如教材中的建模活动往往直接呈现较为完善的科学模型,导致缺少评价与修正模型要素。可以考虑适当介绍科学家们建构模型的真实曲折的历程,以强化对评价与修正模型历程要素的感知和理解。以鲁科版教材中对原子结构模型的描述为例,教材只介绍了科学家们在不同阶段对原子模型认识的演化,仅仅陈述了结果,却未涉及如何检验及修正模型的相关描述。教材可以考虑补充科学家是如何修正乃至推翻重建新模型的过程,如补充卢瑟福核式原子模型的建立过程,介绍卢瑟福是如何通过α粒子散射实验中出现的大幅度偏转现象来推翻汤姆孙的葡萄干面包模型的。

(二) 结合不同模型特点,丰富建模历程要素的具体形式

在各建模历程要素中,可以适当结合不同模型的特点,采用多元化的呈现方式来建构模型,提高学习者对模型与建模本质的科学认识。以建模情境为例,由于不同情境有其特定的功能价值,如生产生活情境贴近学习者的生活,能激发学习者的学习热情;实验探究情境有助于培养学习者的科学素养、科学探究意识及能力等。在过程模型的建模历程中,既可以创设生产生活情境,也可以创设科学探究情境,让不同的情境发挥其独特的价值。对于建模路径要素,原理模型可以综合三类建模路径共同建模,过程模型可以结合思想模拟建模和数学建模路径来建立,而结构模型更多地是结合思想模拟建模和抽象思维建模路径来建构模型。关于应用模型要素,可以在教材中同时设计模型的近迁及远迁应用,既能诊断学习者对模型知识的掌握情况,又能培养学习者综合运用知识解决问题的能力。其他要素也可采用多元化的形式,让学习者更加全面地理解各个建模历程要素,更有利于发展学习者对模型的建立、应用等建模能力。

(三) 建模内容的设计应从知识导向向思维、方法导向转化

尽管利用模型与建模方法进行教学可以帮助学习者基于模型来更好地理解学科知识,但这并不是模型与建模教学的主要目的。建模教学的真正意义不仅在于"授人以鱼",更在于"授人以渔",即帮助学习者形成利用模型与建模方法来解决问题的思维方式,在利用模型方法理解知识的同时将方法内化并迁移到其他知识的建构过程中。这就要求教材中建模内容的设计从以知识为导向转变为以思维和方法为导向,将建模思维及模型方法直接、具体地反映在教材中。具体的做法是强化教材中的元建模表达,外显化建模历程及模型方法的相关描述。借助化学教材中的元建模表达来指明建模历程中的具体建模行为,让学习者明确所建模型的内涵及本质。

第 11 章 基于学科核心素养的化学教材中科学史内容研究

一、研究背景

随着新课改的推进,科学史的丰富教育价值不断地被认识和挖掘。王健认为:"科学史在科学观念、科学探究和科学情境三个维度方面的教育价值与科学学科的核心素养要素具有高度的一致性,二者密不可分。"[1]还有很多学者从实践的角度阐述了科学史教育的积极作用:科学史能深化学生对科学本质的理解;能提高学生的观察、探究、创新等能力,促进学生的概念转变和知识建构;能提高学生的学习兴趣;能拓展学生视野,促进科学和人文之间的交流。由此可见,科学史对培养学生的核心素养具有不可替代的积极作用。[2]

化学教材是化学教育的重要资源,对学生学科核心素养的发展影响重大。新课标的"情境素材建议"中多次提到科学史的相关内容,如电离理论建立的科学史料、氧化还原理论建立的历史演进过程以及中外历史上的化学成就等。这类与化学学科本体性知识密切联系的科学史在经过选择和编写后被呈现在教材中,成为了教师教学与学生学习的情境素材,有助于激发学生的学科学习兴趣并促进教学目标的实现。在新课改所提倡的以发展学生学科核心素养为宗旨的学科教学背景下,教材编写对科学史内容的选择和组织呈现能否体现与落实对学生学科核心素养的培育理念,是发挥教材中科学史教学功能的关键。

基于已有的研究分析发现,在我国基础教育课程改革背景下,学界普遍认同科学史中蕴含着丰富的科学思想、方法与观点,是一种具有丰富教育功能的课程资源且能够为化学学科核心素养的培养提供重要的支撑。当前文献大多是通过分析具体教学过程对科学史的应用来指导教师如何利用科学史对学生进行学科思想方法教育和情感教育的,而对教材如何选择和呈现科学史以发挥培养学生学科核心素养的教学功能的关注还不够。为此,本研究基于化学学科核心素养的视角,构建化学教材中科学史内容的分析框架,对人民教育出版社出版的 2007 版和 2019 版两版普通高中化学必修教材中的科学史内容进行比较研究,以期为化学教材中科学史内容设计的优

---

[1] 王健.试论科学教育中科学史的教育价值[J].新课程教学,2014,(02):4-9.
[2] 杨庆元.中学化学史教育综述[J].化学教育,2006,(11):61-62.

化以及教师合理利用科学史素材培养学生的化学学科核心素养提供参考和建议。

二、基于学科核心素养的化学教材中科学史内容分析工具设计

(一) 基于学科核心素养的化学教材中科学史内容分析维度的提出

构建基于学科核心素养的化学教材科学史内容分析工具,首先要阐释科学史和学科核心素养之间的关系。由化学学科核心素养的内涵和结构可知:化学学科核心素养从化学知识和观念、科学探究能力、化学学科价值观念三方面界定了化学课程的育人目标,是化学学科育人价值的集中体现。科学史作为化学教材的重要组成部分具有丰富的育人价值,那么科学史的育人价值和学科核心素养是否匹配?科学史的设计如何与学科核心素养的培养之间建立起关系?对上述问题的思考将有助于我们提出基于学科核心素养的化学教材科学史内容分析维度。

关于科学史的育人价值,首先,科学史往往反映了动态的、发展的知识生成过程,其知识涉及面广且时间跨度长。通过学习科学史,学生不仅能在一个生动的情境中更好地理解知识,也能在对知识进行进一步的提炼、升华中领悟到化学学科观念。更重要的是,科学史系统地呈现了某个理论、概念和模型等知识被提出的背景因素、发展过程、现状以及未来发展趋势。学生能够循着历史的足迹了解科学家们如何建构化学理论来解释客观世界;了解概念、理论的发展历程,进一步理解科学本质,发展学科核心素养。而这一过程对于学生形成化学学科特有的思维方式和基本观念——"宏观辨识与微观探析"和"变化观念与平衡思想"具有十分重要的作用。

其次,化学是以实验为基础的探究物质世界的科学。在科学史所反映的每一个理论、概念和定律的形成过程中,都包含了科学家们艰辛的探究过程和所使用的科学方法。科学史为学生呈现了科学探究的一般过程,即先在对某些化学现象成因的思考,或对已有理论的质疑,或对人类发展需要的满足等问题的驱动下产生想要解决的科学问题。问题的产生原因不一而足,但解决问题的过程都是严谨规范的:第一步是基于证据进行逻辑推理,通过批判与创造性思维过程来提出假设;第二步是验证假设正确与否,也就是具体的实证过程,基于不同的研究目的和条件,科学家们会设计不同的探究过程;第三步是对实证结果进行分析、归纳与总结,进而对假说进行证实或证伪,最终得出科学结论。可见,科学史为学生的探究学习提供了一种范式,为其科学思维的发展提供了丰富而良好的素材,这将有利于"证据推理与模型认知"和"科学探究与创新意识"等素养的发展。

除此之外,科学史也代表了一代又一代科学家不懈奋斗的历史。美国科学哲学家库恩(Kuhn)提出科学不应仅仅关注知识积累,还应该将其视角置于更加广阔的社会层面,关注社会、心理、文化的影响。[①] 科学史能够体现科学家在探索过程中所彰显出的科学精神,比如甘

---

① 托马斯·库恩.科学革命的结构[M].金吾伦,胡新和,译.北京:北京大学出版社,2004:1-4.

于奉献、勇于创新等;揭示科学家在科学研究过程中的心理因素;展现不同科学家之间的合作交流以及思维碰撞;也呈现了科学与技术、社会之间既相互促进又相互制约的关系。由此可知,科学史的育人价值还表现为有助于学生感知先辈的科学精神并形成正确的科学价值观念;同时也有助于唤起学生的社会责任意识,即符合"科学态度与社会责任"素养的培育需求。

综合以上分析,学科核心素养要求学生能够认识与掌握化学学科的基本观念、独特的思维方式和探究过程、科学道德规范,以及科学、技术与社会的关系。而科学史内容可以从科学知识、探究过程、科学精神、科学与社会、科学与技术等各方面满足学科核心素养的培育要求,上述方面也构成了本研究建立基于学科核心素养的化学教材科学史内容分析维度的重要参考。在查阅文献时发现王(Wang)提出的科学史分析框架,①科学史内容被分为了科学知识、科学过程、科学文化三个主维度,如表11-1所示。

表11-1 王提出的科学史内容分析框架

维 度	具 体 描 述
科学知识	科学知识的历史元素包含对以下内容的描述、呈现或对比: ● 科学思想、观点、概念、现象、计划; ● 科学定义、解释、模型; ● 科学发现、标准、理论。 这有利于丰富对科学知识的阐述,并强调科学知识的暂定性本质。
科学过程	促进对科学探究的理解的历史元素,可以展现如下过程: ● 思考或实验过程; ● 研究过程; ● 得出结论、推断、解释、报告及应用的过程。
科学文化	提供与科学相关的情境,主要包括: ● 与科学研究有关的心理因素(如研究动机、意图等); ● 社会层面的因素(如促进或阻碍科学家交流、争论、作出贡献的多种因素,包括同行影响、公众态度、社会需求或政治因素等); ● 与科学研究有关的文化因素(如科学家的性格、家庭氛围、所属的组织关系、社会关系、种族等)。

侧重于呈现科学知识的科学史是指包含对科学思想、概念、现象、模型、理论、标准、解释、观点、计划、发现、定义其中任意内容的描述、呈现或对比的科学史内容。相对于不包含历史元素的科学知识,这部分呈现了知识生成发展过程的内容,既能丰富科学知识的表述以促进学生的知识

---

① WANG H C. Science in historical perspectives: a content analysis of the history of science in secondary school physics textbooks[D]. Los Angeles: University of Southern California, 1999: 122.

理解,还能在对比中凸显科学知识的暂定性本质,即知识并不是恒定不变的,会随着认识和解释的深入而发展更新。

凸显科学过程的科学史是指呈现了思考或实验过程、研究过程,以及得出结论、推断、解释、报告及应用的过程中任意阶段的科学史内容。其中,思考或实验过程是对片段的科学信息进行加工、推演的过程,如对观察到的现象进行解释的过程,该过程能促使学生养成科学的认知习惯并提升理性思维和逻辑推理能力;研究过程也可以说是调查、获取科学信息的过程。科学史往往会提供研究过程的"模板"供学生从中获取经验和启示,如观察、测量、建模、解释和评价等探究形式,类比、归纳、实验、转换等科学方法。得出结论、推断、解释、报告及应用的过程往往是一个容易被忽略的关键因素,它强调的是科学家呈现科学结论的过程,其可以促使学生学会分析数据并得出结论,制作图表报告调查结果,并学会对结果进行应用。

关注科学文化的科学史是指提供科学情境的科学史内容,包括与科学研究有关的心理因素(如研究动机、意图);与科学研究有关的社会因素(如促进或阻碍科学家交流、争论、作出贡献的多种因素,包括同行影响、公众态度、社会需求或政治因素等);与科学研究有关的文化因素(如科学家的性格、家庭氛围、所属的组织关系、社会关系、种族等)。这部分内容能够体现出科学与人文、社会等方面的联系,生动地描绘了科学进步影响公众的方式,有助于消除学生对科学家的刻板印象和科学偏见,激发学生学习兴趣,并了解科学与社会的相互影响。

经过分析可见,王的分析框架中对于科学史内容维度的划分与本研究基于核心素养的研究视角相适应,其中只有科学文化维度没有直接对应。为此我们进一步对"科学精神、科学与社会、科学与技术"等方面与王的"科学文化"维度的关系进行讨论。

分析发现,王提出的科学文化维度中缺失了科学与伦理道德的相关内容,而且也没有关注科学、技术与社会之间的关系。学科核心素养要求学生能对化学相关的社会热点问题作出正确的价值判断,积极参与与之有关的社会决策。[①] 常见的社会热点问题主要包括:科学道德规范争议和科学、技术与社会的关系(包括环境问题),其中环境保护和资源开发不断被课标所提及。科学与道德如何共存?科学求真应不应该受到道德的制约?关于这类问题的争议从未停止过。在早期,人们一心追求科学技术的高速发展却忽略了科学道德规范体系的建设,导致了"毒气战""原子弹"等违反人道主义的科技成果的滥用。现如今,出于人道主义和伦理道德,世界各国都认同了一些基本准则,也建立了相关公约条例用以规范科学研究活动,如不允许人体活体实验(有些国家允许具有行为能力人在完全自愿下参与)、禁止使用化学武器、禁止克隆人等。结合上述分析,本研究在王所提出的"科学文化"的内涵基础上作了相应的补充和调整,至此提出了基于核心素养视角的化学教材科学史内容的三个分析维度,如表11-2所示。

---

① 中华人民共和国教育部制定.普通高中化学课程标准(2017版)[S].北京:人民教育出版社,2018.

表 11-2 基于核心素养视角的化学教材科学史内容分析维度

维　度	具　体　描　述
科学知识	科学知识的历史元素包含以下内容的描述、呈现或对比： ● 科学思想、观点、概念、现象、计划； ● 科学定义、解释、模型； ● 科学发现、标准、理论。 这有利于丰富对科学知识的阐述，并强调科学知识的暂定性本质。
科学过程	促进对科学探究的理解的历史元素，可以展现如下过程： ● 思考或实验过程； ● 研究过程； ● 得出结论、推断、解释、报告及应用的过程。
科学文化	提供与科学相关的情境，促进树立良好科学价值观的历史元素。主要包括： ● 与科学研究有关的心理因素（如研究动机、意图等）； ● 社会层面的因素（包括科学、技术与社会的相互影响，科学社群间的交流等）； ● 与科学研究有关的文化因素（如科学家的性格、家庭氛围、所属的组织关系、社会关系、种族等）； ● 与科学研究有关的道德因素（包括科学道德规范、科学与伦理、道德的争议等）。

（二）基于学科核心素养发展的化学教材中科学史内容分析框架设计

教材中科学史内容的研究已有很多成熟的成果，不同的研究者从不同的视角切入时需要设计服务于其研究目的的科学史内容分析框架。从学科核心素养的视角出发，首先，要关注教材中科学史量的多少。量的多少影响着化学教材中科学史教育价值的实现，也反映了科学史在化学教材中的地位。一般而言，教材中的科学史内容越多，学生自主学习相关内容的概率会越大，而教师也会更加重视运用科学史内容来组织教学，因此对学生学科核心素养的培育也会更具成效。反之，则反映出教材编制并不重视科学史，这对于通过科学史发展学生学科核心素养是不利的。而科学史量的多少可以从两个方面加以衡量，其一是出现频数，其二是所占篇幅，频数越多、篇幅越大则说明教材中科学史的量越多。

其次，要从呈现位置和呈现方式两个方面来关注教材中科学史的呈现情况。其中，呈现位置可以分为正文和非正文：根据教材编写的特有属性可知教材内容的主体是正文，而非正文则发挥辅助作用。基于不同的编写意图，教材会将科学史呈现在不同的位置。如科学史在正文中占比较大，则说明教科书的编写可能是沿着科学研究的历程展开的，表明其重视科学研究过程和科学观念的构建。[①] 与此同时，正文中的科学史内容更易被教师和学生关注到，有利于感知科学史中

[①] 王健，苑东，刘伟华.科学教科书中科学史内容的表征——基于学科核心素养的视角[J].教育科学研究，2019，(04)：47-52+72.

科学探究和观念建构的过程,发展学生学科核心素养。非正文部分包括绪言与引言、各类栏目、注解等,如科学史内容大都出现在非正文部分则说明科学史在该部分教学中属于辅助性或点缀性的内容。栏目作为非正文中形式最复杂、功能最丰富的部分,或用于设置与正文密切相关的思考探究活动,或用于呈现拓展资料,或用于提供习题帮助学生进一步理解、运用所学内容,且在特定栏目中出现的科学史往往具有其相对独立性和教育价值。比如"科学·技术·社会"栏目关注科学、技术、生活、社会与化学的关系,在这一栏目中出现的科学史内容旨在让学生正确认识科学、技术、生活、社会与化学的关系,树立正确的价值观并增强社会责任意识,提升学科核心素养。呈现方式则包括文字和图示两种:图示一般指数据图表、图像(科学家肖像、实验装置图等)、模型示意图、结构图等。科学史仅仅由文字呈现是很单调的,图示不仅可以增加文本的可读性,还对培养学生的学科核心素养有所帮助。如仅用文字描述物质的微观结构是抽象的,而模型示意图则能直观地向学生展现物质的微观结构,借由模型示意图教师能更好地培养学生对模型的认知能力;科学研究过程涉及实验数据的处理,通过图表呈现数据作为一种常用的形式有助于提升学生认识、运用、构建图表的能力。

再次,关注科学史的内容分布。科学知识、科学过程和科学文化三个维度的比例可以反映教材更侧重于通过科学史发展学生哪一方面的素养。如果科学知识的比例达到一半以上,表明教材中的科学史内容更多服务于科学知识的理解、学科核心观念的建构,以及科学知识的暂定性、累积性本质的认识;如果科学过程的比例达到一半以上,说明教材中的科学史内容旨在向学生展示科学探究的过程,以发展学生的科学思维和探究能力;如果科学文化维度的比例达到一半以上,则说明教材中的科学史内容更关注科学发展的社会和文化背景、科学家的个人特质等外围因素;如果三者占比大致相当,则说明教材中的科学史内容均衡展示科学发展的各个方面,以期使学生全方位认识科学发展历程,全面发展学科核心素养。

最后,关注利用科学史设计的学习活动。教材中基于科学史内容设计的学习活动包括阅读文本、交流和讨论相应问题等,这些学习活动的设计为教师和学生如何使用科学史素材提供了指导。其中,阅读是最基本的获取文本信息的方式,而讨论、分析、总结等学习活动往往涉及更高层次的思维活动,要求学生能够对文本信息进行深入挖掘,更有利于教材中科学史内容的教育价值的落实。因此,有关科学史的学习活动设计是教材体现培养学生学科核心素养目标的基本方式。

依据前文分析和国内外有关高中科学学科(物理、化学、生物)教材中科学史内容研究的分析维度,形成了本研究中基于学科核心素养的化学教材中科学史内容分析框架。该框架从五个一级维度对教材中的科学史内容进行分析,其中A科学史的量、B科学史的呈现位置、C科学史的呈现形式均属于表观角度的分析维度;D科学史内容、E科学史呈现的学习活动则是内容和内涵角度的分析维度,各一级维度的次级维度及其操作定义如表11-3所示。

表 11-3　两级分析维度及操作定义

一级维度	次级维度	操作定义
A 科学史的量	A1 频数	科学史分析单元出现的次数。
	A2 平均频数	科学史分析单元平均每页出现的次数(个/页)。
	A3 篇幅	每一分析单元的篇幅大小。只有一到两句对科学家或科学事件的简单描述,定义为简略篇幅(A31)。仅有一个自然段对科学家和科学事件的描述,涉及细节,定义为中等篇幅(A32)。多个自然段,内容丰富详实,如涉及科学知识的发展史,会呈现完整的发展阶段;如涉及科学过程,呈现关于科学家具体的思考过程、研究方法或结论的得出过程,定义为详尽篇幅(A33)。
B 科学史的呈现位置	B1 正文	科学史分析单元呈现于正文中。
	B2 专栏	教材中出现科学史的相关栏目,如"科学史话""科学·技术·社会"等专栏中供学生自主拓展阅读的科学史;如"思考与交流""学与问"等专栏中基于科学史设置思考问题;如"实验X-X""研究与实践"等专栏中利用科学史创设实践探究活动。
	B3 引言	教材中每一册或每一章开头部分的引入内容中出现科学史。
	B4 习题	教材中涉及科学史内容的习题。
	B5 注解	教材底边出现的有关科学史内容的注释、注解。
C 科学史的呈现形式	C1 文字	科学史分析单元以文字形式描述。
	C2 文字+图示	不仅有文字描述,还配有相关的图示,如科学家肖像、实验装置图或模型示意图等。
D 科学史内容	D1 科学知识	描述、呈现或对比科学知识的历史元素,包括:科学思想、观点、概念、现象、计划;或科学定义、解释、模型;或科学发现、标准、理论。
	D2 科学过程	促进对科学探究的理解的历史元素,可以展现如下过程:思考或实验过程;研究过程;得出结论、推断、解释、报告及应用的过程。
	D3 科学文化	提供与科学相关的情境,促进树立良好科学价值观的历史元素。主要包括:与科学研究有关的心理因素(如研究动机、意图等);与科学研究有关的社会因素(包括科学、技术与社会的相互影响,科学社群间的交流等);与科学研究有关的文化因素(如科学家的性格、家庭氛围、所属的组织关系、社会关系、种族);与科学研究有关的道德因素(包括科学道德规范、科学与伦理、道德的争议等)。
E 科学史呈现的学习活动	E1 非指导性阅读	以描述性的文本呈现科学史内容供学生阅读。
	E2 指导性阅读	除阅读文本以外,伴随总结评价性的语句指导阅读。

续 表

一级维度	次级维度	操作定义
E 科学史呈现的学习活动	E3 分析讨论	除阅读以外,要求针对某一史料或相关问题进行分析讨论,如出现"分析""交流""讨论"等措辞。
	E4 查阅课外资料	要求课后查阅科学史相关内容。
	E5 总结评价	除阅读以外,要求对呈现的科学史内容进行总结评价,如出现"利用图表总结""谈启示""谈看法""撰写小论文"等措辞。

三、基于学科核心素养的新旧人教版高中化学必修教材中科学史内容比较研究

(一)研究对象

本研究选取在新课标指导下编订的新版本(2019 版)和使用范围较广的旧版本(2007 版)人教版高中化学必修教材进行对比研究。需要说明的是,虽然 2007 版教材是以科学素养为导向,而 2019 版教材是以学科核心素养为导向,但是由于化学是科学的重要分支,我国新课标中明确提出:"化学学科核心素养是学生必备的科学素养,是学生终身学习和发展的重要基础。"可见,化学学科核心素养是科学素养的领域化,二者在实际内涵上具有一致性。所选教材具体信息如表 11-4 所示。

表 11-4 教材的基本信息

教 材 名 称	出版社	简 称	出版年份
普通高中课程标准实验教科书化学必修一	人民教育出版社	旧编一	2007 年
普通高中课程标准实验教科书化学必修二	人民教育出版社	旧编二	2007 年
普通高中教科书化学必修第一册	人民教育出版社	新编一	2019 年
普通高中教科书化学必修第二册	人民教育出版社	新编二	2019 年

(二)过程与方法

1. 确定分析单位

分析单位即在研究中描述、分析研究对象时所采用的最小单位。基于教材结构特点,正文部分以每节正文次小标题所涵盖的文字段落作为一个分析单元;对于非正文部分,每个特定栏目、课后练习题、注释均独立记为一个分析单元。需要特别说明的是,绪言或引言中的每一个自然段

在本研究中被视为一个独立分析单元。

在确定了分析单元的基础上,便要判断每一个分析单元是否属于科学史分析单元,本研究参照王健等人①制定的科学史分析单元的判定标准。

在教材中,科学史内容常常与科学家的事迹或工作紧密相连,在判定相关内容是否属于科学史分析单元时,根据是否出现科学家的姓名确定了如下五项标准,只要符合其中一项,即可判定为科学史分析单元。

标准1:包含科学家的姓名,并且至少同时包含以下信息中的一条。(1)科学家生活的年代,或者科学理论或模型等的提出时间;(2)对科学家生活时代的描述,或者对其朋友、同行的描述;(3)科学家的国籍、职业或职位;(4)对科学家的贡献、发明或出版物等的描述;(5)描述科学家研究过程的行为动词,如提出、观察、猜测、发现等;(6)科学家投入研究事业的时间;(7)科学研究发生的地点;(8)科学家的语录或者书信;(9)科学家或科学研究相关的图片;(10)科学家的故事或传记;(11)科学家的性格、奖项与荣誉。

标准2:不包含科学家姓名,但相应的内容描述历史上的一个科学观点、理论或概念的发展过程或影响(意义),不同观点间的相互作用,面临的科学挑战,起主导作用的科学观点等。

标准3:不包含科学家姓名,但相应的内容描述一个科学术语被科学家、公众、社会或政府命名、接受、广为人知或应用的过程。

标准4:不包含科学家姓名,但相应的内容描述一个科学实验、仪器或工具(技术),描述其在科学发展过程中的应用或在科学历史上的作用。

标准5:不包括科学家姓名,但相应的内容描述历史上的科学技术(包括古代科技)、科学成果,描述其背后蕴含的科学原理、发展过程或在历史上的贡献。

除此之外,在教材中还有一类特殊的科学史分析单元(简称"科学史自主研究")。这类分析单元常在新教材的特定栏目"研究与实践"中出现,如图11-1所示。虽然栏目中基本没有科学史料的呈现,但是设置的学习活动以了解某一科学史为研究课题,要求学生查阅相关科学史资料并对史料进行分析、总结评价等;或多在课后习题中出现,如图11-2所示。该问题要求学生阅读教材前文中出现过的科学史料并完成新的学习任务。虽然科学史自主研究中没有科学史内容的呈现,但是其对于以科学史内容培养学生的学科核心素养具有积极作用,故选择将其视为科学史分析单元进行统计与分析。

2. 信度分析

本研究邀请两位熟悉人教版教材和科学史且具有一定研究能力的化学师范专业研究生作为分析者。首先要求分析者理解与掌握本研究的分析单元、分析量表及分析结果的记录方式等,然

---

① 王健,张前进.中美科学教科书中科学史内容的比较研究——以高中"分子与细胞"主题为例[J].湖南师范大学教育科学学报,2016,15(02):45-50.

了解纯碱的生产历史

【研究目的】
纯碱是一种重要的化工原料,具有广泛的用途。通过查阅资料,了解纯碱的生产历史,感受化学工业发展过程中技术进步的重要性,以及建设生态文明的意义。

【研究任务】
(1)查阅资料,了解路布兰制碱法、索尔维制碱法、侯氏制碱法的原理。
(2)根据所查阅的资料,分析后一种制碱法与前一种制碱法相比所具有的优势。
(3)从生态文明建设的角度,思考侯氏制碱法的意义。

【结果与讨论】
(1)从科学家对纯碱生产的研究中,你得到什么启示?
(2)以纯碱的生产为线索,完成研究报告,并与同学讨论。

图 11-1 "科学史自主研究"示例 Ⅰ

13. 阅读本节的"科学史话",利用图或表简要表示氧化反应、还原反应、氧化还原反应概念的发展。从中你能得到什么启示?

图 11-2 "科学史自主研究"示例 Ⅱ

后由两位分析者分别对各册教材中科学史内容进行独立的科学史分析单元划分,并按照分析量表对所选样本进行分析与统计,最后利用内容分析信度公式以及相互同意度公式计算信度系数。经计算本研究的信度系数大于 0.9,说明分析结果可以作为信度分析的结果。

(三) 结果与分析

由于旧编一、旧编二与新编一、新编二两套书虽然在涉及的内容主题上基本一致,但是两个版本在内容编排上具有较大差别,比如物质结构与元素周期律章节分别出现在旧编二和新编一中,又因为本研究着重于新旧教材的对比分析,所以本研究将旧编一和旧编二合为"旧版",将新编一和新编二合为"新版"进行统计与对比分析。

1. 科学史的量

在对研究对象进行细致深入的阅读后,依据规定的分析单元的划分标准和分析量表,统计得到科学史分析单元以及科学史的量的相关结果,如表 11-5、表 11-6、表 11-7 所示。

表 11-5 科学史分析单元统计结果

新 版	旧 版
丁达尔效应、天工开物——火法炼锌、古代四大发明之一黑火药、氯气的发现与确认、氯气的命名、氯气制作毒气弹、古代冶铁技术、IUPAC 命名 Ts、Og 的诞生、范德华力、氮化硅的合成与应用、鲍林使用模型研究物质结构、甲烷的结构、发酵法酿酒、结晶牛胰岛素的合成、谷氨酸钠生产、氧化还原反应概念的发展的启示、了解纯碱的生产历史、认识元素周期表、电池的发展历史、了解车用能源发展历史、了解酿酒和制醋的传统方法	阿伏伽德罗简介、丁达尔效应、布朗与布朗运动、古代四大发明之一黑火药、氯气的发现与确认、化学武器氯气的使用、合成氨、舍勒制得氯气、人类发现元素、范德华、"酒曲"酿酒艺术、苯的发现
阿伦尼乌斯——电离模型、淮南万毕术——湿法炼金、氯气的发现和确认、元素周期表与原子结构、利比^{14}C断代法、门捷列夫的预言Ⅰ、门捷列夫的预言Ⅱ、门捷列夫和莫塞莱的预言、有机高分子材料、黏合剂和涂料、自然资源的开发利用、生物质资源的利用、青蒿素改造、从古至今化学发展历程	中国古代的青铜器、硅单质的制备与应用、门捷列夫的预言、人造元素、发展中的化学能源
氧化还原反应概念的发展、侯德榜与侯氏制碱法、超级钢、原子结构模型的演变、元素周期表、元素周期表的发展、合成氨、炼铁高炉尾气之谜、芳香族化合物和苯、滴滴涕的功与过	舍勒、戴维与氯气的发现、元素周期表的诞生和发展、人类利用能源的三个阶段、炼铁高炉尾气之谜、苯的发现和苯分子结构学说
47	23

表 11-6 科学史数量统计结果

教材版本	科学史分析单元数	涉及页数	平均科学史单元数(个/页)
新 版	47	251	0.19
旧 版	23	223	0.10

表 11-7 科学史呈现篇幅统计结果

| 教材版本 | 简 略 | 中 等 | 详 尽 | 百分比 | | |
				简 略	中 等	详 尽
新 版	22	15	10	46.81%	31.91%	21.28%
旧 版	12	6	5	52.17%	26.09%	21.74%

对两版教材内容进行分析后发现,新版和旧版教材的学科知识内容基本相同。但是由上述统计结果可知,新旧教材中科学史的量有明显差别:从数量来看,新版教材中科学史的数量(47)是旧版教材(23)的两倍多;从平均科学史单元数(个/页)来看,新版教材(0.19)也明显高于旧版教

材(0.10);从篇幅来看,两版教材的篇幅分布大致一样,简略篇幅均占一半左右,详尽篇幅的占比也相当,但旧版教材的科学史分析单元里小篇幅的占比大于新版教材。综上,无论是从总数、平均科学史单元数还是从篇幅来看,新版教材的科学史内容却远远多于旧版教材,这表明新版教材更加注重将科学史融入到教材中以发挥其独特的育人价值。

简略篇幅的科学史分析单元基本都是对科学家的生卒年的简单描述,或仅仅提及历史上的科学发现、科技成果等。由于简略篇幅的科学史分析单元中几乎没有科学史具体信息的呈现,以下内容分析主要针对中等篇幅和详尽篇幅的分析单元来展开。新版教材中科学史内容选择的素材更加丰富多样,并在旧版的基础上对一些内容进行了更新与拓展。具体而言,旧版教材中的科学史内容主要由西方重要的科学史成就和少量中国古代科技成果组成,而新版在基本保留了旧版中重要的科学史素材的基础上(如西方里程碑式的科学史成就——元素周期表等)还增添了不同类型的科学史:其一是以科学家为主题的科学史内容,如"侯德榜与侯氏制碱法"(见图11-3),描述了侯德榜的生平信息及其优秀品质、侯德榜改进制碱法的动机、当时的社会背景等内容,为学生树立了一个鲜活的榜样;其二是增加了很多与资源开发利用有关的内容;其三是增加了中国近十年来的科学与技术成就。

图11-3 "侯德榜与侯氏制碱法"科学史分析单元

2. 科学史的呈现位置

对新旧两版教材中科学史的呈现位置进行统计,具体结果如表11-8和图11-4所示。

表 11-8 科学史的呈现位置统计结果

呈现位置	新版		旧版	
	数量	百分比	数量	百分比
B1 正文	10	21.28%	6	26.09%
B2 专栏	23	48.94%	10	43.48%
B3 引言	2	4.25%	1	4.35%
B4 习题	11	23.40%	3	13.04%
B5 注解	1	2.13%	3	13.04%

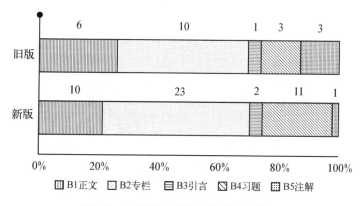

图 11-4 科学史的呈现位置分布情况

由表 11-8 和图 11-4 可知：总的来说，两版教材中科学史内容在各个位置都有呈现。除"注解"（新版 1 处、旧版 3 处）外，新版教材在其他位置出现的科学史分析单元数都多于旧版教材，其中"正文"（新版 10 处、旧版 6 处）、"专栏"（新版 23 处、旧版 10 处）、"习题"（新版 11 处、旧版 3 处）中数量都有大幅增加。从科学史呈现位置的分布情况来看，新版的占比大小顺序为"专栏"（48.94%）＞"习题"（23.40%）＞"正文"（21.28%）＞"引言"（4.25%）＞"注解"（2.13%），旧版的占比大小顺序为"专栏"（43.48%）＞"正文"（26.09%）＞"习题"（13.04%）＝"注解"（13.04%）＞"引言"（4.35%）。可见，两版教材呈现于"专栏"的科学史单元占比最大，并且新版占比略高于旧版。"正文"和"引言"占比大致相当，但"习题"和"注解"都有非常大的变化，新版减少了"注解"中的科学史内容，相应地在"习题"中增加了很多科学史内容。

就呈现位置的地位而言，正文是教材最重要的部分，也是教师在备课时重点关注的内容，其次是特定的栏目，再是绪言和习题，最后才是注解。故科学史的呈现位置不仅会体现出教材的编写意图以及教材中科学史的地位，同时也将直接影响教师对科学史的教学态度和处理方式。从科学史内容在新旧教材中呈现位置的变化可知，科学史的地位在新版教材中有了很大提升，但其在"正文"中呈现的比例依然不大，说明科学史还不是构成教材的主体要素。

同时结合篇幅维度的统计结果来看,发现详尽篇幅的科学史分析单元只出现在"专栏"和"正文"中,且以出现在"专栏"中为主,这都说明教材中"专栏"呈现了最多的科学史内容。从功能来看,正文中的科学史内容与学科核心概念高度相关,有利于构建情境以促进学生对核心知识的学习。非正文的科学史内容大多为了拓展视野,如详细完整地呈现科学史,向学生展现科学发展过程、科学探究细节,以及科学家生平事迹、人物精神等方面。当科学史内容出现在"习题"中时,主要是用于设置问题情境引导学生对已学的知识进行理解巩固。"引言"部分的科学史为学生接下来的章节学习提供了一个宏观背景情境,有助于激发学生对科学史中所蕴含的化学知识、方法与理念等的学习兴趣,并使学生认识到化学对于社会发展具有的价值与作用。如新版教材引言中的两个科学史分析单元(见图11-5、图11-6):其一细数了从古至今化学发展历程中的重大事件,有利于学生理解化学是研究物质及其变化的科学,感知科学知识的积累过程;其二展示了我

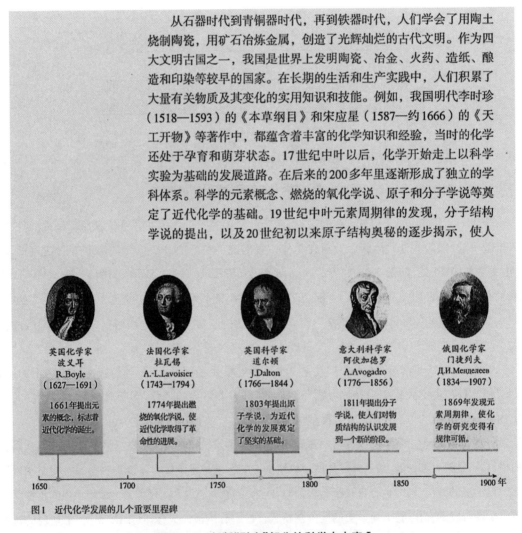

图11-5 新版"引言"部分的科学史内容Ⅰ

国化学基础研究和化学工业生产领域中具有深刻意义的事件,有利于学生感受到我国科学家对于推动人类科学研究进步所作出的巨大贡献,认识科学、技术与社会的紧密联系,并增强其民族自信心。而旧版呈现在"引言"部分的科学史仅有一个(见图 11-7)且属于章引言(新版为分册引言),在位置上不太引人关注。此外,这一科学史分析单元内容较为单一,只提到古代人类利用金属的历史,主要关注科学、技术和社会的联系。

20世纪以来,经过几代化学家的不懈努力,我国的化学基础研究和以化学为依托的化学工业获得了长足的发展。1943年,侯德榜发明联合制碱法,为我国的化学工业发展和技术创新作出了重要贡献。1965年,我国科学家在世界上第一次用化学方法合成了具有生物活性的蛋白质——结晶牛胰岛素,20世纪80年代,又在世界上首次用人工方法合成了一种具有与天然分子相同的化学结构和完整生物活性的核糖核酸,为人类揭开生命奥秘作出了贡献。21世纪以来,我国化学科学与技术的发展更加迅速,在基础研究领域和经济发展中都取得了许多有影响力的成果,为建设

图3 污水处理厂

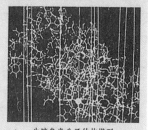

牛胰岛素晶体

牛胰岛素分子结构模型

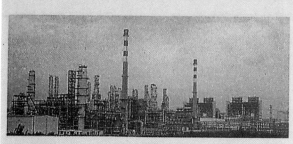

图4 我国建成的具有世界先进水平的煤间接液化示范项目(400万吨/年)

图5 牛胰岛素晶体及其分子结构模型

图 11-6 新版"引言"部分的科学史内容Ⅱ

在人类社会的发展进程中,金属起着重要的作用。从五千年前使用青铜器,三千年前进入铁器时代,直到 20 世纪铝合金成为仅次于铁的金属材料,金属材料对于促进生产发展、改善人类生活发挥了巨大作用。几千年来,人类一直在努力探求从矿石中获得金属的方法。当某种金属的提炼技术获得突破,并在经济上可行后,这种金属的应用就有可能获得迅速发展,同时也有可能极大地推动其他技术的发展,成为社会生产力进步的巨大推动力。钢铁、铝等的发现和广泛应用就是最好的例子。

金属单质和它的化合物有着截然不同的性质。例如,铝是一种常见的金属,具有金属的一般特性(如导电性、导热性和延展性等),在高温时可以燃烧;而氧化铝(Al_2O_3)却可以作优良的耐火材料。为什么它们之间在性质上会有如此巨大的差异呢?在这章,我们来研究几种重要的金属和它们的化合物。

图 11-7 旧版"引言"部分的科学史内容

由于科学史内容主要呈现于教材"专栏"中,专栏中所呈现的科学史主题鲜明,内容完整,且更为明确地指向学生学科核心素养的发展,所以对"专栏"的内容分析显得尤为重要。下面以新版教材"方法导引"栏目中的"阿伦尼乌斯-电离模型"这一科学史分析单元为例进行分析说明,如图11-8所示。

> **方法导引**
>
> 模型
>
> 在对研究对象进行实验观察和证据推理的基础上,利用简化、抽象和类比等方法,将反映研究对象的本质特征形成一种概括性的描述或认识思路,这就是模型。模型在科学认识中具有描述、解释和预测等功能,是理论发展的一种重要方式。
>
> 化学中的模型有实物模型、理论模型等,其中,理论模型应用范围最广。例如,十九世纪后期,瑞典化学家阿伦尼乌斯(S.Arrhenius,1859—1927)在前人研究的基础上,通过研究电解质稀溶液的导电性等,提出了电离模型,即电解质溶于水会自动地解离成离子,而不是当时流行的说法——离子是通电后才产生的,并对电解质的电离进行了定量计算。电离模型很好地解释了酸、碱、盐溶液的某些性质,如酸、碱的强度等,因此发展成为近代的电离理论。阿伦尼乌斯也因此获得1903年诺贝尔化学奖。

图11-8 "阿伦尼乌斯-电离模型"科学史分析单元

"方法导引"栏目是新版教材用于呈现科学研究、化学学习等过程中的常用方法的拓展性栏目。图11-8所示栏目中着重介绍了"模型"这种化学研究方法,由于考虑到"模型"的定义对学生而言是抽象难懂的,故教材选择引入相关科学史内容来促进学生对"模型"方法的理解。教材简短地描述了阿伦尼乌斯如何提出电离模型的化学史,并对电离模型的主要内容以及电离模型的作用和意义进行了介绍,能有效帮助学生认识模型的内涵和意义,特别是有助于学生"证据推理与模型认知"素养的发展。但美中不足的是,该部分内容在描述上较为笼统,无法让学生进一步理解如何构建模型、如何使用模型解释客观现象。除此之外,电离模型也是高中化学知识体系的一部分,其在科学历史上被更替的错误观点往往也是学生认知上的易错点。在高中化学教学中,检测电解质是否电离、离子是否存在是通过导电性实验完成的,然而由于在导电性实验中"通电"是一个必不可少的条件,因此这往往会让学生想当然地认为离子是通电后产生的。由于解释清楚这个问题需要更高层次的物理化学知识作为支撑,所以部分教师通常会选择直接告诉学生电解质在水中自动解离成电子,即离子的存在与是否通电并无关系。而这一科学史的内容组织也是如此,其直接给出了科学结论,并没有对这一模型在历史上是如何被证实或证伪的加以描述,无法帮助学生更好地理解电离理论。值得一提的是,相较于旧版,新版教材的上述做法:在科学方法的学习中融入相关的科学史内容,利用科学史为学生学习科学方法提供帮助与启示,促进学生对科学研究过程的程序性知识的理解,可以视为新版教材在科学史内容的组织方式上的创新突破。

除了在"方法导引"栏目中引入与科学方法相关的科学史,新版教材还通过"科学史话"栏目展现较为完整的科学知识产生和发展的过程。如图 11-9 所示,该栏目选取以"原子结构模型的演变"为主题的科学史引入了有关原子结构研究历程的知识,为学生认识原子结构补充了背景信息,并有助于学生感悟模型方法的意义和应用价值。此外,诸如"氧化还原反应概念的发展"(新版)、苯分子结构(新旧均有)等均有相似的内容选择与组织呈现。

科学史话

原子结构模型的演变

原子结构模型是科学家根据科学猜想和分析,通过对原子结构的形象描摹而建构的揭示原子本质的认知模型。人类认识原子的历史是漫长的,也是无止境的。下列几种在科学发展不同时期所建构的原子结构模型,代表了人类对原子结构认识的不同阶段,简明形象地表示了人类对原子结构认识逐步深化的演变过程。

道尔顿模型(1803年):原子是构成物质的基本粒子,它们是坚实的、不可再分的实心球。

汤姆孙原子模型(1904年):原子是一个平均分布着正电荷的粒子,其中镶嵌着许多电子,中和了正电荷,从而形成了中性原子。

卢瑟福原子模型(1911年):在原子的中心有一个带正电荷的核,它的质量几乎等于原子的全部质量,电子在它的周围沿着不同的轨道运转,就像行星环绕太阳运转一样。

玻尔原子模型(1913年):电子在原子核外空间的一定轨道上绕核做高速圆周运动。

电子云模型(1926~1935年):现代物质结构学说。电子在原子核外很小的空间内做高速运动,其运动规律与一般物体不同,没有确定的轨道。

目前,科学家已经能利用电子显微镜和扫描隧道显微镜摄制显示原子图像的照片。随着现代科学技术的发展,人类对原子的认识过程还会不断深化。

图 11-9 "原子结构模型的演变"科学史分析单元

"科学·技术·社会"栏目也会涉及科学史,该栏目的科学史内容往往用于展现科学、技术与社会之间的密切联系,如图 11-10 所示的"滴滴涕的功与过"。这一科学史分析单元从"功"和"过"两个角度分别说明了科学进步(有机合成)对于技术、社会发展和疾病防治所具有的价值,以及对环境质量、人类健康所造成的危害。通过对该科学史内容的学习,学生不禁会思考:当科学技术应用与环境保护产生矛盾时,我们应该如何选择?而历史已经为我们提供了答案:优先保护环境,控制相关科技成果的使用。这类科学史内容展现了科学、技术、社会与环境的关系,展现了我国倡导的"绿色化学"和可持续发展理念的正确性,有利于学生树立正确的科学价值观念,并增强其"科学态度与社会责任"的素养水平。

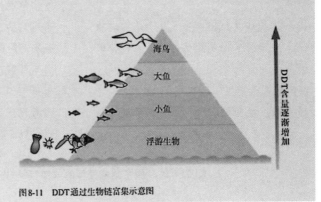

图 11‑10 "滴滴涕的功与过"科学史分析单元

3. 科学史的呈现形式

对两版教材中科学史的呈现形式进行统计,具体结果如表 11‑9 所示。由于"科学史自主研究"(新版 6 处、旧版 1 处)没有呈现科学史文本信息,所以不列入呈现形式维度的统计。

从两版教材的统计结果可知,新版的"文字""文字+图示"的数量均约为旧版的两倍,从两类呈现形式的占比看,新旧教材中的两类呈现形式的占比大致相当,新版中的"文字"形式占比(63.41%)略大于旧版(59.09%),而新版中的"文字+图示"形式占比(36.59%)略小于旧版(40.91%)。

表 11-9　新旧版教材中科学史的呈现形式

教材版本	文　字	文字＋图示	总　数	百分比	
				文字	文字＋图示
新　版	26	15	41	63.41%	36.59%
旧　版	13	9	22	59.09%	40.91%

相比于文字描述，图示丰富了科学史内容的呈现，使其更加形象生动，有利于激发学生的学习兴趣和促进对教材内容的理解。两版教材中以图示形式呈现的科学史的占比都不小，这说明教材很好地利用了图示的认知价值来助力科学史教育价值的落实。从图示内容来看，除了科学家肖像图、科学模型示意图、历史画面、数据图表等，要特别指出的是，新版教材中新增了"历史时间轴"类图示。"历史时间轴"依据时间顺序展示历史发展历程，一般包含图片和简短的描述，如图 11-11 所示，它展示了科学史上重大的转折点和在其中作出杰出贡献的化学家，这种方式可以清晰地展示化学学科的发展脉络，有利于学生知识框架的建构。

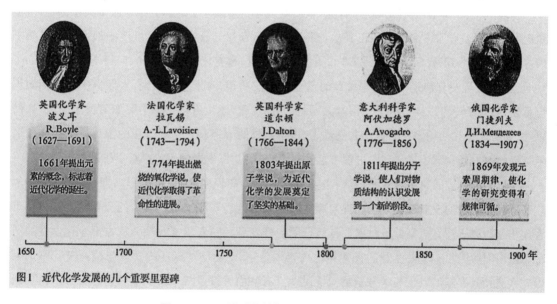

图 11-11　以"时间轴"形式呈现的科学史内容

4. 科学史内容

参照量表统计新旧两版教材科学史内容在各维度上的分布情况，统计结果如表 11-10 和图 11-12 所示。由于某些科学史分析单元涉及了科学知识、科学过程和科学文化三个维度中的多个维度，所以同一科学史单元可能在多个维度下同时计数，故而不同版本教材中科学史内容的三个维度之和可能大于该版教材的科学史分析单元总数。

表 11-10 新旧教材中科学史内容各维度的分布情况

教材版本	科学知识	科学过程	科学文化
新　版	31	13	19
旧　版	16	8	11

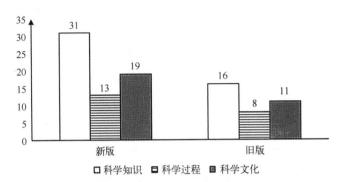

图 11-12 新旧教材中科学史内容各维度的分布情况

由表 11-10 和图 11-12 可知：首先，新旧两版教材中科学史内容各维度数量关系都是"科学知识">"科学文化">"科学过程"；其次，相较于旧版，新版教材在各内容维度中都增加了科学史内容，其中科学知识增加了 15 处，科学文化增加了 8 处，都有比较大的提高，但科学过程只增加了 5 处。科学过程一直都是中学科学教育的重点和难点所在，对于学生来说，掌握方法比记忆知识更重要，而科学史可以体现科学家探索、解释世界的历程，学生可以从科学家如何提出问题，如何思考，如何选择和使用多样的科学方法，如何进行结果的解释和表达等过程中得到科学探究的启示。因此教材还应适当增加科学过程方面的科学史内容，以发展学生的科学思维和探究能力。

从科学知识方面来看，新版教材中主要涉及的科学知识内容有"阿伦尼乌斯-电离模型""氧化还原反应概念的发展""氯气的发现与确认""元素周期表""原子结构模型的演变""合成氨""芳香族化合物和苯""有机高分子材料""自然资源的开发利用""青蒿素改造""从古至今化学发展历程"等，而旧版教材中主要涉及的科学知识内容则是"布朗运动""氯气的发现与确认""元素周期表""人造元素""苯的发现与苯分子结构学说"等（有些内容涉及多个科学史分析单元）。可见，新版教材增加了很多重要且经典的科学理论、模型和成果，这些能帮助学生更好地理解相关知识内容。除此之外，新版较旧版的改进之处还在于呈现了更多不同时期的理论发展情况。如图 11-13"氧化还原反应概念的发展"，这一科学史内容讲述了氧化还原反应概念的发展过程中不同理论更替的理论依据：第一阶段是基于燃烧的氧化学说；第二阶段是基于化合价概念的提出；第三阶段是基于电子的发现人们对原子结构有了更深入的认识。而氧化还原反应概念也随之发展至微观层面，从得失氧到化合价升降再到电子转移，人们对科学知识的认识由浅入深，由宏入微，渗透了科学的暂定性本质。

> **科学史话**
>
> ## 氧化还原反应概念的发展
>
> 人们对氧化还原反应的认识经历了一个漫长的过程。1774年,法国化学家拉瓦锡提出燃烧的氧化学说(即燃烧是物质与氧气的反应)后,人们把物质与氧结合的反应叫做氧化反应,把氧化物失去氧的反应叫做还原反应。
>
> 1852年,英国化学家弗兰克兰(E. Frankland,1825—1899)在研究金属有机化合物时提出化合价的概念,并逐步得到完善以后,人们把化合价升高的反应叫做氧化反应,把化合价降低的反应叫做还原反应。
>
> 1897年,英国物理学家汤姆孙(J.J. Thomson,1856—1940)发现了电子,打破了原子不可再分的传统观念,使人们对原子的结构有了深入的认识。在此基础上,人们把化合价的升降与原子最外层电子的得失或共用联系起来,将原子失去电子(或电子对偏离)的过程叫做氧化反应,把原子得到电子(或电子对偏向)的过程叫做还原反应。
>
> 在化学学习的初始阶段,我们学习的一些概念如氧化还原反应等,往往是不完善和不全面的,这些概念常有一定的适用范围。因此,我们应该正确看待这些初始阶段的概念,并注意它们的发展。

图 11-13 "氧化还原反应概念的发展"科学史分析单元

在科学知识发展的历程中,还有一个关键要素是科学争论(Scientific Controversy)。科学争论是指科学家们在研究过程中,由于受各种主观或客观原因的影响而对同一问题持有不同观点,从而引起的一种公开持久的讨论。[①] 科学争论可根据性质的不同分为四类:第一类是关于科学实验事实的争论,比如科学家对于一些公开的实验数据、现象表示怀疑。第二类是关于科学理论的争论,这是科学研究中最常见的争论,科学家构建理论解释客观现象时,由于个人的研究假设和知识等差异会对同样的现象或实验存在不同的解释。虽然很多解释的局限性很大甚至被证实是错误的,但往往也存在不同的理论都适用于解释同一科学现象的情况。因此,在新的实验事实被发现以前便保持多种理论并存的现状。第三类是关于科学观的争论,这种争论往往涉及多种自然科学的基础理论,如量子理论等。第四类是混合型的争论,这类争论关注科学的社会层面,如科学与道德伦理等方面,往往很难得到一致的结论。

科学争论一般很难通过逻辑演绎来解释,只有从历史的维度,借助历史事实来解释"科学争论是如何发生的"和"它们是如何解决的"。[②] 对于这四类科学争论,第一类和第二类最适用于以科学史的形式呈现于教材中,以促进学生对科学知识的概念性理解和对科学知识变化的实质性理解,当然如果能够进一步呈现科学家证实自己理论的研究过程,则会更有助于学生理解研究过程中的方法论意义。显然,在科学史中呈现科学理论的争议对培养学生学科核心素养是非常有

[①] 何翔.科学争论在化学教育中的价值[J].化学教育,2013,34(10):92-95.
[②] 孟献华.基于化学史教学的理论与实践研究[D].南京:南京师范大学,2011.

利的。这里提到的科学争论主要指第一类和第二类,第四类将会在下文分析科学文化层面的科学史内容部分涉及。两版教材的科学史内容在科学知识的争论的呈现方面还有明显不足,只在新版教材中"门捷列夫的预言Ⅱ"(见图11-14)处有涉及。该争论来自门捷列夫依据他所主张的元素周期表理论作出的假设结果对布瓦博德朗的实验结果提出质疑,在布瓦博德朗重新提纯测定后,两者达成一致。正如布瓦博德朗所说:"我以为没有必要再来说明门捷列夫这一理论的巨大意义了。"这一科学史内容不仅反映出科学知识的预见性,还体现了科学研究的复杂性,同时也向学生展现了科学研究者所具有的突破既定理论与认识框架的勇气和能力。实验结果就一定正确吗?不一定,因为实验存在误差。有些误差是人为误差,可以通过多次重复实验进行消除,而有些误差由于受限于仪器设备或理论研究的不足,故需要其他方面的突破才能消除。但教材中很少呈现这些科学争论,导致学生会忽略一些科学研究过程中的错漏,并狭隘地认为所学习的科学知识都是由某些顶尖科学家发现的真理,且这些结论都是一致的、统一的,这对于学生批判性思维和科学探究兴趣的培养具有较大的阻碍性。为解决以上问题,教材可以考虑引入更多科学争论方面的内容以培养学生的学科核心素养,比如化学家们围绕物质燃烧的本质问题展开的讨论("氧化学说"和"燃素说"的争论)。

> 8. 门捷列夫在他的第一张周期表上留下的空位中的元素"类铝"于1875年由法国化学家布瓦博德朗发现,并命名为镓,而布瓦博德朗当时并未受到门捷列夫预言的启发。门捷列夫在得知这一发现后指出:他相信镓和"类铝"是同一种物质,并认为镓的密度应该是5.9~6.0 g/cm³,而不是布瓦博德朗发表的4.7 g/cm³。当时布瓦博德朗认为只有他本人才拥有镓,门捷列夫怎么会知道这种金属的密度呢?他没有固执己见,重新提纯了镓,最后测得的密度果然是5.94 g/cm³。这一发现使他大为惊讶,他在一篇论文中写道:"我以为没有必要再来说明门捷列夫这一理论的巨大意义了。"
> (1)阅读上述资料,你得到什么启示?写一篇小论文与同学交流。
> (2)请你查阅资料,了解门捷列夫还预言了哪些新元素,以及当时这些新元素是如何被确认的,撰写研究报告,并与同学交流。

图11-14 "门捷列夫的预言Ⅱ"科学史分析单元

从科学过程方面来看,科学过程往往与科学知识一同呈现在科学史中,表明科学知识的形成离不开科学过程,而科学过程也同样地受到研究者已有科学知识基础的影响。教材中涉及科学过程的科学史不仅数量很少,而且内容也流于表面,其中大部分关注科学研究过程中的实验过程,但很多都只是用"经过反复实验研究"一笔带过,只有一小部分呈现了具体的实验操作、实验方法等内容,见图11-15和图11-16。

对于科学过程中的思考或实验过程,虽然只有一两处科学史分析单元涉及,但都进行了比较细致的描述,图11-17就展现了科学研究者在面对炼铁高炉尾气之谜时的思考和探究。高炉炼铁时尾气里总是含有未被利用的CO(反应物),对于这一问题,他们认为是CO与铁矿石接触不充

18世纪70年代，瑞典化学家舍勒（C.W.Scheele，1742—1786）将软锰矿（主要成分是MnO_2）与浓盐酸混合加热，产生了一种黄绿色、有刺激性气味的气体。受当时流行学说的影响，舍勒未能确认这种气体。直到1810年，英国化学家戴维（S.H.Davy，1778—1829）才确认这种气体是一种新元素组成的单质——氯气。

图 11-15 "氯气的发现与确认"科学史分析单元

20世纪70年代，我国科学家受中医古籍启发，从传统中药中成功分离提取出抗疟疾有效成分青蒿素。他们对青蒿素分子进行结构修饰和改造，得到了一系列抗疟疾新药，挽救了成千上万人的生命，为治疗这种严重影响人类健康的疾病作出了重大贡献。

图 11-16 "青蒿素改造"科学史分析单元节选

科学史话

炼铁高炉尾气之谜

高炉炼铁的主要反应是：

$$Fe_2O_3 + 3CO \xrightarrow{\text{高温}} 2Fe + 3CO_2$$

其中产生CO的反应是：

$$C(\text{焦炭}) + O_2(\text{空气}) \xrightarrow{\text{高温}} CO_2(\text{放出热量})$$

$$C(\text{焦炭}) + CO_2 \xrightarrow{\text{高温}} 2CO(\text{吸收热量})$$

生产中炼制生铁所需焦炭的实际用量，远高于按照化学方程式计算所需的量，而且从高炉炉顶出来的气体中总是含有没有利用的CO。开始，炼铁工程师们认为是CO与铁矿石接触不充分造成的，于是设法增加高炉的高度。然而，令人吃惊的是，高炉增高后，高炉尾气中CO的比例竟然没有改变。这成了炼铁技术中的科学悬念，人们一直在探究其中的原因。直到19世纪下半叶，法国化学家勒夏特列（H.-L. Le Chatelier，1850—1936）经过深入的研究，才将这一谜底揭开。原来，产生上述现象的原因是：$C + CO_2 \rightleftharpoons 2CO$是一个可逆反应，并且自下而上发生在高炉中有焦炭的地方。后来的研究证明，在高炉中Fe_2O_3与CO反应也不能全部转化为Fe和CO_2。

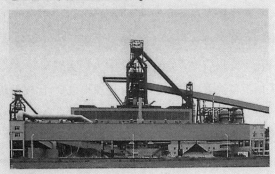

图6-19 首钢炼铁高炉

图 11-17 "炼铁高炉尾气之谜"

分导致的（当时还没有"可逆反应"的概念，人们不知道化学反应是存在限度的，便会从反应速率的限制角度去思考）。依据这样的假设，他们设法增加了高炉的高度以期能够提高CO的利用率，但实际结果却是高炉尾气中CO的比例没有改变，这一事实证实了假设是错误的。在面对一个问题时，科学家是怎么思考的？思考的结果是什么？这些内容的呈现能让学生感知如何从科学的视角思考问题，锻炼其思维能力。同时这个过程是典型的科学探究的一般过程，即先发现问题，然后根据问题提出假设，再设计实验验证假设，最后根据实验结果得出结论，这一化学探究过程的呈现对于培养学生的科学精神与科学态度，并进一步形成"科学探究与创新意识"素养具有很大帮助。

对于科学过程中的得出结论、推断、解释、报告及应用的过程,教材较少呈现且基本仅提及科学结论能用于解释什么,或是用图示、模型等呈现科学结论,而对于如何由实验数据推断出结论的解释几乎没有。

从科学文化方面来看,两版教材中呈现最多的就是与科学研究有关的社会因素,特别是科学、技术和社会的关系。首先,科学不同于技术。科学理论主要是对客观现象的研究及解释,而技术则立足于实际,以解决生活中的实际问题、满足人类的发展需求和改变人们的社会生活为关注点,所以技术与社会息息相关。其次,科学、技术与社会三者相互影响,且该影响有利有弊。教材中的科学史对"科学、技术与社会"的呈现主要涉及以下几个方面:第一,科学与技术相互依赖、相互促进;第二,科学技术的进步对社会的各方面作出了杰出贡献。在这两个方面,教材都进行了较好的呈现,以此唤起学生的社会责任感。但是旧版教材对于科学对社会的负面影响关注得较少,可能希望避免学生在了解太多科学的负面影响之后产生不良情绪。但是,这部分内容的缺失也容易造成学生对科学与社会关系的片面理解,使其无法辩证地看待科学的"双刃剑"作用。考虑到这两方面,新版教材中个别科学史单元作了积极的改变,如图 11-10 "滴滴涕的功与过"就很值得借鉴,该单元不仅提及负面影响,而且相应地呈现出科学界和民众是如何看待科学对社会的负面影响以及是如何消除这些负面影响的。

在与科学研究有关的文化因素和心理因素方面,两版教材对于科学家的介绍基本都涉及其国籍和生卒年等信息,但是对于人物的性格特征、精神品质、心理动机以及不同科学家之间的交流等却很少提及,难以帮助学生切实感知科学家的科学精神与科学态度。对于与科学研究有关的道德因素,新旧教材也都呈现得很少,比较下新版的数量略多和内容质量更高。

其实在科学探究的过程中,科学家自身的道德品质也发挥着重要的作用,因此教材应多关注这部分内容,适当地引入能够体现科学家可贵的道德品质的科学故事来引导学生加以体会与感知。如新版教材中有一处科学史内容(见图 11-3 "侯德榜与侯氏制碱法")体现了我国著名科学家侯德榜热爱祖国、自强不息和艰苦创业的精神。除此之外,新版教材的科学史分析单元中还出现了"坚持不懈""勇气"等用词,这些词汇能引导学生基于赞同而生成相应的道德品质。但这只是最基本的,在历史上,科学与道德之间常常存在一些争议:如科学研究应不应该受到道德的约束?人类应不应该研究可能有害的物质?该主题下一个典型的例子便是第一次世界大战利用的化学武器:毒气。据统计,在一战期间,高达 130 万人因化学武器而受伤,其中 9 万人死亡,而战后幸存者中也有高达 60% 的人员因此伤残。当一个天才沉溺于其所取得的卓越成就时,便很容易忽略他人的感受与利益,同时也会忽略科研成果对于社会发展可能会造成的长远性影响。显然这种科研态度是狭隘且偏激的,因为人类社会的有序发展离不开道德伦理的规制,故教材中的科学史内容应当让学生明白科研成果的终极价值与意义在于造福人类并促进社会发展,所以在科学研究过程中也必须遵循道德与伦理规范的约束和指导。而目前教材所呈现的科学史内容还较为欠缺与科学和道德相关的争议性内容,无法很好地引导学生深入思考两者之间的关系,进而形成正确的科学伦理道德观。

5. 科学史呈现的学习活动

参照量表统计新旧两版教材中基于科学史设计的学习活动各维度的数量和分布情况,如表 11-11 和图 11-18 所示,由于某些科学史分析单元涉及多个次级维度,所以总数可能不同。

表 11-11 新旧教材中科学史呈现的学习活动各维度的数量和分布情况

学习活动	新版		旧版	
	数量	百分比	数量	百分比
E1 非指导性阅读	25	44.64%	17	73.91%
E2 指导性阅读	7	12.50%	5	21.74%
E3 分析讨论	8	14.29%	0	0%
E4 查阅课外资料	7	12.50%	0	0%
E5 总结评价	9	16.07%	1	4.35%

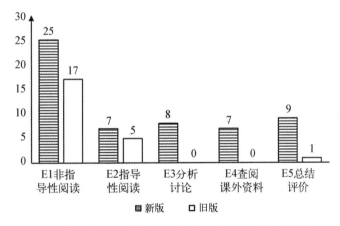

图 11-18 新旧教材中基于科学史设计的学习活动各维度的数量和分布情况

总的来说,新版教材中基于科学史设计的学习活动更为多样化,各类学习活动都有涉及。在旧版教材中,有 73.91%(17 处)的学习活动为非指导性阅读,有 21.74%(5 处)为指导性阅读,只有 4.35%(1 处)要求对科学史内容进行总结评价。而在新版教材中,"非指导性阅读"占比最大,为 44.64%(25 处),其他四类学习活动数量相当:"总结评价"为 16.07%(9 处),"分析讨论"为 14.29%(8 处),"指导性阅读"和"查阅课外资料"均为 12.50%(7 处)。

虽然科学史具有丰富的教育价值,不同类型的科学史能够促进学生不同方面学科核心素养的发展,但教材中的科学史内容只是给教师的教和学生的学提供了可用的素材。对教材中每一个科学史分析单元来说,其内容的详略从根本上决定了可用度;内容的呈现位置反映了其与主要教学内容的关系,进一步影响着教师是否利用这一科学史单元进行教学;内容的呈现形式体现教材对科学史单元可读性的关注与设计;内容维度的划分反映了每一科学史单元具有的教育价值,进一步指向了相应的学科核心素养的发展。但这些内容能否真正地将学科核心素养培养目标加以落实呢?这在很大程度上取决于教师的教学策略和学生的学习途径。教材作为教师备课的重要参考,也是学生学习的主要工具,其中所呈现的学习活动将会在很大程度上影响科学史内容的利用度与有效性,因此教材中基于科学史设计的学习活动能够在一定程度上反映出教材对于培养学生学科核心素养目标的落实情况。

如果教材中的科学史仅仅作为一个文本材料供学生自主阅读与学习,那么其对于发展学生学科核心素养所能产生的作用是有限的,特别是那些在非正文部分以拓展资料的形式出现的阅读文本,因为大部分学生甚至是教师都会草草略过。学科核心素养是超越知识、技能层面的,它要求学生能够深入理解科学观念并掌握学科独特的思维方式和探究能力,进而形成正确的学科价值观念。以上育人目标的达成需要深层次的思维活动,仅靠简单、浅显的阅读是难以完成的。相比于"非指导性阅读"而言,"指导性阅读"增加了对于相关科学史内容的总结与评价,如"氧化还原反应概念的发展",如图 11-19 所示。基于该科学史设计的学习活动着重介绍了氧化还原反应概念的发展过程,其不仅通过 3 则化学史呈现了氧化还原反应概念的更替历程,还在最后一段中通过总结与评价的方式将编者对这一科学史单元应当达成的教学目标予以显性化,故学生能够在这样的指导下关注与认识到科学知识的暂定性本质("不完善"与"不全面")等更深层次的方

科学史话

氧化还原反应概念的发展

人们对氧化还原反应的认识经历了一个漫长的过程。1774年,法国化学家拉瓦锡提出燃烧的氧化学说(即燃烧是物质与氧气的反应)后,人们把物质与氧结合的反应叫做氧化反应,把氧化物失去氧的反应叫做还原反应。

1852年,英国化学家弗兰克兰(E. Frankland, 1825—1899)在研究金属有机化合物时提出化合价的概念,并逐步得到完善以后,人们把化合价升高的反应叫做氧化反应,把化合价降低的反应叫做还原反应。

1897年,英国物理学家汤姆孙(J.J. Thomson, 1856—1940)发现了电子,打破了原子不可再分的传统观念,使人们对原子的结构有了深入的认识。在此基础上,人们把化合价的升降与原子最外层电子的得失或共用联系起来,将原子失去电子(或电子对偏离)的过程叫做氧化反应,把原子得到电子(或电子对偏向)的过程叫做还原反应。

在化学学习的初始阶段,我们学习的一些概念如氧化还原反应等,往往是不完善和不全面的,这些概念常有一定的适用范围。因此,我们应该正确看待这些初始阶段的概念,并注意它们的发展。

图 11-19 "指导性阅读"示例

面,有助于其学科核心素养的发展。但是这种直接的指导也有一定的局限:因为在这种明显的指向下学生往往不会开展自主的思维活动,导致其对相关概念与理念的理解往往流于表面,形成的印象很容易随着学习后时间的延长而淡化甚至是遗忘,故其对于学生的科学思维与探究能力的发展难以产生持久性的影响。因此,相较于旧版教材的"非指导性阅读"与"指导性阅读"两类学习活动占比之和(96%),新版教材的"非指导性阅读"与"指导性阅读"占比(57%)显著降低,相应地增加了利用科学史内容展开"分析讨论""查阅课外资料""总结评价"等学习活动的数量,以此促进学生学科核心素养的发展(如表11-11所示)。

问题导向式的学习模式能够激发学生的深度思考。在教材中,问题常常伴随着两种学习活动出现:一是以问题为导向的分析讨论,二是以问题为导向的总结评价。以问题为导向的分析讨论更关注学生之间的交流,对于同一问题,由于不同的学生看待的角度、思考的方向往往有差别,故其得到的答案也不完全一致。而学生在互相交流看法时可能会产生思维间的博弈和碰撞,这便会激发学生对问题进行深入的思考与探索,并在解决矛盾的过程中提升其辩证思维能力与团队合作精神。除此之外,还有一类分析讨论着重培养学生的数据处理与分析能力,比如要求学生对历史数据进行分析。总结评价更关注学生的独立探究和归纳总结能力,相关的问题多是与呈现的科学史内容相关的总体性评价。如图11-20所示,该题不仅仅要求学生对问题进行思考,还需要在思考的基础上完成某些实践任务,比如写小论文、总结图表、创新设计等。学生在完成这些学习活动的过程中能锻炼自己的思维能力和探究能力,并协同发展学科核心素养。"查阅课外资料"一类的学习活动在中学化学教学中往往很容易被忽略,但是它对于人才的培养却具有十分重要的价值。因为现代社会是一个信息化的社会,故获取信息已不再是难题,如何从广泛的信息中筛选出自己想要的要素、如何对信息进行合适的处理以达到研究目的,这才是真正的难题。而学生在进行"查阅课外资料"这样的学习活动时能够锻炼其检索、筛选、处理和运用信息的能力,同时也能跳出教科书知识网络的限制而广泛地拓展其认知视野与价值观念,这些都有利于学生学科核心素养的发展。

13. 阅读本节的"科学史话",利用图或表简要表示氧化反应、还原反应、氧化还原反应概念的发展。从中你能得到什么启示?

图11-20 "总结评价"示例

四、结论与建议

(一) 研究结论

新课标提出化学学科核心素养是学生必备的科学素养。在倡导多元化教学的背景下,科学史在培养学生科学素养方面所具有的价值已逐渐凸显出来。本研究通过深入分析新课标,解读学科核心素养的内涵及其与科学史的对应关系,据此建立教材中的科学史内容分析框架,并选取2007版和2019版人教版高中化学必修教材中的科学史内容为研究对象进行分析和对比,得出以下结论。

1. 科学史数量的增加和内容类型的丰富有利于学科核心素养培养目标的落实

根据科学史的数量和篇幅的统计结果可知,相较旧版,新版教材大幅增加了科学史的数量。新版教材中的科学史内容涵盖了大部分新课标所推荐的科学史主题,体现了教材对利用科学史发展学生学科核心素养的关注。此外,新版教材还增加了不同类型的科学史:其一是以科学家为主题的科学史内容,主要通过描述科学家的生平信息、所具有的优秀品质、进行科学研究的心理动机以及当时的社会背景等内容,为学生树立鲜活生动的科学家形象,并引导学生感知科学家在揭示化学本质与规律时所体现出的科学精神与科学态度;其二是增加了很多与资源开发利用、环境保护有关的科学史内容,有利于增强学生的社会责任意识并树立正确的环境保护观念;其三是增加了中国近十年来取得的科学与技术成就,使学生通过教材了解我国最新的科技发展成果,进而培养学生的爱国情感。

2. 科学史多呈现于特定栏目,新版教材在"注释""习题"中的呈现比例有变化

从科学史的呈现位置的统计结果可知,科学史内容并不是教材的主体要素,教材编写主要利用特定的栏目来呈现一定篇幅、主题较为明确、描述较为完整的科学史内容。虽然"专栏"中的科学史内容和正文的知识主体联系得还不够紧密,但是"专栏"中的科学史往往呈现了较为完整的科学知识发展历程、科学探究的细节、科学与技术的相互影响、科学与社会的联系以及科学家的形象等内容,是对科学史在科学知识、科学过程、科学文化各方面的深度挖掘。比较新旧两版教材可以发现,两版教材的科学史内容在"注释"和"习题"中的分布差异较大,新版教材降低了科学史内容在"注释"中的比重并相应增加了其在"习题"中的比重。而出现在"习题"和"注释"中的科学史一般篇幅都较小,就教学功能而言,"习题"中的科学史主要用于构建问题情境,"注释"中的科学史仅用于辅助文本理解。可见,新版教材的这一变化有利于学科核心素养目标的落实。

3. 科学史呈现形式多样化,具有创新性

由科学史的呈现形式的统计结果可知,两版教材以"文字+图示"呈现的科学史内容占比都不低,且新版占比还有小幅提高。图示的形式也较为丰富,包括科学家和实验仪器等图像、数据图表、模型示意图等,新版教材还新增了"历史时间轴"这种形式,简洁明了地展示化学发展历程。可见,新版教材更加注重优化科学史文本的可读性,通过利用多种多样的图示使得教材中的科学史内容更加丰富多彩,从而激发学生的学习兴趣和促进学生对知识的理解。

4. 科学史内容侧重科学知识方面,对科学过程的强调不足

由科学史内容的统计结果可知,新版教材中的科学史更多地呈现了与科学知识有关的内容,其次则是科学文化,最后才是科学过程。综合来看,教材偏向于通过呈现的一些较完整的科学知识发展历程来促进学生对知识的理解以及学科核心素养的发展。但是新版教材中科学史在科学

过程方面的呈现明显不足,大部分都将关注点置于探究过程中的实验操作或所用的科学方法,极少涉及逻辑推理、假说演绎的过程,缺乏对科学探究过程中所包含的曲折与困难、质疑与创新等的呈现。在科学文化方面,教材侧重体现科学、技术与社会的关系,也通过一些科学史单元让学生感受到科学在促进社会进步的同时所带来的不利影响,以此培养学生的辩证思维,并树立正确的科学价值观念。除此之外,新版教材较少呈现能够体现出科学精神、科学研究的道德因素和心理因素等方面的科学史内容。

5. 设计多样化、深入的学习活动有利于深入发展学生学科核心素养

由基于科学史设计的学习活动的统计结果可知,新版教材中利用科学史设计的学习活动更有利于发展学生的学科核心素养。新版教材较为均衡地设计了分析讨论、查阅课外资料、总结评价三类学习活动,通过设置分析历史数据、撰写小论文、作图表总结以及创新设计等多种任务来锻炼学生的分析、推理思维,以及检索、分析、处理信息和归纳总结等方面的能力,以促进学生学科核心素养的发展。

(二) 研究建议

基于本研究对新旧两版高中化学必修教材中科学史的分析和对比发现,对优化教材中科学史的设计提出以下建议。

第一,适当增加正文中的科学史内容,增强科学史内容在教材中呈现的系统性。两版人教版教材中的科学史较少出现在正文中,且内容也比较零散、简略,未形成较好的科学史育人系统。为充分发挥科学史的教育教学功能,教材应增强对科学史的整体化设计。首先,可以在整合原有内容的基础上适当增加科学史内容。比如将科学史和化学概念、化学原理等融合,便于师生以科学史内容为线索将知识串联起来进行学习。其次,可以适当增加科学史在正文中的占比。正文是教材的主体,精心设计与编排正文中的科学史内容,不仅有利于核心知识与科学史的融合,更能引起教师和学生对科学史内容的重视,从而使科学史的教育价值真正得以发挥。

第二,增加体现科学争论的科学史内容,加强科学史内容的思辨性与建构性。关于科学理论的争论能让学生更深入地理解科学知识发展的脉络和本质,提升批判质疑的精神;关于科学实验事实的争论能增强学生的实验探究能力,培养严谨求实的科学态度;关于科学与道德的争论有利于学生树立正确的科学价值观念,故教材应当着重选取上述三类争论作为科学史素材,以促进学生科学思维、辩证思维、道德观念等的发展。

第三,增加科学过程方面的科学史内容,发展学生的科学探究实践能力。化学是一门自然科学,化学知识是对客观世界的解释,而知识的产生与解释是否合理都离不开严谨的探究过程和科学方法的应用,故教材中的科学史应关注对实验过程与科学方法的介绍。目前其中描述的科学方法基本属于实验和观察,对逻辑推理、假说演绎等重要方法的呈现还不够。因此教材应当补充增加对科学方法的介绍,做到合理渗透、易于理解和体悟,以提高学生的探究能力、增强学生的探

究意识。

第四，重视基于科学史设计多样化的学习活动，增强科学史育人系统的有效性。利用科学史情境是教材学习活动设计的主要方式，旧版教材中与科学史相关的学习活动更多地侧重文本阅读活动，而文本阅读往往只能从知识层面拓展学生的认知视野，增强其对相关科学史内容的认识与了解。新版教材利用科学史设计的学习活动形式相对多样，有查阅资料、以问题为导向进行讨论、交流心得感悟、历史数据分析、撰写小论文、作图表总结等，这些学习活动为学生体验科学问题分析和科学方法运用的探究过程创造了条件。但总体来看，新版教材中的学习活动以交流和讨论心得感悟居多，而历史数据分析和创新设计还有所欠缺。因此可以考虑围绕富有育人价值的科学史来设计更多包含数据分析、方法理解、创新设计、实验探究等过程的学习活动，从而让学生在拓展知识视野的同时发展能力，促进学科核心素养的发展。

第12章　新版人教版高中化学必修教材安全教育内容研究

一、研究背景

近年来,由于实验室及社会生产生活中的化学安全事故频发,人们对化学安全教育更加重视。根据马斯洛的需要层次理论,安全需要仅次于生理需要,故学生只有在满足安全需要的前提下才能更好地进行学习与探究。据统计,《普通高中化学课程标准(2017年版2020年修订)》中"安全"一词出现了37次,化学学科核心素养之一"科学态度与社会责任"也要求学生具备安全意识,并将"提高学生的安全意识"作为课程目标之一,表明新课程更加注重在中学阶段对学生进行恰当的化学安全教育,以为其今后的化学科研奠定安全基础。[①] 教材作为课程标准具体化的产物,其中所包含的安全教育内容将对化学教学中的安全教育起直接指导作用,故通过教材渗透安全教育是提高学生安全意识的重要途径。

化学是一门以实验为基础的学科,故实验安全尤为关键。国内外关于安全教育的研究有很多,大多数都聚焦于实验室安全,许多学者对化学实验室安全作了总体概述,对实验室安全程度进行评估,并提出降低风险的方法和措施。[②] 但是化学安全教育的内容并不仅仅是实验室安全,因此不应局限在实验活动过程当中,可以通过多种途径来加强不同类型的安全教育,如可以通过安全教育专题进行系统学习,也可以将安全内容在学科知识教学中穿插渗透。2019版人教版高中化学必修教材汲取了国内外教材安全教育内容设计的先进经验,不仅对实验安全作了全面且细致地提示和警示,还增加了其他方面的安全教育内容来促进学生化学安全意识的全面发展。

本研究构建化学教材安全教育内容分析框架,依据分析框架设置分析量表,并对2019版人教版高中化学必修教材中涉及的安全教育内容进行全面的分析编码,进而总结和探讨新教材安全教育内容的特征,并针对其特点进行总结和提出教材优化建议与教学建议。

[①] 曾玥.化学安全教育的教学研究[D].天津:天津师范大学,2019.
[②] CADWALLADER L C, PAWELKO R J. Elements of experiment safety in the laboratory[J]. Journal of Chemical Health and Safety, 2019, 26(4-5):20-25.

二、高中化学必修教材安全教育内容分析量表设计

(一) 一级维度的确定

丁朝蓬将教材评价指标划分为四个维度,分别为教材目标、材料内容的选择、材料内容的组织、材料的呈现与表达;[①] 王后雄提出的教材评价维度包括内容选择、内容呈现和内容组织。本研究借鉴以上教材内容分析框架,并结合化学安全教育内容的特点,确定从教材目标、内容选择、内容组织、内容呈现四个一级维度分析教材的安全教育内容。

(二) 二级维度确定及量表设计

参照丁朝蓬建构的教材具体分析框架,教材目标维度又可以分为认知目标和非认知目标。其中,认知目标要求学生学习知识、掌握技能、提高能力;非认知目标要求学生学会方法、培养态度。对于教材内容的选择,可将安全教育内容选择维度分为内容类型和内容载体。内容的组织编排关注内容出现位置,拟对内容出现的位置进行编码,并对内容位置占比进行分析。内容呈现包括呈现形式和叙述方式。教材中安全内容的呈现形式各式各样,具体包括文字、图片、图表等;叙述方式主要包括直接描述、提出问题以及要求学生进行交流与探究等。综上,高中化学必修教材中安全教育内容分析的一级和二级维度得以确定,如表12-1所示。

表12-1 高中化学必修教材安全教育内容分析维度

一级维度	二级维度
教材目标	认知目标
	非认知目标
内容选择	内容类型
	内容载体
内容组织	呈现位置
内容呈现	呈现形式
	叙述方式

[①] 丁朝蓬.教材评价指标体系的建立[J].课程·教材·教法,1998,(7):3-5.

1. 认知目标

认知目标包含要求学生掌握的知识、技能与能力。本研究结合新教材中安全教育内容的特征,将认知目标具体为:(1)通过化学教材中的安全教育内容学习,掌握与安全问题相关的基础知识;(2)通过与生活息息相关的安全知识的介绍拓展视野;(3)通过利用所学安全知识解决实际问题,做到学以致用;(4)通过系统地介绍和展示仪器药品的规范使用、实验操作注意事项,提升实验安全操作技能水平。

2. 非认知目标

非认知目标主要涉及意识、态度和情感等方面,具体为:(1)学会对化学安全事件进行判断,在遇到可能造成伤害的因素时能够保持警觉状态,即具备安全意识;(2)理解社会可持续发展赋予化学的使命,树立正确的价值观,增强社会责任感;(3)通过理解生活、生产中的化学现象认识化学学科所具有的独特社会价值;(4)通过交流讨论学会从辩证的角度思考和看待安全问题。

3. 内容类型

结合吴楠提出的安全教育内容分类,将化学教材中可能涉及的安全教育内容类型分为:实验安全教育、食品安全教育、生态安全教育、消防安全教育、医疗安全教育等。其中,实验安全教育主要包括对实验室安全制度的了解、化学药品的正确取用、化学实验的规范操作、实验条件的合理控制以及实验中意外事故的正确处理等;食品安全教育主要包括健康食品的选择、有害食品的识别、常见食品的主要成分及鉴别、食品添加剂的作用与含量标准、食物中基本营养物质对人体的作用等;生态安全教育主要是对化学与生态关系的认识、化学视角下环境保护措施的选择、资源的合理利用及开发;消防安全教育主要包括常见危险化学品的分类及标志、火灾的预防与应对办法、化学物质在消防领域的应用等;医疗安全教育主要包括医疗健康领域的发展现状、化学在医疗领域的应用状况与发展前景、人体健康与化学的关系等。[①] 除了上述分类,其他安全教育内容均纳入"其他安全教育"类型,如心理安全、网络安全等。

4. 内容载体

新教材中对于安全教育内容的呈现选取了不同的角度:一是从内容本身出发,直接阐述安全知识,如实验室穿戴规则、某化学试剂的使用准则、仪器设备的规范操作、实验过程中的安全措施,对于一些突发状况(如创伤、烫伤、接触强酸强碱腐蚀、吸入有毒气体、触电或起火)的应急处理措施等,或者通过直接告知合理的行为、引导学生正确操作,促使学生养成良好的行为习惯;二是通过描述不合理的行为及其严重后果来警示学生,或者展示合理与正确的行为带来的正面的、积极的影响,以此来规范学生行为,使他们掌握必要的安全知识,敬畏生命,进而培养社会责任感。

[①] 吴楠.高中化学教学中安全教育现状与对策研究——以河北省为例[D].石家庄:河北师范大学,2019.

5. 呈现位置

新教材当中除了绪言、正文、习题、附录等常规的呈现位置,还增加了许多用于拓展学生视野和有关学习活动的栏目,各栏目依其内容可分为思考性栏目、活动性栏目、资料性栏目。[①] 在上述位置会涉及各类型的安全教育内容。

6. 呈现形式

新教材中安全教育内容的呈现形式主要包括文字、图片、图表三种。其中,文字形式指利用文字、符号、方程式等方式传递信息;图片形式指运用图标、实物图、示意图等不同图片类型传递教学信息;图表形式指利用条理清晰、简洁有序的表格和流程图等培养学生阅读图表以获取信息的能力。[②]

7. 叙述方式

新教材中有关安全教育内容的叙述方式包括描述式、思考式和探究式,即或以文字描述形式呈现,或以思考问题形式呈现,或以学生探究活动形式呈现。

结合以上各维度的设计,形成高中化学必修教材安全教育内容分析编码汇总表(如表12-2所示)用于编码分析。

表 12-2 高中化学必修教材安全教育内容分析编码汇总表

一级维度	二级维度	编码	内涵
教材目标	认知目标	A	掌握知识
		B	拓展视野
		C	实践应用
		D	提升实验技能
	非认知目标	E	建立安全意识
		F	增强社会责任感
		G	认识化学学科社会价值
		H	辩证看待安全问题
内容选择	内容类型	A	实验安全教育
		B	食品安全教育
		C	生态安全教育

[①] 韩梅,艾宁.人教版高中化学必修教科书的内容呈现方式及特点分析[J].化学教育(中英文),2020,41(23):6-10.

[②] 王伟,王后雄.3个版本初中化学教科书实验栏目的比较研究[J].化学教育,2015,36(09):20-25.

续 表

一级维度	二级维度	编码	内 涵	
内容选择	内容类型	D	消防安全教育	
		E	医疗安全教育	
		F	其他安全教育	
	内容载体	A	内容本身	
		B	结果展示	
内容组织	呈现位置	A	绪言(包括章节引言)	
		B1	正文内容	
		B2	正文边栏	
		C1	栏目 思考性栏目	"思考与讨论"
		C2	活动性栏目	"实验""实验活动""探究""研究与实践""方法导引""信息检索"
		C3	资料性栏目	"科学史话""科学·技术·社会""资料卡片""化学与职业"
		D	习题	"练习与应用""复习与提高"
		E	附录	
呈现方式	呈现形式	A	文字	
		B	图片	
		C	图表	
	叙述方式	A	描述式	
		B	思考式	
		C	探究式	

以如图 12-1(选自 2019 版人教版高中化学必修第二册)所示的酸雨的危害及其防治内容为例,根据表 12-2 对其进行分析编码,结果如表 12-3 所示。该教材内容的认知目标涉及对酸雨产生的危害及防治的措施等知识的学习,非认知目标即通过认识酸雨的危害来增强社会责任感;其所体现的安全教育的内容类型属于生态安全教育,内容载体分别涉及通过呈现酸雨危害的结果起到警示作用和直接介绍酸雨预防的措施两种类型;呈现位置为正文部分;呈现形式涉及文字和图片,叙述方式则利用了描述式。

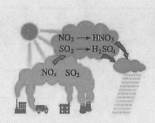

图5-15 酸雨的形成示意图

图5-16 酸雨会破坏森林

五、酸雨及防治

煤、石油和某些金属矿物中含有硫,在燃烧或冶炼时往往会生成二氧化硫。在机动车发动机中,燃料燃烧产生的高温条件会使空气中的氮气与氧气反应,生成氮氧化物。它们会引起呼吸道疾病,危害人体健康,严重时会使人死亡。

二氧化硫、氮氧化物以及它们在大气中发生反应后的生成物溶于雨水会形成酸雨。正常雨水由于溶解了二氧化碳,其pH约为5.6,而酸雨的pH小于5.6。

酸雨有很大的危害,能直接损伤农作物,破坏森林和草原,使土壤、湖泊酸化,还会加速建筑物、桥梁、工业设备、运输工具和电缆的腐蚀。

二氧化硫和二氧化氮都是有用的化工原料,但当它们分散在大气中时,就成了难以处理的污染物。因此,工业废气排放到大气中之前,必须进行适当处理,防止有害物质污染大气,并充分利用原料。

图 12-1 酸雨的危害及防治

表 12-3 "酸雨的危害及其防治"的编码

指标	教材目标		内容选择		内容组织	呈现方式	
	认知目标	非认知目标	内容类型	内容载体	呈现位置	呈现形式	叙述方式
编码	A	F	C	A、B	B1	A、B	A

三、新版人教版高中化学必修教材安全教育内容分析

(一) 分析过程与方法

本研究利用"高中化学必修教材安全教育内容分析编码汇总表"对2019版人教版高中化学必修教材第一册和第二册进行编码分析。采用两人独立分析和综合确定结果的方式进行。要求分析者熟练掌握各分析维度及编码内涵,对两册教材中安全教育内容进行识别和指标分析编码并汇总结果,对有争议的内容进行探讨,得出最终的分析结果。

(二) 结果与分析

根据对编码结果的统计,两册人教版高中化学必修教材中涉及的安全教育内容共181处,其

中第一册共涉及安全教育内容65处,第二册涉及安全教育内容116处,下面基于四个一级维度和七个二级维度进行具体分析。

1. 教材目标

对两册化学必修教材中的安全教育内容涉及的各类安全教育目标频次进行统计,结果如表12-4所示,其中部分内容涉及了两种及以上的教材目标,如教材正文中提到"如果使用氯气对自来水消毒,氯气会和水中的某些有机物反应生成对人体有害的有机氯化物,因此,国家规定了自来水中的余氯含量标准,并推广使用新的消毒剂,如臭氧、二氧化氯等",该内容同时承载了拓展视野与增强学生社会责任感的目标。各类教学目标的占比如图12-2所示。

表12-4 人教版化学必修新教材安全教育目标频次统计

教材目标	认知目标				非认知目标			
	掌握知识	拓展视野	实践应用	提升实验技能	建立安全意识	增强社会责任感	认识化学学科社会价值	辩证看待安全问题
编码	A	B	C	D	E	F	G	H
频次	21	56	25	61	79	27	21	11

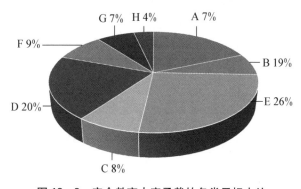

图12-2 安全教育内容承载的各类目标占比

从图12-2中可以看出,教材中呈现安全教育内容的最主要的目的是帮助学生建立安全意识,其占比达到26%,表明教材较为关注通过安全教育内容的学习,以提高学生的警惕性和应对突发状况的能力;其次是拓展视野和提升实验技能,占比分别为19%和20%,前者关注为学生进一步补充与社会生产生活相关的安全知识,后者则强调通过正确的实验操作来保证实验过程的安全;此外,教材中还增加了鼓励学生从辩证的角度看待问题的安全教育内容,旨在帮助学生理性地思考问题和进行决策判断。

2. 内容类型

对两册化学必修教材中的安全教育内容涉及的各内容类型频次进行统计,结果如表12-5所示。可以看出教材中涉及的安全教育内容类型包括实验安全教育、食品安全教育、生态安全教育、消防安全教育以及医疗安全教育,各类型的占比如图12-3所示,其中生态安全和实验安全是教材中安全教育内容的主体。具体而言,生态安全占比为36%,说明新教材为深入贯彻可持续发展理念,并引导学生建立人与自然和谐相处的文明美丽家园,其在不同章节中适时地增加了诸如绿色化学、能源合理开发与应用、环境保护等有关生态安全教育的内容。尤其是第八章"化学与可持续发展",教材以一个完整章节的篇幅详细阐述了化学在生态保护领域所具有的无可替代的作用与所作出的巨大贡献。实验安全占比次之,为34%,这与化学教材重视实验活动设计直接相关。新教材借鉴了美国教材的做法:对凡是有可能出现危险的实验、需要采取的预防以及补救措施都在实验前进行提示;列举出实验安全图标的详细含义以及具体的实验室急救措施①,因此实验安全内容出现的频次很高,且阐述得更加明确、合理。如在每个实验之前,教材都用安全图标提示学生需要戴护目镜、实验后洗手,并对危险试剂作出警示,同时针对各种实验突发事故也在附录中给出了详细的解决方案。此外,医疗安全、食品安全和消防安全等安全教育内容的出现与特定主题有关,主要出现在特定章节中,因此占比不多。

表12-5 人教版化学必修新教材不同安全教育内容类型频次统计

内容类型	实验安全	食品安全	生态安全	消防安全	医疗安全	其他安全
编码	A	B	C	D	E	F
频次	68	19	71	11	27	2

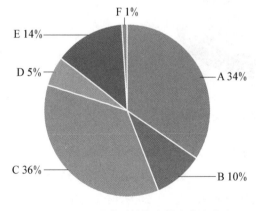

图12-3 不同类型的安全教育内容占比

3. 内容载体

根据统计结果可知,新教材中直接阐述安全教育内容的频次高达139次,而对于发生安全问题后造成的结果或后果的描述有55次,如表12-6所示。可见,新教材中安全教育内容以直接描述内容本身为主,如"火灾现场存在大量活泼金属时不能用水灭火,要用干燥沙土灭火",直接指明了正确、安全的灭火方法。部分安全教育内容则以描述结果的方式呈现,如"氯气有毒,人吸入少量氯气会使鼻子和喉头的粘膜受刺激,引起咳嗽和胸部疼痛,吸入大量氯气会导致中毒死亡",通过对吸入氯气带来严重后果的描述来警示学生不可以直接接触氯气。同时,也有一些安全知识的呈现涉及内容本身和结果展示两个方面,如在课后习题

---

① 吴润.中美两版高中化学教材实验部分的比较研究[D].成都:四川师范大学,2015.

中提到"为了减少工业废水对环境的污染和变废为宝,工厂计划从工业废水中回收铜和硫酸亚铁,对回收流程图进行分析",其中具体的回收流程是对如何保护环境本身内容的描述,而强调减少工业废水对环境的污染则指向了说明工业废水的排放会对环境造成危害,属于对错误做法后果的警示。

表 12-6 人教版化学必修新教材不同安全教育内容载体频次统计

内容载体	内容本身	结果展示
频次	139	55

4. 呈现位置

对两册化学必修新教材中安全教育内容出现的位置进行统计,结果如表 12-7 所示,各呈现位置所占的比例如图 12-4 所示。可以发现,在教材的各位置部分都有安全教育内容出现,其中栏目成为安全教育内容出现频次最高的位置,尤其是活动性栏目以探究形式呈现了诸多安全教育内容,为教师的教学提供了丰富的素材;正文次之,其中渗透了大量的安全知识,并且相关内容在正文内容中出现的频次比正文边栏更高;再次是习题,不论是题干还是设问都出现了很多安全教育内容。虽然章绪言和附录等位置出现的安全教育内容不多,但这些位置也穿插渗透了安全教育内容,更加体现了教材对安全教育内容的重视,也表明安全教育内容的出现更加灵活。

表 12-7 人教版化学必修新教材不同位置出现安全教育内容的频次统计

呈现位置	绪言	正文		思考性栏目	活动性栏目						资料性栏目				习题		附录
		正文内容	正文边栏	「思考与讨论」	「实验」	「实验活动」	「探究」	「研究与实践」	「方法引导」	「信息检索」	「科学史话」	「科学·技术·社会」	「资料卡片」	「化学与职业」	「练习与应用」	「复习与提高」	
编码	A	B		C1	C2						C3				D		E
频次	3	34	10	12	42	10	4	4	2	3	2	8	13	6	19	6	2
合计	3	44		12	65						29				25		2

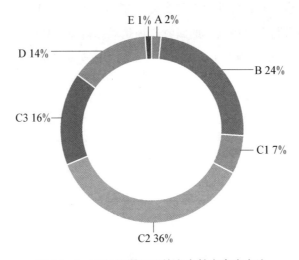

图 12-4 不同位置呈现的安全教育内容占比

5. 呈现形式

对两册化学必修教材中安全教育内容的呈现形式进行统计,结果如表 12-8 所示。整体来看,教材中主要还是以文字形式传递安全教育信息,其次是图片形式,主要体现在每个实验环节的安全图标提示上。

表 12-8 人教版化学必修新教材安全教育内容呈现形式频次统计

呈现形式	文字	图片	图表
频次	121	74	6

具体而言,新教材中涉及安全教育的图片数量较多,包括图标、实物图、示意图三类具体形式。其中,图标形象简明,可以准确地提示学生实验过程中需要注意的安全事项。而教材在所有实验环节都设置了相关安全警示图标,且以我国《安全标志及其使用导则(GB2894—2008)》作为图标设计的主要参考,通过借鉴其中"指令标志"的圆形图标来表示"我们应该怎么做",以"警示标志"中的三角图标来表示"有什么潜在的危险"。[①] 图标的具体内容包括实验前戴好护目镜,实验中注意用电安全、注意明火、小心锐器扎伤、避免直接接触热烫仪器、使用或产生有毒气体时注意排风,实验后洗手等。图标与每个实验中需要注意的安全事项相对应,非常形象,所要表达的含义一目了然,相比枯燥的文字叙述,学生更容易注意到这些具有亲和力的图标,进而更主动地把握实验中需要注意的安全信息。此外,第一册的附录二列举了我国国家标准采用的联合国《化学品分类及标记全球协议制度》中的标准符号,以方便学生了解常见的一些化学品安全使用标

---

① 钟晓媛,王晶.高中化学教科书中安全教育内容的设计及教学建议[J].化学教育(中英文),2020,41(17):21-25.

识,包括易燃类物质、氧化性物质、爆炸类物质、腐蚀类物质、加压气体、毒性物质、警示、健康危险、环境危害等。这些安全标识的补充不仅能使学生意识到在化学科学研究、化学生产及生活应用中要规范使用化学品,增强其安全意识,更重要的是可以帮助学生在生活中学会辨识这些安全标识,从而主动远离危险环境或物品。

实物图是教材为了更为直观地描述生活或实验中存在的物品或场景而引入的真实照片。新教材中出现了许多与安全知识相关的实物图,它们具体直观且真实可靠,可以很好地引起学生的注意,从而增强其安全意识。比如向学生展示污水处理厂、酸雨破坏森林、水华现象、杀虫剂的使用说明等与生态安全息息相关的实物图,来促使学生对生态安全的关注与重视;又如放射性元素应用于诊断和治疗疾病的仪器图则体现出了化学对于医疗安全的重要贡献;再如展示食品包装中防止食品变质的脱氧剂,以此体现化学与食品安全紧密相关。值得一提的是,新教材中出现了一些从事与化学相关工作的职业人员的图片,包括化学科研工作者、电池研发人员、化工工程师等,这些图片中的工作人员都统一地穿戴好了实验服等防护装备,符合化学工作者做好安全防护的工作要求。

示意图是表示某种装置、操作或某些过程的简图。新教材中穿插了许多具有安全教育意义的示意图,可以更加简单明了地向学生展示所要表达的内容。如碳酸钠、碳酸氢钠的分解实验图中,使用升降台替代了旧版教材中的木块来垫高酒精灯,更加注重实验装置的严谨性;在实验室制氯气和氨气、浓硫酸与铜反应的实验示意图当中,都呈现了尾气吸收装置,防止有毒气体对人体及环境的危害。还有与生态环境相关的示意图,如生产1千克铝的能源消耗示意图可以让学生意识到生产铝所耗的能源之多,进而建立其节约资源的意识;又如海水综合利用示意图、石油的分馏和裂化及产品用途示意图等,可以让学生学习能源的综合利用知识;再如揭示酸雨形成原理及过程的示意图、DDT通过生物链富集的示意图,二者直观地揭示了有毒物质对于环境、人体的危害,警示学生减少有毒有害化学品的使用,关注生态安全。

6. 叙述方式

对两册化学必修新教材中安全教育内容的叙述方式进行统计,结果如表12-9所示。可以发现,其中绝大多数的安全教育内容都选择以直接描述式来展开安全意识培育,而引导学生思考问题或展开探究活动的形式占比较低,可见教材中安全知识的呈现还是以阅读为主,叙述方式较为单一。

表12-9 人教版化学必修新教材安全教育内容不同叙述方式的频次统计

叙述方式	描述式	思考式	探究式
频次	140	29	14

四、新版人教版必修教材安全教育内容的改进与教学建议

(一) 安全教育的目的以掌握知识和增强能力为主,同时关注方法和态度的培养

新教材在安全教育的目标定位上非常关注通过安全教育内容的学习,让学生了解不同领域或类型的安全知识;增强安全意识,提升对突发情况的应对能力;学会规范使用仪器药品,注意实验操作中的安全事项,增强实验安全操作的技能。可见,教材安全教育内容的目标定位不仅关注知识的获取,同时也关注安全操作能力的发展,以及安全意识、安全观念和社会责任感等的培养。在以上多元而全面的安全教育目标体系中,认知目标和非认知目标缺一不可,这两个层面互相依托、相辅相成,凸显了安全教育内容丰富的教育价值与育人功能。此外,新教材中还增加了鼓励学生从辩证的角度看待问题的内容,从而让学生在面对可能存在安全风险的问题时,能够客观分析和辩证思考,而非武断或片面地回避或否定,这对学生树立正确的价值观和积极的社会责任感具有重要意义。但是整体而言,目前新教材中还是以认知目标为核心,对方法态度等非认知目标的关注还相对欠缺,故新教材编写应当统筹认知目标与非认知目标于一体,通过多角度、多层面地挖掘安全教育资源的教育价值来实现对学生知识、能力以及情感态度等的全面发展。

(二) 实验安全长期渗透,生态安全进一步加强,完善食品安全教育内容

新教材中安全教育内容类型丰富,其中生态安全和实验安全占据主体地位。实验安全教育在新教材中备受关注,教材在每个实验环节都增添了相关的安全图标提示以强调实验安全,表明教材编写者希望通过高频率出现的警示信息来潜移默化地提高学生对实验安全的重视程度。新教材中有关生态安全的内容占比也很大,既有在章节当中渗透介绍的,也有在专门的章节中展开的,但整体来看生态安全教育与化学理论知识的关联不多,难度也不大,其价值更多地在于帮助学生认识人与自然、社会的关系,并形成与其和谐共生的行为倾向。另外,生态安全中所包含的社会性议题的育人功能并未被有效地感知与利用,因此,新教材编写可以考虑融入与教材知识密切联系的生态安全知识来为学生创造利用生态安全知识探究和解决问题的机会,从而让可持续发展观念深入学生内心。

此外,近年来食品安全问题也受到了较为广泛的关注和讨论,许多现代化食品原料、食品制造过程都和化学紧密相关,众多与食品安全相关的知识源于化学学科,因此食品安全教育应成为当代安全教育的主要内容。食品安全知识的补充不仅能帮助学生认识以食品安全为主题的知识及相关议题,而且也能通过对相关问题的探究来促进学生对化学学科知识和技能的学习与应用。目前的研究结果显示,新教材中食品安全内容主要在营养元素等主题章节中出现,故建议在这些章节中根据化学知识的特征充分挖掘能够融入食品安全教育的契机,通过选用新颖的学习资源和设计合理的学习方式来引导学生对食品安全问题的关注与深入思考,进而实现对相关问题的

了解与认同,并由此养成安全饮食、平衡膳食的健康生活意识和习惯。

(三) 合理利用直接描述安全知识和呈现后果警示方式,发挥各自优势

化学教材主要通过直接描述安全知识内容和通过展现由安全问题所引发的结果或后果这两种方式来呈现安全教育内容。不同内容载体对于安全教育的有效开展各有利弊:前者直接描述安全知识内容,能够全面且细致地陈述学生应当注意的安全要点,但是这种方式很容易产生隔靴搔痒的效果,导致学生对相关安全知识的理解流于表面;后者以严重的结果或后果来体现安全知识的重要性和严肃性,从而引起学生的关注并使其产生敬畏心理,但学生也可能由于过度关注结果而忽视了对造成该结果的原因的探寻,"危险信号"使学生在实验探究过程中变得瞻前顾后,不敢实际操作,甚至产生对化学学科的恐惧心理。

为此,在教材设计安全教育内容时,要合理规划对两种载体形式的合理应用,既强调要点和注意事项,示范正确做法,又呈现不当操作可能引发的问题,从而让学生更加全面地了解安全知识,更加认同规范操作的重要性;同时也要让学生意识到危险不是必然的,相反,只要加强对安全知识的学习,规范行为操作,就可以很好地规避风险。

(四) 增强思考式和探究式内容比例,多样叙述方式促进学生学习

新教材中有关安全教育内容的叙述方式以描述式为主,比较单一。该现象与新高一阶段学生的化学知识储备还较为欠缺有关,如以问题思考或探究活动的方式来呈现将会对学生带来较大的挑战,而直接描述的方式可以让学生在短时间内迅速获得大量安全知识(如实验注意事项、食品添加剂的正确使用、活泼金属着火不可用水灭火等),因此很多安全教育内容选择以直接描述的方式来告知学生其需要注意的事项与掌握的操作。目前新教材中以问题思考形式呈现的安全教育内容主要集中在课后习题中,同时在"思考与讨论"栏目中也有涉及。具体而言,这些课后习题紧密联系社会实际,设置的问题以所学安全知识在生产生活中的应用为线索,以期实现对所学知识内容的应用、巩固与深化。比如"如何除去工业废水中的重铬酸根离子,使其达标排放""洁厕灵和84消毒液混合中毒的原理"和"工业上硫化物和含氮化合物与一些物质发生反应可以减少酸雨,例举相关反应"等问题均有助于学生对安全知识的巩固与掌握。而新教材中以探究形式出现的安全教育内容多数也与生产生活紧密联系,如通过辩论赛的形式探讨"农业生产中是否应该继续施用化肥和农药"这一活动,其要求学生在展开辩论赛前自主搜集资料,通过查阅化肥和农药使用的利弊来形成自己的观点。在辩论过程中,学生要就论点结合人体健康、经济效益、生态安全等问题进行争辩与讨论,从而更为清晰地认识到化学对生态环境的影响,以达到安全教育的目的。再如要求学生自主查阅资料,了解"垃圾食品"的含义及其危害的活动,学生在自主查阅资料的过程中一方面可以提升其自主获取、选择与运用知识的能力,掌握使用网络资源的正确规则与方法;另一方面,当学生亲眼目睹到具有强烈的冲击性与刺激性的反映垃圾食品危害的图

片和新闻报道时，其更有可能会自觉远离垃圾食品，从而更好地达到安全教育的目的。

可见，以描述式呈现知识可以让学生在短时间内快速掌握大量知识，以问题思考形式呈现知识可以检验学生对已学知识的掌握情况并锻炼学生的思维，而探究式的知识呈现方式则会让学生更加积极主动，还可以将所学知识与实际结合起来。因此，教材可以根据不同阶段的学习需要，结合安全教育内容出现的位置，选取多样的叙述方式来表达内容，并且特别要关注发挥思考式和探究式两种叙述方式的教育作用，以促进学生在主动积极地应用安全知识分析和解决问题的过程中深化对安全知识的理解与增强安全意识。

（五）灵活设置安全教育内容呈现位置，合理区分不同位置的功能价值

安全教育内容在教材中不同位置均有呈现，其中以栏目和正文为主要的呈现位置，特别是活动性栏目中的安全教育内容占比最大。具体而言，实验活动栏目是实验安全教育的主体，教材在实验环节都增添了与实验相关的安全图标提示，用以警醒学生在实验中"不要"和"注意"的具体方面。其他栏目也不同程度地融入了安全教育内容，为课堂教学提供了丰富的素材和情景。此外"练习与应用""复习与提高"中的大量习题也以提问或文字描述的方式呈现了安全教育内容，如汽车尾气吸收的原理、工业废水的处理方式等。教材的附录还以文字描述的方式详细介绍了实验室突发事件的应对措施、常见废弃物的处理方法，以安全标识图片及对应文字介绍的形式系统展示了常见化学品安全标识。可见，新教材对安全教育给予了足够的重视，且能够灵活多变地对相关内容进行编排与设计。但目前安全教育内容在不同位置出现时的功能还是较为趋同的，主要是以信息传递为主，或是作为知识信息或背景信息，因此新教材编写可以考虑因呈现位置的不同对安全教育内容的功能作出必要的区分，以使得教材中不同位置的安全教育内容能够凸显特定的功能，从而更好地发挥安全教育作用。